ATRIUM

Der Londoner Detective Inspector Tom Thorne soll den offensichtlichen Suizid einer jungen Frau untersuchen – ein Routine-Fall, der sicher schnell gelöst ist. Doch als DI Thorne an der Metrostation ankommt, wo sich die Frau vor einen Zug gestürzt hat, lässt ihn etwas stutzig werden. Er beginnt, sich den Fall näher anzusehen. Dabei stößt er auf den skrupellosen Betrüger Conrad, an den die Frau erst ihr Herz und dann ihr Vermögen verlor. Gemeinsam mit DI Nicola Tanner begibt sich DI Thorne auf die Jagd nach dem kaltblütigen Schwindler. Die Lage nimmt jedoch eine dramatische Wendung, als Conrad auf der Suche nach seinem nächsten Opfer auf Sarah trifft und zwischen den beiden eine teuflische Leidenschaft entbrennt. DI Thorne sieht sich so schon bald mit einer erschütternden Frage konfrontiert: Wie weit gehen Menschen, um anderen ihre Liebe zu beweisen?

Mark Billingham, 1961 in Birmingham geboren, ist einer der international erfolgreichsten britischen Krimiautoren, seine Bücher erscheinen in über zwanzig Sprachen. Einem großen deutschen Publikum wurde er erstmals mit seinem Thriller *Die Lügen der Anderen* bekannt, der 2014 bei Atrium erschien und zum Bestseller wurde. Zuletzt erschien *Die toten Katzen von London* (Atrium, 2018). Billingham lebt mit seiner Frau und seinen zwei Kindern im Norden Londons und in Florida.

Stefan Lux übersetzt aus dem Englischen und hat u. a. R. J. Ellory, David Ignatius, Matthew J. Arlidge und Catherine Steadman ins Deutsche übertragen. Er lebt in Bonn.

EIN HERZ UND KEINE SEELE

THRILLER

Aus dem Englischen von Stefan Lux

MARK BILLINGHAM

Atrium Verlag · Zürich

MIX
Papier aus verantwortungsvollen Quellen
FSC
www.fsc.org
FSC® C014496

Taschenbuchausgabe
1. Auflage 2021

Die Originalausgabe erschien 2019 unter dem Titel
Their Little Secret bei Little, Brown, London

Aus dem Englischen von Stefan Lux
Umschlaggestaltung und Motiv: Hauptmann & Kompanie
Werbeagentur, Zürich, unter Verwendung eines Fotos von
© ZenShui/Alix Minde/Getty Images
Satz: Greiner & Reichel, Köln
Druck und Bindung: GGP Media GmbH, Pößneck
Printed in Germany
ISBN 978-3-03882-119-9

www.atrium-verlag.com
www.facebook.com/atriumverlag
www.instagram.com/atriumverlag

Für Michael. Vorwärts und aufwärts …

Es ist meine Überzeugung, dass die aus der Liebe erwachsenden Probleme – Verblendung, Eifersucht, Kummer, Verletzung, unangemessene Anziehung und Sucht, um nur wenige zu nennen – ernsthafte Aufmerksamkeit verdienen und dass die Grenze, die zwischen der normalen und der abnormen Liebe liegt, häufig fließend ist. Der kleinste Funken sexueller Anziehung kann ein Feuer auslösen, das die Macht hat, uns zu verzehren …

Dr. Frank Tallis, *Der unheilbare Romantiker und andere Geschichten aus der Psychotherapie*

I want you,
The truth can't hurt you, it's just like the dark,
It scares you witless,
But in time you see things clear and stark,
I want you,
Go on and hurt me, then we'll let it drop,
I want you,
I'm afraid I won't know where to stop …

Elvis Costello, *I Want You*

TEIL EINS

DAS BETT UND DER STRAND

EINS

Tom Thorne sah zu, wie der Sack mit der Leiche der Frau so vorsichtig wie möglich von den Gleisen auf den Bahnsteig gehoben wurde. Das verräterische Durchhängen in der Mitte war nicht zu übersehen. Dorthin waren die vom Rumpf abgetrennten Körperteile gerutscht, dort hatte sich die Flüssigkeit gesammelt.

Was von der Toten übrig war …

Er sah, dass Detective Dipak Chall sein Gespräch mit einem Beamten der British Transport Police beendete und über den Bahnsteig auf ihn zukam. Er hatte einen durchsichtigen, von innen beschmutzten Plastikbeutel in der Hand. Vorsichtig hielt er ihn hoch, sodass Thorne den Inhalt betrachten konnte.

Eine braune Lederhandtasche, Schlüsselbund, Handy.

»Wir haben einen Namen«, sagte Chall.

Thorne hatte heute seine Schicht beim Homicide Assessment Team abzuleisten, einer mobilen Einheit, die zu jedem Schauplatz eines plötzlichen Todesfalls geschickt wurde, um zu entscheiden, ob die Umstände verdächtig waren und weitere Ermittlungen verlangten. Sobald das abrufbereite HAT von den Streifenpolizisten angefordert wurde, machten die Beamten – in diesem Fall Thorne und Chall – sich auf den Weg zum Fundort der Leiche, um eine Einschätzung abzugeben. An manchen dieser Schauplätze konnte selbst ein intellektuell etwas schwerfälliger Polizeischüler erkennen, dass ein Mord geschehen war, in anderen Fällen nahmen die Beamten dort, wo mit größter Wahrscheinlichkeit ein natürlicher Todesfall vorlag, die Räumlichkeiten genauer unter die Lupe, um nach Kampfspuren oder Anzeichen für ein gewaltsames Eindringen zu suchen. Sie überprüften die vor Ort vorhandenen Medikamente – verschreibungspflichtig oder nicht –, übergaben den Fall dann dem jeweils zuständigen Team und warteten auf den nächsten Anruf. Ihr erster Fall hatte sie heute Morgen in eine Wohnung in Wood Green geführt, wo sie schnell zu dem Schluss gekommen waren, dass der alte Mann, der zusammengesackt in einem Sessel vor der *Jeremy Kyle Show* saß, eines natürlichen Todes gestorben war. Als man sie später zur U-Bahn-Station Highgate gerufen hatte, war das Bild auf den ersten Blick genauso eindeutig gewesen.

»Die Kollegen haben sich die Überwachungsvideos angeschaut«, hatte Chall nach einem kurzen Gespräch mit den Beamten vor Ort erklärt. »Sie stand allein am vorderen Ende des Bahnsteigs.« Er deutete auf die betreffende Stelle. »Dort, wo der Zug einfährt. Unmittelbar bevor er aus dem Tunnel auftauchte, lief sie los und sprang.«

Thorne hatte kaum etwas gesagt und den Leuten zugesehen, die immer noch auf den Gleisen arbeiteten. Sie sammelten ein, was noch übrig war, nachdem Fleisch und Knochen von einem mit sechzig Stundenkilometern einfahrenden Zug erfasst und überrollt worden waren.

»Sieht alles ziemlich klar aus«, bemerkte Chall.

Thorne starrte auf den Beutel, den Schlüsselbund, das Handy. Jetzt sah er darin auch den undefinierbaren Brocken, der das Plastik verschmierte. »Ja, wahrscheinlich«, entgegnete er.

»Ich verstehe nicht, wie jemand sich so etwas antun kann.«

»Sich umbringen?«

»Auf diese Weise, meine ich.«

»In der Regel funktioniert es«, sagte Thorne. Allerdings nicht immer, wie er wusste. Die Frau im Leichensack hatte Glück gehabt, jedenfalls insofern, als sie vermutlich ihr Ziel erreicht hatte.

Es gab viele, deren Timing nicht so gut war und die lediglich mehrere Gliedmaßen einbüßten.

»Es ist der Fahrer, der mir leidtut«, sagte Chall. »Er muss damit leben.«

»Da haben Sie allerdings recht.« Thorne hatte bei der Ankunft im Stationsbüro einen kurzen Blick auf den Fahrer geworfen. Bleich, kahl rasiert und mit einem Becher in den Händen, während jemand vom U-Bahn-Notfallteam auf ihn einredete. Der Fahrer hatte nur genickt, und jemand hatte ihm einen tätowierten Arm um die Schultern gelegt. Thorne wusste, dass man dem Mann psychologische Betreuung anbieten würde. Er hatte gelesen, dass jeder Fahrer, der dreimal erleben musste, wie ihm jemand vor den Zug sprang, sofort in den Vorruhestand gehen durfte, bei vollen Bezügen.

Wahrscheinlich bloß ein Großstadtmythos, dachte Thorne. Wie die geheime U-Bahn-Station am Buckingham Palace oder die Gruppe wilder Kannibalen, die durch die Tunnel geisterte.

Draußen vor dem Eingang zum Bahnhof hatte er ein paar Passagiere gesehen, die in Grüppchen beisammenstanden, nachdem sie aus dem Zug hatten aussteigen müssen. Ihnen würde man ebenfalls die nötige Unterstützung anbieten. Unwillkürlich fragte sich Thorne, ob auch die Frau, die Auslöser des Ganzen gewesen war, irgendwelche Hilfsangebote bekommen hatte. Und ob sie alle dann überhaupt hier stünden.

»Keine Ahnung, wie man so was hinter sich lässt. Sie wissen schon … wenn man nicht daran gewöhnt ist.« Chall trat an die Bahnsteigkante. Die Männer und Frauen in Warnwesten unten auf den Gleisen hatten es nach dem Abtransport der Leiche deutlich eiliger als zuvor. Der Strom musste wieder eingeschaltet werden, die Züge weiterfahren.

Chall betrachtete Thorne stirnrunzelnd. »Alles okay, Chef?«

»Ist bloß ein bisschen warm hier unten, das ist alles.«

Chall nickte und summte eine Melodie vor sich hin. Ohne nachzudenken, schwenkte er den Plastikbeutel sanft hin und her, wodurch an dessen Boden ein blutiges Rinnsal von einer Ecke in die andere lief. Als Chall es bemerkte, hörte er sofort damit auf.

Das Wetter draußen war heute Morgen so unbarmherzig gewesen, wie man es in der letzten Januarwoche erwarten durfte. Als Thorne angekommen war, hatte der Atem der vor dem Bahnhof wartenden Fahrgäste, die nervös redend oder rauchend herumstanden, Wölkchen gebildet. Trotzdem fühlte er sich hier unten verschwitzt und unwohl, er hatte Kopfschmerzen. Als Chall in die andere Richtung schaute, zog er den Reißverschluss seiner Jacke herunter und atmete tief durch.

Selbstmord war ihm schon immer an die Nieren gegangen.

Seine erste Leiche war die einer Erhängten gewesen, und er hatte sie nie vergessen. Tatsächlich erinnerte Thorne sich an die meisten Leichen, die er in seiner Laufbahn zu Gesicht bekommen hatte. Auf jeden Fall an alle Mordopfer. Und so sehr er sich auch dagegen wehrte, an die Gesichter ihrer Mörder.

Es war eine Teenagerin gewesen, diese erste Leiche. Ein schmächtiges Mädchen, das am Ast einer Eiche im Victoria Park gebaumelt hatte. Ein zerrissenes blaues Kleid, Beine wie Streichhölzer und die schlammigen, sich berührenden Fersenkappen ihrer Turnschuhe.

Er sah sich selbst und einen Kollegen mit einer wackligen Trittleiter vor sich.

Und diesen dürren Körper, der so viel schwerer war, als er aussah.

»Und, was meinen Sie?«, fragte Chall.

In vielerlei Hinsicht konnte er mit Morden besser umgehen, denn die Fragen waren immer dieselben. Wer hatte es getan, warum und, vor allem: Wie würde er den Täter aufspüren? Die Fragen, die durch einen Selbstmord aufgeworfen wurden, setzten

Thorne weit mehr zu, denn in neun von zehn Fällen blieben sie unbeantwortet.

»Bitte?«

»Sollen wir den Fall den Kollegen überlassen?« Der Detective deutete mit dem Kopf zum Ausgang. »Uns verabschieden …?«

»Wissen wir irgendetwas über die Tote?«

Chall öffnete den Mund, schloss ihn aber gleich wieder. »Nein, aber wenn Sie mehr wissen wollen, dürfte das nicht allzu lange dauern.« Wieder hob er den Plastikbeutel hoch. »Immerhin wissen wir, wer sie ist.«

Jetzt entdeckte Thorne mehrere Kreditkarten, eine Oyster Card und einen blutbefleckten Führerschein. Er beugte sich näher heran, griff nach dem Beutel und schob ihn so zurecht, dass er das Passbild erkennen konnte. Im Gesicht der Frau meinte er die Andeutung eines Lächelns zu erkennen. »Okay, es kann nicht schaden, ein bisschen herumzufragen.«

»Wirklich?« Challs Gesichtsausdruck verriet sofort, dass er ihre Arbeit an diesem Fall für getan hielt. Ein Todesfall, der zwar plötzlich eingetreten, aber nicht verdächtig war. Es bestand ebenso wenig Anlass, einen näheren Blick auf das Leben der Frau im Leichensack zu werfen, wie bei dem alten Mann in seinem Sessel in Wood Green. Er trat näher. »Haben Sie irgendeinen Anhaltspunkt für etwas Verdächtiges?«

Thorne schüttelte den Kopf.

»Ist mir was entgangen?«

Ein kleines Stück von ihnen entfernt kletterten zwei Männer auf den Bahnsteig. Dann drehten sie sich um, um ihren Kollegen hochzuhelfen. Zum hundertsten Mal verkündete eine durch den Lautsprecher verzerrte Frauenstimme, dass der Bahnhof bis auf Weiteres gesperrt blieb.

»Ich meine, die Videoaufnahmen waren ziemlich eindeutig.«

Chall schaute zu der Kamera, die hoch oben über dem Ende des Bahnsteigs montiert war. »Niemand war auch nur in ihrer Nähe.«

»Ich will bloß ... später noch ein bisschen herumstöbern, das ist alles.«

»Wie Sie wollen, Chef.«

Thorne machte sich auf den Weg zum Stationsbüro, um zu sehen, ob er ein paar Worte mit dem Fahrer wechseln konnte. Und wenn er schon dort war, konnte er vielleicht auch ein paar Aspirin schnorren. Er trat beiseite, um zwei Männer mit einer fahrbaren Krankentrage vorbeizulassen, und dachte über etwas nach, das Chall gesagt hatte.

Niemand in ihrer Nähe ...

ZWEI

Sarah sitzt am Küchentisch, den sie eine Stunde zuvor gewachst und poliert hat, und betrachtet die Frau ihr gegenüber, die den Karottenkuchen verputzt, als hätte sie einen Monat lang nichts zu essen bekommen. Die Frau – Karen, wobei die erste Silbe wie *car* ausgesprochen wird – summt vergnügt vor sich hin und tupft sich den Mund mit einer der Servietten ab, die Sarah nach dem Polieren des Tischs extra noch gebügelt hat.

»Oh. Mein. Gott.« Die Frau lässt ihre Hände flattern, als hätte der einzigartige Geschmack sie vorübergehend der Kontrolle über ihre Gliedmaßen beraubt.

»Schön, dass er Ihnen schmeckt.«

Die Frau schluckt. »Haben Sie den selbst gemacht?«

Manche Dinge sind es nicht wert, dass man ihretwegen schwindelt. »Sainsbury's, fürchte ich. Ich wünschte, ich hätte Zeit zum Backen.«

»Wem sagen Sie das.« Der Blick der Frau fällt auf den in einer

Ecke zusammengeschobenen Haufen mit Legosteinen und die herumliegenden DVDs: *Dino Man* und *Coco – Der neugierige Affe.* »Der Tag hat nur vierundzwanzig Stunden, stimmt's?«

Sarah nickt lächelnd, doch für einen kurzen Moment hat sie so etwas wie Missbilligung in der Miene der Frau entdeckt. Eine Grimasse, die sie nicht ganz unterdrücken konnte und die zu sagen schien, dass es – Stress hin oder her – für Schludrigkeit einfach keine Entschuldigung gibt.

Vor allem, wenn man Gäste hat.

»Es ist lächerlich, oder?« Die Frau streicht sich die Haare aus dem Gesicht und pickt dann die Krümel von ihrem Teller. »Man setzt die Kinder ab, dann gleich zurück ins häusliche Chaos, mit Glück ein schnelles Mittagessen. Und ehe man weiß, wie einem geschieht, ist es schon wieder Zeit, die kleinen Plagegeister abzuholen.«

»Ist schon schwer genug, wenn man nur einen davon hat.«

»Klar, natürlich.« Die Frau leckt sich die Finger ab. »Ganz zu schweigen vom Hund, den man bei Wind und Wetter ausführen muss …«

Sarah nickt und nimmt einen Schluck Kaffee.

Über die Hunde haben die beiden sich kennengelernt, vor vierzehn Tagen oder so, im Park am Ende der Straße. Sarah schleifte ihren dummen alten Mischling um den See herum und begegnete dabei Karen, die mit großem Getue ihren kläffenden Cockapoo ausführte. Die Hunde beschnüffelten gegenseitig ihre Hinterteile, während die Frauen sich auf zivilisiertere Weise bekannt machten.

Ja, es ist wirklich *schön heute, nicht wahr? Ich wünschte nur, die Stadt würde sich um den Müll kümmern und um die Jungs, die auf den Bänken Gras rauchen. Allein der Geruch. Ach du Scheiße, Monty jagt schon wieder den Enten nach, ich werd mal lieber rennen …*

Am nächsten Tag noch ein bisschen mehr Geplauder, ein paar gemeinsame Spaziergänge, und jetzt sitzen sie hier.

Kaffee und Kuchen, alles wunderbar.

»Ich glaube, meine beiden sind ein bisschen älter als Ihrer, oder?«

»Ja, er ist erst sechs.«

»Oh, tut mir leid, ab da wird's nur noch schlimmer. Dreckige Fußballklamotten in sämtlichen Zimmern, die Hausaufgaben und was weiß ich noch alles. Können Sie sich drauf freuen.«

Sarah lacht und verdreht die Augen, weil es ihr passend erscheint. »Wo gehen Ihre zur Schule?«

»St Mary's. Ich glaube, die ist sehr gut. Sie sollten Ihren Jungen dort rechtzeitig anmelden.«

Karens Kinder gehen nicht auf dieselbe Schule wie Jamie. Es wäre ihr ein wenig unangenehm gewesen, aber sie wäre damit zurechtgekommen. Solche Situationen hat sie schon mehrmals erlebt und sie irgendwie immer gemeistert. Improvisieren ist inzwischen eine ihrer Stärken.

Die Frau hat sich ihr Handy geschnappt und scrollt eifrig herum. Ohne den Blick vom Display zu nehmen, greift sie nach ihrer Handtasche und sagt: »Gott, in einer Stunde muss ich sie abholen, es wird Zeit.« Sie hebt den Kopf und lächelt. »Es war *wirklich* schön, Sarah.«

»Hat mich gefreut, dass Sie kommen konnten.«

»Nächstes Mal bei mir, ja?«

»Wunderbar.« Sarah lacht. »Und keine Sorge, ich erwarte keinen selbst gebackenen Kuchen.«

Die Frau fällt in ihr Lachen ein, und es klingt wie ein kratziges Bellen. »Gut, Sie werden auch keinen bekommen.« Dann steht sie auf und wirkt so selbstzufrieden, als sei ihr gerade eine wunderbare Idee gekommen. »Warum kommen Sie stattdessen nicht einfach zum Abendessen? Sie wissen schon, Sie und Ihr …«

»Ich habe keinen Irgendwas«, erwidert Sarah.

»Oh, ach so.«

»Geschieden.« Sarah nimmt den leeren Teller der Frau und stellt ihn auf ihren eigenen. »Auf der Suche.«

»Na, ich hoffe, Sie haben Ihren Ex um den letzten Penny gebracht.« Die Frau schaut sich um. »Schätze, das haben Sie.«

»Ich habe mein Bestes gegeben«, sagt Sarah.

»Wie auch immer.« Karen nimmt ihren Mantel und geht Richtung Tür. »Kaffeetrinken ist auch schön. Für mich jedenfalls, wenn Sie einverstanden sind.«

Sarah lächelt.

Natürlich, denkt sie. *Man kann eine einsame alleinstehende Frau doch nicht zum Abendessen einladen, oder? So was sollte man tunlichst vermeiden. Es wäre für alle Beteiligten bloß unangenehm und peinlich.*

»Dann bis bald im Park.«

»Auf jeden Fall«, sagt Sarah.

»Ich bin die, die einem renitenten Cockapoo hinterherläuft und haufenweise Scheiße aufsammelt.«

Sarah macht einen Schritt auf sie zu, doch die Frau wedelt gnädig mit der Hand und legt sie dann ihrer Gastgeberin auf den Arm. »Seien Sie nicht albern, ich finde schon allein raus. Ich lasse Sie in Ruhe aufräumen.«

Den Weg zur Schule würde sie wahrscheinlich im Schlaf finden. Links auf die Hauptstraße, dann der Schleichweg zur U-Bahn-Station und geradeaus an den vornehmen Häusern vorbei, an der kleinen Wiese und dem überteuerten Lokal, im dichten Verkehr, in dem sie alle paar Hundert Meter zwischen überdimensionierten SUVs zum Stehen kommt.

Ein bisschen schämt sie sich wegen ihres Kleinwagens.

Das Parken in Brooklands Hill ist jedes Mal die Hölle. Die wütenden Gesten und das unablässige Hupen, mit denen ein Bataillon schwarz glänzender Chelsea-Traktoren um einen Parkplatz möglichst nah an der Schule kämpft. Sarah hat keine Lust darauf. Hin und wieder schießt jemand, der nicht weiß, wie man einen Blinker betätigt, gerade im richtigen Moment aus der idealen Parklücke hervor, doch Sarah fährt weiter und überlässt sie dem Wagen hinter ihr. Viel lieber parkt sie in einer der etwas weiter entfernten Straßen.

Sie stellt den Wagen ab, geht die Strecke in ein paar Minuten zurück und winkt auf dem Weg zur Schule ein oder zwei bereits wartenden Eltern zu. Eine Frau namens Savita spricht sie sofort an.

»Schon wieder die verdammten Läuse.«

»Oh Gott. Arjun?« Sarah kann sich die Namen der anderen Kinder gut merken.

»Bisher noch nicht, ist aber nur eine Frage der Zeit. Anscheinend gehen sie um. Am besten schaust du dir Jamie mal gründlich an.«

»Das mach ich.«

»Mir wird schon übel, wenn ich nur daran denke.«

»Vielleicht betrifft es nur eine Klasse.«

»Keine Chance. Die breiten sich aus wie die verdammte Pest …«

Inzwischen ist Heather – eindeutig eine der netteren Mütter – eingetroffen, gleich danach kommt David, ein alleinerziehender Vater. Alle begrüßen sich mit Luftküssen, wie Schauspieler vor einer Premiere.

»Ich hab Sarah gerade erzählt, dass die Läuse umgehen«, sagt Savita.

David hat praktisch keine Zeit zu reagieren, da seine Tochter schon durchs Tor gerannt kommt, gefolgt von Savitas Sohn Arjun.

Sarah schaut an ihnen vorbei zur Schule und schüttelt den Kopf. »Lässt sich mal wieder Zeit.«

Sie und Heather verabschieden sich von David und Savita, die ihre Kinder zu den Autos bugsieren. Kaum sind sie weg, rauscht eine Frau namens Caroline heran, schick zurechtgemacht wie immer. Wenn Sarah Zeit hat, gibt sie sich vor dem Aufbruch zur Schule ein bisschen Mühe mit ihrem Äußeren, aber mehr als Schminken und Ugg-Boots kommt nicht infrage. Caroline beginnt schon zu reden, ehe die anderen auch nur Hallo sagen können.

»Dieses dämliche Meeting hat wieder länger gedauert. Das macht mich wirklich sauer, die wissen doch, dass ich losmuss.«

»Keine Panik«, sagt Sarah. »Jacob ist noch nicht rausgekommen.«

»Außerdem hab ich noch einen ganzen Berg Papierkram abzuarbeiten, wenn ich nach Hause komme.«

Caroline ist ein klein wenig selbstverliebt, sie kann gar nicht aufhören, von ihrem anspruchsvollen Job als persönliche Assistentin von diesem oder jenem zu reden, davon, dass sie es *gerade so* schafft, Karriere und Kind unter einen Hut zu bringen. Nach dem wenigen, was Sarah von ihrem Sohn Jacob mitgekriegt hat – er prahlt fast genauso gern wie seine Mutter –, ist der Apfel nicht allzu weit vom Stamm gefallen.

Heather zwinkert Sarah zu. »Das kommt davon, wenn man alles auf einmal will, Caroline«, sagt sie.

Sarah grinst Heather an. »Leb deinen Traum.«

Dann unterhalten sich Heather und Caroline über einen geplanten Quizabend in der Schule, zu dessen Vorbereitung sie sich haben breitschlagen lassen. Ein Mikrofon muss organisiert werden, das Catering und die Preise für die Gewinner. Sarah ist froh, dass sie damit nichts zu tun hat. Sie war noch nie der Typ für Feste, Spendenaktionen, Komitees und solche Sachen.

Was in Ordnung ist, denn die Menschen sind nun mal verschieden.

Auch wenn sie selten in einem Gespräch den Ton angibt, genießt Sarah diesen Teil des Tages, wenn sie hier vor dem Tor warten und mit einem Haufen anderer Eltern quatschen kann. Heather und Savita mag sie richtig gern. Und dann gibt es noch einen ziemlich attraktiven Dad, Alex, mit dem sie hin und wieder ein bisschen flirtet, und eine Frau namens Sue, die sie einmal in eine faszinierende Diskussion über die Aussagekraft von polizeilichen Führungszeugnissen verstrickt hat.

Eine bunte Mischung.

Die meisten sind freundlich, sie haben ihr das Gefühl gegeben, willkommen zu sein, als Jamie neu an die Schule kam. Auch wenn die eine oder andere – sie wirft einen kurzen Blick auf Caroline – ihr manchmal etwas ... unangenehm erscheint, genießt sie das Geplänkel, die Lästereien und das alberne Geplauder.

Als sämtliche Aufgaben für den Quizabend verteilt sind, tritt Sarah zum Tor, wirft einen letzten hoffnungsvollen Blick in Richtung Schulgebäude und sagt: »Ich schätze, ich muss reingehen und ihn suchen. Mal wieder!«

»Mach dir nichts draus, meiner ist genauso«, muntert Heather sie auf.

»Schick Jacob raus, wenn du ihn siehst«, sagt Caroline, die mit ihrem Handy beschäftigt ist.

Von mitfühlenden Äußerungen begleitet, tritt sie durchs Tor und überquert den Schulhof. Sie lächelt den herauskommenden, dick in Mützen und Mäntel eingepackten Kindern zu, grüßt nickend verschiedene Lehrer, öffnet die Schultür und tritt ein.

Für einen Moment schließt Sarah die Augen.

Die Wärme und der Geruch.

Hier fühlt sie sich am sichersten, hier fühlt sie sich wie ein *Teil* von etwas.

DREI

Mary Fulton wohnte in einem kleinen Haus in einer Seitenstraße der Shoot-Up Hill, nicht weit von der U-Bahn-Station Kilburn. Thorne klopfte und wartete frierend vor der Haustür. Er war dankbar, dass die Todesnachricht bereits überbracht worden war, dass die beiden Streifenpolizisten, die gestern als Erste am Fundort der Leiche gewesen waren, Fulton schon vom Selbstmord ihrer Schwester in Kenntnis gesetzt hatten.

Wie üblich hatten die Uniformierten die Arschkarte gezogen.

Als die Tür sich schließlich öffnete, zückte Thorne seinen Dienstausweis und stellte sich vor. »Herzliches Beileid«, sagte er und hoffte, die Frau würde ihm nicht anmerken, wie überrascht er war. Sie wirkte deutlich älter, als er erwartet hatte. Doch wie üblich verriet ihn seine Miene sofort.

»Pip war zwanzig Jahre jünger als ich«, sagte Mary. Sie schüttelte den Kopf und brachte ein dünnes, trauriges Lächeln zustande. »Sie nannte sich immer ›den Unfall‹.« Die Frau war schätzungsweise Ende sechzig und hatte sich das graue Haar modisch kurz schneiden lassen. Sie trug einen langen Rock mit Schottenkaros und eine dunkle Strickjacke über einer weißen Bluse. Ihr Lächeln verschwand, und sie begann, an ihrer silbernen Halskette herumzuspielen. »Das klingt jetzt richtig schrecklich, oder?«

»Na ja …«

»Wobei das gestern natürlich kein Unfall war.«

»Nein.«

»Eher das genaue Gegenteil.«

Thorne schaute über ihre Schulter hinweg ins Haus und sah eine jüngere Frau aus einem Zimmer treten. Sie blickte zu ihm herüber, verschwand dann aber in einem anderen Raum. »Ich würde gern einen Blick in die Wohnung Ihrer Schwester werfen«, sagte er.

»Oh.« Mary wirkte überrascht. »Brauchen Sie dazu meine Erlaubnis?«

»Um ehrlich zu sein, bin ich nicht ganz sicher«, sagte Thorne. Wäre Philippa Goodwin ermordet worden, würde es bei ihr zu Hause längst von Polizisten und Kriminaltechnikern wimmeln. Doch wenn es um Selbstmord ging, gab es keine klaren Vorschriften. »Trotzdem wär mir wohler, wenn Sie es mir gestatten würden.«

»Dann … ja, warum nicht?«

»Vielen Dank.«

»Irgendwann muss ich sowieso mal zu ihr rüber.« Sie wandte sich kurz ab, als hätte sie etwas abgelenkt. »Um ihre Sachen zu sortieren.«

Thorne griff in die Tasche und zog einen Schlüsselbund hervor, der – den Hygiene- und Sicherheitsvorschriften für den Umgang mit blutverschmierten persönlichen Gegenständen entsprechend – gründlich desinfiziert worden war. »Sie hatte die hier bei sich.«

»Oh.« Zögernd streckte Mary den Arm aus. Thorne legte ihr die Schlüssel auf die Handfläche, und sie schloss langsam die Faust darum.

»Ehrlich gesagt habe ich gehofft, Sie würden mit mir kommen«, sagte er.

»Wirklich?«

»Natürlich nur, wenn Sie sich dazu in der Lage fühlen.« Er sah, wie die Frau ihre Faust öffnete, auf die Schlüssel ihrer toten Schwester blickte und mit den Fingern über den ledernen Anhänger strich. »Auf dem Weg würde ich mich gern mit Ihnen über Philippa unterhalten. Aber auch das natürlich nur, wenn es Ihnen recht ist.«

»Kann meine Tochter mitkommen?« Sie drehte sich zu der jüngeren Frau um, die wieder im Hausflur aufgetaucht war. »Seit wir die Nachricht erhalten haben, ist sie die ganze Zeit bei mir gewesen.«

»Natürlich.« Thorne sah, wie die beiden Frauen einen Blick wechselten. Die jüngere wirkte etwas widerwillig, signalisierte dann aber mit einem Achselzucken ihre Zustimmung.

»Geben Sie uns fünf Minuten«, sagte Mary Fulton.

Auf der Fahrt Richtung Tufnell Park saß die ältere Frau überwiegend schweigend auf dem Beifahrersitz von Thornes BMW, während ihre Tochter auf der Rückbank deutlich gesprächiger war. Ihre ausdruckslose Stimme deutete allerdings darauf hin, dass sie in erster Linie das Schweigen nicht auszuhalten schien. Thorne sah im Rückspiegel ihre roten, verquollenen Augen und vermutete, dass sie das Reden dem Weinen vorzog.

»Das ist ein schönes Auto«, sagte sie.

»Früher hatte ich ein älteres Modell. Das war noch viel schöner.«

»Polizisten scheinen deutlich mehr zu verdienen, als ich dachte.«

»Der hier war gebraucht.« Thorne bremste an einer Ampel und warf einen Blick in den Spiegel. »Ziemlich gebraucht.«

»Verstehen Sie mich nicht falsch. Ich sage nicht, dass Polizisten nicht gut bezahlt werden *sollten*. Ich meine, es ist ein schrecklicher Beruf, oder? Grässlich. Menschen in den schlimmsten Situationen zu sehen, all die entsetzlichen Dinge und die ... Opfer. Ich kann mir kaum vorstellen, dass einen das alles nicht verändert, Tag für Tag aufs Neue, dass es keine unangenehmen Auswirkungen hat ... und ich kann mir *wirklich* nicht vorstellen, dass jemand diese Arbeit mag.« Sie lockerte ihren Sicherheitsgurt und beugte sich vor. »Mögen *Sie* Ihren Job?«

Thorne fuhr wieder an, und Mary drehte sich zu ihrer Tochter um.

»Ich weiß nicht, ob das –«

»Ich frage doch bloß.«

»Schon in Ordnung«, sagte Thorne.

»So ist sie immer, auch wenn's ihr gut geht«, stellte Mary fest.

»Das ist nicht fair.«

»Und jetzt …« Mary packte die schwarze Handtasche auf ihrem Schoß noch fester. »Sie wissen schon, wo sie so aufgeregt ist …«

Thorne suchte Ellas Blick im Rückspiegel. »Standen Sie Ihrer Tante nahe?«

Ella lehnte sich ruckartig zurück und schüttelte den Kopf. »Was ist das für eine Frage?«

»Tut mir leid«, sagte Thorne.

»Mein Gott …«

»Es war eine dumme Frage.«

»Sie standen sich sehr nahe«, erklärte Mary.

Eine halbe Minute lang herrschte peinliches Schweigen, bis Ella seufzte und zu sprechen begann, als redete sie mit sich selbst. »Sie war für mich eher beste Freundin als Tante. Sie war ja nur ein paar Jahre älter als ich …«

Schweigend erreichten sie Chalk Farm, wo Thorne eine Reihe von Schleichwegen nahm, die er gut kannte, und schließlich auf die Kentish Town Road bog, gerade mal zwei Minuten von seiner eigenen Wohnung entfernt. Es hatte zu regnen begonnen, sodass sie noch schleppender vorankamen als gewöhnlich. Der dichte Verkehr hätte in jedem anderen Teil des Landes der abendlichen Rushhour Ehre gemacht.

»Ich hoffe, Sie verzeihen mir die Frage«, nahm Thorne das Gespräch wieder auf, »aber haben Sie irgendeine Vorstellung, was Philippa dazu gebracht haben könnte, sich das Leben zu nehmen?«

Erneut machte sich lähmende Stille breit. Die Spannung war greifbar. Thorne schaute in den Spiegel und sah, wie Ella mit ausdrucksloser Miene auf die langsam vorbeiziehenden Geschäfte und Passanten starrte, die mit grimmigen Gesichtern durch den Regen huschten. Als ein Fahrer vor ihnen hupte, zuckte Mary auf dem Beifahrersitz zusammen.

»Willst du es ihm sagen?«, fragte sie ihre Tochter. »Oder soll ich es tun?«

Ella reagierte nicht.

»Was denn?« Thorne wartete.

Die junge Frau auf der Rückbank schüttelte den Kopf. »Ich bin mir nicht sicher –«

»Komm schon.« Mary drehte sich zu Ella um. »Wir reden um den heißen Brei herum, seit wir erfahren haben, was passiert ist. Du weißt genauso gut wie ich, was Pip durchgemacht hat.« Sie schlug energisch auf die Rückenlehne ihres Sitzes. »Ella …?«

Ella blies die Wangen auf, ließ die Luft entweichen und beugte sich zu Thorne. »Es gab einen Mann, mit dem sie sich getroffen hat.«

»Ich wüsste ein paar passendere Bezeichnungen für ihn«, platzte Mary heraus.

»Es hat kein gutes Ende genommen.«

»Hat er sie sitzen gelassen?«, fragte Thorne.

Mary schnaubte. »So kann man es ausdrücken.«

»Pip war extrem unglücklich«, sagte Ella. »Die ganze Sache hat sie ziemlich hart getroffen.«

Mary drehte sich auf ihrem Sitz, sodass sie Thorne voll im Blick hatte. »Also, ich kann Ihnen nicht nur sagen, *warum* meine Schwester vor diesen Zug gesprungen ist, ich kann Ihnen auch den Namen des Mannes nennen, der dafür verantwortlich ist.«

VIER

»Also dann«, murmelte Mary und öffnete die Tür zum Haus, in dem Philippa Goodwin gewohnt hatte. Der Regen hatte nachgelassen. Ella trat ein Stück vor und hängte sich bei ihrer Mutter ein. Dann gingen sie zusammen hinein.

»Warum ist sie den ganzen Weg bis Highgate gegangen?« Die Frage schien Mary besonders umzutreiben. Sie drehte sich um und streckte den Finger aus. »Gleich dort um die Ecke ist eine Haltestelle.«

»Ich schätze, das werden wir niemals erfahren«, sagte Thorne.

Sie wollte sich wahrscheinlich etwas Zeit verschaffen, um es sich doch noch anders überlegen zu können, dachte er. Oder um all ihren Mut zusammenzunehmen.

Als Mutter und Tochter die Post vom gefliesten Fußboden aufgehoben hatten, folgte er ihnen in die Diele. Eine Auswahl farbenfroher Hüte und Schals hing aufgereiht über einem großen Spiegel. Darunter lehnte ein glänzendes schwarzes Fahrrad an der Wand, das Schloss ordentlich aufgerollt im Korb. Thorne sah, wie Mary im Vorbeigehen über den Sattel strich.

In der Wohnung war es warm, und aus der Etage darüber war Folkmusik zu hören. Thorne glaubte, den Geruch von Karamell wahrzunehmen, oder von Vanille. Er schaute sich um und bemerkte auf einem niedrigen Tisch einen dieser gläsernen Raumduft-Diffusoren mit Stäbchen.

»Nur Werbung«, sagte Ella und ließ die Post auf den Tisch fallen.

Thorne wusste über Londoner Hauspreise eigentlich nur, dass sie aberwitzig hoch waren. Er fragte sich, wie eine Universitätsdozentin in der Lage gewesen war, sich eine solche Wohnung – das komplette Erdgeschoss eines großen Reihenhauses in Tufnell Park – zu leisten. Als sie ins Wohnzimmer traten, wusste Mary seinen Gesichtsausdruck einmal mehr zu deuten.

»Unseren Eltern ging es ziemlich gut«, erklärte sie. »Großes

Haus in Hampstead und so weiter. Als sie starben, konnte ich mit dem Erbe die Hypothek abzahlen und Pip diese Wohnung hier kaufen.« Sie deutete mit dem Kopf auf ihre Tochter. »Und Ella konnte sich auch etwas zulegen.«

»Muss ja ein riesiges Haus gewesen sein, das Ihrer Eltern«, bemerkte Thorne.

»Eigentlich nicht.« Ella trat an eines der Fenster und zog ein Rollo hoch, hinter dem ein nicht allzu kleiner Garten zum Vorschein kam.

»Tatsächlich blieb am Ende immer noch eine Menge übrig«, sagte Mary. »Genug, damit wir alle etwas für schlechtere Zeiten zurücklegen konnten.«

Thorne nickte. Zur Not hätte das Familienvermögen der Goodwins wohl auch ein paar vergoldete Regenschirme hergegeben.

Ella ließ sich seufzend auf ein altmodisches Sofa fallen, eines von verschiedenen Möbeln, die auf lässig-kunstvolle Weise nicht zueinander passten. Seit sie von ihrer Erbschaft sprachen, wirkte ihre Miene nicht mehr kummervoll, sondern eher mürrisch. »Meine Wohnung ist übrigens nicht ganz so hübsch wie diese hier. Ich meine, sie ist ein bisschen größer, liegt aber in einem nicht ganz so schönen Viertel.«

Im Stillen fragte sich Thorne, warum so viele Leute mit Geld – vor allem die, denen es in den Schoß gefallen war – deshalb Verlegenheit oder gar Scham zu empfinden schienen und einem wortreich versicherten, dass es ihnen nichts bedeute, dass sie sich nicht über materiellen Wohlstand definierten.

Dass der Reichtum sie nicht verdorben hatte.

Er schaute sich um und warf hin und wieder einen Blick auf Ella.

»Wonach suchen Sie?«, fragte Mary.

»Ehrlich gesagt weiß ich das selbst nicht«, räumte Thorne ein.

Der Holzfußboden war fast komplett unter mehreren ausgeblichenen Teppichen versteckt, und an den Wänden hingen scheinbar wahllos zusammengewürfelt gerahmte Drucke, Bleistiftzeichnungen, mediterrane Landschaften, Plakate von Ausstellungen und Filmfestivals. Auf praktisch sämtlichen verfügbaren Flächen waren Zeitschriften verstreut, Bücher lagen neben einem zugestaubten Computer und füllten ein die ganze Raumhöhe einnehmendes Regal am Fenster. Er trat näher, um einen Blick darauf zu werfen. Von einzelnen Autoren hatte er gehört, aber nie etwas gelesen. Ein erkennbares Ordnungsprinzip schien es nicht zu geben – Belletristik stand neben Sachbüchern, gebundene Ausgaben neben Taschenbüchern. Unwillkürlich dachte er, dass mindestens eine Person, die er kannte, empört auf dieses willkürliche System, dieses Chaos reagieren würde.

»Er sucht nach einem Abschiedsbrief«, sagte Ella.

»Oh«, entfuhr es Mary. Sie nahm ihrer Tochter gegenüber auf einem alten Ledersofa Platz. »Ja, wahrscheinlich hat sie einen hinterlassen. So machen es die meisten, nicht wahr?«

Über einen Abschiedsbrief Philippa Goodwins wäre Thorne in der Tat ausgesprochen froh gewesen, hätte er doch ein paar Antworten gegeben. Doch er hegte keine große Hoffnung. »Nein«, sagte er, »das ist eher die Ausnahme«.

Tatsächlich hinterließ die Mehrheit derer, die sich das Leben nahmen, keine schriftliche Erklärung. Das gehörte zu den vielen Mythen über solche Fälle. Thorne wusste auch, dass die meisten Selbstmorde nicht in der Weihnachtszeit oder zwischen drei und vier Uhr morgens begangen wurden. Und dass sich zwar aufs Jahr gesehen mehr Männer als Frauen umbrachten, dass die Frauen es aber häufiger versuchten.

Er wusste, so dachte er, eigentlich viel zu viel darüber.

Thorne ging in den angrenzenden Raum und stellte fest, dass der leicht chaotische Zustand des Wohnzimmers in auffälligem Kontrast zur Ordnung in der kleinen Küche stand. Entweder hatte sich Philippa in den Tagen vor ihrem Tod zu Hause keine Mahlzeiten zubereitet, oder sie war der Überzeugung gewesen, dass Sauberkeit und Ordnung an manchen Orten wichtiger waren als an anderen. Ein schneller Blick ins Bad bestätigte die zweite Theorie.

In der Tür zum Wohnzimmer stehend bat er die beiden Frauen: »Erzählen Sie mir ein bisschen mehr über den Mann, von dem Sie im Wagen gesprochen haben.«

»Er heißt Patrick Jennings. Ich glaube, sie hat ihn vor ungefähr drei Monaten kennengelernt«, sagte Ella.

»Eher vor vier.« Mary beugte sich vor. »Im Pub, nach irgendeiner Uni-Veranstaltung.«

»Er machte einen netten Eindruck«, sagte Ella.

Mary schüttelte den Kopf.

»Jedenfalls am Anfang.«

»Dann sind Sie ihm mehrmals begegnet?«, fragte Thorne.

»Ja, Pip zeigte ihn gern herum«, sagte Mary. »Sie war vorher ziemlich lange allein.«

»Er war charmant.« Ella schaute zu ihrer Mutter hinüber. »Das musst du zugeben. Ich meine, ich kann verstehen, was Pip an ihm gefiel. Ein richtiger Silberrücken, hat sie gesagt.«

Mary verzog den Mund. »Ja, er … ist auf elegante Art ergraut.« Sie sprach mit offenkundiger Abscheu, als würde sie eigentlich etwas sagen wie *krankhaft adipös, mit dem Atem eines syphilitischen Hundes*.

»Wahrscheinlich haben Sie kein Foto von ihm?«

Ella verneinte.

»Ich hatte den Eindruck, dass Patrick sich nicht gern fotografieren ließ«, sagte Mary. »Ich wollte ein Bild machen, als Pip und er einmal zum Abendessen kamen. Ich weiß noch, dass er nicht begeistert war.«

Ella nickte. »Manche Menschen sind einfach so.«

Thorne spürte ein Kribbeln im Nacken, für einen kurzen Moment schien ihm etwas über die feinen Härchen zu streichen.

»Aber ich bin sicher, dass es auf Pips Handy ein paar Fotos von ihm gibt. Haben Sie das Handy noch?«

Thorne nickte und erinnerte sich an den Anblick des Telefons in Challs Plastikbeutel, an das blutverschmierte Display. Er wusste nicht, ob das Gerät überhaupt noch funktionierte, und selbst dann war es wahrscheinlich gesperrt. Er nahm sich vor, einen Kollegen aus dem Technikerteam zu bitten, es für ihn zu checken, bloß um seine Neugier zu befriedigen.

»Was glauben Sie, warum er mit ihr Schluss gemacht hat?«

»Er hat nicht Schluss gemacht«, sagte Ella. »Er hat sie geghostet.«

Thorne hatte den Begriff schon einmal gehört, doch Mary schien verwirrt.

»Er ist irgendwann einfach verschwunden und hat jeglichen Kontakt abgebrochen.« Ella beugte sich zu ihrer Mutter. »Er hat keine Anrufe oder SMS mehr beantwortet, so als hätte er nie existiert. Wie ein *Geist*, Mum.«

Mary nickte. »Verstehe. Na, egal wie man es heute nennt, es war auf jeden Fall ein Schock. Gerade noch sind er und Pip ein Herz und eine Seele und reden davon, zusammen eine Firma gründen zu wollen. Und im nächsten Augenblick habe ich sie weinend am Telefon.«

Wieder spürte Thorne dieses Kribbeln. »Was für eine Firma?«

»Etwas mit Computern, glaube ich.« Ella schaute zu ihrer Mutter hinüber. »Videos?«

»Unterrichtsmittel«, erklärte Mary. »Sie wollten Vorlesungen online stellen, damit die Studenten sie sich anschauen können. Pip hielt es für eine tolle Idee.«

»Die Idee ist ja auch wirklich gut«, sagte Ella. »Schade nur, dass sie sich getrennt haben, bevor sie richtig loslegen konnten.«

»Ja, schade.« Mary wartete, bis Ella sich abgewandt hatte, dann schaute sie Thorne an und riss die Augen auf, als wolle sie wortlos einen Verdacht zum Ausdruck bringen, dem ihre Tochter sich offenbar nicht stellen wollte. »Ich schätze, wir sollten anfangen zu überlegen, was wir mit all den Sachen anfangen.« Mary warf einen Blick ringsum und klammerte sich an ihre Handtasche. Plötzlich standen ihr die Tränen in den Augen. »Pip hatte so viel Zeug …«

Thorne erklärte, er werde sie natürlich gern nach Hause fahren. Er wolle im Auto warten und sie für ein paar Minuten allein in der Wohnung lassen.

»Das ist sehr nett«, sagte Mary.

Thorne schloss die Tür hinter sich und ging schnell zum Wagen, da der Regen jeden Moment wieder stärker zu werden drohte. Noch im Gehen wählte er Nicola Tanners Nummer.

»Kannst du mir einen Gefallen tun?«

»Sag mir erst, worum es geht«, erwiderte Tanner.

»Würdest du für mich einen schnellen Blick auf Philippa Goodwins Finanzen werfen? Kontoauszüge, Kredite, was auch immer.«

»Der Selbstmord?« Tanners Tonfall erinnerte ihn an den von Chall am Tag zuvor. Sie wollte wissen, warum Thorne einem Todesfall nachging, dessen Untersuchung ihn, streng genommen, nichts anging.

»Es wird dich keine fünf Minuten kosten«, sagte Thorne.

»Wie viel Zeit es mich kostet, ist mir schon klar«, erwiderte Tanner. »Aber das ist nicht der Punkt, oder?«

»Ich war bloß gerade in ihrem Haus, und –«

»Gibt es ein Problem, Tom?«

»Eigentlich nur mit der Ordnung in ihrem Bücherregal.« Thorne entriegelte den BMW. »Du würdest einen Nervenzusammenbruch kriegen.«

FÜNF

Es ist nicht so, als herrschte um Brooklands Hill herum ein Mangel an Cafés, doch kaum war Sarah Teil der morgendlichen Elternbrigade geworden, hatte sich gezeigt, welches Etablissement deren Meinungsmacher bevorzugten. Wie auf den Hauptstraßen der allermeisten Stadtviertel finden sich auch hier zwei Filialen der bekannten Coffeeshop-Ketten, dazu eine Bäckerei, die einen anständigen Café Latte im Angebot hat. Und doch würde *HazBeanz* immer die erste Wahl bleiben. Der Kaffee ist gut, *natürlich*, das Essen bekommt enthusiastische Kritiken, und die Einrichtung ist wie zu erwarten etwas … verschroben. Nicht zueinander passende Metalltische und freigelegte Ziegelmauern. Der Laden ist freundlich, auf nette Weise unkonventionell, vor allem aber unabhängig, was natürlich zwangsläufig etwas über die Kundschaft aussagt.

Es sagt der Welt, dass *sie*, die Kunden, unabhängig sind, dass sie nicht auf Marken achten und ihr Bestes tun, um die Geschäftswelt vor Ort zu unterstützen. Es zeigt, dass sie eine bewusste Wahl treffen. Vor allem aber lässt es an der simplen Tatsache keinen Zweifel aufkommen, dass sie es sich leisten können, für ihren handgemahlenen Espresso und das extravagante Gebäck ein bisschen mehr auszugeben, und das jeden Morgen.

All das ist Sarah ziemlich egal. Sie würde sich ihren Kaffee auch an der Tankstelle holen oder, noch besser, gratis im Supermarkt, wo sie eine Kundenkarte besitzt. Letztlich trinkt sie sowieso am liebsten einen einfachen, starken Tee. Und ein Bacon-Sandwich ist ihr lieber als ein Macadamia-Muffin. In ihren Augen ist das alles irgendwie hohles Getue. Mehr Stil als Inhalt, so wie es in vielen anderen Bereichen längst alltäglich ist.

Aber das ist für Sarah nicht entscheidend. Sie will einfach mit den anderen zusammen sein.

Manchmal muss sie noch ein bisschen Zeit totschlagen und sich vor den Schaufenstern herumtreiben, denn sie kommt nicht gern als Erste. Heute allerdings sieht sie zu ihrer Freude, dass Savita, Heather und Caroline schon da sind.

An ihrem üblichen Fenstertisch.

Kaffee und Kuchen.

Small Talk …

Winkend geht sie am beschlagenen Fenster vorbei und setzt, ehe sie die Tür öffnet und eintritt, die passende Miene auf. Sie wirkt froh, die anderen zu sehen, aber natürlich, wie sie alle, auch reichlich genervt. Denn es ist wirklich ein Albtraum, die Kinder an der Schule abzuliefern. Kein Wunder, dass nachher alle ihren überteuerten Kaffee brauchen, eine süße Leckerei und die Chance, mal abzuschalten und sich ein bisschen zu entspannen.

»Ehrlich gesagt bin ich jeden Tag völlig erledigt, wenn ich Jacob endlich so weit habe«, hatte Caroline ihr einmal erzählt. »Fix und fertig. Wenn er in der Schule ist, brauche ich diesen Koffeinschub, weil ich immer noch den kompletten Arbeitstag vor mir habe.«

»Ja, ich weiß, was du meinst«, hatte Sarah mit einem mitfühlenden Nicken entgegnet und Heather einen wissenden Blick zugeworfen. »Manchmal fahre ich nach Hause und lege mich gleich wieder ins Bett.«

Caroline hatte ausgesehen, als wollte sie Sarah am liebsten ohrfeigen.

Sobald Sarah bestellt hat – einen Skinny Latte und einen Zimtbagel –, setzt sie sich an einen Einzeltisch den anderen gegenüber. Hin und wieder ist sie mutig genug, um sich zu ihnen zu setzen, aber meistens ist ihr mehr nach etwas Platz und Zeit für sich selbst. Heather bedeutet ihr mit einer Geste, sie solle ihnen Gesellschaft leisten, weil sie nett ist und wahrscheinlich genug von Caroline hat, doch Sarah schüttelt den Kopf. Sie bläst die Wangen auf, lässt die Luft ausströmen und hebt demonstrativ die Laptoptasche, die sie mitgebracht hat. Heather nickt zum Zeichen, dass sie verstanden hat, und Sarahs Lippen bilden ein stummes *Sorry*. Sie hat noch dringende Arbeit zu erledigen, das verstehen sie immer. Und wenn eine von ihnen am Tisch vorbeikommt oder sich auf ein kurzes Schwätzchen zu ihr setzt, klappt sie den Laptop zu, ehe irgendjemand sehen kann, was sie wirklich macht. Dass sie sehen, wie sie ihn zuklappt, ist nicht weiter schlimm. Alle wissen, warum sie ihre Arbeit geheim hält.

»Was machst du eigentlich genau?«, hatte Heather vor einigen Wochen gefragt.

»Ich, äh … schreibe.«

»Wirklich? Das ist ja toll.«

»Ich bin nicht besonders erfolgreich oder so was. Bloß ein paar Kurzgeschichten.«

»Ich würde so gern mal eine lesen. Ich besuche regelmäßig einen Lesekreis, wir könnten vielleicht …«

»Keine Chance.« Sarah hatte gelacht. »Ich gebe grundsätzlich niemandem, den ich kenne, meine Sachen zu lesen. Um ehrlich zu sein, fällt es mir schon schwer genug, sie den Leuten zu zeigen, die sie mir abkaufen. Nicht dass es viele wären. Außerdem schreibe ich unter Pseudonym, du brauchst dich also gar nicht erst auf die Suche zu machen.«

»Ich hab immer schon mit dem Gedanken gespielt, vielleicht selbst was zu schreiben«, hatte Heather gesagt.

»Warum tust du es dann nicht?«

»Na ja, ich glaube, es ist schwieriger, als die meisten glauben.«

»Man denkt sich bloß was aus, wirklich.« Sarah wollte das Thema abschließen. »Darin war ich schon immer gut.«

In diesem Moment klappt sie ihren Laptop auf und starrt auf den vertrauten Bildschirmschoner. Als sie aufschaut, sieht sie, dass David durch die Tür tritt. Er lächelt, als er sie entdeckt, dann geht er zur Theke, um sich etwas zu bestellen. Sie erwidert sein Lächeln, ist aber ein bisschen enttäuscht, dass Alex nicht aufgetaucht ist. Er kommt nicht regelmäßig, schaut aber ein- oder zweimal pro Woche vorbei. Wäre er heute hier, würde sie sich der größeren Gruppe, zu der er sich meist gesellt, anschließen. Die Sache hat keinen Sinn, das ist ihr schon klar. Er ist ein glücklich verheirateter Hausmann. Und doch spürt sie dieses Kribbeln, und ein kleiner Flirt tut keinem weh.

Eine kleine … Fantasie.

Sie sieht, wie David sich zu den drei Frauen am Fenster setzt. Erst jetzt registriert sie den Mann am Nachbartisch. Zumindest bemerkt sie erst jetzt, dass er sie anschaut.

War er schon hier, als sie reinkam? Sie ist sich nicht sicher.

Er beugt sich zu ihr herüber und sagt: »Entweder Sie schreiben einen schonungslosen, literarisch anspruchsvollen Roman oder …«

»Wie bitte?«

»Ich meine, auf *keinen* Fall Chick lit.«

Sie schaut ihn an.

»Oder Sie hängen bloß auf Twitter rum.«

Sie zuckt die Achseln und versucht, keine Panik aufkommen zu lassen.

Er lächelt und nimmt einen Schluck Kaffee. »Ich rate bloß.«

Er gehört definitiv nicht zu den Eltern von Brooklands Hill. Da ist sie sicher, weil sie alle vom Sehen kennt. Das ist ihr wichtig. Also kann er auch nichts von dem wissen, was sie den anderen über sich erzählt hat. Gleichzeitig aber ist sie sicher, dass sie ihn auch nicht aus einem anderen Zusammenhang kennt. Wie kann es also sein, dass er überhaupt etwas über sie weiß?

Sie spürt, wie ihr die Röte ins Gesicht steigt.

Dieses Gefühl hat sie noch nie gemocht.

»Sagen Sie mir Bescheid, wenn Sie sich entschieden haben«, sagt sie und wendet sich wieder ihrem Bildschirm zu.

»Okay, mach ich.«

Er muss ungefähr Mitte vierzig sein, denkt sie, ein paar Jahre älter als sie. Er trägt einen Anzug mit Nadelstreifen, dazu allerdings ein Hemd mit Blumenmuster, oberster Knopf offen, und eine ausgebeulte Schiebermütze. Elegant, aber lässig, voll im Trend, vermutet sie. Ein Look, an dem er wahrscheinlich sorgfältig gefeilt hat. Er trägt einen silbrigen Kinnbart und einen kleinen Ohrstecker. Hinter einer Brille mit dickem braunem Rand sind leuchtend grüne Augen zu erkennen.

»Ich muss zugeben, dass ich Mühe habe«, sagt er nach ungefähr einer Minute.

»Wie schade«, entgegnet sie.

»Um sicher zu sein, müsste ich Ihnen ein paar Fragen stellen.«

Sie schaut hinüber zum Fenstertisch und bemerkt, dass Caroline sie beobachtet. Das macht sie glücklich. Langsam klappt sie den Deckel des Laptops herunter und sagt: »Ich gebe Ihnen drei.«

»Drei?«

»Das ist ein einmaliges Angebot.«

Er nickt und lehnt sich zurück, als würde er darüber nachdenken. »Wie heißen Sie?«

Sie braucht ein paar Sekunden. »Sarah.«

»Wohnen Sie hier in der Nähe?«

»Nicht weit weg.« Sie beißt in ihren Bagel und kaut. »Noch eine Frage …«

»Dann wähle ich wohl besser eine gute.«

»Ja, das sollten Sie.«

Erneut beugt er sich vor und senkt die Stimme ein wenig. »Geben Sie jemals fremden Männern Ihre Telefonnummer?«

Sie spürt, dass sie wieder rot anläuft. Aber diesmal ist der Grund ein anderer, und es macht ihr nichts aus. »Sind Sie denn fremd?«

»Auf jeden Fall«, sagt er.

»Dann geben Sie mir Ihre.«

Er rattert eine Zahl herunter, und sie tippt die Ziffern in ihr Handy. Kurz darauf klingelt sein Telefon. Er schaut auf das Display, nickt und drückt den Anruf weg.

»Fremd, aber ehrlich«, sagt sie.

»Ist das gut?«

»Es ist okay«, sagt sie.

Danach schweigen sie, als seien sie beide zu dem Entschluss gelangt, dass genug geredet wurde. Sie schaut sich um und stellt fest, dass auch Heather und Savita sie inzwischen beobachten. Nicht schlecht. Sie genießt den Umstand, dass ausnahmsweise sie es ist, die das Thema vorgibt, dass sie ihnen Gesprächsstoff für später bietet, wenn sie die Kinder wieder aufgabeln.

Sie lächelt.

Wird sie hier gerade tatsächlich von diesem Typen angemacht?

Jedenfalls fühlt es sich so an, und sie ist selbst überrascht, wie sehr sie das freut. Es ist eine ganze Weile her.

Als der Mann aufsteht, bindet er sich ein Halstuch um und sagt: »Ich heiße übrigens Conrad. Oh, und ich tippe definitiv auf etwas Literarisches.«

Sie sieht ihm beim Rausgehen hinterher, klappt ihren Laptop wieder auf und weiß, ohne hinzusehen, dass das Müttertrio am Fenster sie weiter im Blick behält. Ihr Bildschirmschoner leuchtet wieder auf, und sie gibt sich keine Mühe, ihr Lächeln zu verbergen. Ein dunkelhaariger Junge in einem Chelsea-Trikot. Mit Zahnlücke, herumalbernd, die Daumen hochgereckt. Er blinzelt gegen die Sonne, hinter ihm das ungebrochene Blau des Meeres und eines wolkenlosen Himmels.

Jamie …

SECHS

Der Gesichtsausdruck von DCI Russell Brigstocke entsprach, inklusive Augenrollen und Stirnrunzeln, ziemlich genau seinen Erwartungen. Mit anderen Worten: Er war beeindruckend. Dasselbe Maß an Verwirrung hatte Thorne zwei Tage zuvor auf dem Bahnsteig in Challs Gesicht wahrgenommen. Er hatte es in Tanners Stimme gehört, als er sie nach dem Besuch in der Wohnung der Toten angerufen hatte. Jetzt aber hatte er es mit seinem direkten Vorgesetzten zu tun, und die ursprüngliche Verwunderung war einer ernsthaften Gereiztheit gewichen.

»Bestimmt habe ich hier irgendwo ein Wörterbuch«, sagte Brigstocke. Er öffnete mehrere Schubladen seines Schreibtischs, schob sie wieder zu und schüttelte dabei mit gespieltem Ärger den Kopf.

»Sir?« Wenn es darum ging, Ranghöheren durch die korrekte Anrede den gebührenden Respekt zu erweisen, verfügte Thorne nur über begrenzte Kapazitäten, die er in Notfällen wie diesem zum Einsatz brachte. Das Wort »Sir« war ihm noch nie leicht über die Lippen gekommen. Davon abgesehen war er sicher, dass Brigstocke seine Schleimerei längst durchschaut hatte.

Brigstocke knallte die letzte Schublade zu: »Vielleicht liegt es daran, dass ich ein bisschen schwer von Begriff bin, aber … ich wollte bloß nachsehen, ob ich wirklich weiß, was *Mord* bedeutet.« Er warf einen Blick hinaus Richtung Einsatzraum. »Denn das steht auf der Tür da draußen, oder irre ich mich?«

»Mord und Kapitalverbrechen –«

»Ich weiß, was da steht, Tom.«

»Eben«, sagte Thorne. Ihm war klar gewesen, dass er bei seinem Besuch in Brigstockes Büro überzeugende Argumente vorbringen musste. Deshalb gab er sich alle Mühe, seine eigene Gereiztheit in Schach zu halten und alles, was er vorzubringen hatte, so unbegründet es auch erscheinen mochte, möglichst vernünftig klingen zu lassen.

Genau deswegen hatte er Nicola Tanner mitgebracht.

Als Zugabe rang er sich ein weiteres »Sir« ab, und Tanner schloss sich ihm an.

»Und Suizid gilt schon seit langer Zeit nicht mehr als Verbrechen, auch nicht als schweres.«

»Er wurde 1961 entkriminalisiert«, sagte Tanner.

»Vielen Dank.« Brigstocke starrte sie an, schmallippig und alles andere als dankbar.

»Kommen Sie schon, Russell.« Thorne machte einen halben Schritt auf den Schreibtisch zu. »Es ist nicht der Selbstmord, über den wir hier reden. Es geht um diesen Betrüger, Patrick Jennings.«

»Oh, das ist mir klar, denn so überraschend es klingen mag, ich habe Ihnen zugehört. Und ich weiß auch, dass Sie mich immer dann *Sir* nennen, wenn Sie mir in den Arsch kriechen wollen, und *Russell*, wenn Sie mich um einen Gefallen bitten.« Brigstocke nahm die Brille ab und rieb sich die Augen. »Allmächtiger …«

Thorne blieb stumm. Zahllose hitzige Wortgefechte hatten ihn gelehrt, dass es besser war, das Unwetter auszusitzen. Er hatte weit Schlimmeres erlebt. Ja, er und sein Chef waren etliche Male aneinandergeraten. Trotzdem kannte Thorne den DCI als anständigen und menschlichen Bullen, der fortwährend mit den Zwängen der Hierarchie rang. Der ständig gezwungen war, mit *seinen* Vorgesetzten Bullshit-Bingo zu spielen. Außerhalb der trostlosen grauen Mauern des Becke House waren er und Thorne trotz allem befreundet.

Mehr oder weniger.

Er wartete, bis Brigstocke seine Brille wieder aufgesetzt hatte. Dann warf er Tanner einen Blick zu.

Dein Einsatz …

Tanner trat an Thornes Seite und öffnete ihr Notizbuch. »Drei Wochen bevor sie sich umbrachte, überwies Philippa Goodwin

75 000 Pfund von ihrem Sparkonto auf ein Konto der Firma LectureCom Ltd.«

»Jennings«, sagte Thorne.

Brigstocke zeigte keine Reaktion.

»Zwei Tage nach der Überweisung wurde dieses Konto aufgelöst und sämtliches Geld abgezogen«, sagte Tanner. »Wir schauen uns gerade die Daten an, die bei der Kontoeröffnung verwendet wurden, können aber relativ sicher davon ausgehen, dass gefälschte Ausweispapiere benutzt wurden. Damit werden wir also nicht weit kommen. Wir haben es mit einer dieser Onlinebanken zu tun, die nicht mal die Kreditwürdigkeit ihrer Kunden prüfen. Mit ein paar zweifelhaften Stromrechnungen zum Nachweis des Wohnsitzes und der Einzahlung von ein paar Hundert Pfund ist es getan. So ein Konto ist in wenigen Minuten eröffnet.«

Tanner steckte ihr Notizbuch ein. Jetzt war Thorne wieder an der Reihe.

»Also … Jennings, oder wie auch immer er wirklich heißt, nimmt eine Beziehung zu Philippa Goodwin auf, gewinnt ihr Vertrauen und überredet sie, all ihre Ersparnisse in eine nicht existierende Firma zu stecken.«

»So weit kapier ich's«, sagte Brigstocke.

»Ich meine, wahrscheinlich hat er das eine oder andere investiert, damit alles koscher aussieht. Sie wissen schon, ein hübsches Logo, schickes Design, aber der ganze Rest: Schall und Rauch.«

Brigstocke schüttelte energisch den Kopf und lehnte sich zurück. »Schon klar, diesmal brauche ich kein Wörterbuch. Sie beschreiben mir da einen simplen Betrug. Und jeder Idiot mit einer Dienstmarke kann Ihnen erklären, dass wir ein sehr großes Team in einem sehr hübschen Büro haben, das sich tagtäglich mit solchen Fällen herumschlägt. Weil. Das. Sein. Job. Ist. Ein Anruf im

Betrugsdezernat, und *Ihr* Job ist ebenfalls getan.« Sein Blick wanderte von Thorne zu Tanner und wieder zurück. »Soll ich Ihnen die Nummer raussuchen?«

Die Frage blieb unbeantwortet. Tanner schaute auf ihre Füße, die peinliche Stille wurde nur durch die Gespräche und das Lachen der Kollegen vor der Tür unterbrochen.

»Sie hat sich umgebracht, Russell«, sagte Thorne, als wüsste Brigstocke nicht längst Bescheid, als könnte seine Bemerkung noch etwas ändern, auch wenn er davon ausging, dass die Entscheidung längst gefallen war. Doch was blieb ihm übrig?

»Ja, das ist schrecklich.« Brigstocke beugte sich über seinen Schreibtisch. »Aber abgesehen von dem Betrug –«

»*Seinetwegen.* Wegen dem, was er getan hat, und den Gefühlen, die es in ihr ausgelöst hat. Er hat ihr alles genommen, er hat sie *erniedrigt.*« Thorne schaute zu Tanner hinüber. Sie nickte und schob offenbar ihre eigenen Zweifel beiseite, um ihn wie versprochen zu unterstützen. »Er hat sie mehr oder weniger vor diesen Zug gestoßen.«

»Ich denke, das ist ein bisschen übertrieben.«

»Da bin ich anderer Meinung.«

»Genau genommen ist es *ziemlich* übertrieben, und mit ›mehr oder weniger‹ brauchen Sie vor Gericht erst gar nicht zu erscheinen.«

Thorne drehte sich auf dem Absatz um, nahm sich einige Sekunden, um ein paar äußerst deftige Bemerkungen herunterzuschlucken, und wandte sich dann langsam wieder dem DCI zu. »Vor einigen Monaten kam in Birmingham ein ähnlicher Fall vor Gericht. Und Ende letzten Jahres irgendwo im Norden.«

»Newcastle«, soufflierte Tanner.

»Genau. Zwei Schwachköpfe aus diesen Selbstmord-Chatrooms. Beide kamen in den Knast, weil sie andere ermuntert hatten, die sich dann tatsächlich umbrachten. Sie hatten sie angestachelt, sie über die wirksamsten Methoden informiert oder was auch immer und sie provoziert, es zu tun.«

»Richtig«, sagte Brigstocke. »Aber soweit wir wissen, hat dieser Jennings nichts dergleichen getan.«

»Ich habe mit einer Bekannten bei der Staatsanwaltschaft gesprochen.«

»Ach, tatsächlich?«

Thorne hob eine Hand, um dem Anschiss zuvorzukommen, den er unweigerlich auf sich zukommen sah. »Einfach bei einem Drink, okay? Nichts Offizielles. Jedenfalls glaubt sie, dass, wenn wir ihn schnappen, es genug Gründe dafür geben könnte, sein Verhalten in anderem Licht zu betrachten. Sie sagt, wir müssten nachweisen, dass er vorsätzlich gehandelt hat, was aber nicht allzu schwer sein sollte.«

»In welchem anderen Licht?«

»Nicht als einfachen Betrug, sondern als sorgfältig geplanten und systematischen emotionalen Missbrauch. Wenn wir ein paar freundliche Experten in den Gerichtssaal holen, die bezeugen, dass dieser Missbrauch bei Philippa Goodwins Entscheidung, sich umzubringen, eine entscheidende Rolle gespielt hat … dann haben wir eine Chance.«

»Was für eine Chance? Egal was die Staatsanwaltschaft aus dem Hut zaubert, Mord ist es sicher nicht.«

»Nein. Totschlag vielleicht? Ich weiß nicht …« Wieder warf Thorne einen Blick auf Tanner, doch ihre Miene ließ ihn gleich wieder wegschauen. »Diese Frau, mit der ich gesprochen habe, hat sich jedenfalls ziemlich in die Sache reingesteigert.«

Brigstockes Gesichtsausdruck war Thorne nur allzu vertraut. Verdruss, Erschöpfung und etwas, das – erfreulicherweise – nach Resignation aussah. Er seufzte. »Was wollen Sie genau?«

»Im Augenblick bloß ein paar Kollegen aus der Forensik, die sich Goodwins Wohnung anschauen, mehr nicht. Jennings dürfte ziemlich gut darin sein, sich unsichtbar zu machen. Wahrscheinlich hat er alle offensichtlichen Spuren verschwinden lassen. Aber was Fingerabdrücke und DNA betrifft, dürfte er keine große Chance gehabt haben. Und dann sehen wir, ob sich daraus etwas ergibt.«

»Und wenn nicht?«

»Dann schadet es jedenfalls nicht. Wie Sie gesagt haben: Wir geben alles ans Betrugsdezernat und überlassen den Fall den Kollegen.« Thorne wartete einen Moment. »Im Moment haben wir nicht allzu viel auf unseren Schreibtischen –«

»Im Moment.«

»… Und es versteht sich von selbst, dass, sollte ein großer Fall reinkommen, der natürlich Vorrang hat.«

»Selbstverständlich«, sagte Brigstocke. »Es sei denn, Sie sind zu beschäftigt damit, mit unseren Freunden von der Staatsanwaltschaft zu flirten und sich gegenseitig die Mordstatistiken vorzulesen.«

»Ich stehe mehr auf Happy Ends«, entgegnete Thorne. »Eine nette Liebesgeschichte oder so was.« Wieder waren direkt vor der Tür Stimmen zu hören. »Also, wie sieht es aus mit dem Forensikerteam?«

Der DCI murmelte ein paar deftige Kommentare vor sich hin, die trotz der Geräusche von draußen nicht zu überhören waren.

Thorne kannte Brigstocke gut genug, um das als ein Ja zu verbuchen.

Sobald sie zurück im Einsatzraum waren, fragte Tanner: »Und, wer ist diese Frau von der Staatsanwaltschaft?«

»Hab ich nicht von ihr erzählt?«

»Nein.«

»Wahrscheinlich, weil ich sie erfunden hab.«

»Um Himmels willen.«

»Ich musste mir was aus den Fingern saugen. Na ja, ehrlich gesagt hab ich heute Nacht im Bett schon drüber nachgedacht, aber du weißt, was ich meine.«

»Klar.« Tanner verschränkte die Arme. »Und was passiert, wenn das alles durch irgendein Wunder zu einem Resultat führt und Brigstocke dich bittet, dich mit deiner Freundin bei der Staatsanwaltschaft in Verbindung zu setzen?«

»Dann wurde sie eben pensioniert oder gefeuert. Oder ist gestorben.« Thorne zuckte die Achseln. »Mir fällt schon etwas ein.« Er lächelte, erkannte aber schnell, dass Tanner sich nicht um den Finger wickeln lassen würde. »Komm schon, Nic, das wird schon.«

Tanner drehte sich um und ging. Thorne machte ein paar halbherzige Schritte hinter ihr her, gab dann aber auf. Von einem Schreibtisch in der Nähe warf ihm Dipak Chall, der das Gespräch verfolgt hatte, einen fragenden Blick zu. Thorne schüttelte den Kopf.

Machen Sie weiter, hier gibt's nichts zu sehen.

Er würde später mit ihr reden.

Als Thorne Nicola Tanner kennengelernt hatte, war sie von ihrem Job genauso angepisst gewesen wie sämtliche Kolleginnen und Kollegen, die er kannte. Sie hatte gewirkt, als hätte sie die Vorschriften, auf deren Befolgung sie so großen Wert legte, höchstpersönlich erfunden. Und als wäre die Vorstellung, einen Vorgesetzten hinters Licht zu führen, für sie genauso abwegig wie die Annahme von Bestechungsgeld. Oder Sex mit jemandem, der einen Penis hatte.

Inzwischen allerdings arbeiteten sie seit fast einem Jahr zusammen, und die Dinge hatten sich ein wenig verschoben. Manchmal redete Thorne sich ein, dass Tanner ihre etwas entspanntere Einstellung zu den Vorschriften ihm zu verdanken hatte, dass sein schlechter Einfluss hilfreich gewesen war. Hin und wieder machte sie sogar selbst Andeutungen in diese Richtung. Dabei wussten sie beide, dass es nur eine willkommene Ausrede war.

Und nicht so unbequem wie die Wahrheit.

Der Mord an Tanners Partnerin Susan hatte sie auf eine Art und Weise verändert, die Thorne erst sieben Monate zuvor, während des dramatischen Höhepunkts eines Falls, klar geworden war. Ein verdammt blutiger Tatort und ein Vorfall, über den sie seitdem kaum gesprochen hatten, hatten sie zusammengeschweißt.

Lügen und Gesetzwidrigkeiten – *Blut* – bestimmten seither jeden gemeinsamen Augenblick und ließen Tanner ein wenig bereitwilliger reagieren, wenn Thorne sie mal wieder um einen Gefallen bat.

Was diesen speziellen Gefallen in Brigstockes Büro betraf, hatte Thorne ihre Zweifel gespürt, auch wenn sie seiner Bitte Folge leistete und ihre Rolle perfekt spielte: die Vernünftige, die Beamtin, der die Vorgesetzten vertrauen konnten. In Wahrheit hatte Thorne sich *tatsächlich* etwas aus den Fingern gesogen und zweifelte ebenso wie Tanner daran, dass sie Patrick Jennings jemals für etwas anderes drankriegen würden als für seine Finanzdelikte.

Und doch wusste er, dass er ihn schnappen wollte.

Er kehrte in sein Büro zurück und dachte an den Leichensack und das verräterische Durchhängen, an Mary Fulton, die so nervös an ihrer Halskette herumgespielt hatte.

Wobei das gestern natürlich kein Unfall war …

Ja, er musste ihn schnappen.

Er wollte dabei sein, wenn Patrick Jennings, oder wie auch immer er in Wirklichkeit hieß, zu einer möglichst langen Haftstrafe verurteilt wurde. Er wollte zuschauen und ihm zum Abschied winken, wenn der Mann, den er für den Tod von Philippa Goodwin verantwortlich machte, von der Anklagebank geführt wurde, um so lange wie möglich von der Bildfläche zu verschwinden.

Das war *Thornes* Vorstellung davon, jemanden zu ghosten.

SIEBEN

Margate

In diesem Küstenort ist sie noch nie gewesen, und Michelles erster Gedanke ist, dass er trotz des Fischgeruchs ganz anders ist als die Orte, die sie als Kind kennengelernt hat. Eine schicke Kunstgalerie und ein herausgeputzter Vergnügungspark. Alle möglichen hippen Typen. Obwohl man nicht allzu lange suchen muss, um auch die schmuddeligen Spielhallen, die Burgerlokale und die mit billigen, geschmacklosen Souvenirs vollgestopften Läden zu finden. Oder die überfüllte Bar, die für weniger als einen Zehner große Gläser Sex On The Beach oder Porn Star Martini unters Volk bringt.

Während sie auf dem Bürgersteig raucht und zum Rhythmus der aus der Bar dringenden grässlichen Musik nickt, drängt sich der Junge durch die vor der Tür Wartenden ins Freie und zündet sich ebenfalls eine Zigarette an. Sie wechseln einen Blick, und er nimmt einen großen Schluck aus seiner Flasche Smirnoff Ice. Sie wirft ihre Kippe in den Rinnstein, wartet eine halbe Minute und geht rüber.

»Hast du noch eine für mich?«

»Sie haben gerade eine weggeworfen«, sagt der Junge. Er verlagert das Gewicht von einem Fuß auf den anderen. Er dürfte um die siebzehn sein und sieht in seiner Jeansjacke und dem bis oben hin zugeknöpften Fred-Perry-Hemd ganz süß aus.

Nicht dass es darum ginge.

Michelle zuckt die Achseln und sagt: »Ja, stimmt.« Dann lächelt sie und sieht, wie es ihm langsam dämmert. Wie er merkt, dass es ihr nicht um die Zigarette geht, sondern dass sie bloß einen Anlass brauchte.

Eine glamouröse Frau, alt genug, um seine Mutter sein zu können.

Eine MILF …

Eine lebendige, atmende Frau, die ohne WhatsApp oder Selfiestick auskommt und wahrscheinlich ziemlich genau weiß, was sie im Schlafzimmer tut.

Die Röte, die ihm ins Gesicht steigt, als der Groschen fällt. Ein Schniefen und ein tiefer Zug an der Zigarette, um davon abzulenken. Ein kurzer Blick zur Seite und ein weiterer Schluck, als könne sich noch etwas Interessanteres ergeben.

»Bist du mit deinen Kumpels hier?«

Er nickt heftiger als nötig. »Ja. Freitagabend, Sie wissen schon.« Er hat ein nettes Lächeln, das muss man ihm lassen. »Und Sie?«

»Mädelsabend«, sagt sie. »Aber ziemlich langweilig.«

»Echt?«

Sie gähnt übertrieben. »Die reden über ihre Männer und Kinder und halten sich eine Stunde an einem einzigen Glas Wein fest.«

»Und Sie reden nicht über Ihren Mann?«

Michelle schaut den Jungen an, als wäre sie beeindruckt von seiner Frechheit, als hätte sie nicht längst gesehen, wie sein Blick über ihre linke Hand gehuscht ist. Sie sagt: »Na ja, er ist jedenfalls nicht hier, stimmt's?«

Beide schauen auf, als ein aufgemotzter Wasauchimmer mit dröhnendem Motor an ihnen vorbeifährt. Aus den offenen Fenstern dringt ein ohrenbetäubender Bass, den unteren Rand des Chassis ziert ein Leuchtstreifen, als würde der Fahrer lässig die Strandpromenade in Miami oder Rio entlangfahren.

»Schauen Sie sich das Arschloch an«, sagt der Junge. »Was für ein –«

»Hast du Lust auf einen Spaziergang?«

ACHT

Ihre Autos stehen in verschiedenen Bereichen des riesigen Parkplatzes, weshalb sie noch ein oder zwei Minuten vor dem Multiplex herumstehen. Sie knöpfen die Mäntel wegen der Kälte bis oben hin zu und suchen in den Taschen nach ihren Schlüsseln. Doch keiner von ihnen scheint es besonders eilig zu haben, nach Hause zu fahren.

Er fragt Sarah, wie sie den Film fand.

Es war ein ordentlicher Thriller, an ein oder zwei Stellen richtig gruselig, aber den Schluss fand sie absolut lächerlich, und das sagt sie auch. Er meint, so sei es meistens, das Ende sei immer schwierig. Völlig unvorhersehbare Wendungen und so. Trotzdem muss es ja nicht gleich *so* schwachsinnig sein, sagt sie, und er lacht, als stimme er ihr zu.

»Noch ein schneller Drink?«

Sarah weiß, dass es noch früh ist, schaut aber trotzdem auf ihre Uhr.

»Superschnell?«

»Nur einen«, sagt sie. »Mein Sohn …«

Er schlägt etwas ganz in der Nähe vor, in Sichtweite eigentlich, aber um zu Fuß dorthin zu gelangen, müssten sie die sechsspurige Southbury Road überqueren. Sie nehmen ihr Auto, weil es näher steht, und binnen fünf Minuten sitzen sie mit ihren Drinks am Ecktisch eines Restaurants mit Bar, in dem es gute und günstige thailändische Gerichte gibt.

Er hebt sein Pint-Glas, und sie stößt mit ihrer Flasche an.

»Da bekomme ich gleich Appetit«, sagt Sarah und deutet mit dem Kopf auf die Satéspieße und Spare Ribs am Nachbartisch. Eine Kellnerin kommt mit etwas Brutzelndem vorbei.

»Wir könnten was essen, wenn Sie wollen. Dauert bestimmt nicht lange.«

»Ich sagte ja schon …«

»Ja.« Er lehnt sich zurück. »Babysitter sind teuer, ich weiß.«

Sie schaut ihn an. »Dann haben Sie auch Kinder?«

»Nein.« Er klingt irgendwie erleichtert und hebt das Glas zum Mund. »Ich meine, sie *sind* doch teuer, oder?«

Sie nickt. »Ich zahle dem Mädchen acht Pfund pro Stunde. *Und* ein Uber nach Hause.«

»Himmel, für das Geld würde ich den Job auch machen.«

Sie betrachten die Gäste ringsum, bis ihre Blicke sich wieder begegnen. Schon bei der Ankunft im Kino hat sie bemerkt, dass er dieselbe Schiebermütze trägt, die sie schon im Café gesehen hat. Erfreut hat sie auch sein dichtes Haar registriert. Silbergrau, sehr kurz geschnitten, aber sicher nicht dünn. Er trägt eine Jeans, die vermutlich nicht billig war – vielleicht eine von diesen absurd teuren japanischen, von denen sie gelesen hat. Dazu ein langärmeliges Polohemd, das irgendwie … weich aussieht. Seine Schuhe gefallen ihr ebenfalls, glänzende braune Brogues.

Auch Sarah hat sich Mühe gegeben. Sie zieht sich gern schick an und weiß, dass sie gut darin ist, wenn sich die Gelegenheit ergibt. Dass sie das perfekte Outfit für jeden Anlass findet. Für die Leute, mit denen sie ihre Zeit verbringen will. Die passende Kleidung für den heutigen Abend auszuwählen war ein bisschen schwieriger gewesen als üblich, weil sie nicht sicher war, wie viel sie von sich selbst preisgeben wollte.

Sie ist sich auch jetzt noch nicht sicher.

Trotzdem ist es aufregend. Der Tanz. Das beiderseitige Vortasten.

»Dann wohnen Sie also auch in Enfield?« Sie sieht ihn an. Der Bezirk, in dem Brooklands Hill liegt, und das *HazBeanz*. Das *Cineworld*, das er bei seinem Anruf vorgeschlagen hat.

»Na ja, *zu Hause* bin ich eigentlich in den Midlands.«

»Oh.«

Er verzieht das Gesicht, als würde er ein schmutziges Geheimnis preisgeben. »Ich bin nur aus geschäftlichen Gründen hier und hatte neulich ein paar Meetings in Enfield, gleich um die Ecke von diesem Café.«

»Ach.«

»Ein Glück für mich, dass ich Lust auf einen Kaffee hatte.«

Sie versucht, seinem direkten Blick standzuhalten, was ihr aber nur für einige Sekunden gelingt.

»Ich meine, für Sie ist es wahrscheinlich nicht ganz so ein Glück …«

Er lächelt, und sie bemerkt seine schönen Zähne. Ein echtes Zahnpasta-Lächeln. Einen kurzen Moment fragt sie sich, ob sie vielleicht künstlich sind, verwirft den Gedanken aber schnell. »Was für Meetings?«

Er winkt ab. »Ach … bloß mit Investoren.«

Sie nickt, um zu zeigen, dass sie beeindruckt ist.

»Nein, nur … Ich hab versucht, noch ein bisschen Geld für eine Sache zu sammeln, die ich auf die Beine stellen will. Ziemlich langweilig, solche Meetings. Ernsthaft. Ich meine, so, dass-man-sich-die-Augen-mit-einem-Löffel-rausschaufeln-will langweilig.«

Sie lacht und nimmt einen Schluck Bier.

»Ich meine, *Sie* fänden es vielleicht sogar einigermaßen interessant, aber glauben Sie mir: Ich war tagelang bloß mit diesem einen Thema beschäftigt, ich würde viel lieber über etwas anderes reden. *Irgendwas* anderes.«

»Zum Beispiel …«

»Zum Beispiel über *Sie*.«

Wieder lacht sie. Sie genießt den Abend. »Damit habe ich kein Problem.«

Eine Kellnerin erscheint und fragt, ob sie schon in die Speisekarte geschaut hätten. Er sagt, es klinge alles sehr verlockend, aber sie wollten nicht lange bleiben. Die Kellnerin verschwindet wieder.

»Also … Was haben Sie neulich *wirklich* geschrieben? Im Café?«

Sie überlegt ein paar Sekunden und gelangt zu dem Schluss, dass es zu früh ist, um aus der Deckung zu kommen, und sei es auch nur ein bisschen. »Sagen wir es mal so: Sie würden niemals draufkommen.«

»Nein?«

»Keine Chance.« Hin und wieder wirft sie gern ein Bröckchen Wahrheit ein, um ihrer Lüge ein bisschen … Substanz zu verleihen.

»Dann sind Sie *tatsächlich* eine Art Schriftstellerin, stimmt's?« Er neigt den Kopf zur Seite und streicht sich über die grauen Bartstoppeln. »Ich kenne eine Menge Leute, die mit ihren Laptops in solchen Lokalen sitzen und so tun, als würden sie an irgendeinem Meisterwerk feilen. Aber in Wirklichkeit machen sie überhaupt nichts. Und natürlich hab ich Sie neulich ein bisschen auf den Arm genommen … Aber ich schwöre: Als ich Sie gesehen hab, dachte ich sofort, dass Sie wahrscheinlich eine richtige Schriftstellerin sind.«

»Ich … versuche es jedenfalls«, sagt sie.

»Okay. Kann man davon leben?« Er schüttelt den Kopf und starrt in sein Glas. »Tut mir leid, ich bin viel zu neugierig für ein erstes Date.«

Sarah starrt auf den Rest ihres Getränks. Sie denkt, dass es wahrscheinlich gut wäre, bald aufzubrechen. Sie denkt, dass er etwas Bestimmtes an sich hat. Dass sie, wenn sie sich von ihm bumsen ließe, am Ende wohl auf der Strecke bleiben würde.

Sie sagt: »Wahrscheinlich verdiene ich weniger als meine Babysitterin, zum Glück bin ich nicht drauf angewiesen.«

»Weil Sie andere Eisen im Feuer haben.«

»Kann man so sagen.«

»Aber es macht Ihnen Spaß?«

»Oh ja.«

Wieder hebt er das Glas. »Und das ist das Wichtigste, oder?« Er sieht, wie sie auf ihre Uhr schaut und schnell ihre Flasche leert. »Okay, am besten lasse ich Sie jetzt nach Hause fahren.«

Sie schiebt den Stuhl zurück, doch in Wahrheit hat sie es eigentlich nicht eilig, sich zu verabschieden. Dann denkt sie an Jamie, wie er eingemummelt im Bett liegt, die Knie bis an den schmalen Oberkörper hochgezogen und den Daumen im Mund wie ein Baby. »Ich muss …«

»Das irgendwann wiederholen, stimmt's?«

»Falls Sie noch mal ein bisschen Abwechslung von Ihren langweiligen Meetings brauchen.«

»Aber immer«, sagt er.

»Sie haben ja meine Nummer.« Sie streckt den Arm über den Tisch und berührt kurz seine Hand. »Und ich hab Ihre.«

Sie stehen auf und nehmen ihre Taschen und Mäntel. Sie checken ihre Handys. Ein Mann mit einem Glas in der Hand wartet schon darauf, sich auf den frei werdenden Tisch zu stürzen, doch sie lassen sich nicht hetzen.

»Ich fahre Sie zurück zu Ihrem Auto.«

»Das ist nicht nötig.«

»Sie werden es nicht heil über diese Straße schaffen.«

»Ich komm schon klar, ehrlich.« Conrad bindet sich sorgsam sein Halstuch um. Ein Seidentuch, denkt Sarah und sieht, wie der Stoff durch seine Finger gleitet. »Ab und zu muss man auch mal ein Risiko eingehen«, sagt er. »Meinen Sie nicht?«

NEUN

Thorne und Hendricks traten aus dem *Bengal Lancer* und gingen die Kentish Town Road entlang Richtung Süden. Es war kalt, zum Glück aber trocken. Thorne summte eine

Melodie, die ihm schon den ganzen Tag durch den Kopf ging. Vorsichtig trug er die braune Papiertüte mit den Resten des Lammgerichts, das er nicht ganz geschafft hatte.

»Gott, hab ich den Laden vermisst.«

Hendricks rülpste und setzte ein Grinsen auf. »So weit muss es ja jetzt nicht mehr kommen, Kumpel.« Er klopfte Thorne auf die Schulter. »Jetzt, wo du wieder hier wohnst.«

»Vorübergehend.«

»Wirklich?« Hendricks' schleppender Manchester-Akzent zog das Wort in die Länge, was seinen Sarkasmus noch offensichtlicher machte.

»Ich hab doch gesagt, es ist nur auf Probe.«

»Natürlich.«

»Wir sehen mal, wie es läuft.«

»Klar. Und wie läuft es? Wie lange ist es jetzt her … sechs Wochen?«

Thorne blieb stumm.

In Wirklichkeit waren es fast zwei Monate, seit Helen die Bombe zum Platzen gebracht und ihm verkündet hatte, sie brauche ein wenig Raum für sich. Dass es ihnen vielleicht helfen würde, wenn jeder eine Weile allein wohnen würde. Denn es sei schwierig, nicht wahr, zwei Bullen unter einem Dach? Schwieriger als bei anderen. Es gebe zusätzliche … Stressfaktoren.

Eine raumliche Trennung könnte uns beiden guttun, und ich hab das Gefühl, ich brauche ein bisschen Zeit allein mit Alfie …

Thorne hatte gar nicht erst versucht zu diskutieren, denn er kannte Helen und begriff sofort, dass es wenig Sinn haben würde. Hendricks war der Erste gewesen, dem er es erzählt hatte, und da er auch *ihn* gut kannte, hatte er mit etwas so Alltäglichem wie Mitgefühl erst gar nicht gerechnet.

Zum Glück.

»Na ja, ich kann nicht behaupten, dass es mich überrascht«,

hatte Hendricks stattdessen gesagt. »Ich meine, versteh mich nicht falsch, ich hab mich immer gefragt, wie lange sie es mit dir aushält.«

»Toll, danke, Phil! Wie war denn dein Job bei der Telefonseelsorge so?«

»Du hast mich gefragt. Und im Innersten wusstest du genau, was kommt.«

»Dann red weiter.«

»Weil du dich an deine alte Wohnung geklammert hast, nur für alle Fälle. Als eine Art Rettungsring oder so was.«

»Das ist doch Schwachsinn. Die Miete konnten wir verdammt gut gebrauchen. Abgesehen davon war es übrigens Helens Idee, nicht meine.«

»Hat sie dich abserviert?«

»Nein. Ich sag doch –«

»Was ist denn eigentlich passiert?«

In Wahrheit wusste auch Thorne es nicht genau. Er selbst war einigermaßen glücklich gewesen und hatte geglaubt, das gelte auch für Helen. In den Monaten vor der Trennung hatte eine gewisse Spannung geherrscht, aber sicher nichts, was Thorne als irreparabel betrachtet hätte. Und es war in keiner Weise mit dem zu vergleichen, was Helens jüngere Schwester Jenny sich geleistet hatte. Rückblickend betrachtet war es Ironie pur, aber Helens Bedürfnis nach »ein wenig Raum« hatte sich nicht allzu lange nach dem klärenden Gespräch zwischen ihm und Jenny entwickelt, als sie ihm gestanden hatte, dass *sie* diejenige war, die sich in einer miesen Beziehung gefangen fühlte und in Wirklichkeit eifersüchtig auf Helen und ihn war.

Hatte sie gelogen?

Hatte sie in Wirklichkeit nie aufgehört, seine Stellung zu untergraben, hatte sie einfach weitergemacht, weil sie glaubte, er würde sie nicht mehr verdächtigen?

Oder kannte sie ihre Schwester einfach nicht so gut, wie sie glaubte?

Letztlich war die Frage theoretischer Natur, denn Helen hatte ihre Entscheidung getroffen und ließ sich nicht mehr davon abbringen. Er hoffte, früher oder später ihre Gründe zu begreifen, und trotz der zynischen Kommentare seines besten Freundes wollte er immer noch an die Chance glauben, dass sie sich zu einem zweiten Versuch entschließen würde. Er liebte Helen und war einigermaßen zuversichtlich, dass auch sie ihn noch liebte, zusammen hatten sie so vieles durchgestanden.

Und doch …

Er wusste, dass ein gehöriger Teil des Schmerzes, den er empfunden hatte und *immer noch* empfand, bloß auf das Konto seines verletzten Egos ging. Dieses Gefühl kannte er, seit seine erste Freundin ihn wegen eines Arschlochs aus dem Rugbyteam verlassen hatte. Er wusste, dass der Schmerz nicht ewig anhielt. Tatsache war, dass er sich trotz allen Kummers, den seine – im Augenblick noch theoretische – Rückkehr in ein Leben als Single bedeutete, langsam an den Gedanken gewöhnte.

Er fing sogar an, es ein wenig zu genießen.

Seine Wohnung, sein Lieblingsrestaurant, sein Pub um die Ecke. Außerdem war es schön, wieder in Hendricks' Nähe zu wohnen. Thorne hatte sich nie ganz damit abgefunden, mit Helen in Tulse Hill zu leben. Und das nicht nur, weil er morgens länger zur Arbeit brauchte.

Auf dieser Seite des Flusses hatte er sich schon immer wohler gefühlt.

Sie verlangsamten ihre Schritte und blieben an der Ecke zur Prince of Wales Road stehen. Thorne würde rechts abbiegen und in fünf Minuten seine Wohnung erreicht haben, Hendricks geradeaus zu seiner Wohnung in Camden weitergehen.

»Alfie vermisse ich wirklich«, sagte Thorne. Helens Fünfjährigen. Thorne hatte seine Sachen gepackt und die Wohnung verlassen, als der Junge in der Vorschule war. Seitdem waren sie sich nur ein paarmal begegnet.

»Soll das heißen, dass du Helen nicht vermisst?«

»Nein, du Idiot. Natürlich tue ich das.«

»Helen hat doch nichts dagegen, dass du dich mit dem Jungen triffst, oder?«

Thorne zuckte die Achseln. »Für sie ist es in Ordnung. Letzte Woche war ich sogar zum Abendessen da.«

»Und ...?«

»Und ... nichts. Ich meine bloß.«

Hendricks wollte etwas erwidern, als ein Mann, der aus der entgegengesetzten Richtung auf sie zukam, ihm einen langen, durchdringenden Blick zuwarf. Hendricks starrte zurück. Sobald der Mann an ihnen vorbei war, drehte er sich um und schaute ihm nach. »Der fand mich geil.«

»Und was würde Liam dazu sagen?«

»Liam weiß genau, wie unwiderstehlich ich bin. Er weiß, dass die Typen mir Blicke zuwerfen.«

Thorne deutete auf den Mann, der gerade aus ihrem Blickfeld verschwand. »Das da, Kumpel, war große Verwunderung, mehr nicht.«

»Allerdings.«

»Aber nicht so, wie du glaubst. Nicht jeder ist daran gewöhnt, Leuten über den Weg zu laufen, die so viel Metall im Gesicht mit sich rumtragen. Nicht mal hier in der Gegend. Du solltest endlich aufhören zu glauben, dass dieser panische Ausdruck des Schreckens ...« – Thorne riss Augen und Mund auf, um zu demonstrieren, was er meinte – »... bedeutet, dass jemand dich toll findet.«

Hendricks lachte und rülpste erneut. »Was du da gerade über Alfie gesagt hast ...«

»Nichts.« Thorne schniefte und nahm die so kostbare braune Tüte in die andere Hand. »Bloß ...«

»Komm mal her.« Hendricks trat einen Schritt auf ihn zu und zog Thorne in eine feste, nur teilweise der Trunkenheit geschuldete Umarmung. Thorne wehrte sich nicht. »Ich kenne dich besser als jeder andere, stimmt's? Du musst mir nicht beweisen, dass du so weich wie Scheiße bist.«

Als sie sich voneinander gelöst hatten, strich Hendricks seine Lederjacke glatt und fuhr sich über den rasierten Schädel. »Und davon abgesehen solltest du möglichst schnell diese Hochstapler-Geschichte zu Ende bringen und wieder anfangen, Mörder einzubuchten. Es ist ja nicht so, als würden die alle Urlaub machen, was? Auf meinem Seziertisch herrscht jedenfalls kein Mangel an Leichen.«

»Er *ist* ein Mörder«, sagte Thorne. »Jedenfalls so gut wie.«

»Komm schon, irgendwie glaub ich nicht, dass du das wirklich denkst.«

»Auf die eine oder andere Art.«

Thorne hatte Hendricks während des Essens von dem Fall erzählt. Von dem Selbstmord, von dem Mann, der das Leben einer unschuldigen Frau zerstört hatte, von der unverhofften Chance, die Brigstocke ihnen gegeben hatte. Von der möglichen Ermittlung, die davon abhing, dass die forensische Untersuchung von Phillippa Goodwins Wohnung ihnen aussagekräftige Resultate lieferte.

»Auf ihrem Handy war rein gar nichts«, sagte Thorne.

»Das hast du schon gesagt.«

»Dieser Typ hat es geschafft, jedes einzelne Foto und jede einzelne Textnachricht zu löschen, ehe er sich aus dem Staub gemacht hat.«

»Ja.«

»Er hat alle Spuren gründlich beseitigt, und ich wette, das hat er schon häufiger getan. Also bleibt uns nichts anderes übrig, als auf die DNA zu hoffen.«

Hendricks hatte sich bereits auf den Weg gemacht. Kopfschüttelnd wiederholte er: »Das hast du schon gesagt.« Ohne sich umzudrehen, rief er: »Jetzt sieh zu, dass du nach Hause kommst, Kumpel. Und immer schön fröhlich bleiben. Soll ja gar nicht so übel sein, in ein tränennasses Kissen zu wichsen ...«

Als Thorne seine Wohnung erreichte, legte er das übrig gebliebene Essen in den Kühlschrank, stellte den Wasserkocher an und ging unruhig auf und ab. Er schaltete den Fernseher ein und zappte zehn Minuten hin und her. Dann döste er ein, wachte aber bald mit Nackenschmerzen wieder auf.

Schließlich rief er Helen an.

»Ich bin's«, sagte er, bis ihm klar wurde, dass er mit ihrer Mailbox sprach. Er fluchte leise und sagte. »Tut mir leid, ich schätze, du bist im Bett. Natürlich bist du das ... Ich rufe eigentlich nur an, um zu hören, wie es dir geht. Gut hoffentlich. Drück den Jungen für mich. Das war's ...«

Schon beim Auflegen bereute er seinen Anruf. Er war in weinerlicher Stimmung, das war alles, und die beiden Pints im *Lancer* hatten es nicht besser gemacht. Geschweige denn die beiden im *Grafton Arms* davor. Eine verquaste spätabendliche Nachricht würde Helen sicher nicht umstimmen. Und er konnte noch nicht einmal beschwören, dass er sie wirklich umstimmen wollte.

Er stand auf und ging ins Schlafzimmer.

Es gab nicht viel, dessen er sich *wirklich* sicher war.

Ein Curry schmeckte am zweiten Tag grundsätzlich besser.

George Jones hatte eine bessere Stimme als Frank Sinatra.

Und manipulative, soziopathische Arschlöcher waren noch lange keine Mörder, bloß weil es ihm in den Kram passte.

ZEHN

In letzter Zeit hatte Thorne sich beim Aufwachen häufig nicht ganz auf der Höhe gefühlt. Heute allerdings war es anders. Er hatte von seiner Mutter geträumt. Was nicht oft vorkam, und jedes Mal fühlte er sich anschließend … verletzt und ein wenig durcheinander. Jedenfalls hatte es nichts Tröstliches, wie man es bei einem Traum von einem verstorbenen Elternteil vielleicht erwarten würde. Auch hatten diese Träume von der Mutter, die er so sehr vermisste, nie etwas Angenehmes, an dem er sich nach dem Aufwachen festhalten konnte.

Dabei waren es an sich keine ungewöhnlichen Träume. Nichts, worüber er nachgrübeln oder was man vor einem Therapeuten ausbreiten würde, wenn er der Typ gewesen wäre, der mit so etwas seine Zeit vergeudete. Die Träume waren – wie auch seine sonstigen – ziemlich simpel: Erinnerungen an Dinge, die wahrscheinlich nie geschehen waren.

Alltäglich …

Ihre Stimme und ihr Geruch: Camay und Parma-Veilchen. Ihr Anblick im Garten, von seinem Schlafzimmerfenster aus. Ihr mit einem roten Tuch gebändigtes Haar.

Und trotzdem erwachte er unruhig und reizbar.

Dahinter steckten Schuldgefühle, vermutete er, auch wenn es ihm schwerfiel, sich das einzugestehen und es zu akzeptieren. Komplett irrationale Schuldgefühle, aber deshalb nicht weniger schmerzhaft. Vielleicht rührten sie daher, dass er nicht so oft von seiner Mutter träumte, wie er es seiner Meinung nach hätte tun sollen.

Nicht annähernd so oft.

Vielleicht war es ganz natürlich, dass er häufiger von seinem Vater träumte. Thorne hatte dessen schrecklichen Verfall miterlebt, der sich über Jahre hingezogen hatte. Er hatte zugesehen, wie die Alzheimer-Erkrankung den alten Mann in die Dunkelheit hinabgezogen, ihn in eine Welt hatte driften lassen, die Thorne nicht betreten konnte. Wenn er von seinem Vater träumte, war dieser stets so scharfsinnig und gedankenschnell, wie Thorne ihn als Kind erlebt hatte. Dann war er wieder der Vater und Thorne wieder der Sohn, ganz wie es sein sollte. Während dieser Träume hatte Thorne immer ein gutes Gefühl. Und wenn er aufwachte, war er traurig, weil sie so kurz, so flüchtig waren. Und wütend, dass sie ihm entrissen wurden. Nein. Die Schuldgefühle kamen nicht daher, dass er häufiger von seinem Vater als von der Mutter träumte. Sondern weil seine Träume von ihr so selten waren, während ihm andere so oft erschienen.

Von einem Mann namens Stuart Nicklin zum Beispiel träumte er häufiger als von seiner Mutter. Und auch von Francis Calvert und Arkan Zarif. Er träumte von Mördern und Vergewaltigern wie andere Menschen vom Fliegen oder vom Sex mit einer Berühmtheit. Von Männern, die hassten und anderen mit größter Selbstverständlichkeit wehtaten, die aufblühten, wenn andere Schmerz empfanden.

Von Monstern, wenn man an so etwas glaubte.

Während der Frau, die er verehrt und die ihn mehr geliebt hatte als irgendein anderer Mensch auf diesem Planeten, nur die Statistenrolle blieb.

»Alles in Ordnung, Tom?«

Thorne blickte von seinem Schreibtisch auf und sah, dass Tanner sich auf dem Stuhl gegenüber niederließ. Er brummte etwas in sich hinein und schaute wieder auf dasselbe Blatt Papier, das er schon eine Viertelstunde lang angestarrt hatte.

Er versuchte sich zu konzentrieren.

»Alles im grünen Bereich«, sagte er.

»Um ehrlich zu sein, hast du schon glücklicher auf mich gewirkt«, stellte Tanner fest. »Ich hab sogar Leichen gesehen, die glücklicher wirkten.«

Zumindest den letzten Punkt wollte Thorne nicht auf sich

sitzen lassen. »Mir geht's gut. Es ist bloß … Irgendwas Neues in der Goodwin-Sache?«

Die Sache. Kein *Fall*, noch nicht.

»Irgendwann im Laufe des Tages dürften wir mehr erfahren.«

Thorne schaute auf die Uhr. Es war noch nicht mal elf.

»Ich muss sagen, ich hatte bessere Laune erwartet. Bis jetzt läuft doch alles wie gewünscht. Wir wissen, dass die Kollegen eine Menge Fingerabdrücke und ein paar brauchbare DNA-Proben genommen haben, nicht?«

Etwas altes Blut im Bad, in dem sich Patrick Jennings beim Rasieren geschnitten haben könnte. Haare mit intakten Follikeln und Wurzeln, dazu trockene Hautschuppen. Außerdem war DNA von der Leiche Philippa Goodwins genommen worden, damit sie die beiden Profile unterscheiden und Jennings' Probe dann mit der landesweiten Datenbank abgleichen konnten. Dasselbe galt für die Fingerabdrücke.

»Eigentlich«, fuhr Tanner fort, »wüsste ich nicht, warum du nervös werden solltest.«

»Ich dachte, du wärst auf meiner Seite.«

»Bin ich auch.« Tanner beugte sich vor und rückte den Ablagekasten für Thornes Posteingang gerade, indem sie ihn erst ein Stück in die eine Richtung schob, dann in die andere, bis sie zufrieden war. Dann lehnte sie sich wieder zurück. »Bis zu einem gewissen Punkt jedenfalls.«

»Nämlich?«

»Bis zu dem Punkt, an dem du aufhörst, realistisch zu denken.«

Die Forensiker waren vor beinahe achtundvierzig Stunden in Goodwins Wohnung in Tufnell Park geschickt worden, gleich nachdem Russell Brigstocke widerwillig sein Okay gegeben hatte. Thorne wusste, dass er bestenfalls überoptimistisch und dass sein ungeduldiges Warten auf ein Resultat unangebracht war.

In manchen Fällen – Vergewaltigung war das Paradebeispiel – konnten DNA analysiert und Proben innerhalb von Stunden verglichen werden, um die Qualen für das Opfer abzukürzen. Wenn anzunehmen war, dass ein Leben auf dem Spiel stand, oder der Countdown bis zur Entlassung eines Mordverdächtigen lief, wurden alle Hebel in Bewegung gesetzt, doch solche Eile war in diesem Fall nicht angebracht.

Bei einem Selbstmord. Dem niemand besondere Dringlichkeit zumaß.

»Und mal davon abgesehen, was wir Russell erzählt haben, ist es ja nicht so, als hätten wir nichts zu tun. *Ich* sitze jedenfalls nicht rum und drehe Däumchen.«

Natürlich hatte Tanner recht, und Thorne war klar, dass auch er ausreichend Arbeit hatte. Er musste die Präsentation der Beweismittel für eine Gerichtsverhandlung in der nächsten Woche vorbereiten. Ein Mann wurde beschuldigt, seine Freundin erwürgt zu haben, behauptete aber, in Notwehr gehandelt zu haben. Seine Verteidiger hatten großspurig auf die oberflächlichen Schnittwunden an seinen Armen hingewiesen, bis sich herausgestellt hatte, dass sich auf dem Messer nur Fingerabdrücke des Beschuldigten befunden hatten. Außerdem war über Nacht ein verdächtiger Todesfall in einem Krankenhaus in Edmonton hereingekommen, dazu drei Messerstechereien unter Gangmitgliedern in Tottenham, zu denen er die Akten noch einmal durchsehen sollte.

Aber nichts davon ging ihm so unter die Haut wie diese Sache.

Patrick Jennings …

Er hätte nicht einmal sagen können, warum.

Und eigentlich wartete Thorne auch nicht mit vor Spannung angehaltenem Atem. Er wusste so gut wie Tanner, dass sie außerordentliches Glück haben mussten. Dass ein derart gewiefter und vorsichtiger Mann wie Jennings auf keinen Fall große

Risiken eingehen würde, wenn es darum ging, seine Identität zu verbergen. Schließlich war Täuschung sein Leben, seine *Einnahmequelle.* Doch eine magere Chance war besser als gar keine. Vielleicht war er irgendwann festgenommen worden, weil er als Student einen Polizisten geschlagen oder weil er betrunken am Steuer gesessen hatte. So oder so wären mit ziemlicher Sicherheit seine Fingerabdrücke genommen worden und möglicherweise auch ein DNA-Abstrich.

Dann wäre er im System.

Da diese Chance aber tatsächlich mager war – mehr oder weniger *anorektisch*, wie Hendricks es ausgedrückt hatte –, würde Thorne sich etwas einfallen lassen müssen, um voranzukommen. Eine Strategie, die nicht davon abhing, dass er die Identität des Mannes kannte, und die ihm keine allzu großen Schwierigkeiten mit seinem Vorgesetzten einbringen würde.

Er brütete bereits über einer solchen Strategie, doch das Resultat war bisher exakt null.

Als Thorne aufblickte und sah, dass Tanner ihm immer noch gegenübersaß, sagte er: »Wie war das mit den Däumchen?«

Sie stand auf. »Ich wollte nur mal vorbeischauen, um zu hören, ob du Lust hast, morgen zum Abendessen vorbeizukommen.«

»Bei *dir*?«

»Warum nicht.«

»Na ja …«

Sie warf ihm einen finsteren Blick zu. »Ich mache Fortschritte. Ich meine, es gibt bloß Nudeln. Vorausgesetzt, du hast Zeit … ich meine, Samstagabend, da kannst du dich vor Einladungen sicher nicht retten.«

»Ich schaue mal in meinen Terminkalender.«

»Bist du immer noch …?«

Thorne verkniff sich das *Ich wichse in ein tränennasses Kissen* und sagte stattdessen: »… allein in meiner Wohnung, ja.« Tanner wusste, was zwischen ihm und Helen gelaufen war, und hatte sich wesentlich einfühlsamer gezeigt als Hendricks. Doch zu seiner Erleichterung hatte sie ihm seitdem nicht mehr allzu viele Fragen gestellt. Obwohl es, dachte Thorne, bei der Einladung möglicherweise genau darum ging. Nudeln und eine kleine Befragung, ganz nebenbei.

»Gegen halb acht«, sagte Tanner.

»Dann kann ich noch was essen, bevor ich komme.«

»Und es bringt nichts, alle fünf Minuten auf die Uhr zu schauen, dadurch kommen die Ergebnisse auch nicht schneller. ›Abwarten und Tee trinken‹, hat meine Mutter immer gesagt ...«

Und Thorne erinnerte sich an seinen Traum.

Und das Schuldgefühl stieg ihm in die Kehle, plötzlich und sauer.

Nur gut, dass Tanner sich schon abgewandt hatte und auf dem Weg zur Tür war, sonst hätte sie sicher bemerkt, dass verglichen mit Thornes Miene sogar die meisten Leichen geradezu vergnügt wirken mussten.

ELF

Sie sitzen im Pizza Express auf der Silver Street, gegenüber der U-Bahn-Station Enfield Town. Sie teilen sich eine große Flasche Peroni und kleine Teller mit Knoblauchbrot und Oliven. Seit dem Augenblick, als sie das Lokal betreten und sich zu ihm an den Tisch gesetzt hat, reden sie beinahe ununterbrochen. Gerade lachen sie darüber, wie viel Zeit – oder besser: wie wenig Zeit – er sich bis zum nächsten Anruf gelassen hat.

»Okay, aber ich hab immerhin nicht vorgeschlagen, dass wir uns gleich am nächsten Tag wiedersehen, oder?«

»Stimmt«, räumt Sarah ein.

»Ich glaube, das hätte ein bisschen aufdringlich gewirkt.«

»Ja, und irgendwie verzweifelt.«

»Jedenfalls wollte ich dir einen Tag Zeit lassen, damit du einen Babysitter engagieren kannst.«

»Sehr aufmerksam.« Sie greift nach einer Olive. »Ich bewundere deine Umsicht.«

»Ein bisschen vorauszudenken zahlt sich meistens aus.«

Ein Kellner bringt ihnen die Pizzen. Sie lächelt, schüttelt den Kopf und legt sich die Serviette auf den Schoß. »Warum nehmt ihr Kerle eigentlich immer das Gericht mit dem meisten Fleisch?« Lachend deutet sie auf seine Pizza, die er gerade mit Chiliöl beträufelt. »Und würzt es so scharf wie möglich? Glaubt ihr, das lässt euch … männlicher erscheinen? Als würde euch das Testosteron aus den Ohren schießen? Du weißt schon … *Fleisch!* Als würden wir durch den Anblick blöd und schwach, als würde uns das von euren Qualitäten im Bett überzeugen.«

Er hat sich schon über seine Pizza hergemacht und schaut auf. »Du hast absolut recht.«

»Womit?«

»Mit allem.«

Beim Essen plaudern sie weiter dahin, als hätten sie beide beschlossen, um alles einen Bogen zu machen, was irgendwie … tiefer gehen könnte. Lieber reden sie über die Wucherpreise, die man in London für praktisch alles zahlt, über ihre Lieblings-Schokoriegel aus der Kindheit. Über seine pathologische Abneigung gegen das Zuspätkommen und ihre leicht bizarre Sucht nach Darts-Turnieren im Fernsehen.

»Wie sind deine Meetings gelaufen?«, fragt sie. »Mit diesen Investoren oder wem auch immer.«

»Genauso langweilig wie vorgestern.«

»Dann hoffe ich, du gönnst dir wenigstens ein schönes Hotel.«

Er nickt. »Oh Gott, ja.«

»Schokolade auf dem Kissen?«

»Natürlich. Und eine Menge nette Fläschchen im Bad.«

»Nimm sie mit in die Midlands.«

»Klar, ich hab schon einen ganzen Schrank voll.«

Nachdem ein Kellner die Teller abgeräumt und den Tisch gewischt hat, bestellt er noch eine Flasche Bier und sagt: »Erzähl mir von Jamies Dad.«

Ein kluger Zug, denkt Sarah. So zeigt er seine Sensibilität und dass er sich nicht im Entferntesten durch die früheren Männer in ihrem Leben bedroht fühlt. Oder dass er zumindest so rüberkommen will. Für sie ist beides in Ordnung, denn die Frage stellt sie vor keine Probleme.

»Er heißt Peter und wohnt zum Glück inzwischen sonst wo. Ihn zu heiraten war der größte Fehler meines Lebens. Oder sagen wir: der größte Fehler, den je irgendwer begangen hat. Ernsthaft, so schlimm wie der Millennium Dome. Oder sich ein Ticket für die *Titanic* zu kaufen.«

»Ein kurzsichtiger Gnom, der den Gartenzwerg bumsen will?«

Sarah lacht. »Eigentlich will ich bloß sagen, dass es eine ziemliche Dummheit war. Der ich allerdings Jamie zu verdanken habe. Es war also nicht *nur* schlecht. Einfach überwiegend schlecht.«

»Was ist passiert?«

»Es war schrecklich, mit ihm zusammenzuleben. Wirklich übel. Er war jähzornig und wurde immer unerträglicher, weil ich nicht zulassen wollte, dass er mich zu jemandem machte, der ich nicht war. Oh, ganz zu schweigen von der einen oder anderen Affäre, von denen ich idiotischerweise dachte, ich könnte damit umgehen. Er hat mich fertiggemacht.« Sie nimmt ihr Glas, lehnt sich zurück und grinst. »Bis ich ihm eines Tages gesagt habe, wohin er sich verpissen soll.«

»Gut so«, sagt er.

»Ja, obwohl es eine ganze Weile gedauert hat. Ich hab das Haus bekommen, komplett abbezahlt. Inzwischen ist es deutlich wertvoller als zu der Zeit, wo ich ihn rausgeworfen hab. Außerdem liegt einmal im Quartal ein hübscher Unterhaltsscheck im Briefkasten. Ich komme ganz gut zurecht.«

»Scheint so.«

»Mit dem Schreiben verdiene ich genug fürs Essen und die Rechnungen. Für Telefon, Auto und das alles … und ich kann mir hin und wieder eine Reise mit Jamie leisten.« Sie schüttelt den Kopf und schiebt sich eine Haarsträhne aus dem Gesicht. »Wenn ich ehrlich bin, liege ich nachts manchmal wach und frage mich, ob ich das alles wirklich mitgemacht hab, verstehst du? Alles erduldet hab. Es kommt mir vor, als wäre es einer anderen passiert.«

Er nickt, nachdenklich und mitfühlend. »Hat Jamie noch Kontakt zu ihm?«

»Sie sehen sich ein paarmal im Jahr, nicht öfter. Darauf haben wir uns geeinigt. Aber es fängt an, ihn durcheinanderzubringen.«

Er wirkt verwirrt.

»Jamie, meine ich. Peter ist für ihn einfach ein Typ, der zweimal im Jahr mit ihm Urlaub macht und ihm Spielzeug kauft, das er nie benutzt. Jamie kennt ihn eigentlich nicht und redet nie über ihn. Das hat nichts mit einem richtigen Vater zu tun, oder?«

In den Sekunden, bevor er seinen Blick senkt, sieht sie etwas Düsteres über sein Gesicht huschen. »Nein«, sagt er. »Ganz und gar nicht.«

»Dann erzähl du mal. Was ist mit dir?«

Als er wieder aufblickt, ist sein strahlendes Lächeln zurück. »Na ja, ich schätze, ich hab auch ein paar Fehler begangen. Allerdings nicht *so* schlimme … keine *Titanic*-Dimensionen, bloß eine Menge falscher Entscheidungen.«

»Zum Beispiel?«

»Ach, der übliche Beziehungskram eben. Jemand wird eifersüchtig oder fühlt sich unter Druck gesetzt. Die Arbeit kommt dazwischen. Wahrscheinlich war es genauso sehr meine Schuld wie ihre, in den meisten Fällen.«

Sarah hebt die Augenbrauen und schenkt sich den Rest Bier ein. »Dann gab es also viele *Fälle*?«

»Durchschnittlich, würde ich sagen.«

Er fragt, ob sie ein Dessert möchte. Sie streicht sich zufrieden über den Bauch und schüttelt den Kopf. Während er dem Kellner signalisiert, dass sie bezahlen möchten, sagt sie: »Letztlich ist alles eine Frage des Timings, oder? Die richtigen Menschen zur richtigen Zeit zu treffen.«

»Exakt.«

»Im richtigen Café.«

Er beugt sich vor. »Manchmal ist es pures Glück.«

»Glück oder nicht, es geht darum, aus Fehlern zu lernen, damit man sie nicht wiederholt.«

»Oh, ich werde *überhaupt* keine Fehler mehr machen«, sagt er.

Sie lässt sich von ihm nach Hause bringen, obwohl ihre Wohnung nur fünf Minuten entfernt ist. Sie weiß, dass es ein großer Schritt ist, ihm zu zeigen, wo sie wohnt. Aber es ist kalt, und sie hat wenig Lust, zu Fuß zu gehen. Außerdem hatte sie bereits vermutet, dass er es ihr anbieten würde, und beschlossen, sich darauf einzulassen.

Sie lösen die Gurte, bleiben aber noch etwas im Wagen sitzen, einem teuren Mercedes. Das Auto ist makellos gepflegt, was Sarah für ein gutes Zeichen hält. Außerdem liegt irgendein Duft in der Luft. Normalerweise wird ihr von so etwas schlecht, doch in diesem Fall ist es anders. Sie findet, der Wagen riecht beinahe so gut wie er. So frisch und nur darauf wartend, in Unordnung gebracht zu werden.

»Dich zu bitten, auf einen Kaffee oder etwas mitzukommen, wäre ein bisschen übereilt, oder?« Sie dreht sich in seine Richtung. »Ein bisschen flittchenhaft.«

»Auf jeden Fall«, sagt er.

»Dann sind wir ja einer Meinung.« Und doch will sie ihn wirklich. Auch daran hat sie den ganzen Tag über gedacht. Sie kennt ihn erst seit drei Tagen, würde ihn aber gern mitnehmen und ihm zeigen, was für ein Flittchen sie sein kann.

Oder schüchtern, aber willig.

Oder hilflos …

Wie auch immer er es will.

Seit er den Wagen angelassen hat, läuft Musik. Irgendwas Entspanntes, Jazziges, aber mit Melodie, was ihr gut gefällt. Sie sieht zu, wie er die Musik ausmacht. Perfekte Fingernägel hat er.

Er sagt: »Danke für einen schönen Abend. Schon wieder.«

»Ich geb mir Mühe.«

»In der Tat …« Er beugt sich hinüber, um sie zu küssen. Sie öffnet die Lippen, doch er dreht den Kopf im letzten Moment und küsst ihre Wange.

Sie lehnt sich zurück und atmet so tief und schnell wie schon lange nicht mehr. »Okay«, sagt sie.

»Ich will nicht *verzweifelt* erscheinen.«

»Ich glaube, ich kann deine Verzweiflung sehen.« Sie deutet mit dem Kopf auf seinen Schoß, wo seine Erregung deutlich sichtbar geworden ist, trotz des dicken Jeansstoffs.

Er grinst anzüglich und nimmt die Hand herunter, um die Schwellung zu verbergen. »Keine Sorge, ich entspann mich, wenn ich wieder im Hotel bin.«

Ihr liegt eine Antwort auf den Lippen, und sie spürt, wie ihr das Blut ins Gesicht schießt. *Ruf mich an, wenn ich dir zur Hand gehen soll*, sagt sie beinahe, kommt dann aber zu dem Schluss, dass er längst genau weiß, was sie denkt.

Sarah öffnet die Wagentür.

»Die besten Dinge passieren, wenn man warten kann.« Conrad drückt einen Knopf, und der Motor erwacht zum Leben. »Die allerbesten.«

ZWÖLF

Als Tanner die Tür öffnete, präsentierte Thorne eine Flasche Wein. »Das Beste, was Oddbins im Bereich Bezahlbar-und-nicht-allzu-eklig anzubieten hat.«

Tanner musterte das Etikett. »Exzellent. Und für dich habe ich ein paar Dosen Billigbier kalt gestellt. Zeit, unseren Kummer zu ertränken.«

»Meinen Kummer, meinst du. Du hast wenig Grund zur Traurigkeit, du hast doch sowieso nichts erwartet.«

Die Resultate der forensischen Untersuchungen, auf die Thorne gewartet hatte, waren am Tag zuvor kurz vor Feierabend eingetroffen. Die Fingerabdrücke des Mannes, der Philippa Goodwin betrogen hatte, waren nicht registriert, und seine DNA fand sich nicht in der landesweiten Datenbank.

»Okay«, sagte Tanner. »Dann reden wir nicht lange über Gründe und betrinken uns einfach.«

Sie machte einen Schritt zur Seite und ließ Thorne vorbei. Er bemühte sich, beim Eintreten geradeaus zu schauen, den Blick nicht auf den Fußboden zu richten und sich nichts anmerken zu lassen. Der Teppich in Tanners Hausflur war schon nicht mehr ganz neu, und doch musste Thorne unwillkürlich an den Zustand denken, in dem sein Vorgänger gewesen war.

An die Blutspuren und die weißen Flecken, die das Bleichmittel hinterlassen hatte.

An dieser Stelle war Tanners Partnerin Susan vor knapp anderthalb Jahren erstochen worden.

»Setz dich schon mal«, sagte Tanner. »Ich bring dir ein Bier.«

Thorne musste nicht fragen, ob Tanner aufgeräumt hatte, weil sie Besuch erwartet hatte. Die Frau ließ einfach nicht zu, dass es jemals etwas aufzuräumen *gab*. Die Fernsehzeitschrift, die offen auf dem Couchtisch lag, und die Hausschuhe, die Seite an Seite neben der Couch standen, wirkten angesichts der ansonsten mustergültigen Ordnung geradezu chaotisch.

»Auf deine alten Tage wirst du ein bisschen schlampig«, sagte er, als sie mit seinem Bier hereinkam.

»Halt die Klappe«, sagte sie, und dann: »Wieso?«

Thorne deutete auf die Zeitschrift, die Tanner daraufhin schnell zuschlug und unter dem Tisch verschwinden ließ. Dann griff sie nach den Hausschuhen. »Das Essen ist in fünf Minuten fertig«, sagte sie. »Im Prinzip muss ich es nur aufwärmen.«

»Nudeln von Marks & Spencer?«

Tanner hob drohend einen Finger, wandte sich ab und rief auf dem Weg in die Küche: »Ich hab doch gesagt, ich lerne dazu.«

Ein Running Gag mit düsterer Vorgeschichte.

Während Tanner in ihrer Beziehung immer den organisierten Part gespielt hatte – sie hatte die Rechnungen bezahlt und sich um die Steuererklärungen gekümmert –, war Susan eindeutig die bessere Köchin gewesen. Unglücklicherweise hatte sie sich zu den Mahlzeiten, das Frühstück eingeschlossen, reichlich Wein gegönnt. Die aus ihrer Sucht erwachsenen Spannungen waren – traurigerweise – bis zu ihrem Tod nicht ausgeräumt worden.

Ein plötzliches Klappern in der Küche ließ Thorne zusammenzucken. Er nahm Platz und trank die Hälfte seines Bieres in einem Zug. Er wusste, dass er nicht der Einzige war, der sich mit Schuldgefühlen herumschlug. Als er sich umschaute, bekam er den Eindruck, dass das Haus beinahe wieder so aussah wie vor der Brandstiftung, die Tanner beinahe das Leben gekostet hatte. Unglaublich ordentlich und trotzdem gemütlich. In den Regalen zu beiden Seiten des Kamins standen jetzt deutlich mehr Bücher, und es freute ihn, dass Tanner wieder zu ihrer Sortierung nach Farben zurückgekehrt war.

Als Mrs Slocombe, Tanners Katze, ins Zimmer tapste und ihn pflichtbewusst ignorierte, lehnte Thorne sich zufrieden zurück und nahm noch einen Schluck. Er merkte, wie er sich entspannte.

»Bitte schön.«

Tanner trat ein und stellte ein Tablett auf den Couchtisch. Eine Schale mit etwas, das tatsächlich appetitlich aussah, dazu Papierservietten, Salz und Pfeffer. Sie eilte zurück in die Küche, um auch ihr Tablett zu holen, auf dem zusätzlich eine Küchenrolle lag, für alle Fälle.

»Carbonara«, sagte sie. »Hau rein.«

»Toll …«

Thorne legte sich das Tablett auf den Schoß. Kaum hatte er die erste Gabel im Mund, als Tanner schon fragte: »Also, was läuft zwischen dir und Helen?«

Er schluckte die Nudeln schnell herunter. »Das dachte ich mir.«

Tanner mimte die Unschuldige.

»Verdammt, du hast mir noch nicht mal meine Rechte vorgelesen.«

»Kein Grund, gleich einen Aufstand zu machen«, sagte sie.

Während des Essens erzählte Thorne, was es seit dem letzten Gespräch Neues zu erzählen gab, also nicht viel. Er und Helen waren nach wie vor dabei, zu ›schauen, wie es läuft‹. Und sie kamen ganz gut zurecht, er fühlte sich wohl in seiner alten Wohnung.

»Aber du vermisst Alfie, oder?«

Thorne warf ihr einen düsteren Blick zu.

»Na ja, ich meine, natürlich vermisst du ihn. Ich hab euch beide zusammen gesehen, vergiss das nicht.« Sie legte die Gabel weg. »Schau mal, ich weiß ja nicht, was deiner Meinung nach am Ende dabei herauskommen soll, und ich schätze mal, du weißt es selbst nicht … Aber das, was passiert, passiert. Und am Ende wird es wahrscheinlich das Beste für euch beide sein.«

»War's das?«

Sie nickte und griff wieder nach ihrer Gabel.

»Ich sag dir was: Falls die Mitarbeiterzeitschrift der Metropolitan Police jemals auf die Idee kommt, dich die Kummerkastenseite betreuen zu lassen, geht das Ding in null Komma nichts pleite.«

Das Essen war so gut, dass Thorne die strahlende Tanner um einen Nachschlag bat. Als er fertig war und sie alles in die Küche gebracht, die letzten Reste in den Müll geworfen und die Spülmaschine angestellt hatten, kehrten sie ins Wohnzimmer zurück. Tanner öffnete den Schrank mit der Mini-Stereoanlage und legte eine CD auf. Ein Kerl mit Gitarre und Jammerstimme sang jämmerliche Songs übers Jammern, doch in Thornes Ohren klang es gar nicht mal so übel.

Was Beweis genug dafür war, dass er sich tatsächlich langsam entspannte.

»Bloße Geräuschkulisse, das hast du mal gesagt. Weißt du noch? Du hast gesagt, Musik sei nichts als Geräusche.«

Sie setzte sich und hörte eine Weile zu. Dann senkte Thorne seine Stimme und sagte: »Versuchen Sie gerade, mich zu verführen, Mrs Robinson?«

Tanner starrte ihn fragend an. »Mrs *Wer*?«

Lachend winkte Thorne ab. »Egal.«

»Und, was hast du jetzt in der Goodwin-Sache vor? Wie willst du diesen Jennings aufspüren?«

»Wie kommst du darauf, dass ich etwas vorhabe? Ich meine, die Sache ist erledigt, oder?«

»Ja, das sollte sie sein«, sagte Tanner. »Aber ich kenne dich schon eine Weile.«

»Hm, was würdest *du* denn tun?« Thorne setzte sich aufrecht hin. »Schon klar, dass du nichts tun würdest, aber … rein hypothetisch.«

»Warum sprichst du nicht mit den Kollegen vom Betrugsdezernat? Findest raus, was sie vorhaben, und siehst zu, dass du ihnen irgendwie zuvorkommen kannst.«

»Klar, ein Kinderspiel.«

»Oder du lässt sie einfach ihre Arbeit machen. Lehnst dich zurück und wartest, dass sie ihn schnappen. Wie auch immer, ich hab ihnen alles an Informationen geschickt, was wir haben.«

»Verdammt, muss bei dir eigentlich immer alles so übermäßig korrekt laufen?«

»Ich geb mir Mühe.« Tanners Stimme klang mit einem Mal ein wenig angespannt.

»Es wäre nett gewesen, wenn du mir Bescheid gegeben hättest, mehr will ich damit gar nicht sagen.«

»Russell hat mir praktisch keine Wahl gelassen. Außerdem ist es richtig so.«

»Ja, wenn Aufgeben richtig ist.«

»Hör dich mal reden, Tom.«

Tanners Gesichtsausdruck beendete die Diskussion. Thorne schloss für mehrere Sekunden die Augen und lehnte sich zurück. »Das lass ich lieber bleiben«, sagte er. »Manchmal gehe ich mir ziemlich auf die Nerven.«

Der jammernde Sänger musste etwas Instrumentalem weichen – leicht und latinomäßig –, und dem ersten Bier folgten weitere, die ihrem Austausch über den neuesten Klatsch aus dem Einsatzraum Schwung gaben: eine Kollegin, deren Freund gerade mit Tatortfotos auf dem Laptop erwischt worden war, ein Beamter der Spurensicherung, der dank zweifelhafter Garnelen am Vorabend einen Tatort »ruiniert« hatte, ein männlicher Detective, der neuerdings als weiblicher Detective angesprochen werden wollte. Als Thorne verkündete, es sei Zeit zum Aufbruch, deutete Tanner auf die leeren Bierdosen auf dem Couchtisch.

»Nur wenn du mit der U-Bahn gekommen bist.«

»Komm schon, Nic …«

»Willst du rausgewinkt werden und deinen Job verlieren?«

»Wieso, verpfeifst du mich?«

Tanner atmete langsam und kontrolliert aus. »Das Gästebett ist gemacht.«

»Vorausschauend«, stellte Thorne fest.

»Es ist immer gemacht.«

Thorne seufzte und erhob sich langsam. »Ich hoffe, es gibt ein anständiges Frühstück.«

»Ich kann dir einen Toast machen.«

Er trottete in den Flur und stieg die Treppe hinauf. Plötzlich fühlte er sich hundemüde. Auf dem Absatz drehte er sich um und sah Tanner, die unten bereits die Haustür abschloss.

»Was hättest du gemacht, wenn ich in mein Auto gestiegen wäre? Hättest du irgendwas gemacht?«

Sie schaute zu ihm hoch. »Ich hätte … überlegen müssen.«

Thorne lehnte sich gegen das Geländer. Und dachte: *Vor sieben Monaten hast du nicht lange überlegt. In der leer stehenden Wohnung, den Schürhaken in der Hand …*

»Hast du noch mal drüber nachgedacht? Das Haus zu verkaufen?«

»Ja«, sagte Tanner. »Aber ich denke, ich bleibe erst mal hier.«

Thorne nickte. »Was immer dich glücklich macht.« Dank einer Lebensversicherung hatte Tanner nach Susans Tod die Hypothek ablösen können, sodass ihr das zweistöckige Haus in Hammersmith nun komplett gehörte. Allerdings war es zu groß für sie. Fühlte sich zu groß an. Vor sieben Monaten hatte sie umziehen wollen und sich nach einer passenden Wohnung umgeschaut.

Bis sie die falsche betreten hatte.

Bis das Leben – der Tod – dazwischengekommen war.

Thorne sagte Gute Nacht und öffnete die Tür zum Gästezimmer. Vor dem Bett lag ein Handtuch, von dem ihn nun die Katze anstarrte, reglos und offenbar nicht bereit, ihren Platz zu räumen.

»Mach bloß keinen Ärger«, sagte Thorne.

DREIZEHN

Margate

»Wie bitte …?«

Sie hat den Eindruck, dass die ohnehin schon näselnde Stimme des Jungen inzwischen eine Oktave höher klingt.

»Ich hab gefragt, ob du Lust auf einen Spaziergang hast?«

Michelle tritt einen Schritt zurück, um einer kleinen Gruppe, die gerade aus der Bar kommt, Platz zu machen. Dann tritt sie wieder auf den Jungen zu. Er wird nicht Nein sagen, da ist sie ganz sicher, trotzdem nervt es, dass er sie warten lässt.

»Verdammt«, sagt er.

»Was?«

»Ich meine –«

»Ist doch keine große Sache.«

»Nein.« Er will den Rest seiner Zigarette in den Rinnstein schnippen, verfehlt sein Ziel aber. »Natürlich nicht.«

»Und auch kein Weltuntergang, wenn du keine Lust hast.«

Sie kann schon sehen, dass es für ihn durchaus eine große Sache ist. Sie fragt sich, wie vielen Männern – egal welchen Alters – sie ein Angebot machen müsste, bevor einer ablehnen würde. Einer ganzen Menge, da ist sie sicher, und nicht zum ersten Mal fragt sie sich, warum Männer so … armselig sind.

»Ich sollte meinen Kumpels Bescheid sagen.«

»Ernsthaft?«

»Na ja, muss auch nicht sein.« Nochmals nimmt der Junge einen schnellen Schluck von seinem Alkopop. »Ist wahrscheinlich nicht so wichtig.«

Vielleicht ist armselig ein etwas zu drastischer Begriff, denkt sie. In Wahrheit glaubt sie nicht, dass Frauen notwendigerweise wählerischer sind als Männer, sondern dass sie nur gern so tun, als ob. Es ist einfach so, dass eine Frau, die dringend Sex haben will, praktisch nur jemanden fragen *muss. Okay, vielleicht wägt sie die zur Verfügung stehenden Optionen etwas gründlicher ab als ein Mann in einer vergleichbaren Situation, aber letztlich muss sie bloß zugreifen. Männer wirken dagegen … wahlloser, weil sie sich stärker bemühen müssen und an Zurückweisungen gewöhnt sind. Also lehnen sie ein Angebot, das ihnen irgendwie in den Schoß fällt, selten ab.*

Der Lauf der Dinge, oder?

So wie ein Hund alles frisst, was man ihm vorsetzt, weil es die letzte Mahlzeit sein könnte, die er bekommt.

»Was glauben Sie, wie lange wir unterwegs sind?«

Natürlich ist ihr klar, dass sie immer noch abhauen kann. Sich eine andere Bar suchen und einfach ein, zwei Gläser trinken. Ihr Plan ist gut, das weiß sie, er funktioniert, vielleicht reicht es also schon, bis hierhin gekommen zu sein.

»Also …«, sagt sie.

Sie weiß, dass es manchen Leuten reicht, so nahe ranzukommen und zu wissen, dass sie es hätten tun können, wenn sie gewollt hätten.

Ihr hingegen reicht es nicht. Nicht jetzt.

Michelle sagt: »Schauen wir einfach, wie es läuft, okay?«

VIERZEHN

Sarah zieht die kleine Metallkiste hervor, die hinter Farbeimern und verstaubten Flaschen mit Abfluss- und Fensterreiniger verborgen ist. Sie nimmt einen der fertig gerollten Joints heraus, lässt sich auf einen schäbigen Deckchair fallen und zündet sich die Tüte an. Der Heizlüfter ist noch nicht richtig in Gang gekommen, sodass sie in der Garage ziemlich friert, aber zum Rauchen muss sie hierherkommen.

Sie will den Geruch nicht im Haus haben.

Sie will nicht, dass die Frau, die den Hund ausführt, oder der Fensterputzer oder sonst irgendjemand etwas riecht und das Jugendamt anruft. Natürlich hätten sie damit recht, und sie würde wahrscheinlich dasselbe tun. Ein nach Gras stinkendes Haus ist definitiv nicht der richtige Ort für eine alleinstehende Mutter und ihren Sechsjährigen. Aber ein offizieller Besuch würde ohnehin nicht gut für sie ausgehen.

Das Zeug ist anständig. Sie hat es von einem der älteren Jungs im Park an der Schule gekauft, ehe sie Jamie abgeholt hat. Nach dem zweiten Zug spürt sie den Kick. Spürt, wie die Leichtigkeit durch ihren Körper strömt.

Sie legt den Kopf zurück und denkt an ihn. An ihre Worte im Restaurant und an seine Reaktion. An das, was sie in seinen Augen gesehen und was er ausgestrahlt hat. Sie denkt an die Seite von ihm, die er ihr so gerne zeigen wollte, und an alles andere, das er nicht verbergen konnte. An jede verdammte Sache, die sie gewollt hat, als sie vor gerade mal einer Stunde in seinem großen, glänzenden Auto saß.

Sie greift nach ihrem Handy und schickt ihm eine SMS: *Hast du dich schon entspannt?* Dann starrt sie auf das Display und wartet auf seine Antwort.

Sie versucht sich an das letzte Mal zu erinnern, als sie etwas annähernd Vergleichbares für jemanden gefühlt hat. Begehren, ja, denn gewisse Bedürfnisse müssen ab und zu erfüllt werden. Und trotzdem erscheint die Verbindung, die sie gespürt hat, ihr irgendwie neu und besonders. Sie fragt sich, ob es an ihm oder am Gras liegt, dass sie sich so benommen und scheiß-drauf-sorglos fühlt. Sie ist bereit loszulassen und lacht laut auf.

Aber natürlich macht er ihr auch Angst.

Nicht *er*, also das, was er ist und was er will, sondern die Macht, mit der er offensichtlich in der Lage ist, sie zu verwandeln, ob bewusst oder nicht. Mit der er eine neue Art von Begehren in ihr weckt, das sie so irrsinnig schnell überwältigt hat und sich stärker anfühlt als jedes rein körperliche Begehren. Ja, noch *viel* stärker als etwas Körperliches, selbst wenn sie sich ihn im Bett vorstellt.

Conrad, oder wie auch immer er in Wahrheit heißt.

Denn was ihr wirklich Angst macht, was ihr beim Gedanken an ihn derart den Atem raubt, ist, dass sie den übermächtigen Drang verspürt, ihm die Wahrheit zu sagen.

Ganz sicher liegt weder ein Stück Schokolade auf seinem Kissen noch liegt im Badezimmer irgendetwas, das man mit nach Hause nehmen möchte. Ein in Plastik verpacktes Stückchen Seife und ein paar Miniflaschen Shampoo aus dem Supermarkt. Wenn man bedenkt, wie billig das Zimmer ist, grenzt es fast an ein Wunder, dass es eine Fernbedienung für den kleinen Fernseher gibt und die Laken sauber sind.

Angesichts seines kürzlichen Hauptgewinns hätte er es sich natürlich leisten können, etwas tiefer in die Tasche zu greifen, doch er ist schon immer sparsam gewesen und hat nie einen Sinn darin gesehen, das Geld zum Fenster rauszuwerfen.

Vielleicht beim nächsten Mal, denkt er. Nach dem nächsten Zahltag.

Er sitzt vor dem Halbkreis der an die Wand montierten Holzfaserplatte, die hier als Schreibtisch herhalten muss, und klappt seinen Laptop auf. Für einen brauchbaren Plan ist es natürlich ein bisschen zu früh – er muss sein Ziel erst besser kennenlernen –, doch ein bisschen Vorbereitung kann nie schaden. Manchmal bietet sich die perfekte Gelegenheit zum Abkassieren früher als erwartet, denn im Idealfall sind natürlich *sie* es, die das Tempo diktieren. Die Letzte war schon fast zu schnell gewesen und hätte ihn beinahe unvorbereitet erwischt. Von dem Augenblick an, als er über die Idee mit den Vorlesungen gesprochen hatte, hat sie praktisch darum gebettelt, ihn mit Geld zuschütten zu dürfen.

Ein echtes Kinderspiel.

Sein Handy meldet sich. Er nimmt es in die Hand und liest ihre SMS. Sieht so aus, als würde es auch bei ihr nicht lange dauern. Er macht sich Notizen. Ein paar mögliche Interessengebiete, mit denen er sie ein bisschen kitzeln kann. Sie hat eine künstlerische Ader, also liegt es nahe, in diese Richtung zu denken. Vielleicht ein Verlag oder etwas in der Art, ein Projekt, das sich auf unentdeckte Talente spezialisiert. Das könnte es sein, nur, dass er praktisch nichts über diese Dinge weiß. Also wird er um ein paar Hausaufgaben nicht herumkommen.

Noch einmal schaut er auf ihre SMS. Sie erweckt in ihm das Bedürfnis, sich gleich wieder auf das schmale harte Bett zu legen und sich noch einmal gründlich zu entspannen.

Wahrscheinlich sollte er online gehen und sich ein bisschen Basiswissen über das eine oder andere Buch aneignen, so tun, als wäre er ein begeisterter Leser. Und zwar richtiger Romane, nicht bloß billiger Thriller oder so etwas. Er muss leidenschaftlich rüberkommen, das bringt sie immer auf Trab und öffnet ihre Portemonnaies.

Schnell schickt er eine Antwort: *Ja, und rat mal, an wen ich gedacht hab?*

An wen ich *immer* noch denke, um genauer zu sein. An ihre Figur und ihren Geruch, an ihr leicht dreckiges Lachen und die Art, wie sie im Auto den Mund für ihn geöffnet hat.

Er reißt die Seite mit hingekritzelten Notizen heraus und knüllt sie zusammen. Ihm ist schon klar, dass er nichts Weltbewegendes notiert hat, und trotzdem ist er schockiert, weil er sich eingestehen muss, dass er nicht mit dem Herzen dabei war. Er kriegt es nicht hin. Weil er sie einfach nicht auf diese Weise betrachtet – nicht mehr, seit sie im Kino neben ihm gesessen hat.

Er macht sich etwas vor, eigentlich hat er schon bei ihrem ersten Blick im Café gespürt, dass irgendetwas Ungewöhnliches vor sich ging. Ein Instinkt, den er ignoriert, und eine Stimme, die er überhört hat: dass er sich möglichst schnell aus dem Staub machen sollte.

Mein Gott, denkt er, es gibt für alles ein erstes Mal. Wie soll das weitergehen? Eigentlich kümmert es ihn nicht. Er hat das Handy immer noch in der Hand, sitzt da wie ein geiler Sechzehnjähriger und wartet, dass sie ihm noch eine Nachricht schickt.

Er denkt an nichts anderes als Sarah, was sie denkt, fühlt, was sie will. Nicht an ihr Bankkonto und die Summe, die er sich abzweigen kann. Zum ersten Mal, seit er alt genug ist, jemanden abzuschleppen, denkt er nicht ans Geld.

FÜNFZEHN

Als Thorne das Krematorium leise durch die Hintertür betrat, hatte die Zeremonie schon begonnen. Vorsichtig schloss er die Tür und nahm Platz. Vom leeren Stuhl neben ihm nahm er ein Faltblatt mit den Texten und Liedern des Gottesdienstes und starrte das Foto der jungen Frau auf der ersten Seite an, wie es schien, war es während ihrer Studentenzeit aufgenommen worden. Das passende Klischee drängte sich auf und ließ sich nicht beiseiteschieben: *Das ganze Leben lag noch vor ihr.*

Thorne blätterte um und überflog den Inhalt.

Es handelte sich um eine humanistische Zeremonie, Thorne sah, was er verpasst hatte: Nachdem der einfache Holzsarg zu den Klängen von REMs »Everybody Hurts« hereingetragen worden war, hatte die Leiterin der Zeremonie ein paar einleitende Worte gesprochen. Dann hatten Freunde der Verstorbenen ihr zu Ehren »Amazing Grace« zum Besten gegebenen.

Thornes Gedanken blieben beim REM-Song hängen. War er nicht für jemanden geschrieben worden, der über Selbstmord nachdachte? Vielleicht hatte Philippa Goodwin das Lied einfach gemocht. Vielleicht war es ausgesucht worden, ohne dass jemand bewusst auf den Text geachtet hatte. Oder Philippas engste Freunde hatten genau gewusst, wovon der Song handelte, und es nicht für nötig befunden, die Wahrheit zu beschönigen.

So oder so, er mochte das Lied, sie hätten, weiß Gott, Schlimmeres auswählen können.

»Going Underground« von The Jam zum Beispiel.

Während die Leiterin der Zeremonie – eine permanent lächelnde Frau mittleren Alters – ihre Ansprache hielt, blickte Thorne sich um. Von ein paar leeren Reihen ganz hinten abgesehen war es voll, er schätzte hundert Trauergäste. Aber das war nach Thornes Erfahrung oft so, wenn Menschen zu früh oder unerwartet starben. Mit dem Alter schrumpfte der Bekanntenkreis, nur die langjährigen Freunde und Verwandten blieben übrig. Thorne reckte den Hals, in der ersten Reihe sah er Mary und Ella Fulton, daneben einen Mann, bei dem es sich vermutlich um Marys Ehemann handelte, und ein älteres Paar, Onkel und Tante vielleicht.

Während der Trauerrede waren immer wieder Schluchzer zu hören.

Nachdem die Frau ihre Gedanken zu Leben und Tod beendet hatte – ohne den freiwilligen Abschied vom Leben auch nur ein einziges Mal zu erwähnen –, trat Mary vor, um an ihre Schwester zu erinnern. Nervös an ihrer silbernen Halskette fingernd beschrieb sie eine Frau, die stets großzügig und lebendig gewesen war, die immer versucht hatte, in den Menschen das Beste zu sehen. An dieser Stelle hielt sie einen Moment inne, und Thorne konnte sich gut vorstellen, was ihr durch den Kopf ging. *Wer* ihr durch den Kopf ging. Anschließend las Ella ein Gedicht vor, das sie nur unter Mühen zu Ende brachte.

Viel besser, du vergisst und lächelst,
als dass du erinnerst und traurig bist …

Nach einer Minute des stillen Gedenkens wurde der Sarg dem Feuer übergeben, woraufhin sich der Raum langsam leerte. Das Schluchzen und Stühlerücken wurde weitgehend von einem klassischen Stück von Elgar übertönt, das Thorne überraschenderweise erkannte. Vermutlich hatte er es einmal in einem Werbespot gehört.

Draußen mischte er sich unter die Trauernden, die sich um die vor der Tür aufgereihten Blumenkränze drängten, um die Abschiedsgrüße zu lesen. In einem Krimi, dachte Thorne, wäre das hier wohl der Punkt, an dem einer der Grüße die Aufmerksamkeit des Ermittlers auf sich ziehen würde. Weil er eine kryptische Botschaft enthalten würde, von einem oder mehreren Unbekannten hinterlassen, die möglicherweise einen Hinweis auf die Umstände des Todesfalls geben konnte.

Natürlich entdeckte er hier nichts Derartiges.

Zu früh von uns gegangen.
Pip, wir vermissen dich.
Schlaf gut, meine Liebe.

Thorne wandte sich um und sah, dass Ella auf ihn zukam. Ohne wirklich zu wissen, warum, trat er ein Stück von den anderen weg, damit sie niemand hören konnte.

»Es ist wirklich nett, dass Sie gekommen sind.«

»Kein Problem.«

»Ist das … Ich meine, ist es üblich?«

Thorne hätte ihr keinen guten Grund für seine Anwesenheit nennen können. Als er sich entschlossen hatte, seinen Anzug auszugraben, war ihm der Gedanke durch den Kopf gegangen, dass Patrick Jennings höchstpersönlich vielleicht hier auftauchen würde. Auch mit dieser Art Soziopath – und einen solchen durfte man Jennings wahrscheinlich nennen – hatte er es schon zu tun gehabt. Natürlich war ihm praktisch auf der Stelle klar geworden, wie lächerlich der Gedanke war. Einer wie Jennings machte sich so schnell wie möglich aus dem Staub und hatte wahrscheinlich bereits sein nächstes Opfer im Blick.

Abgesehen davon hätte er sich schon verkleiden müssen, um nicht von Ella oder ihrer Mutter erkannt zu werden.

»Ich wollte einfach kommen.«

»Das ist wirklich schön.«

Sie wandten sich den Trauergästen zu, von denen die ersten sich schon auf den Weg zum Parkplatz gemacht hatten. Andere standen an, um der Humanist Society eine Spende zukommen zu lassen oder sich bei der Leiterin der Zeremonie zu bedanken. Mary und ihr Mann umarmten sich am Eingang.

»Darf ich Sie nach dem Song fragen?«

Verwirrt schaute sie ihn an.

»Der von REM …«

»Ich hab ihn ausgesucht«, sagte Ella.

»Ah ja. Ich hab mich bloß gefragt.«

»Pip hätte ihren Spaß gehabt, da bin ich sicher. Sie hasste sentimentalen Scheiß.« Kurz blickte sie zu Boden und schob die Spitze ihres schwarzen Schuhs in den Kies. »Was es noch lächerlicher macht, dass sie darauf reingefallen ist. Auf *ihn* reingefallen ist. Verstehen Sie, was ich meine?«

»Er muss ziemlich überzeugend gewesen sein«, sagte Thorne.

»Ja, das muss er wohl.«

»Ich schätze, wir können ziemlich sicher davon ausgehen, dass er so was nicht zum ersten Mal gemacht hat.«

Sie nickte und senkte die Stimme. »Haben Sie irgendwas herausgefunden?«

Thorne bemerkte, dass Mary sich ihnen genähert hatte und offenbar mit ihrer Tochter sprechen wollte. Sie nickte und lächelte Thorne an. Er hob grüßend die Hand.

»Ich bin mir nicht sicher, ob hier der richtige Ort ist …«

»Können wir dann vielleicht telefonieren? Ich wüsste gern, was der Stand der Dinge ist.«

»Natürlich.«

»Vielleicht können Sie auch einfach vorbeikommen, falls Sie nicht zu viel zu tun haben. Zum Tee oder wann immer es Ihnen passt. Haben Sie meine Adresse?« Sie öffnete ihre Handtasche und begann darin herumzuwühlen.

»Ich werde es finden«, sagte Thorne.

»Klar.« Ella blickte auf und trat lächelnd zurück. »So was gehört zu Ihrem Job, nicht wahr?«

Thorne drehte sich um und ging, wobei er dem Fahrer eines Leichenwagens zunickte, der gerade vorfuhr, um den nächsten Kunden abzuliefern.

SECHZEHN

An diesem Tag freut Sarah sich noch mehr als sonst, mit den anderen im Café sitzen zu können, mit Savita, Heather, Caroline und dem langweiligen David. Savita hatte sie herübergewinkt, kaum dass sie durch die Tür getreten war, und Caroline hatte ihren Stuhl zur Seite gerückt, um ihr Platz zu machen. Was für eine Begrüßung! Vom schönen Alex ist heute Morgen nichts zu sehen, was nicht schlimm ist, da sie nicht mehr an ihn denkt. Auch ihren Laptop braucht sie heute nicht, sie ist sowieso viel zu sehr mit ihrem Handy beschäftigt.

Von dem Moment an, als sie wach wurde, haben sie und Conrad sich SMS geschickt.

Kaum stehen die Getränke und Kuchenstücke auf dem Tisch, verwickeln Savita und die anderen sie in ein Gespräch. Verschwörerisch beugen sie sich zu Sarah und wollen wissen, was läuft. Das große Geheimnis erfahren, von dem sie ihnen so offensichtlich erzählen will. Den Grund für das Lächeln, das nicht aus ihrem Gesicht verschwinden will. Wer der geheimnisvolle Mann ist, mit dem sie letzte Woche hier gesprochen hat.

Im Mittelpunkt der Aufmerksamkeit zu stehen ist eine seltene und aufregende Erfahrung, die sie gründlich auskosten will. Und natürlich kann sie den anderen ihre Neugier kaum zum Vorwurf machen. Sie spüren, was mit ihr los ist, das Ausmaß ihrer Gefühle. Also ist es nur verständlich, dass sie das eine oder andere Häppchen erfahren wollen.

Die nächste SMS.

Okay. Film abgehakt, Dinner abgehakt. Was kommt jetzt?

Sarah hält sich das Handy dicht vors Gesicht, damit die anderen das Display nicht sehen können. Trotzdem spürt sie ihre Blicke, während sie tippt.

Was schlägst du denn vor?

»Da sieht jemand glücklich aus«, sagt Savita.

Sie nickt und lächelt. »Dieser Kuchen ist absolut fantastisch.«

»Ja, klar.« Savita schaut Heather an und verdreht die Augen. »Der Kuchen.«

Ein Klingelton kündigt die nächste SMS an. Sie hätte das Handy stumm schalten können, doch sie will, dass alle es hören. Jedes einzelne Mal.

Theater?

»Ich hab gute Laune, na und?«, sagt sie und tippt ihre Antwort.

Würg!

»Es ist ein Kerl«, stellt Caroline das Offensichtliche fest. »Es muss ein Kerl sein. Ihr hättet mal sehen sollen, wie verträumt sie gestern an der Schule rumstand.«

»Ich war nicht *verträumt.*« Sie lacht. »Wahrscheinlich hab ich mich gelangweilt, weil ich mal wieder auf meinen trödeligen Sohn warten musste.«

»Warum muss es ein Mann sein?«, fragt Heather. »Es könnte auch mit der Arbeit zu tun haben.«

Sie warten, aber so leicht will sie es ihnen nicht machen.

»Geht es um die Arbeit?«, hakt Heather nach.

Sarah antwortet nicht.

Vielleicht eine Galerie.

»Ich hab's doch gesagt«, ergreift Caroline wieder das Wort. »*Klar* ist es ein Mann. Schaut sie euch an.«

Doppeltes Würg!!!

»Also … wie geht's denn Jamie?« Der verdammte David, der sich am wenigsten von allen für Klatsch begeistert. Der ständig von PISA-Studien, Seelsorge oder anderem langweiligen Kram schwafelt.

»Ganz gut«, sagt sie.

»Toll.«

»Klar bringt er mich um den Verstand, und er ist nie da, wo er sein sollte.« David scheint Lust zu haben, die sinnlose Unterhaltung fortzuführen, doch zum Glück wird sie von einer neuen SMS gerettet, die sie die nächste halbe Minute an ihr Handy fesselt.

Dann gib mir einen Tipp.

Ich bin sicher, dir fällt was ein.

Mir fällt eine MENGE ein …

Sie zögert. Vielleicht sollte sie bloß mit einem Smiley antworten, das ihren eigenen Gesichtsausdruck widerspiegelt. Aber sie ist kein Kind mehr.

»Ist es der Typ, der neulich hier war?«, fragt Caroline. »Am Mittwoch, oder?«

»Ich weiß nicht, von wem du redest«, sagt David.

»Doch, du musst dich erinnern … Er trug eine Mütze. Sie haben sich unterhalten. Ich glaube, ich hab ihn hier vorher schon ein-, zweimal gesehen.«

»Wirklich?« Heather schüttelt den Kopf. »Ich nicht.«

Caroline wirft Heather einen Blick zu. »Irgendwie hatte ich gedacht, er wäre ein Freund von *dir*.«

Sarah schaut von ihrem Handy auf.

Heather wirkt verblüfft: »Keine Ahnung, wie du daraufkommst. Ich hab den Kerl bis letzte Woche noch nie zu Gesicht bekommen.«

»Mein Fehler«, sagt Caroline.

»So oder so, er sah nett aus«, stellt Savita fest. »Und fit.«

Caroline nimmt einen Schluck Kaffee. »Ja, das muss man ihm lassen. Wenn ich auf der Suche wäre …«

Sarah hämmert etwas in ihr Handy. »Selbst wenn ihr noch so sehr auf der Suche wärt, er hatte nur Augen für mich.«

Das glaube ich gern.

»Schön für dich«, sagt Savita. »Ich meine, ich wusste gar nicht, dass du auf der Suche nach jemandem bist, aber Hauptsache, du bist glücklich.«

Sarah legt das Handy weg, nur für ein paar Sekunden, um sich ihrem Kuchen zu widmen. Glücklich? Sie fühlt sich wie wahnsinnig, gefesselt. Gefesselt von ihm. Sie weiß, dass sie auf der Schwelle zu etwas steht. Und auch wenn sie spürt, dass es gefährlich ist, dass sie ihm vielleicht nicht gewachsen ist, hat sie doch nie einen annähernd vergleichbaren Rausch erlebt.

Sie fühlt sich unbesiegbar.

Ich könnte zu dir kommen.

»Verdammt«, sagt Savita, als es schon wieder klingelt. »Ich hoffe, dein Akku ist geladen.«

Die nächste Nachricht kommt gleich hinterher: Und?

Heather kann sich kaum beherrschen. Sie beugt sich weit über den Tisch und zappelt, als würde sie sich vor Aufregung in die Hose machen. »Na komm schon.« Sie klatscht tatsächlich in die Hände. »Details, meine Liebe, Details!«

Sarah grinst und versucht zu entscheiden, wie viel sie preisgeben will. Nichts zu erzählen wäre unanständig, und davon abgesehen will sie selbst, dass alle Bescheid wissen. Sie zuckt die Achseln und sagt: »Es ist … noch alles ganz frisch.« Gleichzeitig tippt sie schon wieder.

Ich hab mich schon gefragt, wann du endlich zur Sache kommst!

»Yes!«, ruft Heather und ballt eine Faust, als hätte sie ein Tor geschossen oder so was, während Savita nur zufrieden nickt. Caroline hingegen hat sich halb abgewandt und unterhält sich mit David, um zu demonstrieren, dass sie bereits das Interesse verloren hat. Als wäre das alles nicht sonderlich wichtig, als wäre *Sarah* nicht wichtig.

Am liebsten würde Sarah ihr heißen Kaffee in den Schoß schütten.

Savita hebt ihre Tasse, als wäre sie ein Champagnerglas. »Ich muss schon sagen, Sarah, du bist ein tiefes Wasser.«

SIEBZEHN

Ella Fulton wohnte auf halber Strecke zwischen Archway und Highbury Corner, im obersten Geschoss eines graubraunen, dreigeschossigen Hauses in einer schmalen Seitenstraße der Holloway Road. Als er das Summen des Türöffners vernahm und geräuschvoll eine Metalltreppe hinaufstieg, kam Thorne der Gedanke, dass es sich einmal um ein Bürogebäude gehandelt haben könnte, möglicherweise im Besitz der Gemeinde. Ein Zweckbau, dem irgendwann das Etikett »exzentrisch« aufgedrückt worden war – und das entsprechende Preisschild.

Ella erwartete ihn am oberen Ende der Treppe, sie schien seine Gedanken zu erraten. »Hier war früher das örtliche Arbeitsamt, ein bisschen vom alten Charme spürt man noch.«

»Meine Güte«, sagte Thorne, als er sich in ihrer Wohnung umschaute, die sich offenbar über die komplette Etage erstreckte. Nach den Treppen atmete er ein bisschen schwerer, als ihm lieb war.

Überall waren Fotos. Postergroß und gerahmt lehnten sie an den nackten Ziegelwänden oder stapelten sich auf dem Schreibtisch, in Ablagekästen zu beiden Seiten eines großen Monitors. Thorne erkannte auf den ersten Blick, dass auf vielen Bildern Motive aus der näheren Umgebung zu sehen waren. Hinter einem Grimassen schneidenden jungen Mann mit Rastafrisur und Goldzähnen entdeckte er die denkmalgeschützte Fassade der U-Bahn-Station Holloway Road. Ein älteres Paar küsste sich am Kanal nahe dem Islington-Tunnel, und eine obdachlose Frau lag inmitten von Einkaufstaschen vor dem Argos-Supermarkt nahe dem *Nags Head*. Andere Aufnahmen kamen ohne menschliche Motive aus: verdorrte Bäume und rostiges Metall, der sich in schmutzigen Pfützen spiegelnde Himmel und regenbogenfarbene Ölflecken.

»Wohnung und Atelier in einem«, erklärte Ella.

Sie trug Jeans und eine gemütlich wirkende Strickjacke, die bis zu den Knien reichte. Crocs und Socken. Ihr Haar war ein wenig lockerer gebunden als bei der Beerdigung vor zwei Tagen. Thorne deutete mit dem Kopf auf eins der Fotos. Die wild verstreute Fotoausrüstung war eigentlich Hinweis genug, selbst für einen Polizisten an einem schlechten Tag, trotzdem fragte er: »Haben Sie die Bilder …?«

»Ja, aber leider reicht das nicht für die Miete.«

»Okay.«

»Ich mache auch Videos. Sie wissen schon … Kunst, Schwarz-Weiß-Zeug ohne Handlung, aber auch dafür gibt's kein Geld.«

»Also …?«

»Also fotografiere ich Lebensmittel.«

»Im Ernst?«

»Im Ernst. Was immer Sie gegessen haben, ich hab's fotografiert.«

»Für wen, Zeitschriften?«

»Manchmal, aber für die Brötchen reicht das nicht.«

»Brötchen fotografieren Sie auch?«

»Doch, ja, tatsächlich«, sagte Ella. »Aber meistens mache ich Fotos für Speisekarten.«

»Edel«, bemerkte Thorne.

Sie lachte. »Na ja, hängt davon ab, was Sie essen, oder? Ich habe für ein paar ziemlich elegante Restaurants gearbeitet, aber ich mache auch die Fotos, die in Kebab-Läden über der Theke hängen. Also …«

»Egal wo«, sagte Thorne. »Das Essen schmeckt nie so gut, wie es auf den Fotos aussieht.«

»Ja, und dafür gibt es einen guten Grund.«

Während er langsam umherging und Ellas Fotos betrachtete, weihte sie ihn in das eine oder andere Geheimnis der Food-Stylisten ein, in die Tricks ihres Gewerbes. Eiscreme wurde in den meisten Fällen durch Kartoffelpüree und Lebensmittelfarbe ersetzt. Kuchen wurden mit Lackfarbe bemalt, und Trauben wirkten dank Talkumpuder besonders verlockend.

»Und was ist mit dem Kebab?«, fragte Thorne. »Klar haben die Leute, wenn sie sich einen holen, meistens schon was getrunken, aber auf den Fotos sieht immer alles so lecker und … frisch aus.«

»Motoröl«, sagte sie.

Auf mehreren Tischen entdeckte Thorne Stapel von Fotobüchern, und auf einer Holzbank unter dem breiten, ungeputzten Fenster war eine Sammlung altmodischer Kameras ausgestellt.

»Ich weiß, ich bin ein kleiner Messie.« Sie nahm eine der alten Kameras von der Bank, wischte etwas von der Linse und legte sie vorsichtig wieder hin. »Ist alles ein bisschen chaotisch.«

»Wie bei Ihrer Tante«, stellte Thorne fest.

»Auf jeden Fall.« Ella lächelte. »Sie meinte immer, es sei ein Zeichen von Kreativität.«

»Allerdings war ihre Küche makellos.«

»Darüber muss ich mir zum Glück keine Gedanken machen, ich habe keine.«

»Hier gibt es keine Küche?«

»Da oben sind Bett und Dusche ...« Sie deutete auf die Wendeltreppe in einer Ecke, die zu einem Zwischengeschoss führte. »Und der restliche Platz ist für die Arbeit reserviert. Hätten Sie gern einen Tee? Oder etwas anderes?«

»Ich dachte, Sie hätten gesagt –«

»Ich habe ... eine Grundausstattung.«

Sie ging hinüber zum Schreibtisch, und erst jetzt nahm Thorne den kleinen Kühlschrank direkt daneben wahr, den Wasserkocher aus Plastik und eine Box mit Teebeuteln. Ella schaltete den Kocher ein, nahm einen Milchkarton aus dem Kühlschrank und griff ins Bücherregal, um zwei Becher hervorzuholen.

»Ich esse häufig außer Haus«, sagte sie.

Als der Tee fertig war, ging sie mit den Bechern zu Thorne hinüber, der ein paar Fotos an der Wand neben der Eingangstür anstarrte, die er bisher übersehen hatte. Ein Meer von Regenschirmen auf der Waterloo Bridge. Ein von hinten aufgenommener Straßenkünstler und die ehrfürchtige Miene eines ihm zuschauenden Kleinkinds. »Die sind großartig«, sagte er und wandte sich ihr zu, um zu unterstreichen, dass er es ernst meinte.

»Danke.«

Kunst in jeglicher Form ging Thorne leicht auf die Nerven, da sie ihm schnell ein Gefühl der Überforderung vermittelte. Mit Fotos kam er allerdings besser zurecht als mit Gemälden. Sie erschienen ihm ehrlicher, *berührten* ihn – das war vermutlich das richtige Wort –, obwohl er wusste, dass Leute wie Phil Hendricks sich über ihn lustig machen würden, sobald er etwas Derartiges laut aussprach.

»Zwar kein Kebab, aber irgendwie …«

Er drehte sich um und betrachtete die Fotoserie an der Wand gegenüber. Eine Reihe stillgelegter, abgewrackter U-Bahn-Züge. Die Wände der ausrangierten Waggons verformt und mit Graffiti übersät. Innenaufnahmen zeigten zerfetzte und durchweichte Sitze voller Glasscherben von den eingeworfenen Scheiben. Die Szenerie erinnerte an einen Friedhof.

»Wahrscheinlich sollte ich die abhängen«, sagte Ella.

Sie setzten sich auf ein verschlissenes Ledersofa, über dessen Rückenlehne ein bunter Überwurf lag. Aus dem Treppenhaus drang Gelächter, und von draußen hörten sie, wie die Sirene eines Krankenwagens erst anschwoll und dann langsam leiser wurde.

Thorne sagte: »Ich wünschte, ich könnte Ihnen sagen, dass wir irgendetwas erreicht haben oder dass ich eine Idee hätte, was wir als Nächstes tun können.«

»Patrick Jennings …«

»Wir konnten seine Fingerabdrücke nehmen und sein DNA-Profil erstellen, aber er ist bisher nirgendwo gespeichert.«

»Okay.«

»Ich meine, es besteht immer die Chance, dass er in Zukunft eine Dummheit begeht. Sobald er wegen *irgendetwas* festgenommen wird, haben wir ihn.«

»Besonders dumm ist er mir allerdings nicht vorgekommen«, sagte Ella.

»Nein.«

»Dann war's das also?«

»Na ja, natürlich wird sich das Betrugsdezernat um ihn kümmern. Wir haben sämtliche Informationen weitergegeben.«

»Ihre Kollegen sind hoffentlich gut?«

»Keine Abteilung ist besser ausgestattet.« Thorne wandte kurz den Blick ab. Wiederholte er gerade nicht genau das, was Brigstocke ihm gesagt hatte, ehe er die Sache selbst in die Hand genommen hatte? Bevor er sich entschieden hatte, dieselbe Sorgfalt walten zu lassen wie bei der Suche nach einem Mörder? »Irgendein Detail, das wir dem Betrugsdezernat geschickt haben, könnte zu Informationen passen, die dort schon bekannt sind, man weiß nie. Ich bin sicher, dass Pip nicht die Erste war, der er etwas vorgespielt hat. Damit will ich nicht sagen, dass sie …«

»Ich weiß, dass sie nicht dumm war.«

»Wissen Sie noch, was Ihre Mum vor Kurzem gesagt hat? Männer wie Jennings haben es auf Leute abgesehen, die nicht zynisch sind.«

»Sie war einsam«, sagte Ella. »Zynismus konnte sie sich nicht leisten.«

Thorne trank den Rest seines Tees und beugte sich vor. Er fragte sich, wie zynisch Ella Fulton sein konnte. »Natürlich gebe ich Ihnen Bescheid, wenn ich etwas erfahre.«

Ella stand auf und nahm Thorne den leeren Becher ab.

»Danke noch mal, dass Sie zur Einäscherung gekommen sind. Es hat Mum eine Menge bedeutet.«

»Werden Sie es ihr erzählen?« Thorne stand auf. »Dass wir bei der Suche nach Jennings nicht weitergekommen sind?«

»Ich wüsste nicht, was das bringen sollte«, sagte Ella. »Was immer sie über Jennings gedacht hat: Mit der Vorstellung, dass Pip derart betrogen wurde, kommt sie wahrscheinlich immer noch nicht zurecht. Wie sie sich wohl gefühlt haben muss, als sie es herausgefunden hat. Dass Pip ihm derart verfallen war. So offensichtlich das alles ist, meine Mutter will es noch nicht wahrhaben. Ehrlich gesagt hat sie, seit wir mit Ihnen in Pips Wohnung waren, kein Wort mehr darüber verloren. Als käme sie besser mit der Vorstellung zurecht, dass Pip einfach … krank war.«

»Jeder verarbeitet solche Erlebnisse anders.« Thorne schaute sie abwartend an.

»Oh, ich für meinen Teil gehe einfach raus fotografieren«, sagte sie. »Und stelle mir vor, wie ich Jennings die Eier mit einer Heckenschere abschneide.«

Als Thorne ins Becke House zurückkehrte, saß Tanner an ihrem Schreibtisch. Er zog einen Stuhl heran, setzte sich ihr gegenüber und sagte mit leiser Stimme: »Ich weiß nicht, ob solche Themen zum Prüfungsstoff gehören, aber ich hab mich gefragt …«

Sie richtete den Blick auf ihn.

»Was sagt das Protokoll … Ich meine, gibt es Richtlinien, wenn es darum geht, sich in irgendeinem Maße … auf jemanden einzulassen, der zur Familie eines Suizid-Opfers gehört?«

Sofort hatte er Tanners ungeteilte Aufmerksamkeit. »Auf romantische Weise einzulassen, meinst du?«

»Zum Beispiel.«

»Und dabei ginge es um Philippa Goodwins Nichte?«

»Ich hab bei ihr vorbeigeschaut«, sagte Thorne. »Um sie über unsere Fortschritte zu informieren. Unseren *Mangel* an Fortschritten, besser gesagt.«

»Weil du ihr das nicht am Telefon erzählen konntest?«

Thorne schob seinen Stuhl ein Stückchen näher heran. »Hör mal, wahrscheinlich hab ich das alles missverstanden, aber was weiß ich denn? Jedenfalls schien sie ein bisschen … mit mir zu *flirten*.«

»Wie alt ist sie?«

»Ich weiß nicht, Mitte vierzig?« Jünger als er selbst, aber älter als Helen, immerhin. Der Altersunterscheid war eins der Themen gewesen, an denen Helens Schwester sich gestoßen hatte, falls sie sich denn wirklich an irgendetwas gestoßen hatte. Thorne war sich da nicht mehr sicher.

Tanner nickte, als dächte sie über die Frage nach.

»Es ist nichts passiert, falls du das denkst. Ich hab bloß nachgedacht, sonst nichts, und ich wollte deine Meinung hören.«

»Ernsthaft?« Tanners Miene verhieß nichts Gutes.

»Nur interessehalber.«

»Okay, nehmen wir mal an, wir haben Glück. Nehmen wir an, dass wir – oder ein anderes Team – Jennings tatsächlich schnappen.« Sie schaute ihm in die Augen. »Verstehst du, worauf ich hinauswill? Es kommt zum Prozess, wegen Betrug oder meinetwegen sogar wegen fahrlässiger Tötung, denn darauf legst du es doch an, oder? Dann wird diese Frau, die jetzt mit dir *flirtet*, als Zeugin vernommen. Kannst du mir folgen? Als ziemlich wichtige Zeugin wahrscheinlich. Ich will es nicht beschwören, aber ich schätze, es gibt eine Menge Richtlinien, die verbieten, dass ein Beamter sich mit einer Zeugin seines eigenen Falls einlässt.«

Tanner wandte sich wieder ihrer Arbeit zu. »Ich wusste, dass ich jemand anders hätte fragen sollen«, sagte er.

»Komm schon, du hast die Antwort gewusst, bevor du mich gefragt hast.«

Thorne brummte etwas Unverständliches.

»Kein Grund, sich schlecht zu fühlen«, sagte Tanner, »wenn du wegen dieser seltsamen Situation zwischen Helen und dir deine Wirkung auf Frauen austestest.«

»Tue ich das?«

»Jedenfalls hab ich den Eindruck. Und den Test hast du bestanden.«

»Wenigstens etwas«, sagte Thorne nach kurzem Nachdenken. »Normalerweise sehe ich bei Tests ziemlich alt aus.«

ACHTZEHN

Zuerst nehmen sie einen schnellen Drink in einem nicht ganz so einladenden Pub am Ende ihrer Straße, aber es ist nicht so, als würden sie ihn brauchen. Eher geht es darum, vorher überhaupt etwas zu tun. Ein kleines Täuschungsmanöver, auf das sie sich wortlos verständigt haben, weil sie genau wissen, was nachher passieren wird.

Geduld wird immer belohnt, auch wenn die Zeit noch so kurz ist.

Sie reden beinahe kein Wort. Sarah gefällt es, dass er zu allem bereit scheint, dass er sich Mühe gibt, seine Nervosität zu verbergen. Ihr Herz fühlt sich an wie ein Geschöpf mit Flügeln, gefangen in einem Haus ohne Fenster, und sie ist dankbar für den Wein, auch wenn ihr Mund nach jedem Schluck sofort wieder austrocknet.

Es fühlt sich an, als wartete sie auf den Schritt über die Klippe.

»Ich bin fertig«, sagt er, als sein Glas leer ist.

»Das will ich nicht hoffen«, erwidert sie.

Schweigend und ohne sich zu berühren, gehen sie die Straße entlang, als wären sie bloß zwei Freunde beim abendlichen Spaziergang. Sarah malt sich aus, welche Befriedigung es ihr verschaffen würde, jetzt einer der Mütter von der Schule über den Weg zu laufen – in einer perfekten Welt wäre es Caroline –, doch sie begegnet niemandem, den sie kennt. Nicht mal einem Nachbarn. Im Vorbeigehen scannt sie hoffnungsvoll jedes Haus, ohne auch nur die Bewegung eines Vorhangs zu registrieren. Letztlich macht es ihr nichts aus, auch wenn es ein hübscher Bonus gewesen wäre.

Er folgt ihr ins Haus, beugt sich hinunter und macht viel Aufhebens um ihren Hund, der angeflitzt kommt, um sie zu begrüßen. Sie klatscht in die Hände, scheucht den Hund in die Küche, schließt schnell die Hintertür auf und lässt ihn hinaus in den Garten. Als sie zurückkommt, steht er immer noch im Flur und sieht sich um. »Schön hier.«

»Hart erarbeitet«, sagt sie und legt ihren Schal ab.

»Ich meine, du hast einen sehr guten Geschmack. Es gefällt mir wirklich.« Er nickt beifällig und geht weiter in die Küche, als gehörte die Wohnung ihm.

Natürlich hat sie sich die Mühe gemacht, ein bisschen aufzuräumen. Sie hat Jamies Spielzeug vom Boden aufgesammelt und in einer großen Plastikkiste verstaut. Jede Oberfläche glänzt, vor dem Verlassen des Hauses hat sie einen angenehmen Duft versprüht. Kerzen brennen. Auch im Bad und im Schlafzimmer.

Alles ist sauber und frisch und riecht gut.

Sarah hat sich erinnert, wie es in seinem Auto war. Wahrscheinlich will er es genauso haben.

Zum ersten Mal macht er den Eindruck, als sei er ein bisschen verlegen. Es gefällt ihr, dass er seine Nervosität nicht mehr überspielen kann. Sie will die Kontrolle haben, jedenfalls am Anfang. Später kann er das Tempo bestimmen, wenn ihm das lieber ist. Sie tritt auf ihn zu, streckt die Hand aus, um seine Jacke zu nehmen, die dünne aus Leder, die sie so mag. Er zieht sie aus und richtet seinen Hemdkragen. Er trägt die Manschettenknöpfe, die ihr bei der ersten Begegnung im Café aufgefallen waren.

Kaum zu glauben, dass es erst eine Woche her ist.

Sie lehnt sich gegen die Arbeitsfläche und sagt: »Wir könnten einen Kaffee trinken.«

»Könnten wir.«

»Wir könnten alles Mögliche tun.«

»Alles Mögliche klingt gut.«

Es ist schwer zu sagen, wer von ihnen den ersten Schritt macht, sich ein wenig vorbeugt oder unbemerkt näher kommt. Aber am Ende kommen sie mit aller Heftigkeit zusammen. Jetzt ist das Lächeln verschwunden, es wird ernst, das Fassen, das Greifen, das Stöhnen.

Zungen und Zähne.

Sie seufzt und zerrt an seinem Hemd, um es aus dem Bund seiner Jeans zu ziehen, während seine Hände bereits ein Stück tiefer zugange sind. Dann macht sie sich über seinen Gürtel her und er reißt die Hände hoch und zerrt an ihrer Bluse, als wolle er sie ihr über den Kopf ziehen …

»Stopp!«

Sarah tritt einen Schritt zurück und dreht sich um. Ihre Bluse aufknöpfend geht sie Richtung Schlafzimmer, darauf vertrauend, dass er ihr folgt.

Das erste Mal ist schnell und hektisch und gierig, aber beide bekommen, was sie wollen. In ihrem kleinen Nachttisch hat Sarah Kondome, doch keiner von beiden bringt das Thema auf, und das ist okay, denn auch wenn sie bereit ist, das Risiko einzugehen, kommt er nicht in ihr.

Sie lassen sich kaum Zeit zum Atemholen.

Dann gehen sie es langsamer an, nehmen sich Zeit zum Entdecken, mit Mündern und Fingern, bis sie sich beide verzweifelt danach sehnen. Sie wechseln die Positionen, mal auf seine, mal auf ihre Initiative hin, sie sagen sich gegenseitig, was sie wollen. Als er ihn dieses Mal herausziehen will, drängt sie sich ihm entgegen, behält ihn in sich, schüttelt den Kopf, als er sie anschaut, um zu sehen, ob sie sich sicher ist.

Und in diesem Moment ist sie das tatsächlich, denn etwas … hat sich verändert.

Schließlich müssen sie lachen und trennen sich langsam voneinander, richten das Durcheinander der Laken, bis sie still liegen und wieder zu Atem kommen.

»Wie gesagt, die guten Dinge sind das Warten wert.«

»Wunderbare Dinge«, sagt sie und streckt ihr Bein aus, bis es seins berührt.

»Oh Gott, ja …«

Schweigend liegen sie eine oder zwei Minuten da, bis sie sich ihm zuwendet. »Ich weiß, dass du nicht Conrad heißt.«

Er sieht sie an.

»Und ich bin mir ziemlich sicher, dass deine Investoren gar nicht existieren, jedenfalls nicht so, wie die meisten Leute sich das vorstellen würden. Dass es nichts gibt, in das zu investieren wäre.« Sie greift schnell nach seiner Hand und drückt sie. »Und das ist in Ordnung, es ist absolut in Ordnung. Nur, für mich musst du die Geschichte nicht weiterspinnen, das ist alles.«

»Du glaubst, du hast mich durchschaut?«

Plötzlich ist seine Stimme so ruhig, dass sie ihr Angst macht, doch diese Angst ist aufregend, sie riskiert ein Nicken.

»Du glaubst, du *weißt Bescheid*?«

»Ich kann es mir jedenfalls vorstellen«, erklärt Sarah. »Und es ist mir egal. Ich schwöre, im Moment kann ich mir nichts vorstellen, das mir egaler wäre.«

Er dreht sich weg und schließt einen Moment lang die Augen. »Warum sollte ich dich dann weiter *Sarah* nennen?«

»Was spricht dagegen?«

»Na ja, es erscheint mir ein bisschen sinnlos, wo wir doch gerade alles ans Licht holen. Und wenn wir wirklich ehrlich zueinander sein wollen.« Seine Stimme klingt anders, ein wenig rauer vielleicht, doch sie mag das. »Denn das wollen wir doch, oder?«

Sie rückt etwas näher an ihn heran. »Wie könnte es anders sein?«

»Also … Ich nenne dich Sarah, wenn es dich glücklich macht. Solange du dir nichts vormachst. Ich weiß genau, dass du nicht so heißt.«

»Es ist doch bloß ein Name«, sagt sie.

Er öffnet die Augen und wendet den Kopf wieder in ihre Richtung, sodass ihre Gesichter sich nun fast berühren. Sie spüren den Atem des anderen. Er sagt: »Und ich weiß auch, dass niemand das Spielzeug in der Küche benutzt.«

NEUNZEHN

Nackt und völlig reglos steht sie im Halbdunkel und spürt den Kühlschrank kalt in ihrem Rücken. Draußen bellt der Hund und kratzt an der Küchentür, damit sie ihn einlässt, doch Sarah ignoriert ihn. Tatsächlich nimmt sie das Bellen kaum wahr.

Sie erinnert sich an einen Morgen vor vielen Jahren.

An die Erregung und das, was aus dieser Erregung wurde.

An das Mädchen, das sie damals war, und den Mann, als der sich ihr Vater entpuppte …

Er grinst bereits, als sie gleich bei Sonnenaufgang die Treppe runterkommt. Sein Grinsen ist fast so breit wie ihres, wie das Grinsen jedes braven Mädchens an einem besonderen Morgen wie diesem. Auf der Karte, die er hervorzaubert, steht MEIN GEBURTSTAGSMÄDCHEN. Sie versucht glücklich auszusehen, als er sie öffnet und das lustige Gedicht vorliest, doch sie beide wissen, dass sie nur an eine einzige Sache denkt.

An dieses eine Geschenk, das er ihr versprochen hat.

Er lächelt, als hätte er sie lange genug warten lassen, und deutet dann mit dem Kopf zur Hintertür. Sie reißt sie auf und rennt hinaus in den Garten, wo – sie weiß es – ihr neues Fahrrad auf sie wartet. Sie sieht es sofort.

Sie braucht einen Augenblick, um zu begreifen, denn es sieht so … albern aus. Sie dreht sich um und bemerkt, dass ihr Vater sie von der Gartentür aus beobachtet. Dann schaut sie wieder hin, doch noch immer ergibt es keinen Sinn. Das Einzige, was von ihrem neuen Fahrrad zu sehen ist, ist der Lenker.

Nur die Griffe ragen aus dem Boden heraus, der Rest des Fahrrads ist vergraben.

Sarah schlingt die Arme um ihren Oberkörper. Langsam wird ihr kalt.

Niemand benutzt dieses Spielzeug …

Auch als sie neben Conrad gelegen und er diese Worte ausgesprochen hat, ist ihr bitterkalt geworden, aber nur für einen kurzen Augenblick. Es war die Art, wie er aussprach, was zu hören sie täglich fürchtet. Eine wissende Bemerkung, eine nur halb versteckte Andeutung von Wichtigtuern oder besorgten Eltern. Sarah hat sich eine Menge mögliche Reaktionen zurechtgelegt.

Schock, Wut, Empörung …

Vor einigen Minuten, als ihre Haut die seine berührte, hat sie nur flüstern können: »Woher weißt du das?«

Er hat gezwinkert und geantwortet: »Woher weißt *du* es?«

Danach ist sie schnell aus Bett und Schlafzimmer gehuscht, hat seine Augen in ihrem Rücken gespürt, während sie sich nur mit Mühe auf den Beinen halten und gerade so die Fassung bewahren konnte.

Sie hat Zeit für sich allein gebraucht – ein paar Minuten, mehr nicht. Um zu verarbeiten und sich zu fangen, um zu warten, bis ihr Magen sich beruhigt und der Schrei in ihrem Kopf langsam verstummt. Bis die Panik nachlässt.

Immer noch ungläubig steht sie neben dem Kühlschrank, dessen Summen ihr durch den ganzen Körper fährt.

Es ist unmöglich, denkt sie. Die Chancen stehen eins zu einer Million.

Vor einer Woche noch hat es nur sie und ihre Geschichte gegeben – und ihn mit seiner eigenen, irgendwo anders. Keinem von ihnen ist klar gewesen, dass sie sich langsam aufeinander zubewegten, dass – allen lächerlichen Wahrscheinlichkeiten zum Trotz – jede kleinste Kleinigkeit sich ändern würde.

Dass all das hier passieren würde.

Sarah dreht sich um, öffnet den Kühlschrank, nimmt eine

Flasche Wasser und einen Teller mit Hähnchenresten heraus und kehrt damit ins Schlafzimmer zurück. Sie steigt ins Bett, und sie essen mit den Händen, wischen sich die fettigen Finger an den Laken und aneinander ab. Sie kann sich nicht erinnern, wann sie eine Mahlzeit – *irgendeine* Mahlzeit – so genossen hat. Es kommt ihr vor, als sei jeder Geschmack, jede Berührung viel intensiver als zuvor. Sie spürt, wie die Luft über ihre Haut streicht, spürt die einzelnen Fäden der Baumwolllaken und die Stellen, wo sie klebrig sind. Sie sieht ihn kauen und schlucken, sieht seine Hals- und Kiefermuskeln arbeiten. Und es macht sie benommen, beinahe schwerelos. Eine Erregung, die in jedem einzelnen Knochen vibriert, ihr Blut zum Kochen bringt. Weil er sie kennt.

Wahrhaftig.

Weil er sie *gesehen* hat.

Als sie aufgegessen haben, vögeln sie wieder. Diesmal liegt etwas beinahe Brutales darin, sie wollen es beide so. Sie fordern und fügen sich, alle Sanftheit ist vergessen, sie hören erst auf, als sie erschöpft und schweißgebadet sind.

Dann setzt Sarah sich auf ihn und richtet sich auf. Sie sagt: »Das hier bedeutet was, oder?«

»Es bedeutet, dass ich eine Woche lang nicht mehr geradeaus pissen werde.«

»Ich mein es ernst.«

Er nimmt ihre Hand und drückt sie. »Es bedeutet *alles*.«

»Ich muss wissen, dass ich auf dich zählen kann«, sagt sie. »Ich muss sicher sein, dass du mich nicht im Stich lässt.«

»Warum sollte –«

»Zu viele andere Männer haben schon versprochen, mir nicht wehzutun.«

»Ich bin nicht andere Männer.«

»Nein«, sagt Sarah. »Das bist du nicht.«

Er bewegt sich vorsichtig unter ihr. »Also …«

Sie setzt sich noch gerader auf und klatscht in die Hände wie ein überdrehtes Kind. »Wir sollten feiern«, sagt sie. »Wir sollten *das hier* feiern …«

»Wenn du willst.«

Sarah schlägt ihm auf den Arm und lacht, als er zusammenzuckt. »*Natürlich* müssen wir feiern.« Sie schiebt sich die feuchten Haarsträhnen aus dem Gesicht und starrt ohne zu blinzeln auf das gepolsterte Kopfbrett, mit einem Mal völlig ernst. »Denn das hier ist was Besonderes, meinst du nicht?«

»Auf jeden Fall.«

»Also, sollten wir … irgendwas tun, an das wir uns immer erinnern werden.« Sie beugt sich zu ihm hinunter, ihre Hände auf seiner Brust. »Etwas Gemeinsames. Wir müssen etwas *Besonderes* tun.«

Er bläst die Backen auf, denkt ein paar Sekunden nach und sagt: »Wir wär's mit einer Reise ans Meer?«

»Ich liebe das Meer.«

»Na also. Dann ab ans Meer.«

Für einen winzigen Augenblick huscht etwas über Sarahs Miene, dann kehrt ihr Lächeln zurück. »Perfekt«, sagt sie und beugt sich so tief hinunter, dass ihr Kopf gleich unter seinem Schlüsselbein liegt. Als sie weiterspricht, spürt er die Bewegung ihrer Lippen an seinem Hals: »*Du* bist perfekt.«

ZWANZIG

Es war eine Weile her, seit er und Hendricks zuletzt ein North London Derby besucht hatten. Thorne bedauerte, dass das Spiel nicht gut gewesen war. Oder wenigstens einigermaßen sehenswert. Obwohl beide mit gleicher Leidenschaft ihren jeweiligen Verein unterstützten, hatten sie es sich zur

Gewohnheit gemacht, zusammen bei den Fans der Heimmannschaft zu sitzen, egal wo das Spiel stattfand. Ein Montagabendspiel im Emirates Stadium bedeutete also, dass Thorne auf der Südtribüne sitzen und die Anfeuerungen und Gesänge der Arsenal-Fans ringsum ertragen musste. Obwohl die übrigen Tottenham-Fans nicht weit von ihm entfernt saßen, war ihm nichts anderes übrig geblieben, als sich inmitten der Rot-Weißen möglichst unauffällig zu verhalten. Also jede provokante Kritik an der Heimmannschaft zu vermeiden und sich zu fragen, wie er seinen Jubel unterdrücken sollte, falls die Spurs ein Tor schossen.

Doch darüber hätte er sich heute keine Sorgen machen müssen.

Die Erzrivalen hatten nur ein mühsames, überwiegend langweiliges Null zu Null zustande gebracht, bei dem lediglich ein Platzverweis fünf Minuten vor dem Abpfiff für ein wenig Aufregung gesorgt hatte.

»Das«, sagte Hendricks, als sie zum Ausgang drängten, »war echter *Antifußball.*«

Trotz der glanzlosen Vorstellung beider Teams hatte Hendricks sich eindeutig amüsiert. Er hatte viele der Leute gekannt, die um sie herumgesessen hatten, und wenn er nicht gerade ins allgemeine Genörgel und Gegröle eingefallen war, hatte er sich einen Spaß daraus gemacht, immer wieder in Thornes Richtung zu deuten, um zu demonstrieren, dass der Feind in ihrer Mitte saß. Immerhin war es bei diesen kleinen Späßen geblieben, und Hendricks hatte den Anstand besessen, mit offenkundigem Unbehagen zu reagieren, als ein paar der Umstehenden es kapiert hatten und anfingen, »Yiddo«-Sprechchöre anzustimmen.

Thorne war immer der Meinung gewesen, dass sein Freund auf den ersten Blick eher wie ein typischer Fußballfan aussah als er selbst. Wegen des rasierten Schädels, der Tattoos und so weiter. Die sichtbaren Piercings allerdings hoben ihn aus der Menge heraus, und bei näherer Betrachtung waren auch die Tätowierungen ein wenig … künstlerischer als die der Fans ringsum. Die Union Jacks, die auf Hälsen und Bäuchen wehten. Die schlecht gestochenen Kanonen und – was ihm wesentlich beunruhigender erschien – die Schilde und Kreuze der Football Lads Alliance und der English Defence League. Seit dem Brexit-Referendum sah Thorne davon deutlich mehr davon als zuvor.

Sie gingen unter der Eisenbahnbrücke her und zogen sich gegenseitig mit dem üblichen Geplänkel auf, während in der Nähe ein Chor gut gelaunter Gunners-Fans ein Lied anstimmte. Auf dem Weg zum Pub, das sie nach dem Abpfiff meist besuchten, kamen sie am *Che Guevara* vorbei, wo sich vor den Spielen viele Fans trafen, um südamerikanische Musik zu hören, vor allem aber, um die leicht bekleideten Latinas hinter dem Tresen zu begaffen. Bei Thorne rief die Strecke immer wieder Erinnerungen an lang zurückliegende Ausflüge wach: an den gemeinsamen Heimweg mit dem Vater, nach den Spielen an der White Hart Lane. Damals war vieles anders gewesen, nicht nur wegen der Rasseln und Schals oder den Halbzeitpausen mit Pies und Bovril. Sein alter Herr hatte an solchen Tagen ununterbrochen irgendwelchen Blödsinn gequatscht und laut gesungen.

Als sie die Seven Sisters Road überquerten, entdeckten sie den weißen Maserati, der seit Ewigkeiten nach jedem Spiel an derselben Stelle im Halteverbot parkte.

»Eines Tages schicke ich dem eine Politesse vorbei.« Er hatte immer noch schlechte Laune, weil das Spiel keinerlei Anlass zum Jubeln gegeben hatte. »Dann kann sie diesem Deppen einen Strafzettel verpassen.«

»Oder du zerkratzt ihm den Lack.«

Thorne hatte schon schlechtere Vorschläge gehört.

»Ich hab eine Idee. Warum machst du das nicht, wenn eure Jungs uns das nächste Mal schlagen? Wobei … So wie sie heute gespielt haben, dürfte der Kerl dann erst mal ein paar Jahre Ruhe haben …«

Obwohl sie das Stadion zügig verlassen hatten, waren ihnen eine Menge andere Fans zuvorgekommen. Das *Swimmer* war bereits gerammelt voll. Thorne bahnte sich seinen Weg zum Tresen und winkte dem Barmann über die Köpfe einer kleinen Gruppe hinweg, die sich um einen lockigen Comedian versammelt hatte, den er kannte.

Sie nahmen ihre Getränke mit nach draußen. Hendricks setzte sich an einen feuchten Holztisch. »Nur das eine, okay?«

Thorne war einverstanden. »Hab morgen einiges zu tun.«

Natürlich hatte Brigstocke drei Wochen zuvor den Nagel auf den Kopf getroffen, als Thorne ihn bequatscht hatte, um grünes Licht für weitere Ermittlungen zum Selbstmord von Philippa Goodwin zu bekommen. Kaum hatte er seinen Spezialplan vor die Wand gefahren, stieg die Mordrate sprunghaft an. Je nach Blickwinkel, ob Bulle oder Politiker, konnte man darin eine gefährliche Zuspitzung oder einen statistischen Ausreißer sehen. Drei gewaltsame Todesfälle an einem einzigen Wochenende, und obwohl die Täter in jedem einzelnen Fall schnell identifiziert worden waren – einer von ihnen brachte sich um, bevor er festgenommen werden konnte –, gab es noch eine Menge zu tun, ehe irgendjemand vor Gericht gestellt wurde.

Thorne hatte Arbeit genug.

»Ja, ich auch«, sagte Hendricks. »Die Leute haben diese nervige Angewohnheit, einfach so abzukratzen.«

»Rücksichtslos, wenn du mich fragst.«

»Eben …«

Während der folgenden zehn Minuten gab Thornes Freund ein paar ausgewählte Anekdoten aus der Pathologie zum Besten. Wie immer waren sie ebenso rabenschwarz wie komisch. Eine Frau ganz in der Nähe starrte herüber, als Thorne vor Lachen sein

Guinness ausspuckte. Hendricks hatte es schon immer verstanden, dem Schrecken mit einer witzigen Bemerkung die Schärfe zu nehmen. In letzter Zeit allerdings kamen die Gags ein bisschen schneller und häufiger als früher und dienten nicht mehr nur dazu, ihm seine trostlose Arbeit zu erleichtern.

Thorne war klar, dass der Humor auch von der einzigen Unehrlichkeit ablenken sollte, die Hendricks sich in beruflicher Hinsicht je geleistet hatte. Die Fälschung der Autopsieresultate in einem sieben Monate zurückliegenden Fall. Damals hatte er in einem entscheidenden Punkt gelogen, um die bestimmte Version eines Tatverlaufs zu bekräftigen und Nicola Tanners Laufbahn bei der Polizei zu retten. Und Thornes wahrscheinlich gleich mit.

Keine große Sache, es war nur um ein paar Millimeter gegangen, um die relative Dicke der Schädeldecke eines Mannes. Mit der Lüge – und ein paar weiteren, die sich daraus ergaben – hatte er seine Freunde gerettet, und sie alle trugen diese Last mit sich herum.

»Irgendwas Neues an der Helen-Front?«, fragte Hendricks.

Thorne schluckte und schüttelte den Kopf. Seit dem Abend, als er ihr die halb betrunkene Nachricht hinterlassen hatte, hatten sie mehrmals telefoniert, sich aber nicht getroffen. Es schien sich also nichts verändert zu haben.

»Die Entscheidung liegt bei ihr, oder?«

»Hast du denn da kein Wörtchen mitzureden?«

»Wahrscheinlich schon«, räumte Thorne ein.

»Na also.«

»Ich weiß nur nicht wirklich, was ich sagen will.« Er seufzte und griff nach seinem Handy, das auf dem Tisch vor ihm zu klingeln begonnen hatte. Er meldete sich mit seinem Namen.

»Man bekommt Sie nicht leicht zu fassen.«

Hendricks, der offenbar zugehört hatte, rief gerade so laut, dass der Anrufer ihn hören konnte: »Ich glaube nicht, dass *irgendjemand* ihn in letzter Zeit zu fassen bekommen hat.«

Thorne stand auf und entfernte sich ein paar Schritte. »Sorry, wer ist da?«

Der Mann stellte sich als DI Colin Hatter vom Dezernat für Kapitalverbrechen in Kent vor. Er fragte, ob Thorne ein paar Minuten Zeit habe. »Ich glaube, Sie könnten mir bei einer Sache helfen. Oder besser gesagt, wir könnten uns gegenseitig helfen.«

»Ich bin ganz Ohr.« Thorne sah zu, wie Hendricks sein Bier austrank und so tat, als würde er sich anderen Dingen widmen.

»Vor zehn Tagen haben wir einen Mordfall reinbekommen, in Margate«, sagte Hatter. »Ein junger Mann mit eingeschlagenem Schädel. Wir haben am Tatort brauchbare DNA-Spuren gefunden. Ein paar Blutspritzer, die von der Mordwaffe getropft sind. Der Täter muss sich an dem Steinbrocken verletzt haben, mit dem er auf den Jungen eingeschlagen hat. Und was noch besser ist: Wir haben eine Übereinstimmung gefunden.«

»Sehr schön«, sagte Thorne.

Hatter schniefte. »Jetzt kommt's: Die DNA stimmt mit einer Probe überein, die Sie vor ungefähr einer Woche in die Datenbank eingestellt haben. Leider ohne den Namen eines Tatverdächtigen. Was vermutlich darauf hindeutet, dass Sie keinen Namen haben.«

»Wie bitte?«

Der Detective nannte ein Aktenzeichen, doch Thorne brauchte es nicht zu hören. Es ging um die Probe, die bei der Durchsuchung von Philippa Goodwins Wohnung gefunden worden war.

Patrick Jennings.

Thorne sagte: »Da muss eine Verwechslung vorliegen.«

»Das glaube ich nicht.«

»Es ergibt keinen Sinn.«

»Wir haben die Daten mehrmals abgeglichen, um sicherzugehen.«

»Der Verdächtige, von dem Sie sprechen, ist ein Betrüger, weiter nichts.« Thorne registrierte, dass Hendricks sich nicht mehr die Mühe machte, seine Neugier zu verbergen, und dass er ihm irgendetwas mitzuteilen versuchte. »Ich habe alles, was diesen Mann betrifft, ans Betrugsdezernat weitergegeben.«

»Na, dann schätze ich, dass man es Ihnen zurückgeben wird«, sagte Hatter. »Und dass wir uns Gedanken über das weitere Vorgehen machen sollten, meinen Sie nicht? Uns wenigstens mal zusammensetzen.«

Ziellos ging Thorne auf und ab. Vergeblich versuchte er, das Gehörte zu verarbeiten. »Hören Sie, Colin. Dieser Typ ist einfach eine Art Spieler. Ein Schaumschläger, der Frauen das Geld aus der Tasche zieht.« Er ging zurück zum Tisch und dem kleinen Rest in seinem Bierglas.

»Vielleicht war er das«, sagte Hatter. »Aber die vorliegenden Beweise deuten darauf hin, dass er es dabei nicht belassen hat.«

EINUNDZWANZIG

Margate

Der Junge dreht sich zum Eingang der Bar um und schaut über die vielen Köpfe hinweg, als halte er nach seinen Freunden Ausschau. Vielleicht denkt er, sie machen sich Sorgen, wenn er mit dieser Fremden mitgeht. Aber wahrscheinlich hofft er nur darauf, dass ihn jemand dabei beobachtet, dem er später davon erzählen kann.

»Kommst du mit oder nicht?«, fragt sie.

»Klar.« Wieder nickt der Junge schnell. »Wohin –«

Michelle ist schon losgegangen. Als sie einen Blick über

die Schulter wirft, sieht sie, dass der Junge seine Flasche austrinkt und ihr folgt. »Nicht zu offensichtlich«, sagt sie, als er sie eingeholt hat. Sie beugt sich zu ihm hinüber, streicht mit den Fingern über seine Jacke und flüstert: »Bleib ein Stück zurück … fünf, sechs Meter. Und folg mir einfach.«

Sie laufen die Strandpromenade entlang, vorbei an den Bars und Pizzaläden, dann verlassen sie den Marine Drive und gehen hinunter zum Strand. Sie zieht die Schuhe aus. Der Sand ist kalt und feucht. Er hält Abstand, ganz der brave Junge, und sie entfernen sich langsam, aber sicher vom Lärm und den Lichtern. Von sämtlichen Kameras.

»Hier«, sagt sie schließlich. Ein dunkler, menschenleerer Fleck, geschützt durch eine hohe Wand mit einer überhängenden Betonkante. Sie könnte diesen Ort rein zufällig gewählt haben.

Es läuft so schnell und gierig, wie sie es sich ausgemalt hat, und auch so ungeschickt – bis sie ihm klarmacht, was sie will. Am Vorspiel, an seiner Zunge und seinen plumpen, tastenden Fingern hat sie keinerlei Interesse. Aber das macht ihm nichts aus, es scheint, als könne sie es sowieso nicht erwarten, als wolle sie ihn unbedingt.

Er gibt sein Bestes.

Sie zieht ihn dicht an sich und gibt die notwendigen Geräusche von sich. Sein Mund liegt feucht an ihrem Ohr und stöhnt bei jedem tragischen Stoß, bis der Junge spürt, wie kräftige Hände ihn zurückziehen, herumwirbeln und in den kalten Sand drücken.

Er versucht sich zu bedecken, sagt: »Was soll das?«

Über ihnen kreischen Möwen, da ist Musik, gerade eben hörbar, die von irgendwo über und hinter ihnen bis hierher dringt. Eigentlich nur ein Beat, wie ein vor dem Fenster summendes Insekt.

Sie setzt sich auf, weil sie zuschauen will, weil es sonst sinnlos wäre. Trotzdem zuckt sie ein wenig zusammen, als die Hand mit dem Stein zum ersten Mal zuschlägt. Das Geräusch, als würde jemand auf einem Beutel Nüsse herumstampfen. Sie kriecht ein Stück näher heran, als der Stein ein zweites Mal auf den Schädel kracht, und ein drittes Mal, bis der Junge keinen Laut mehr macht und – um ehrlich zu sein – nicht mehr viel von seinem Gesicht übrig ist. Nicht mal so viel, dass seine Mutter ihn erkennen würde.

»Alles in Ordnung mit dir?«

Sie nickt und knöpft ihre Bluse zu. Sie streckt sich, greift nach ihrer Unterwäsche, kriecht dann über den Sand zu ihm hin und streckt ihm die Arme entgegen. Er drückt sich auf die Knie hoch, schnell und tief atmend, erschöpft. Sie streicht ihm über den Rücken, als er den Stein wegwirft und sich mit der Hand über den Mund wischt.

»Mir geht's gut«, sagt sie. »Was ist mit dir?«

Die Erinnerung wird irgendwann verblassen, das weiß Michelle. Der Gesichtsausdruck des Jungen. Allerdings bezweifelt sie, dass sie jemals den Geschmack seines Bluts auf den Lippen ihres Geliebten vergessen wird.

TEIL ZWEI

JENSEITS VON GUT UND BÖSE

ZWEIUNDZWANZIG

Zwei Blusen lagen auf dem Bett, die Entscheidung fiel ihr schwer. Sie mochte beide, doch zweifellos gewährte die eine etwas tiefere Einblicke als die andere. Sicher würde irgendwer seine für teures Geld gezupften Augenbrauen hochziehen. Was normalerweise nichts Schlechtes war, auch wenn ihr diese Spielchen mittlerweile nicht mehr so viel bedeuteten wie früher, sie hatten ein wenig von ihrem Reiz verloren. Natürlich hatte sie beide Kleidungsstücke schon anprobiert. Seit fünf Minuten starrte sie jetzt auf das Bett, war einer Entscheidung aber noch kein Stück nähergekommen. Sie trat an die offene Schlafzimmertür, beugte sich hinaus und rief nach unten: »Ich brauche deine Hilfe. Conrad …?«

Er antwortete etwas Unverständliches, und sie versuchte es erneut.

»Conrad?«

Seinen Namen auszusprechen war immer noch aufregend. Der Klang auf ihren Lippen fühlte sich beinahe – wenn auch nicht ganz – so gut an, wie ihn selbst dort zu spüren. Sie merkte, wie oft sie den Namen aussprach, viel häufiger als nötig. Aber sie konnte es nicht lassen. Und es gefiel ihr, dass es ihm genauso ging.

Sie nannte ihn Conrad, er nannte sie Sarah.

In jener ersten gemeinsamen Nacht, in der sie einander so viel von sich erzählt hatten, hatte er ihr gestanden, dass er laut Geburtsurkunde tatsächlich *Conrad* hieß. Auch wenn er den Namen seit Ewigkeiten nicht mehr benutzt hatte. Auch wenn niemand sonst, von ein paar Schulfreunden oder engen Verwandten abgesehen – und von denen gab es zum Glück nicht viele –, ihn jemals so nennen würde.

»Ich weiß nicht, warum ich ihn dir genannt habe«, hatte er gesagt. »Am ersten Tag, im Café.«

»Ich bin froh, dass du es getan hast.«

»Schon da«, hatte er gesagt und ihren Arm gestreichelt, »muss ich wohl gewusst haben, dass du nicht einfach ein neues Opfer bist.«

Natürlich hatte auch sie ihm ihren wirklichen Namen genannt, aber er hatte ihn so wenig gemocht wie sie selbst. Also hatten sie beschlossen, es bei Sarah zu belassen. Er grub alte »Sarah«-Songs von Bob Dylan und Thin Lizzy aus, und einen von Hall and Oates, den sie beide liebten und den sie ihn manchmal singen hörte, wenn er sich unbeobachtet glaubte. Er sang den Namen, den sie für sich ausgesucht hatte, und sie kritzelte seinen in ihr Tagebuch und auf herumliegende Papierfetzen, wie eine Teenagerin, die den Namen ihres Freundes auf ihrem Mäppchen verewigt.

S 4 C 4 Ever …

»Was ist los?«

Sie drehte sich um, sah ihn in der Tür stehen und schnappte nach Luft. Er trug eine alte Jeans und ein T-Shirt, ein Paar schäbige Hausschuhe, über die sie gelacht hatte, als er sie aus seinem Koffer genommen hatte. Und doch traf die Freude sie mit der Kraft eines Faustschlags. Als hätte sie ihn tagelang nicht gesehen.

»Du musst mir helfen, ein Oberteil auszusuchen«, sagte sie. »Für die Schule.«

»Wirklich?« Er trat zu ihr ans Bett und schaute hinunter. »Ich weiß nicht … Die sind beide schön.«

Sie gab ihm einen neckischen Stoß. »Komm schon.«

»Du brauchst mich doch gar nicht, um eine Entscheidung zu treffen.«

»Doch«, sagte sie. »Immer.«

»Tatsächlich?« Er grinste wie ein kleiner Junge, der gerade gelobt worden war.

»Auch wenn ich irgendwo bin, wo du nicht bist, fühlt es sich besser an, wenn ich etwas trage, von dem ich weiß, dass es dir gefällt ...«

So fühlte es sich tatsächlich an, seit jener Nacht, seit dem Augenblick, als sie ihn zum ersten Mal in sich gespürt hatte. Natürlich dachte sie die ganze Zeit an ihn, dachte kaum noch an irgendetwas anderes, wollte ihn immer bei sich haben, zumindest einen Teil von ihm, egal wo sie war und was sie machte. Sie brauchte das Gefühl von Conrads ständiger Gegenwart, war er nicht in ihrer Nähe, erschien ihr alles grau und trostlos.

Verrückt, hatten sie beide gesagt. Lächerlich. Sie sagten es noch immer ...

Ein solches Gefühl wurde häufig als ein Fallen beschrieben – sie war ihm *verfallen*, sie waren sich gegenseitig *verfallen* –, und wenn es ein besseres Wort gab, dann fiel es ihr bis jetzt nicht ein. Jedenfalls nicht für das, was sich zwischen ihnen abspielte, für die unglaubliche Geschwindigkeit, mit der es passierte. Egal wie lange jemand fiel und was ihn am Ende des Fallens erwartete, immer ging es berauschend schnell.

Zwei Wochen, mehr oder weniger, länger war es nicht her. Ein Blick hinüber zum Nachbartisch im Café, und plötzlich war er da, teilte das Bett mit ihr, teilte alles mit ihr. Die Entscheidungen waren schnell und unkompliziert, im Bett und danach, lachend und voller Euphorie. Natürlich sollte er bei ihr einziehen, denn Geld für Hotels zu vergeuden war sinnlos, auch wenn sie noch so billig waren. Und was seine ... *Beschäftigung* anging, gab es keinen guten Grund, damit aufzuhören, wenn er weitermachen wollte.

Das Geld konnten sie gut gebrauchen, und sowieso waren beide der Meinung, dass zwei Menschen, auch wenn sie ein *Paar* waren, ihre eigenen Interessen pflegen sollten, ihre … Individualität.

Das würde sie ihm niemals verwehren.

»Aber dir ist klar, was das bedeutet?«, hatte er sie gefragt.

»Natürlich ist es mir klar.«

»Und das wäre für dich in Ordnung?«

»Warum nicht?«

»Mich mit anderen Frauen zusammen zu sehen?«

»Sie zu *sehen*, ja.« Ihre Hände fuhren über seinen Körper, irgendwann in den frühen Morgenstunden, und sie flüsterte: »Ich verstehe schon, dass du bestimmte Dinge tun musst. Ich weiß auch, dass du ihnen bestimmte Dinge sagen musst, damit alles nach Plan läuft … nach *unserem* Plan. Ich weiß, dass du sie ausführen musst, und natürlich musst du mit ihnen schlafen und so tun, als hättest du Spaß daran, weil das nun mal zum Job gehört. Aber vertrau mir, Liebster, das ist okay für mich. Ich werde immer genau wissen, was du tust, und während du es tust, liege ich hier im Bett, allein, und stelle es mir vor. Wo deine Finger sind, wo dein Mund ist …«

Er hatte genickt. »Es ist ein Job, Sarah, mehr nicht.«

»Ein Mann braucht einen Job, Liebster. Er braucht etwas, das ihn zufrieden nach Hause kommen lässt. Und mit Jamie hab ich sowieso alle Hände voll zu tun.«

»Stimmt.«

»Ich meine, Mutter zu sein ist ein Ganztagsjob.«

»Ohne Zweifel.«

Sie hatten auch ein paar praktische Dinge entschieden. Den Vorrat an Kondomen hatten sie schnell verbraucht. Beim ersten Mal hatten sie sich mitreißen lassen, aber Conrad meinte, sie sollten so früh keine unnötigen Risiken eingehen.

»Wie du meinst«, hatte sie gesagt. »Ich weiß sowieso nicht, wie

Jamie auf einen kleinen Bruder oder eine kleine Schwester reagieren würde.«

»Ja, so was kann knifflig werden«, hatte er erwidert.

Es gab jetzt schon so viele Gründe, ihn zu lieben, so viele Gründe, warum sie mit absoluter Sicherheit wusste, wie sehr er sie liebte. Falls sie einen Grund hätte nennen sollen, der wichtiger war als alle anderen, dann wohl die Tatsache, dass er nie nach Jamie gefragt, nie einen Zweifel geäußert hatte.

Kein einziges Mal.

Wenn das, was Conrad am Strand für sie getan hatte, kein Beweis gewesen wäre, der jeglichen Zweifel verbot – und das war es natürlich –, dann hätte sie wegen Jamie gewusst, dass er sie liebte, dass er *ihr* gehörte.

Sarah schob die beiden Blusen beiseite und setzte sich aufs Bett.

»Erzähl mir von ihnen«, forderte sie ihn auf. »Von den Frauen.«

Conrad starrte sie an. »Warum?«

»Weil ich alles über dich wissen will. Über das, was du getan hast.«

Also setzte er sich neben sie und erzählte ihr von der zweiundfünfzigjährigen Frau in Leicester, die ihn für einen Arzt gehalten und ihm 25 000 Pfund überlassen hatte, damit er sich gerichtlich gegen den Vorwurf eines Kunstfehlers zur Wehr setzen konnte. Von der jungen Witwe in Bolton, die ihm all ihre Ersparnisse für einen Film gegeben hatte, den er nie hatte drehen wollen. Von der Frau in Glasgow, die es nicht abwarten konnte, die Operation für seine im Sterben liegende Tochter zu bezahlen.

»Das klingt alles so einfach«, stellte sie fest.

»Du brauchst nur die richtige Geschichte«, sagte er. »Dokumente, die überzeugend aussehen. Ein paar Fotos von einem kleinen krebskranken Mädchen im Portemonnaie, Briefe von Anwälten, was auch immer. Die Sache mit dem Film war ein Kinderspiel. Ich hab einfach ein Drehbuch ausgedruckt, das ich online gefunden hab, und ein paar Briefe von Agenten und Schauspielern gefälscht. Sogar einen Brief von Benedict Cumberbatch hab ich ihr präsentiert, in dem er sich bereit erklärt, die Hauptrolle zu übernehmen.«

Beeindruckt schüttelte sie den Kopf. »Und welche krummen Geschichten hattest du dir für mich ausgedacht?«

»Keine.«

»Aber du musst doch eine Idee gehabt haben.«

»Ich hab drüber nachgedacht, ungefähr fünf Minuten lang«, sagte er. »Aber ich hab dir ja gesagt, dass es nicht das war, was ich wollte. Ich konnte dich nicht als ... *so etwas* sehen. So wie ich die anderen gesehen hab, verstehst du?«

Sie spürte, wie er sich neben ihr ein wenig versteifte, wie seine Miene sich plötzlich verdüsterte, und nahm seine Hand. »Was ist los?«

»Nichts. Die Letzte war ein bisschen ... seltsam, weißt du. Mit der ich zu tun hatte, bevor ich dich kennengelernt hab. Diese Frau aus Tufnell Park.«

»Himmel, das liegt nicht gerade eine Million Kilometer entfernt.« Sie lächelte. »Könnte ein bisschen peinlich werden, wenn wir ihr irgendwann über den Weg laufen.«

»Das dürfte nicht passieren. Nach meinem Abgang hat sie sich umgebracht.«

Sarah schwieg ein paar Sekunden, dann begann sie zu lachen. Sie sah, wie er sich ihr zuwandte und sie anstarrte. Doch ihr Lachen wurde nur noch wilder. Als es nachließ, legte sie die Hand vor den Mund und kicherte.

»Himmel«, sagte er, als sie fertig war.

»Tut mir leid ... Es war wegen deinem Gesichtsausdruck.«

Er stand auf und lehnte sich an die Wand. Sie starrte ihn an, doch er wich ihrem Blick aus. Diese wenigen Augenblicke, in denen sie nicht hätte sagen können, was er dachte, waren kaum zu ertragen.

Sie nannte seinen Namen.

Er schaute sie an.

»Also … bitte konzentrier dich, sonst komme ich zu spät zur Schule. Wir müssen eine Entscheidung treffen.« Sie nahm die beiden Blusen und hielt sie hoch. »Ich werde beide noch einmal anprobieren, und dann suchst du eine aus.« Sie legte die Kleidungsstücke wieder hin und fing langsam an, die Bluse aufzuknöpfen, die sie gerade trug.

Nach drei Knöpfen schaute sie ihn an. Plötzlich war alles wieder in Ordnung, jetzt war klar, was er dachte.

»Ich will nicht zu spät kommen …«

Er machte einen Schritt auf sie zu und sagte: »Zieh *alles* aus.«

DREIUNDZWANZIG

Thorne erwischte einen Frühzug von St Pancras, und schon um zehn Uhr stand er auf einem feuchten, öden Strandabschnitt, kniff, dem Wind trotzend, die Augen zusammen und starrte hinab auf die Stelle, an der vor knapp zwei Wochen ein Siebzehnjähriger erschlagen worden war.

Colin Hatter trat ein paar Schritte zur Seite und deutete auf die Strandpromenade. »Von da oben ist die Stelle nicht zu sehen«, sagte er. »Perfekt, wenn man einen Platz für eine schnelle Nummer sucht.«

»Oder einen Platz für einen Mord«, stellte Thorne fest.

»Ja, das auch.« Der Detective aus Kent war älter, als er am Telefon geklungen hatte, Ende vierzig vielleicht. Doch es war offensichtlich, dass er etwas tat, um sich fit zu halten, was durch einen schönen, maßgeschneiderten Anzug noch unterstrichen wurde.

Thorne schob die Hände tief in die Taschen seiner braunen Lederjacke, die ihre besten Zeiten hinter sich hatte. »Also war es wahrscheinlich geplant.«

»Was immer *es* war«, sagte Hatter. »Wir haben zwar relativ viele Spuren gefunden, aber immer noch keine Ahnung, was eigentlich passiert ist.«

Thorne stellte sich vor, wie zur selben Tageszeit vor knapp zwei Wochen ein großer Teil des Strands von Margate gesperrt worden war. Schaulustige, die nichts Besseres zu tun hatten, mussten sich mit hochgereckten Handys hinter dem Absperrband gedrängt haben wie Statisten in einem Krimi, während auf der Strandpromenade Einsatzwagen eintrafen und die Forensiker ein Zelt genau dort aufstellten, wo sie nun standen.

Heute Morgen waren deutlich weniger Menschen unterwegs.

Zwei Spaziergänger mit Hunden waren ihnen entgegengekommen, und in etwa zwanzig Metern Entfernung suchte ein alter Mann mit einem Metalldetektor den Strand ab. Im Meer waren die rote Badekappe und rudernden Arme eines Schwimmers oder einer Schwimmerin zu erkennen. Das raue Wasser erinnerte farblich an Tee, der zu lange gezogen hatte, und wirkte entsprechend einladend. Schon beim Zusehen leicht zitternd, kam Thorne zu dem Schluss, dass die Person da draußen eindeutig verrückt sein musste.

»Der Todeszeitpunkt lag zwischen elf und zwölf Uhr am Freitagabend«, sagte Hatter. »Der arme Kerl lag hier, bis am nächsten Morgen die Leute kamen, die den Strand säubern. Wer auch immer ihn umgebracht hat, hat die Leiche mit Sand bedeckt. Aber es sah nicht wirklich so aus, als hätte man den Toten verstecken wollen.«

»Die Leiche sollte gefunden werden.«

»Ich würde sagen, dem Täter war es ziemlich egal.« Hatter beugte sich hinunter und griff nach einem der scharfkantigen Steine, die ringsum im Sand lagen. Nachdem er zu dem Schluss gekommen war, dass dieser nicht die passende Größe hatte, entschied er sich für einen anderen und wog ihn in der Hand. »Ein bisschen kleiner als der hier«, stellte er fest. »Die Mordwaffe, meine ich. Wurde nach der Tat offenbar einfach dort hingeworfen und dann mitgenommen.« Er deutete auf eine Stelle ganz in der Nähe.

»Erzählen Sie mir von der Frau«, sagte Thorne.

»Da gibt's nicht viel zu erzählen.« Hatter warf den Stein weg.

»Das sagten Sie schon.«

Hatter wischte sich den Sand von den Händen und klopfte ihm auf die Schulter, sie waren nun Kollegen, *Kumpel.* »Keine Sorge, ich zeige es Ihnen, wenn wir wieder im Revier sind. Die Aufnahmen der Überwachungskameras …«

Der alte Mann mit dem Metalldetektor war inzwischen deutlich näher gekommen. Als sie auf dem Weg zu Hatters Auto an ihm vorbeigingen, nahm er seine Kopfhörer ab: »Da drüben ist ein junger Kerl ermordet worden, ist gerade mal zwei Wochen her.«

Hatter griff nach dem Band, das um seinen Hals hing, und hielt den im Wind flatternden Polizeiausweis hoch. »Das wissen wir.«

Der alte Mann nickte und legte einen Finger an seine Lippen, als wäre ihre Identität ein Geheimnis, das er zu bewahren gewillt war. »Verstanden.«

»Irgendwas gefunden?«, fragte Thorne.

»Den üblichen Müll«, sagte der Mann. »Kronkorken und alte Dosenringe. Aber Aufgeben kommt nicht infrage, stimmt's?« Er setzte die Kopfhörer wieder auf. »Wir kommen einfach jeden Tag her und hoffen, dass wir Glück haben.«

Als sie sich die betonierte Rampe zur Promenade hochkämpften, bemerkte Hatter: »Dämliche Idioten.«

»Die oder wir?«, fragte Thorne.

Folkestone, wo das Dezernat für Kapitalverbrechen seinen Sitz hatte und ein Einsatzraum eingerichtet worden war, lag etwa fünfzig Kilometer südlich an der Küste. Die Fahrt hätte keine Stunde dauern sollen, aber selbst außerhalb der Saison kam man auf den Straßen von Margate kaum von der Stelle. Auch nach zehn Minuten in Hatters glänzendem neuen Astra krochen sie noch immer durchs Stadtzentrum.

»Waren Sie schon mal hier?«, fragte Hatter.

»Ein paarmal als Kind«, sagte Thorne. »Damals war es noch nicht so glamourös.«

»Hat sich alles ziemlich verändert, Kumpel.«

»Kommen Sie von hier?«

»Nein, aber ich hab die letzten paar Jahre dabei zugesehen. Dreamland, die neue Kunstgalerie, das alles … Und massenweise Londoner, die hier aufkreuzen und die Häuser aufkaufen, solange sie noch billig sind. Wissen Sie, wie man den Ort inzwischen nennt?« Hatter wartete die Antwort nicht ab. »Shoreditch-on-Sea.«

»Ernsthaft?« Die Hipster-Enklave im East End zählte nicht unbedingt zu den Vierteln Londons, in denen Thorne sich besonders heimisch fühlte. Für seinen Geschmack waren die Leute dort … ein bisschen zu sehr von sich eingenommen. Es gab »Dirty« Burger, was immer das sein sollte, und Läden, die überteuerten alten Ramsch verkauften, was vermutlich ironisch wirken sollte. Zu viele Gastropubs, in denen Pastinakenstaub und Knoblauchschaum auf der Karte standen, und so viele Feinbäckereien, dass man kaum noch mit dem Zählen hinterherkam. »Um Himmels willen.«

»Diese Künstlerin wohnt auch hier. Die das Bett gemacht hat.«

Thorne schaute ihn fragend an.

»Sie wissen schon, die Frau, die all die Preise für dieses Bett gewonnen hat. Mit Laken voller Spermaflecken und den ganzen Parisern auf dem Fußboden.«

Thorne nickte, jetzt wusste er, wovon der Mann sprach, auch wenn er sich an den Namen der Künstlerin nicht erinnern konnte. Woran er sich erinnern *konnte*, war das Gefühl, das er vor wenigen Wochen in Ella Fultons Atelier in Holloway beim Betrachten ihrer Fotos gespürt hatte. Innerlich hatte er hilflos mit den Armen gerudert wie der Schwimmer vorhin, um nicht unterzugehen. Zu Kunst im Allgemeinen äußerte er sich nur ungern, doch es war vor allem das moderne Zeug – Betten und Ziegelsteine und eingelegte Haie –, das ihn komplett verwirrte. »Ja, klar«, sagte er.

Als sie endlich abgebogen waren und in Richtung Hinterland fuhren, wurde der Verkehr erträglicher. Sobald er die Chance dazu hatte, drückte Hatter mächtig aufs Gas.

»Sie halten den Kerl also für einen Hochstapler?«

»Ich *halte* ihn für gar nichts«, entgegnete Thorne. »Ich weiß, dass er einer ist. Das hab ich Ihnen am Telefon schon gesagt. Er hat eine Frau namens Philippa Goodwin über den Tisch gezogen und sie um 75 000 Pfund erleichtert.«

Hatter wechselte die Spur, um einen Lastwagen zu überholen. »Wie kommt es dann, dass Sie überhaupt Nachforschungen angestellt haben? Betrug ist kein Fall für die Mordkommission, oder?«

»Danach hat sie sich umgebracht.«

Hatter fuhr viel zu dicht auf das Auto vor dem Lastwagen auf. »Gut, aber trotzdem …«

Falls die Übereinstimmung bei der DNA, die den Kollegen derart in Aufregung versetzte, einer weiteren Überprüfung standhalten würde, war es wahrscheinlich das letzte Mal, dass Thorne diese Frage beantworten musste. Dass er sich für sein Interesse an Patrick Jennings rechtfertigen musste. Er dachte darüber nach, was der alte Mann am Strand gesagt hatte, darüber, dass in dem

Beruf, den er gewählt hatte, Glück zu haben oftmals das Auftauchen einer Leiche bedeutete.

»Weiß der Himmel«, sagte er. »Vielleicht entwickle ich langsam hellseherische Fähigkeiten.«

VIERUNDZWANZIG

In einem Einsatzraum, der ein wenig heller und sauberer war als die, die Thorne gewohnt war, folgte er Hatter zu dessen Schreibtisch. Der Kollege zog einen freien Stuhl heran, loggte sich in seinen Computer ein und öffnete mit wenigen routinierten Klicks die gesuchte Datei.

»Dann mal los ...«, sagte er.

Thorne beugte sich vor, um einen besseren Blick auf die körnigen Schwarz-Weiß-Aufnahmen zu haben: der von einer Straßenlaterne erleuchtete Eingang einer Bar und ein Bürgersteig, der seltsam zu glänzen schien, vielleicht wegen des Lichts oder einfach, weil er feucht war. »04/02, 22.41«, verriet der Timecode am unteren Rand des Monitors. Am Rand des Bildausschnitts bewegte sich eine rauchende Gestalt. Ihr Kopf war mit einer Baseballkappe bedeckt und sie nickte, vermutlich im Takt der aus der Bar dringenden Musik.

»Das ist die Frau«, sagte Hatter. »Aus diesem Winkel ist es kaum zu erkennen, aber gleich kann man es besser sehen.«

Thorne schaute weiter auf den Monitor. Im Bildausschnitt tauchten Leute auf und verschwanden wieder, als sie die Bar betraten oder verließen. Wenn sie in Richtung der Kamera schauten, erschienen ihre Augen für einen Augenblick wie helle, weiße Flecken.

»Jetzt kommt er ...«

Ein junger Mann trat aus der Bar. Er trank einen Schluck aus der Flasche, die er dabeihatte, lehnte sich gegen die Wand und zündete sich eine Zigarette an.

»Das ist Kevin Deane«, sagte Hatter. »Das arme Schwein raucht seine letzte Zigarette.«

22.44. Die Gestalt mit der Baseballkappe ging zu Deane hinüber. Jetzt, wo die Kamera sie von der Seite aufnahm, konnte Thorne erkennen, dass es sich um eine Frau handelte. Sie mochte schlank genug sein, um als junger Mann durchzugehen, bewegte sich aber nicht wie einer. Die beiden unterhielten sich ein paar Minuten und schienen sich ganz gut zu verstehen. Dann drehte sie sich um, das Gesicht weiterhin von der Kamera abgewandt, und ging los. Der Junge blieb eine halbe Minute stehen, warf einen kurzen Blick zurück zur Bar und verschwand in derselben Richtung aus dem Bild wie zuvor die Frau.

Hatter beugte sich über den Schreibtisch und rief eine andere Datei auf. »Okay, ein paar Minuten später haben wir sie wieder im Bild, nur kurz ... hier.«

Eine andere Kamera, diesmal deutlich weiter vom Geschehen entfernt. Die verschwommenen Umrisse einiger Autos bewegten sich durchs Bild, dann kam eine Gruppe Jugendlicher mit ihren Fastfood-Tüten. Die Frau mit der Kappe überquerte die Hauptstraße Richtung Strand, Deane folgte ihr wenige Sekunden später, ehe beide aus dem Bild verschwanden.

»Das ist alles.« Hatter schloss das Programm.

Thorne lehnte sich zurück. »Deane und unsere geheimnisvolle Frau gehen also runter zum Strand ...«

»Genau, und wir wissen, dass sie dort Sex haben«, sagte Hatter. »Wir haben ihre DNA an Deanes Leiche gefunden.«

»Aber zu ihr gibt es keine Entsprechung in den Datenbanken?«

Hatter schüttelte den Kopf. »Nur zu der DNA im Blut, das vom Stein getropft ist. Sie passt zu der Probe, die Sie eingestellt haben. Wir konnten auch Abdrücke von Fußspuren nehmen. Jedenfalls von denen, die uns infrage zu kommen schienen. Immerhin laufen dort den ganzen Tag Leute rum. Wie gesagt, wir wissen nicht genau, was passiert ist, *nachdem* sie Sex hatten, aber Deane ist dieser Frau ganz offensichtlich an den Strand gefolgt –«

»Sieht für mich so aus, als hätte sie ihn abgeschleppt«, unterbrach ihn Thorne.

»Okay … vielleicht.«

»Er ist ihr gefolgt, weil sie ihm das vorgeschlagen hat.«

»Wie auch immer, sie kommen also runter an den Strand, er vögelt sie, und dann … Ich weiß nicht, vielleicht taucht ihr Freund auf?«

»Was? Ihr Freund wandert nichts ahnend allein am Strand entlang und sieht zufällig, wie jemand anders es mit seiner Freundin treibt?«

»Vielleicht hatten sie einen Streit oder so was, und sie hat es getan, um sich an ihm zu rächen.«

»Und ihm vorher genau gesagt, wann und wo sie es tun wird?«

Hatter lächelte, wie um anzuerkennen, dass Thorne einen treffenden Einwand gemacht hatte. Doch das Lächeln wirkte ein wenig unterkühlt. »Das ist nur eine mögliche Erklärung. Es könnte sich auch um eine Zufallstat handeln, und der Mörder von Kevin Deane hat mit keinem von beiden etwas zu tun gehabt.«

Thorne nahm die Möglichkeit mit einem Nicken zur Kenntnis, und doch führten seine Gedanken ihn immer wieder zu Jennings. Er brachte das typische Bild eines Schwindlers nicht mit dem Mann zusammen, der einem Siebzehnjährigen mit einem Stein den Schädel eingeschlagen hatte.

Die vorliegenden Beweise deuten darauf hin, dass er es dabei nicht belassen hat …

»Einfach ein Irrer, der am Strand rumgelungert und auf jemanden gewartet hat, den er töten konnte. Dann wären Kevin und diese Frau einfach zur falschen Zeit am falschen Ort gewesen.«

»Und warum hat er dann nur ihn erschlagen? Und was ist aus der Frau geworden? Warum hat sie sich nicht gemeldet?«

Hatter nickte. »Das ist der Punkt, der mich auch stört. Wie gesagt, wir tappen ziemlich im Dunkeln.«

Natürlich war es leicht, sich die Überwachungsaufnahmen anzuschauen und darin das zu sehen, was einem gerade in den Kram passte, die Bilder so zu interpretieren, dass sie eine bestimmte Theorie untermauerten. Das hatte Thorne selbst schon getan, und nicht mal selten. Beim Anschauen der letzten Aufnahmen ihres Opfers allerdings war es ihm offensichtlich erschienen, dass es die Frau gewesen war, die vor der Bar den Takt vorgegeben, dass sie das Ganze in die Wege geleitet hatte.

»Haben Sie schon über die Möglichkeit nachgedacht, dass die Frau da mit drinsteckt?« Er warf Hatter einen fragenden Blick zu. »Dass sie den Mörder kennt?«

Der DI lehnte sich zurück. »Darüber *nachgedacht*, ja.«

»Es gibt Paare, die von dem seltsamsten Zeug einen Kick bekommen.«

Hatter ließ es sich noch einmal durch den Kopf gehen. »Okay, Partnertausch und Dreier und was auch immer, vielleicht. Männer, die es anmacht, ihre Partnerin mit einem anderen zu sehen, und Frauen, die darauf stehen, wenn ihr Typ ihr beim Sex mit einem Dritten zuschaut. Ich weiß, dass es so etwas gibt, ich hab … ein paar dieser Filme gesehen.« Er setzte eine übertrieben lüsterne Miene auf und hob die Hand. »Ich halte es also im Prinzip für denkbar, aber nicht bei … *so was*.«

»Bei Mord.«

»Ja, bei Mord. Ich meine, würde jemand, der bei klarem Verstand ist …?«

Thorne musste einräumen, dass das perverse Szenario, das er

sich gerade ausgemalt hatte, selbst für seine Verhältnisse ziemlich beunruhigend war. Und beängstigend, denn egal wovon die Leute ihren Kick bekommen, sie wollen ihn sicher nicht nur ein einziges Mal erleben.

»Wahrscheinlich haben Sie recht«, sagte er.

Lächelnd stand Hatter auf. »Sagen wir mal so: Ich kann mir durchaus leichtere Wege vorstellen, eine langweilige Beziehung aufzupeppen.«

Mit ein paar weiteren Klicks öffnete der DI die Akte zum Mordfall Kevin Deane und erklärte Thorne, er könne sich hier vor Ort alles anschauen, auch wenn die Informationen natürlich auf elektronischem Weg an die Metropolitan Police weitergegeben würden. »Ich lasse Sie eine Weile damit allein«, sagte er. Doch als Hatter verschwunden war, machte Thorne sich zunächst auf die Suche nach dem Tee, der ihm bisher nicht angeboten worden war. Vielleicht hatte Hatter einfach zur Sache kommen wollen. Doch Thorne erwischte sich bei der Frage, ob die mangelnde Gastfreundschaft des Kollegen vielleicht einen ganz simplen Grund hatte: Hier ging es um eine Ermittlung der Polizei von Kent, Thornes Beteiligung verdankte sich bloß dem Zufall der übereinstimmenden DNA. Mit anderen Worten: Man hatte ihn nur aus Großzügigkeit hergebeten.

Falls das der Fall war, würde Thorne die Konfrontation nicht scheuen. Schließlich würde es keine übereinstimmende DNA *geben*, wenn er sich nicht entschlossen hätte, weiter gegen Patrick Jennings zu ermitteln.

So oder so, er wollte einen Tee.

Schließlich entdeckte er draußen auf dem Gang einen schicken Getränkeautomaten. Während er auf sein *Heißgetränk in Premiumqualität* wartete, kam er mit einer DC ins Gespräch, die gerade aus der Damentoilette trat und etwas in ihrer Handtasche verstaute.

Sie sah, dass Thorne es bemerkt hatte. »Die heimliche Fluppe.« Sie zwinkerte ihm zu.

»Ich sag's keinem.«

»Danke.«

»Und was denken Sie über den Fall Kevin Deane?«

Die Frau warf einen zweiten Blick auf den Ausweis, den Thorne um den Hals trug. »Weiß der Himmel«, sagte sie. »Im Moment ist alles Spekulation. Heute erscheint die eine Erklärung am wahrscheinlichsten, morgen die andere. Ich glaube, der Chef verfolgt die Theorie des eifersüchtigen Liebhabers, aber ich weiß nicht, ob er wirklich davon überzeugt ist.«

»Glauben Sie, dass die Frau den Mörder kannte?«

Sie nickte. »Alles andere ergibt keinen Sinn. Ich meine, *Sinn* ergibt es sowieso nicht, aber …«

»Was glauben Sie, wie alt sie ist?«

Die DC dachte kurz nach. »Auf jeden Fall älter als Deane. Ein ganzes Stück sogar, würde ich sagen.«

»Wie kommen Sie darauf?«

»Ich weiß nicht … Bei den weiten Klamotten und der Kappe kann man kaum etwas mit Sicherheit sagen. Es ist bloß so ein Gefühl, das ich beim ersten Anschauen schon hatte. Sie wirkte so … selbstsicher, verstehen Sie?« Natürlich war die Versuchung groß, das Video die vorgefasste Theorie bestätigen zu lassen, doch Thorne war überzeugt, dass spontane Eindrücke oftmals die richtigen waren. Er hatte irgendetwas zu dem Thema gelesen. Dass das Unbewusste auf frühere Erfahrungen zurückgriff und manchmal im Handumdrehen zum richtigen Schluss kam.

Oder so ähnlich …

Als er wieder am Schreibtisch saß, ging er die Zeugenaussagen durch: von der Frau, die Deanes Leiche am Strand gefunden hatte, von den Freunden, mit denen er abends in der Bar gewesen war, von einem Mann, der sich daran erinnerte, dass Deane von der Promenade aus einer Frau an den Strand gefolgt war. Er las die SMS, die Deane einem seiner Freunde geschickt hatte, ehe er losgezogen war.

abgeschleppt kumpel!! bis dann ☺☺☺☺☺

Er nahm sich die Ausdrucke der Überwachungsaufnahmen vor, die er eben gesehen hatte, und schließlich die Fotos vom Tatort.

Der eine Arm des Jungen lag quer über dem Kopf, der andere auf seiner Brust. Auf seinem T-Shirt war verkrustetes Blut zu sehen, Hose und Unterhose waren bis zu den Knöcheln hinabgezogen. Ein Foto seines Gesichts zeigte nichts als Fleisch und Zähne, wie die Nahaufnahme eines halb gegessenen und achtlos in den Sand geworfenen Pfirsichs.

Thornes Tee schmeckte nicht mehr wirklich nach Premiumqualität, im Grunde schmeckte er nach gar nichts.

So schwer es ihm auch fiel, sich an den Gedanken zu gewöhnen, dass hinter dieser Brutalität derselbe Mann steckte, der Philippa Goodwin erst mit seinem Charme umgarnt und dann ausgenommen hatte, sprach der DNA-Vergleich doch eine eindeutige Sprache. Er war der einzige echte Beweis, den sie hatten, und wahrscheinlich wurde es Zeit, ihn nicht länger in Zweifel zu ziehen. So sehr es ihm auch gegen den Strich ging.

Wenn er sich allerdings in einem Punkt ganz sicher war, dann darin, dass der Mann, den er und die Fultons nur als Patrick Jennings kannten, sich größte Mühe gab, unentdeckt zu bleiben und seine wahre Identität zu verbergen. Wollte Thorne ihn erwischen, tat er vielleicht besser daran, nach jemandem zu suchen, der ihn auf seine Spur bringen konnte.

Er musste die Frau finden.

Als Thorne genug gesehen hatte, machte er sich auf die Suche nach Hatter, den er schließlich in einer Sitzung in einem der Büros entdeckte, die Ärmel aufgerollt und ganz auf die Arbeit konzentriert.

»Könnte mich vielleicht jemand zum Bahnhof bringen?«

Hilflos streckte Hatter die Arme aus und schaute sich um. »Das würde ich gern, Kumpel, aber ich kann hier gerade nicht weg. Ich könnte versuchen, jemanden zu finden, der gerade nichts zu tun hat …«

Thorne zögerte.

»Eigentlich ist es zu Fuß nur eine Viertelstunde, wenn Sie sich halbwegs fit fühlen.«

»Tue ich nicht«, sagte Thorne.

FÜNFUNDZWANZIG

Bis vor Kurzem hätte Sarah wahrscheinlich kaum sagen können, ob sie es *genoss*, morgens und nachmittags an der Schule aufzutauchen. Jedenfalls war es nie einfach gewesen. Immerhin hatte sie sich nach einer gewissen Zeit nicht mehr vor Angst fast in die Hose gemacht. Aufgeregt aber war sie jedes Mal gewesen, und häufig hatte sie erst zur Toilette gemusst, ehe sie sich einen Ruck geben und sich endlich auf den Weg machen konnte. So wie sie nach ihrer Rückkehr jedes Mal noch ein wenig gezittert und zur Flasche gegriffen hatte, ehe sie erschöpft und erleichtert auf dem Sofa zusammengebrochen war.

Nein, *genossen* wäre tatsächlich nicht das richtige Wort gewesen.

Inzwischen allerdings waren die Ausflüge zur Schule, abgesehen von der Zeit, die sie mit Conrad verbrachte, die Höhepunkte ihres Tages. Schon beim Aufwachen dachte sie daran, und wenn sie auf dem Weg zur Schule die Songs aus dem Radio mitsang, musste sie im Gegensatz zu früher nicht mehr mit aller Kraft das Steuer umklammern. Wenn Conrad nicht da war, brachte der Gedanke daran, Jamie bald von der Schule abholen zu können … in zwei Stunden … in einer Stunde … in zwanzig Minuten … sie durch die nachmittägliche Leere. Und *wenn* er tagsüber zu Hause war, was für sie jedes Mal wie ein Feiertag war, bemerkte auch er es. Dann sah er ihr aus dem Flur hinterher, wie sie beschwingt nach oben lief, um sich umzuziehen.

»Ich muss gar nicht erst fragen, warum du so gute Laune hast, oder?«

Sie war der Meinung, dass sie sich bisher richtig gut geschlagen hatte, dass sie sich in die Gruppe eingefügt und einen Platz für sich gefunden hatte. Ja, schon vor Beginn ihrer Zeitrechnung – vor Conrad also – war es ganz gut gelaufen. Aber jetzt wurde sie die anderen praktisch kaum noch los. Heather, Savita und den Rest. Selbst Caroline, die Prinzessin persönlich, ließ kaum von ihr ab und war die Freundlichkeit in Person.

Hätte sie sich entscheiden müssen, dann hätte Sarah wohl gesagt, dass die Abholtermine die Höhepunkte waren, dass sie ihren Tag rund machten. Morgens im Café war vorher nie ganz klar, wo und neben wem sie sitzen würde. Wenn sie dagegen nachmittags am Schultor auftauchte, konnte sie sich frei bewegen und selbst wählen, zu wem sie sich gesellte. Wenn ihr danach war, konnte sie zum Beispiel mit Savita plaudern oder Heather auf ein Wort unter Freundinnen und ein Kichern beiseiteziehen. Vielleicht auch mit Caroline oder Eve oder diesem albernen Idioten David reden …

Die Wahl lag bei *ihr*, jedes Mal.

Und das Beste daran war, dass es die anderen kaum abwarten konnten, sich mit ihr zu unterhalten.

Als sie ankam, waren alle da und warteten, dass die Tore sich öffneten und ihre Kleinen herauskamen. Sarah merkte, dass die anderen ihr bereits erwartungsvoll entgegenschauten. Caroline – die sich cool gab wie immer – nickte nur, doch die meisten setzten ein Lächeln auf. In Wirklichkeit aber waren alle heiß darauf, sie zu sehen und die letzten Neuigkeiten zu erfahren.

Sie hob eine Hand, gab ein lässiges »Hi« von sich und stellte sich zur Gruppe. Offenbar beendeten die anderen gerade eine ermüdende Unterhaltung über das Sportfest. Caroline jammerte, wie unfair es wäre, dass Jacob nicht an den Rennen teilnehmen durfte, weil er in Gottes Namen nun *wirklich der Schnellste* wäre. Dahinter stünde bloß die lächerliche Idee, »dass jeder irgendwann mal gewinnen sollte«, was ihr wirklich auf die Nerven ginge.

»Denn so läuft es auch im späteren Leben nicht, oder?« Sie schaute Savita an, auf deren Unterstützung sie sich normalerweise verlassen konnte.

»Wahrscheinlich nicht«, erklärte Savita dann auch bereitwillig.

»Auf keinen Fall. Und es kann doch nicht schaden, dass Kinder diese Lektion lernen, oder?«

»Sie versuchen doch nur, die anderen auch mal zum Zug kommen zu lassen«, sagte Heather.

David nickte. »In diesem Alter kann es schwer sein, eine Niederlage einzustecken.«

»Na ja, für Jacob ist es auch nicht so leicht«, beharrte Caroline. »Und überhaupt für jedes Kind, das schneller oder stärker oder klüger ist als manche anderen. Auf diese Weise lernen sie bloß, dass es sich nicht auszahlt, wenn man sein Bestes gibt.«

»Ich verstehe, was du meinst«, sagte Savita.

Heather wandte sich Sarah zu. Offenbar konnte sie nicht länger warten. »Na, erzähl schon … wie geht's *Conrad*?«

Sarah blinzelte. Sie konnte sich eigentlich nicht erinnern, Conrads Namen Heather gegenüber erwähnt zu haben. Aber dann wurde ihr klar, dass sie ihn von einer der anderen gehört haben konnte, denen sie mehr erzählt hatte. Es kam ihr ein bisschen lächerlich vor, wie viel Zeit und Energie diese Menschen für Klatsch und Tratsch aufbrachten, wie dumpf ihre Leben aussehen mussten.

Lächerlich und gleichzeitig fabelhaft.

»Conrad geht's gut, danke.«

Savita stieß Heather an. »Du weißt schon, dass er bei ihr eingezogen ist, oder?«

»Wow«, sagte Heather. »Tatsächlich?«

»So schnell?« Caroline mühte sich um einen schockierten Gesichtsausdruck.

Sarah lächelte. Als würde diese Frau nicht vor Neid platzen.

»Findest du nicht, dass das ein bisschen früh ist?« Heather lachte nervös. »Ich meine, es geht mich ja nichts an, aber … meine Güte!«

»Wir sind bereit dafür.« Sarah zuckte die Achseln. »Es fühlt sich richtig an.«

»Aber du kennst ihn doch kaum.« Heather schaute sich um und lief rot an, als sie merkte, dass alle sie anstarrten. »Na ja, wie gesagt, mich geht es nichts an.«

»Was soll ich sagen?«, fragte Sarah grinsend.

Heather zuckte die Achseln. »Also … Wenn es sich richtig anfühlt, dann freue ich mich für dich.«

Sarah legte eine Hand auf Heathers Arm und bedankte sich leise, auch wenn sie fand, dass man ihr die angebliche Freude nicht ansah.

»Wie geht Jamie eigentlich damit um?«, fragte David.

»Oh, er ist total glücklich.« Sarah kämpfte gegen den Drang an, auf ihn zuzutreten und ihm seine einstudierte besorgte Miene aus dem Gesicht zu prügeln. Als hätte sie sich keine Gedanken über die Gefühle ihres Sohnes gemacht, als wäre das nicht ihre allererste Sorge gewesen. »Jamie liebt Conrad. Wobei, das gilt wohl für uns beide.«

»Junge Liebe, hm?«, bemerkte Savita.

Sarah lachte. »Von jung würde ich nicht sprechen.«

»Ich hatte schon den Eindruck, dass du ein bisschen geschafft aussiehst«, raunte Savita mit einem dreckigen Lachen. »Ich wette, ihr zwei kommt kaum noch aus dem Haus, oder?«

»Oh, bitte«, sagte Caroline.

»Nur, wenn wir unbedingt müssen«, erklärte Sarah.

Das war nicht einmal übertrieben, denn wenn Conrad nicht gerade rausmusste – und sie verstand gut, dass das manchmal nötig war –, hatte Sarah ihn am liebsten ganz für sich allein. Sie dachte noch oft an die nervige Frau, die sie im Park kennengelernt hatte und die sich so geziert hatte, eine alleinstehende Frau zum Abendessen einzuladen. Jetzt war sie zwar nicht mehr allein und spürte auch gelegentlich die Versuchung, diese Veränderung allen vorzuführen – *ihn* allen vorzuführen –, doch genauer betrachtet war es das Letzte, worauf sie Lust hatte. Leider hatte sie die Frau seitdem nicht mehr gesehen, sodass sich nicht die Chance ergeben hatte, ihr zu sagen, wohin sie sich ihre Einladung stecken sollte.

Abgesehen von Conrads Arbeit wollte sie ihn mit niemandem teilen.

Beim Klang der Schulglocke traten die Eltern näher ans Tor und reckten die Köpfe, sobald die ersten Kinder herauskamen. Sarah sah, wie Heathers Sohn Ollie durch die Tür trat, gefolgt vom unausstehlichen Jacob. Heather, die immer noch so wirkte, als würde sie etwas beunruhigen, murmelte leise ein paar Worte zum Abschied und verschwand mit ihrem Kind. Caroline ging ohne weitere Bemerkung. David winkte beim Anblick seiner Tochter, als hätte er sie seit Monaten nicht gesehen.

»Gott, jetzt fällt es mir ein.« Seufzend und kopfschüttelnd wandte Sarah sich an Savita. »Jamie muss heute einen Berg von Malsachen mit nach Hause nehmen. Ich hab versprochen, ihm zu helfen …« Sie ging durch das Tor und überquerte den Schulhof.

»Morgen im *HazBeanz*?«, rief Savita ihr hinterher.

Ohne sich umzudrehen, hob Sarah den Daumen und setzte ihren Weg fort.

Wenn ich Lust habe …

Sie trat durch den Haupteingang ins Schulgebäude und sah eine der Lehrerinnen auf sich zukommen. Kurzes blondes Haar, dunkle Hose und eine hübsche, helle Strickjacke, eine der jüngeren. Sarah lächelte und ging in Richtung der Toiletten, wo sie sich, wie sie aus Erfahrung wusste, ungefähr zehn Minuten lang aufhalten konnte. Doch die Lehrerin blieb direkt vor ihr stehen.

»Hätten Sie eine Minute Zeit?«

»Tut mir leid, ich bin ein bisschen in Eile.« Sarah schaute auf die Uhr und spürte, wie sich ihre Brust zusammenzog.

Die Lehrerin öffnete die Tür zu einem Klassenzimmer. »Hier vielleicht …?«

Sarah betrat das Zimmer und hörte, wie die Tür hinter ihr geschlossen wurde. Ihre Gedanken rasten, sie schaute sich rasch um: eine Weltkarte, bunte Zeichnungen, ein offenes Fenster als möglicher Fluchtweg. Ein erleichtertes Zittern ging durch ihren Körper, als sie sah, dass weder ein Polizist anwesend noch das Wort LÜGNERIN an die Tafel geschrieben war.

Sie versuchte ihre Panik zu unterdrücken.

Die Lehrerin zog zwei Plastikstühle unter einem Tisch hervor. Sie ließ sich auf dem einen nieder und deutete auf den anderen. Sarah setzte sich und suchte im Gesicht der Frau verzweifelt nach einem Zeichen, dass sie sich ein wenig entspannen durfte. Stattdessen atmete die Lehrerin tief ein, und als sie ihren kleinen, verkniffenen Mund öffnete, schien es, als hätte sie schon eine ganze Weile über ihre Ansprache nachgedacht, als hätte sie ihre Worte geübt.

»Ich weiß genau, was Sie hier jeden Tag machen. Und auch wenn ich nicht die geringste Ahnung von Ihren Motiven habe, fürchte ich, dass es aufhören muss. Sie haben kein Kind an dieser Schule, also dürfen Sie auch nicht hier sein. Verstehen Sie das?«

Sarah starrte eine Weile auf den Boden und atmete den Geruch ein, den sie bis zu diesem Augenblick so geliebt hatte. Langsam blickte sie auf: »Werden Sie die Polizei rufen?«

»Das sollte ich eigentlich«, sagte die Frau. »Aber ich habe über die Gründe nachgedacht, aus denen man sich so verhalten könnte wie Sie ... Schauen Sie, wenn Sie damit aufhören, dürfte es nicht nötig sein, die Sache weiter zu verfolgen.«

»Haben Sie schon einmal ein Kind verloren?«, fragte Sarah.

Die Frau schüttelte den Kopf. »Nein, das habe ich nicht.«

»Ich habe *drei* verloren, okay? Eins nach dem anderen.« Sarahs Stimme brach, und sie umklammerte die Stuhlkanten. »Jedes Mal sieht es so aus, als könnte es wieder besser werden, aber im Inneren passiert etwas ...« Die Tränen kamen mühelos, sie brannten in den Augen und liefen ihr übers Gesicht.

Die junge Lehrerin wirkte verlegen. Schnell griff sie in die Tasche ihrer Strickjacke und zog ein benutztes Papiertaschentuch heraus. Sarah schüttelte den Kopf und winkte ab. Sie drückte sich ihren Ärmel auf die Augen.

»Es tut mir so leid«, sagte die Lehrerin.

»Das muss es nicht. Sie können doch nichts dafür.«

»Ich habe mich schon gefragt, ob etwas in der Art dahintersteckt.«

»Es ist dumm, ich weiß«, sagte Sarah. Wieder versagte ihr die Stimme, und sie senkte den Kopf. »So dumm, aber ... Ich kann nicht aufhören mir vorzustellen, wie es hätte sein sollen und dass ich eigentlich jeden Tag hierherkommen müsste.«

»Ich kann mir nicht ausmalen, wie es sich anfühlen muss.«

Sarah blickte auf und versuchte ein Lächeln. »Ich wünsche

Ihnen auch nicht, dass Sie es sich vorstellen können.« Aus dem Augenwinkel sah sie, wie auf der großen Plastikuhr über der Tafel fünfzehn Sekunden vorbeitickten. Sie hörte das aufgeregte Plappern der Kinder draußen auf dem Gang.

Die Lehrerin räusperte sich, stand auf und stellte ihren Stuhl vorsichtig wieder unter den Tisch. »Gut, dann …«

Sarah erhob sich langsam und fuhr sich noch einmal mit dem Ärmel über ihre Augen.

»Was Sie durchgemacht haben, klingt wirklich schrecklich, und wie gesagt, ich kann mir … Aber meine Hauptsorge gilt dem Wohlergehen der Kinder, die ich unterrichte, also verstehen Sie sicher, dass ich etwas sagen musste.«

Sarah nickte und machte einen Schritt auf die Tür zu.

»Nun … Wenn Sie mir versprechen, damit aufzuhören, hoffe ich, dass wir es dabei belassen können.«

»Danke«, flüsterte Sarah. »Es tut mir wirklich leid …«

Als sie zurück über den Schulhof marschierte, zeigten Kinder auf sie oder machten ihr Platz. Natürlich war es möglich, dass Savita, David oder jemand von den anderen immer noch am Tor stand. Dass sie Fragen beantworten musste, dass sie verwirrt reagieren würden, weil kein Kind ihre Hand hielt – ihre Faust –, doch ihr würde sicher etwas einfallen, wie immer. Vielleicht hatte Jamie einfach nach Schulschluss noch eine AG, von der er ihr nichts erzählt hatte. Oder er war schon zum Spielen bei einem Freund, oder er brauchte irgendetwas, das sie dummerweise zu Hause vergessen hatte und jetzt schnell holen würde. Dann dachte sie, dass es eigentlich sowieso egal war, dass die Geschichte von den Fehlgeburten jedes Mal Wunder wirkte.

Schlampe, Schlampe, Schlampe, dachte sie.

SECHSUNDZWANZIG

Als Thorne in St Pancras aus dem Zug stieg, war es nur noch eine Stunde bis zum Ende seiner Schicht. Das mit Abstand Vernünftigste wäre gewesen, sich sofort auf den Heimweg zu machen. Und die Idee war mehr als reizvoll. Von King's Cross waren es nur zwei Stationen mit der Northern Line nach Kentish Town, und schließlich konnte er das, was er noch zu tun hatte, locker per Telefon oder E-Mail erledigen. Stattdessen nahm er einen Zug in die andere Richtung und fuhr den ganzen Weg bis nach Colindale.

Erst fünfzehn Minuten vor seinem Feierabend traf er im Becke House ein, und doch schien es ihm den Aufwand wert. Er hatte Brigstocke unbedingt noch vor Dienstschluss erwischen wollen.

»Kommen Sie, um anzugeben?« Der DCI machte sich nicht mal die Mühe, vom Schreibtisch aufzublicken.

»Nun hören Sie schon auf, Russell. Ich wollte Sie bloß über meinen Besuch bei den Kollegen in Kent informieren. Sie werden ja sicher Verbindung mit deren Vorgesetzten aufnehmen, da ist es doch wichtig, dass Sie wissen, wie der Hase läuft.«

»Aber klar doch.«

»Anzugeben wäre außerdem kindisch.«

»Und wie.«

»Ein nicht ganz so selbstbewusster Chef würde es vielleicht sogar als aufmüpfig empfinden … Aber da ich nun schon mal hier bin, kann ich Sie auch noch kurz daran erinnern, dass der Mann, dem nachzuforschen Sie als Zeitverschwendung bezeichnet haben, nun plötzlich als Hauptverdächtiger in einem Mordfall dasteht.«

Endlich schaute Brigstocke ihn an. Es war unübersehbar, dass er sich in diesem Moment wünschte, ein wenig früher Feierabend gemacht zu haben. »Das ist mir bewusst.« Er griff nach einem kleinen Papierstapel und wedelte damit vor Thornes Nase herum. »Ich habe schon Kontakt aufgenommen.«

»Perfekt«, sagte Thorne. »Dann sind wir ja alle auf dem gleichen Stand.«

»Sonst noch was?«

»Eigentlich nicht.«

»Dann ziehen Sie Leine, Tom.«

Da Brigstocke sich schon wieder den Unterlagen zugewandt hatte, mit denen er bei seinem Eintreten beschäftigt gewesen war, gestattete Thorne sich ein Grinsen. Die Gelegenheit dazu ergab sich nicht oft, und er wollte sie nicht ungenutzt lassen.

»Das mach ich, Sir …«

Im Einsatzraum sah er Tanner, die immer noch schwer beschäftigt schien und nicht den Eindruck machte, als würde sie ihren Schreibtisch in absehbarer Zeit für die Spätschicht räumen. Man hätte denken können, dass sie so hart arbeitete, weil zu Hause niemand auf sie wartete, doch Thorne wusste, dass sie schon immer so gewesen war.

»Na, wie war's am Meer?«

»Oh, beschissen«, sagte Thorne. »Eigentlich wollte ich mir eine Portion Zuckerwatte gönnen.« Er wartete, aber für albernes Geplänkel war Tanner eindeutig zu beschäftigt. »Doch, war in Ordnung.«

»Bist du mit den Kollegen klargekommen?«

»Na ja, es ist deren Fall. Da hab ich keinen roten Teppich erwartet.«

Tanner brummte etwas in sich hinein und tippte weiter.

»Haben sich ein bisschen angestellt, was den Tee und die Reisemodalitäten anging, aber nicht schlimmer als wir.«

»Als *du*.«

Thorne lehnte sich an Tanners Schreibtisch, während sich ringsum die Arbeitsplätze leerten. Er checkte sein Handy und wartete, dass Tanner fertig wurde. Er schickte Hendricks eine SMS, in der er ihn an die aktuellen Tabellenplätze ihrer beiden

Teams erinnerte. Er nickte den Kollegen zu, die nach Hause aufbrachen oder wohin auch immer sie wollten, um sich vom Stress des Arbeitstages zu erholen, und begrüßte die Neuankömmlinge, die die Spätschicht antraten.

Als er endlich Tanners volle Aufmerksamkeit hatte, erzählte er ihr, was er in Margate erfahren hatte. Vom Tatort und den Videos der Überwachungskameras. Von dem, was er gesehen hatte und was er vermutete.

»Du glaubst, es steckt ein Paar dahinter?«

»Das ist die einzige Erklärung, die passt«, sagte Thorne.

»Bloß weil die Frau sich nicht gemeldet hat?«

»Was meinst du mit *bloß*? Das ist schon verdammt merkwürdig, oder? Klar, es besteht die Möglichkeit, dass dieser Typ Deane *und* die Frau ermordet hat. Dann hat er sich die Leiche über die Schulter geworfen und ist mit ihr in die Nacht verschwunden, ohne dass irgendjemand etwas gesehen hat. Aber das kommt mir reichlich unwahrscheinlich vor.«

»Er könnte sie ins Meer geworfen haben.«

»*Was?*«

»So oft, wie die Leute glauben, tauchen Wasserleichen gar nicht wieder auf.«

»Er hat sie nicht getötet«, beharrte Thorne. »Sie war dabei.«

Tanner dachte nach. Sie griff nach ihrer Handtasche und legte sie auf den Schreibtisch. Scheinbar dachte sie tatsächlich so langsam über das Ende ihres Arbeitstags nach. »Schwer zu glauben«, sagte sie leise. »Aber es wäre nicht das erste Mal.«

Thorne hatte mit einem derartigen Fall noch nicht zu tun gehabt, jedenfalls nicht unmittelbar. Doch er wusste, was Tanner meinte. Es gab diese Fälle, in denen aus der Verbindung eines Mannes und einer Frau viel schrecklichere Taten erwuchsen, als sie sie einzeln je begangen hätten. In denen die Jagd und das Töten zum ebenso unverzichtbaren Bestandteil der Beziehung wurden wie für andere das Lachen oder eine gute Unterhaltung.

Natürlich gab es dafür ein berüchtigtes Beispiel. Das war vor ihrer Zeit gewesen, und beide Hälften des Paares waren inzwischen tot. Doch für viele standen ihre Namen weiterhin für das Böse schlechthin. Falls so etwas existierte.

Thorne war dankbar, dass sein Handy klingelte und ihn aus seinen Gedanken riss. Als er die Nummer sah, entfernte er sich ohne ein weiteres Wort von Tanners Schreibtisch und ging zum Telefonieren auf den Gang.

»Bist du noch bei der Arbeit?«

»Ja, aber für heute bin ich fertig.«

»Ich hab mich bloß gefragt, ob du nicht Lust hättest, heute Abend vorbeizukommen.«

»Oh, ach so.«

»Mir ist schon klar, dass das ziemlich kurzfristig ist. Wenn du nicht kannst, kein Problem. Ich dachte nur, es wäre eine schöne Idee …«

Fünf Minuten später trat Thorne wieder in den Einsatzraum. Tanner stand im Mantel neben der Tür. Sie wartete, dass er etwas sagte. Als er das nicht tat, schlug sie vor: »Lass uns doch noch auf einen schnellen Drink ins *Oak* gehen.«

Thorne schüttelte lächelnd den Kopf. »So müssen sich Leute fühlen, die von einem Lottogewinn erfahren.«

»Was?«

»Ich scheine wieder hoch im Kurs zu stehen.«

SIEBENUNDZWANZIG

Sarah ging vieles im Kopf herum, vor allem der ach-so-ernsthafte, *mitleidige* Gesichtsausdruck der Lehrerin. Dementsprechend erfreut war sie, als das Telefon klingelte und ein paar Minuten Ablenkung versprach. Die Stimme am anderen Ende klang beinahe so ernst wie die der Lehrerin, und doch war es immer schön, von den anderen Eltern zu hören. Sarah fand es nett, wenn auch angesichts der Umstände ein wenig ironisch. Irgendwie war es zum Lachen.

»Ich möchte mich entschuldigen«, sagte Heather. »Wegen eben, vor der Schule.«

»Jetzt sei nicht albern.«

»Es geht mich nichts an, wie gesagt. Mit dir und Conrad, meine ich. Aber wir sind Freundinnen, also …«

»Du hast dir Sorgen gemacht«, sagte Sarah. »Das hab ich schon begriffen.«

»Ich hätte meine große Klappe halten sollen.«

»Aber du machst dir immer noch Sorgen, stimmt's?«

Heather lachte, und Sarah fiel in ihr Lachen ein. »Na ja, wahrscheinlich ein bisschen. Ich hab *wirklich* darüber nachgedacht. Ich meine, es geht alles so *schnell.*«

»Drei Wochen sind es jetzt.«

»Verdammt.«

»Allerdings. Ich bin ja selbst völlig platt.«

»Ich meine, klar … er ist wirklich toll und alles … nur das Zusammenziehen kommt mir ein bisschen schnell vor.«

»Bis jetzt hat er das Tafelsilber jedenfalls nicht gestohlen.«

Wieder kicherte Heather. »Das ist schon mal gut. Aber ich frage mich trotzdem, wie genau man jemanden nach so kurzer Zeit kennen kann.«

»Ich kenne ihn gut genug«, erklärte Sarah. »Ich weiß alles, was ich wissen *muss.*«

»Es geht darum, dass … ich den Fehler selbst schon gemacht

hab«, sagte Heather. »Mehr als einmal. Damit will ich natürlich nicht sagen, dass es auch in deinem Fall ein Fehler ist –«

»Kein Problem.«

»Schon wieder meine große Klappe.«

»Alles in Ordnung, ehrlich.«

»Na ja, jedenfalls wollte ich mich entschuldigen, weil ich meine Nase in Dinge gesteckt hab, die mich nichts angehen.«

»Wie du schon sagst, wir sind Freundinnen. Ich hätte wahrscheinlich genauso reagiert.«

»Ist er …?«

»Was?«

»Gott, was bin ich für eine Idiotin. Ich wollte fragen, ob er dich gut behandelt. Aber offensichtlich tut er das, sonst wärst du ja nicht mit ihm zusammen, oder? Du würdest ihn nicht in deinem Haus haben wollen … bei dir und Jamie.«

»Er ist genau das, was ich brauche«, versicherte Sarah ihr.

»Wie schön.«

»Sehr schön, ja.«

»Also halte ich jetzt meinen Mund.«

»Trotzdem danke.« Sarah trat ans Wohnzimmerfenster und schaute hinaus, in der Hoffnung, Conrad vorfahren zu sehen. »Ich weiß das wirklich zu schätzen.«

»Gut, dann lasse ich dich jetzt in Ruhe«, sagte Heather. »Du hast sicher zu tun.«

»Jede Menge«, bestätigte Sarah.

ACHTUNDZWANZIG

Es kam ihm ein bisschen seltsam vor, zu klingeln, wo er doch noch den Schlüssel hatte. Trotzdem erschien es ihm passender. Thorne war immer noch auf der Suche nach den *angemessenen* Worten, als die Tür geöffnet wurde und Helen ihn, nachdem sie sich ein, zwei Sekunden lang angestarrt hatten, hereinbat. Sie umarmten sich etwas zögerlich.

Dann trat Helen zur Seite und fragte: »Geht's dir gut?«

»Nicht schlecht.« Thorne sah sich um, als wäre er zum ersten Mal hier. »Ist Alfie schon im Bett?«

»Er ist bei Jenny«, sagte Helen.

»Oh, klar.«

»Als du zugesagt hast, hab ich angerufen und sie gebeten, sich ein paar Stunden um ihn zu kümmern.«

Thorne bemühte sich, nicht allzu enttäuscht auszusehen. Nachdem er von der Arbeit zunächst nach Hause gefahren war, sich geduscht, umgezogen und auf den Weg nach Tulse Hill gemacht hatte, war die Chance ohnehin gering gewesen, Helens Sohn vor dem Zubettgehen noch zu sehen. Allerdings hatte er gehofft, wenigstens kurz den Kopf ins Schlafzimmer stecken zu können.

»So können wir in Ruhe reden.«

Thorne ging zum Sofa hinüber, und Helen trat an den Kühlschrank. »Ich hab noch Bier. Ich weiß, dass du fahren musst, aber ...«

Thorne wusste immer noch nicht, warum er hier war. Er fragte sich, ob Helen ihn vielleicht eingeladen hatte, um ihm zu sagen, dass sie eine Dummheit begangen, jetzt aber ihre Meinung geändert hatte. Dass es ihr nichts ausmachte, wie viel Bier er trank, da er heute sowieso nicht mehr nach Kentish Town fahren müsse.

War es das, was er selbst wollte?

»Eins kann ich trinken.«

Er fragte sich auch, ob sie das Bier extra besorgt oder sowieso schon im Kühlschrank gehabt hatte. Und wenn ja, für wen?

Helen schenkte sich ein Glas Wein ein und nahm neben ihm auf dem Sofa Platz. »Wie läuft's auf der Arbeit?«

Er erzählte ihr von seinem Ausflug nach Margate und wiederholte praktisch genau das, was er Tanner vor wenigen Stunden berichtet hatte.

»So unwahrscheinlich klingt es für mich gar nicht«, sagte Helen schließlich. »Man muss sich nur anschauen, was manche Paare ihren Kindern antun.« Sie erzählte ihm von dem Fall von sexuellem Kindesmissbrauch, in dem ihr eigenes Team gerade ermittelte. Als sie zu den Details kam, waren beide froh, etwas zu trinken vor sich zu haben.

»Inzwischen überrascht mich gar nichts mehr«, sagte sie zum Abschluss.

Früher hatten sie zu Hause kaum ausführlicher über ihre Arbeit gesprochen. Hin und wieder vielleicht eine unterhaltsame Episode, wenn es zur Abwechslung eine gab. Doch meist hatten sie sich aufs Wesentliche beschränkt. Beide waren entschlossen gewesen, die Arbeit möglichst mitsamt den Taschen und Mänteln an der Garderobe abzulegen, auch wenn das in der Praxis nicht immer funktioniert hatte.

Diesmal jedoch standen sie das Thema durch, weil es ihnen ermöglichte, vorerst einen Bogen um etwas viel Schwierigeres zu schlagen. Einen Teil der Befangenheit zu zerstreuen, die sich zwischen sie geschlichen hatte.

Dann lieber Mord und Kindesmissbrauch, um das Eis zu brechen.

»Alfie vermisst dich«, sagte sie.

»Warum erzählst du mir das?«

Sie schaute ihn fragend an.

»Ich meine, klar, es tut mir gut, das zu hören, ich vermisse ihn ja auch. Aber am Ende ist das bloß … ein Grund mehr, sich wegen alldem beschissen zu fühlen. Meinst du nicht?«

»Ich fühle mich dabei auch nicht so toll«, sagte Helen. »Er fragt mich, wo du bist, und ich komme mir bloß mies vor, als wär das alles meine Schuld.«

»Aber es war ja auch deine Idee.«

Das Tempo, mit dem Helen den Mund öffnete, deutete an, dass sie eine Antwort geben wollte, die Thorne nicht gefallen hätte. Doch sie hielt sich zurück. Atmete durch. »Ich hab dich nicht hergebeten, um mit dir zu streiten, Tom.«

»Warum dann?«

»Ich wollte sehen, wie es dir geht, sonst nichts. Wie du zurechtkommst. Mit der Wohnung und allem.«

»Wirklich gut.« Thorne zuckte die Achseln und trank einen Schluck Bier. »Es ist halt … meine Wohnung.«

»Das ist gut. Und du bist auch schneller bei der Arbeit, oder?«

»Oh, klar.«

»Jeden Morgen eine halbe Stunde länger im Bett.«

»Alles hat seine Vorteile.«

Sie rückte ein Stück näher an ihn heran. »Also … Ich hab mich gefragt, ob du vielleicht ein paar von den Sachen mitnehmen möchtest, die du noch hier hast.«

Thorne starrte sie an. »Brauchst du plötzlich Platz?«

»Nein. Ich dachte bloß, *du* würdest sie möglicherweise brauchen.«

»Funktionieren Trennungen auf Probe immer so?«

»Ich weiß, dass hier noch ein paar CDs rumliegen, die du sicher vermisst. Komm schon, es sind ja keine Berge von Sachen. Wahrscheinlich passt das alles in einen einzigen Koffer.«

»Wie jetzt? Du hast ein paar Flaschen Bier besorgt und gleich noch einen schönen neuen Koffer gekauft, damit du meine Sachen aus dem Haus bekommst?«

»Ich will nichts aus dem Haus haben«, sagte Helen.

»Ja, verstehe, wo ich sowieso schon hier bin … kann ich auch gleich meinen Kram mitnehmen. Ich meine, auf diese Weise brauche ich gar nicht mehr wiederzukommen, stimmt's?«

»Sei nicht albern.«

»Willst du auch die Schlüssel zurück?« Thorne wühlte in den Taschen seines Jacketts. »Dann ist das Thema auch gleich erledigt.«

»Darum geht es doch nicht.«

»Toll, aber vielleicht könntest du mir freundlicherweise sagen, *worum* es hier geht. Denn … ich stehe auf dem Schlauch.«

Helen lehnte sich zurück und schloss für einen Moment die Augen. »Warst du glücklich, so wie es war? Wirklich glücklich?«

Thorne hatte sich glücklich gefühlt, auf jeden Fall zufrieden. Ja, es hatte in den letzten Monaten Situationen gegeben, in denen er sich hier und da ein wenig umgeschaut und … andere Möglichkeiten in Erwägung gezogen hatte. Aber das war nur natürlich, oder? Nichts Schlimmes, solange sich alles nur in Gedanken abspielte.

»Es war doch ganz schön«, stellte er fest.

»*Ganz schön?*«

»Du weißt schon, was ich meine.«

Helen trank einen Schluck.

»Und was ist mit dir?«

Sie starrte in ihr Glas und beugte sich vor. »Bei mir war's genauso, schätze ich.«

»Und …?« Er wartete, doch Helen schien ihm keine Antwort geben zu können, keine unkomplizierte jedenfalls. »Ich weiß, dass dich die Frage wahrscheinlich jetzt sauer macht, aber … geht es hier um jemand anderen?«

»Was?«

»Du weißt schon, *erzähl* es mir einfach –«

»Oh, verdammt.« Sie sprang auf, stampfte zum Sessel gegenüber und ließ sich hineinfallen. Es dauerte eine weitere halbe

Minute, ehe sie ihn wieder anschaute. Dabei lächelte sie unsicher. »Wahrscheinlich eine berechtigte Frage. Es ist ja nicht so, als hätte ich keine Übung, hm?«

Die Affäre unmittelbar vor dem Tod ihres früheren Partners. Die Unsicherheit, wer wirklich Alfies Vater war.

Thorne sagte nichts. Auch wenn Helen das Thema aufgebracht oder jedenfalls darauf angespielt hatte, war er klug genug, es nicht zu vertiefen.

»Die einfache Wahrheit ist, dass ich nicht weiß, was los war«, sagte sie. »Es kam mir einfach so vor, als hättest du dich ein Stück von mir entfernt. In den letzten sechs Monaten oder so.«

»Okay.« Thorne spürte, wie sich Schuldgefühle – *Schamgefühle* – in seinen Eingeweiden regten und breitmachten.

»Vielleicht hab ich es mir auch nur eingebildet …«

Sie lag um ungefähr einen Monat daneben, und obwohl Thorne es nicht leugnen konnte, war es unmöglich, es ihr jemals zu erklären. Zu gestehen. Wie könnte er ihr sagen, was damals in jener Wohnung mit Nicola Tanner passiert war? Wie könnte er von ihr verlangen, mit den Lügen zu leben, die er und Phil in die Welt gesetzt hatten?

Ein Geheimnis zu bewahren bedeutete manchmal, eine Wand um sich zu errichten.

»Ich wollte mich nicht von dir entfernen.« Etwas Besseres fiel ihm nicht ein.

»Ich bekam einfach das Gefühl … als wüsste ich nicht, woran ich war. Als wäre der Film zu Ende, und du, ich und Alfie verschwinden in den Sonnenuntergang. Oder eben auch nicht. Jeden Tag bin ich mit dieser Unsicherheit aufgewacht, und irgendwann hatte ich das Gefühl, ich müsste mich entscheiden.«

»Aber so weit bist du noch nicht?«

»Ich versuche, es irgendwie klarzukriegen.«

»Kann ich verstehen«, sagte Thorne.

Im Augenblick ging es ihm ganz ähnlich.

Er schaute auf seine Flasche und sah, dass sie noch halb voll war. Vielleicht war es gar keine so schlechte Idee, ein paar CDs in eine Tüte zu packen, wo er schon den ganzen Weg hierhergekommen war. Da gab es ein paar von George Jones, die er ganz gern bei sich in der Wohnung hätte. Außerdem musste hier mindestens eine von Hank Williams herumliegen, die ihm *auf jeden Fall* eine Hilfe sein würde. Bis Helen sich zu einer Entscheidung durchrang.

Wie hatte Tanner sich vor einigen Wochen ausgedrückt?

Abwarten und Tee trinken.

NEUNUNDZWANZIG

Sie zogen sich aus, rissen ein paar Handtücher herunter und hatten Sex auf dem Badezimmerboden. Dann duschten sie zusammen, trockneten sich gegenseitig ab und kehrten in den flauschigen Er-und-Sie-Bademänteln, die Sarah in der Woche zuvor gekauft hatte, ins Schlafzimmer zurück.

Sie hatte alles Mögliche gekauft.

Neue Unterwäsche für sich und ein, zwei Outfits für jeden von ihnen, die sie ebenso gern tragen wie ausziehen würden.

Spielzeuge …

Sie setzte sich an ihre Frisierkommode und steckte den Fön in die Steckdose. »Jetzt haben wir fast alle Zimmer durch.«

»Was?« Conrad hatte es sich mit einer Zeitschrift im Bett gemütlich gemacht.

»Wir haben es in beiden Wohnzimmern getrieben, in sämtlichen Schlafzimmern, der Küche und jetzt im Bad. Nur noch die Toilette unten, dann sind wir durch.« Sie schaltete den Fön ein.

Conrad sagte etwas, aber sie konnte es nicht verstehen. Als sie im Spiegel sah, dass er ihr zuwinkte, schaltete sie den Fön aus.

»Das wäre übertrieben. Ich bin doch kein verdammter Schlangenmensch.«

»Du hockst dich auf den Deckel, und ich setze mich auf dich«, sagte sie. »Kein Problem.«

»Okay.«

»Wir müssen es in *jedem* Zimmer des Hauses tun, Conrad, ohne Ausnahme. Wir müssen jedem Raum unseren Stempel aufdrücken.« Sie grinste ihn im Spiegel an. »Und dann sollten wir nach draußen gehen. In den Park oder was auch immer.«

Sie schaltete den Fön wieder ein, sah ihn aber nach wenigen Sekunden abermals winken.

»Dir geht's ums Risiko, stimmt's?«

»Was meinst du?«

»Beim Vögeln al fresco.« Er setzte sich auf. »Es geht dir um die Möglichkeit, erwischt zu werden.«

Sarah wandte sich langsam um. »Uns erwischt niemand«, sagte sie.

Als ihre Haare trocken waren, ging sie zum Bett hinüber und setzte sich vorsichtig auf die Kante. Sie zog den Gurt ihres Bademantels fester und starrte auf den Teppich, bis Conrad irgendwann aufblickte. Er legte seine Zeitschrift weg und fragte: »Was ist los?«

»Wir sind immer ehrlich zueinander gewesen, oder?«, sagte sie.

Conrad ließ sich einen Moment Zeit. »Klar …«

Es schien, als hätten sie sich gegenseitig schon alles erzählt, was es Wichtiges zu erzählen gab. Natürlich würden ein paar Einzelheiten erst später auf den Tisch kommen – Kindheitserinnerungen, Reisegeschichten, was auch immer –, aber dafür hatten sie jede Menge Zeit. Worauf es ankam, waren die Dinge, die sie *jetzt* voneinander wissen mussten. Um die nächsten Schritte zu tun.

Sarah wusste genau, womit Conrad seinen Lebensunterhalt verdiente, und Conrad wusste, dass Sarah – auch wenn sie sich tatsächlich großartige Geschichten ausdachte – keine Schriftstellerin war. Das Haus gehörte ihr, hatte sie ihm gesagt, mit bestem Dank an ihren Ex-Mann, doch das Geld, das sie brauchte, um Essen, Kleidung und die üblichen Rechnungen zu bezahlen, verdiente sie mit Marktforschung, die sie von zu Hause aus betrieb, online oder übers Telefon.

Indem sie für acht Pfund fünfzig pro Stunde Menschen nach ihrer Meinung zu Shampoo, zur rechtspopulistischen UK Independence Party oder zu Haustierfutter befragte.

»Ich will dir erzählen, wie das lief mit der Trennung von Peter«, sagte sie. »Das war übrigens sein richtiger Name.«

»Es schadet nie, ein paar echte Fakten einzustreuen«, bemerkte Conrad.

»Ernsthaft. Du musst wissen, was passiert ist und warum, dann begreifst du auch, wie sehr ich Jamie brauche.«

»Aber das *tue* ich doch.«

»Das glaubst du vielleicht.«

»Sarah –«

Sie schüttelte den Kopf. Als sie schließlich begann – leise, die Augen starr auf ihre nackten Füße gerichtet –, musste sie den Schmerz nicht übertreiben oder durch künstliche Pausen dramatisieren. Sie musste sich nicht verstellen. Es war das erste Mal, dass sie überhaupt jemandem ihre Geschichte erzählte.

»Es ist nicht so, als wäre es nicht schon einer Menge anderer Frauen so ergangen«, sagte sie. »Eigentlich ist es ein echtes Klischee, die typische Midlife-Crisis … Aber an den *Gefühlen*, die es bei mir ausgelöst hat, war überhaupt nichts Normales.« Für einen kurzen Moment blickte sie auf. »Er ist mit einer Sechsundzwanzigjährigen abgehauen. Das ist die Quintessenz. Die alte Geschichte, stimmt's? Hat sich neue Klamotten gekauft, sich einen dämlichen Haarschnitt verpassen lassen, ist ins Fitnessstudio gegangen, das volle Programm. Schließlich kann man als wabbeliger alter Sack nicht mit einer fitten, jungen, scharfen Braut mithalten. Und wenn man sich in einen neuen Mann verwandelt, einen *begehrenswerten* Mann, muss man sich von ein paar Dingen trennen, nicht wahr? Abgesehen von der Ehefrau, meine ich. Natürlich konnte der arme Kerl nicht all seine Weltkriegsbücher mitnehmen, die er immer mit zur Toilette genommen und dort stundenlang gelesen hatte. Oh nein, die Bücher hat er hiergelassen … Ich glaube auch nicht, dass eine Sechsundzwanzigjährige mit hübschen, strammen Titten und einer Vorliebe für Disney-Prinzessinnen sich von so was beeindrucken lässt.«

»Hitler-Bücher beim Scheißen …«

»Und er wusste, dass ich Kinder wollte, das war das Schlimmste. Er wusste, wie sehr ich mich schon immer danach gesehnt hatte. Er hat uns nicht genug Zeit gelassen, um herauszufinden, an wem es lag, dass wir keine bekamen. Na ja, es lag eindeutig an mir, denn kurz darauf hat er seine Freundin geschwängert. Und jetzt spielen er und dieses Mädchen, das sich nicht mal an die Falklands oder Lady Di erinnern kann, mit ihrem Kleinkind glückliche Familie. Ein kleiner Junge, ich hab ihn ein einziges Mal gesehen.

Er hat gesagt, ich könne das Haus behalten, hat die Hypothek abbezahlt … wahrscheinlich in erster Linie wegen seiner Schuldgefühle. Und das war's. Nachdem er weg war, hab ich ihn nur hin und wieder gesehen, als wir noch ein paar Dinge zu regeln hatten. Er hat mir gesagt, er fühle sich wie ein … Kampfpilot. Kannst du das glauben? Er wisse zwar nicht, was ihn erwarte, und alles könne auch ganz böse enden, aber er habe sich noch nie so lebendig gefühlt. Ich hab ihn bloß angestarrt. Hätte ich ein Messer zur Hand gehabt, hätte ich dem Gequatsche auf der Stelle ein Ende gemacht.

Wahrscheinlich hätte ich das Haus verkaufen und mir eine kleine Wohnung anschaffen können, aber so wollte ich nicht leben. So hab ich mich nicht gesehen, und ich wollte auf keinen Fall, dass andere mich so sehen. Der äußere Eindruck ist wichtig, oder? Der äußere Eindruck ist alles. Jedenfalls für dieses kleine Mädchen aus der Wohnanlage im Londoner Süden, das es geschafft hat, seinen Akzent loszuwerden. Für das Mädchen, dessen Mum ziemlich intelligent war, aber keine Chance hatte, weil sie mit einem nichtsnutzigen Alkoholiker verheiratet war. Für das Mädchen, das sich einen reichen Mann geangelt hat und dann wie ein Müllsack entsorgt wurde, es aber irgendwie geschafft hat, am Leben zu bleiben …

Aber allein hätte ich es nicht geschafft, verstehst du? Mein Jamie ist genau in dem Moment gekommen, als ich ihn brauchte. Er hat mir mehr oder weniger das Leben gerettet.« Wieder schaute sie auf. »Ich kann ihn *sehen*, weißt du? Welche Kleidung er trägt, ob er glücklich ist oder ob ihn etwas bedrückt. Das merke ich am Klang seiner Stimme … oder wenn sein Lächeln nicht ganz echt ist. Ich kann dir genau sagen, wie er riecht.«

Sie hob die Hand zum Hals. »Genau hier, an der weichen Stelle in seinem Nacken. Da riecht es nach Karamell …«

Conrad wartete, bis er sicher war, dass sie fertig war. Dann sagte er: »Aber jetzt hast du auch mich.«

Sie nickte.

»Das weißt du doch, oder? Du weißt, dass ich dich beschütze. Wir sind jetzt zwei … *drei*, und ich werde nie zulassen, dass etwas zwischen uns gerät.«

»Versprichst du mir das?«

»Musst du das noch fragen?«

»Ich weiß, Liebster. Es tut mir leid.«

»Ist es nicht offensichtlich?«, fragte Conrad. »Ich meine, der Strand …«

»Ich musste nur hören, wie du es aussprichst, um ganz sicher zu sein.«

»Du musst dir keine Sorgen machen.«

»Das ist gut«, sagte sie. »Aber was wir am Strand getan haben, war nur für uns, ein gegenseitiges Versprechen. Wie ein Blutschwur. Jetzt müssen wir dieses Versprechen einlösen, denn es könnte ein Problem geben.«

»Was für ein Problem?«

Sarah öffnete ihren Bademantel und kroch über das Bett auf ihn zu. »Jemand, der uns bedroht.«

DREISSIG

Zwei Tage nach seinem Ausflug nach Margate und dem Abend mit Helen spürte Thorne schon auf dem Weg zur Arbeit, dass er kaum Lust auf die vor ihm liegenden Stunden hatte. Der größte Teil der letzten Schicht war für die Vorbereitung des Prozesses wegen der Messerstecherei in Tottenham draufgegangen. Doch je enger die Zusammenarbeit mit der Staatsanwaltschaft geworden war und je stärker die Frage nach der Stichhaltigkeit der Beweiskette in den Vordergrund gerückt war, desto mehr Arbeit schien sich plötzlich vor ihnen zu materialisieren. Er fühlte sich wie in einer dieser Filmszenen, in denen jemand, der wegen vermeintlichen Wahnsinns eingesperrt wurde, sich durch einen langen Gang schleppt, an dessen Ende ihn die Freiheit erwartet, doch im letzten Augenblick weicht die Tür immer weiter vor ihm zurück.

Gut, so hätte Thorne sich vielleicht gefühlt, wenn er die Tür wenigstens gesehen hätte.

Zurück an seinem Schreibtisch holte er tief Luft. Dann loggte er sich ins System ein. Er holte sich einen großen Kaffee, und sobald dessen Wirkung einsetzte, arrangierte er das Chaos von Papieren zu Stapeln, die ihm beherrschbar erschienen. Dann schob er sie zur Seite und rief Colin Hatter an.

»Glauben Sie, ich hätte Ihnen nicht Bescheid gegeben, wären wir auf etwas Neues gestoßen?«, fragte Hatter.

»Vielleicht ist ja gerade was reingekommen, und Sie wollten sowieso zum Hörer greifen.«

»Ja, klar.«

»Und da dachte ich, die Mühe kann ich Ihnen ersparen.«

»Ich wünschte, es wär so, Kumpel.« Einige Sekunden lang war Hatters Stimme nur gedämpft zu hören. Offenbar hatte er das Mundstück abgedeckt und sprach kurz mit jemand anderem, ehe er sich wieder Thorne zuwandte. »Das wird einer von diesen Fällen, verstehen Sie?«

Thorne verstand ihn nur zu gut. Einer jener Fälle, in denen sich trotz hartnäckiger Ermittlungen kein Durchbruch ergab, in denen es nur vorangehen würde, wenn sie einen Zufallsfund machen würden. Ein entscheidender Zeuge zum Beispiel, der plötzlich aus heiterem Himmel auftauchte und alles in ein neues Licht rückte. Ein Tipp oder ein überraschendes Geständnis. Falls tatsächlich etwas übersehen worden war, würde es erst bei einer erneuten Untersuchung des Falls in den Blick rücken. Monate oder gar Jahre, nachdem man ihn widerstrebend auf Eis gelegt hatte.

»Ich hab mich gefragt, ob sich vielleicht an der Qualität der Überwachungsvideos arbeiten lässt.«

»Da ist nichts, was eine verbesserte Qualität wert wäre. Sie haben es doch gesehen. Ihr Gesicht ist kein einziges Mal im Bild.«

»Okay, aber wenn wir ein Phantombild erstellen? Haben Sie mit den Leuten gesprochen, die an dem Abend in der Bar gearbeitet haben?«

»Sinnlos, oder?« Hatter schaffte es, trotz seiner stur ablehnenden Haltung einigermaßen engagiert zu klingen. »Was genau sollen wir sie fragen? Ich meine, wie viele Frauen zwischen achtzehn und vierzig waren wohl an diesem Freitagabend in der Bar? Und an wie viele davon würden sich die Angestellten erinnern? Nein … Der öffentliche Aufruf war sicher unsere größte Chance.«

»Und dabei ist nichts herausgekommen?« Ehe er Margate verlassen hatte, hatte Thorne noch erfahren, dass über die lokalen Medien der dringende Aufruf verbreitet werden sollte, dass jeder, der sich am fraglichen Freitagabend im Stadtzentrum aufgehalten hatte, sich mit Informationen an die Polizei wenden sollte. Kevin Deanes tief bestürzte Familie hatte eine Erklärung abgegeben, und die Zeitungen hatten Standfotos aus den Überwachungsvideos abgedruckt. Der übliche Versuch, unbewussten Erinnerungen auf die Sprünge zu helfen oder ans schlechte Gewissen möglicher Mitwisser und Zeugen zu appellieren, wenn die Ermittlungen bis dahin keine Ergebnisse gebracht hatten.

»Nichts wirklich Aufregendes«, sagte Hatter. »Noch ein paar Leute, die beobachtet haben, wie Deane und die Frau zum Strand gingen. Außerdem wurde ein Mann gesehen, der aus offensichtlichen Gründen *nicht* Deane sein kann und gegen 22.30 Uhr zusammen mit einer Frau vom Strand hochkam.«

»Mit derselben Frau?«

»So klingt es, ja. Baseballkappe …«

»Und sie verlässt den Tatort zusammen mit dem Mörder.« Thorne wartete auf eine Antwort Hatters, der aber hartnäckig schwieg. »Das ist praktisch nichts«, sagte er.

»Jedenfalls nichts, das uns irgendwie weiterbringt.«

»Aber es steckt ein Paar dahinter. Hab ich doch gesagt.«

»Ja, ich schätze, Ihre Theorie, dass sie gemeinsame Sache gemacht haben, hat ein wenig mehr Gewicht bekommen.«

»Für mich klingt es nicht mehr nur nach einer Theorie«, sagte Thorne. »Sondern ziemlich klar und deutlich. Darauf müssen wir die weiteren Ermittlungen stützen.«

»Schön und gut.« Wieder klang die Leitung für kurze Zeit gedämpft. Hatter schien die Lust an ihrem Gespräch längst verloren zu haben. »Falls Sie eine Idee haben, wie wir es anpacken sollten, bin ich ganz Ohr, Kumpel.«

Thorne hatte wenig anzubieten, doch die Vorstellung, den Kollegen aus Kent davonkommen zu lassen, ohne ihm klar und deutlich zu sagen, was er von ihm und generell von Kollegen wie ihm hielt, ging ihm gegen den Strich. Sie gehörten zu der Sorte, die sich erst dann ernsthaft mit einem Fall beschäftigten, wenn ihnen die Lösung auf dem Silbertablett serviert wurde. Und die nur dann echtes Interesse an ihrem Job zeigten, wenn sie gerade jemandem die Handschellen anlegen konnten.

Die auf den Ruhm aus waren.

Mehr als einmal hatte Thorne sich selbst diesem Vorwurf ausgesetzt gesehen, und damals wahrscheinlich mit gutem Grund. Natürlich gab es immer Fälle, die den Puls stärker zum Rasen brachten als andere, natürlich kam es vor, dass man sich vor lauter Frust zu Dummheiten hinreißen ließ. Aber in neun von zehn Fällen ging es letztlich nur um Geduld. Darum, den Fall um jeden Preis aufklären zu wollen. Die Lösung zu finden bedeutete manchmal, dass man Stunde um Stunde in Verwaltungs- und Büroarbeit investieren musste. Aber ehe es daran scheiterte, musste diese Arbeit eben gemacht werden.

Er warf einen Blick auf den Haufen von Mappen und Ordnern, die er noch vor sich hatte.

»Es kann einem nicht immer alles in den Schoß fallen, *Kumpel*«, sagte er.

Etwa eine Stunde später ging Russell Brigstocke an seiner Bürotür vorbei, und Thorne rief ihm nach.

»Sie machen … Papierkram?« Der DCI griff in die Innentasche seines Jacketts. »Lassen Sie mich ein Foto machen.«

Thorne setzte sein bestes *Ha-ha-sehr-witzig-Grinsen* auf. »Ich mache mir vor Lachen in die Hose. Wo ist Nicola eigentlich heute Morgen?«

»Sie musste gleich zu Dienstbeginn an einen Tatort«, sagte Brigstocke. »Ist mit Dipak unterwegs.«

»Worum geht es?«

»Das können Sie sie fragen, wenn sie zurückkommt.« Brigstockes Handy klingelte. Offensichtlich war es ein Anruf, den er annehmen musste. Ehe er sich zum Telefonieren entfernte, bemerkte er noch: »Schauen Sie nach, ob Sie schon was im System finden. Natürlich nur … wenn Sie sich von den Stapeln losreißen können.«

Thorne loggte sich ins Computer Aided Dispatch System, das Einsatzleitsystem, ein und las die Berichte, die seit kurz vor sieben Uhr eingestellt worden waren. Ein Einsatzteam war zu einer Adresse in Walthamstow gerufen worden. Keine offensichtlichen Anzeichen für gewaltsames Eindringen. Die Leiche einer jungen Frau, die eine halbe Stunde zuvor von ihrem Freund gefunden worden war, und klare Hinweise auf ein Verbrechen.

Thorne schaute auf die Uhr und stellte fest, dass er noch keine zwei Stunden an seinem Arbeitsplatz war. Obwohl er sein Bestes gegeben hatte, musste er immer noch einen beträchtlichen Stapel von Zeugenaussagen, Beweismittelverzeichnissen und Korrespondenz mit der Staatsanwaltschaft abarbeiten, ehe er mit dem Tottenham-Fall durch war. Tanner hätte den Papierkram inzwischen spielend erledigt. Verdammt, sie hätte sogar *Spaß* daran gehabt. Stattdessen hatte sie einen neuen Mordfall reinbekommen.

So konnte es gehen.

Er nahm eine Mappe vom Stapel und schlug sie so grob auf, dass die oberste Seite einriss. Als er zu lesen begann, merkte er, wie wenig davon er wirklich aufnahm. Er dachte daran, als welche Art Bullen er Hatter abgestempelt hatte. Wenn er ehrlich war, musste er sich eingestehen, dass er hin und wieder ein ziemlicher Heuchler war. Er beneidete Tanner um ihren neuen Fall – und hasste sich dafür.

Als Tanner kurz vor dem Mittagessen im Becke House auftauchte, zerrte Thorne sie beinahe in sein Büro.

»Was läuft da in Walthamstow?«

»Darf ich vorher wenigstens meinen Mantel ausziehen?«

Thorne lächelte, um zu zeigen, dass er damit nicht das geringste Problem hatte, und wartete ungeduldig, bis Tanner ihm gegenüber Platz genommen hatte.

»Gemma Maxwell«, sagte Tanner. »Sechsundzwanzig, nicht verheiratet. Sie wurde kurz nach halb sieben zu Hause von ihrem Lebensgefährten entdeckt.« Tanner atmete aus, als hätte sie seit dem Verlassen des Tatorts die Luft angehalten. Zwar wirkte sie ausgelaugt, doch der Ausdruck ihrer Augen hatte etwas unübersehbar Entschlossenes. Als sie den Kopf zurücksinken ließ, schien es ein wenig, als könnte sie das, was sie gesehen hatte, kaum glauben. Als könnte sie trotz all der Tatorte, an die sie im Laufe der Zeit gerufen worden war, *immer* noch nicht glauben, wozu Menschen in der Lage waren. In Thornes Augen sah sie aus, wie jeder halbwegs anständige Bulle in solch einer Situation ausgesehen hätte.

Er ließ ihr nur ein paar Sekunden Zeit, weil er wusste, dass sie nicht länger brauchen würde. »Wie wurde sie getötet?«

»Keine Spur von der Waffe«, sagte Tanner. »Aber es sieht nach stumpfer Gewalteinwirkung aus. Und nach erheblicher Gewalt, denn sie hat eine Menge Blut verloren. Also muss der Mörder die Waffe entweder bei sich gehabt oder irgendetwas aus dem Haus benutzt und es nachher mitgenommen haben.«

»Kein gewaltsames Eindringen?«

Tanner schüttelte den Kopf.

»Was ist mit diesem Freund?«

Wieder ein Kopfschütteln. »Assistenzarzt in der Nachtschicht. Jede Menge Leute können bezeugen, wo er war. Der Arzt am Tatort wollte uns nichts Definitives sagen, aber zu der Zeit, als der Freund von der Arbeit kam, muss sie schon acht Stunden tot gewesen sein.«

»Wo liegt das Krankenhaus?«

»Whipps Cross, etwa zwanzig Autominuten entfernt. Ich weiß schon, was –«

»Hätte er nicht für eine Weile verschwinden können, ohne dass jemand etwas mitkriegt?«

»Er arbeitet in der Notaufnahme. Ich denke, da hätte man ihn vermisst.«

»Mal schnell für ein Stündchen nach Hause?«

»Der Freund war es nicht«, sagte Tanner. »Ich habe ihn den größten Teil der letzten vier Stunden erlebt. Er ist fix und fertig.«

»Sie sind immer fix und fertig.«

»Das weiß ich, aber inzwischen merke ich schon, wenn es echt ist.«

Thorne sah, wie sie sich um ein Lächeln bemühte, doch er bemerkte auch ihren kurzen Moment des Schmerzes. »Und?«, fragte er. »Was jetzt?«

»Das Opfer hat als Lehrerin in Enfield gearbeitet, also fange ich vermutlich dort an.«

»Klingt nach einem Plan.« Tanners Partnerin Susan war ebenfalls Lehrerin gewesen – und ebenfalls ermordet worden. Thorne musterte Tanner, doch was immer er vor wenigen Sekunden in ihrem Gesicht gesehen hatte, war verschwunden.

Sie stand auf. »Morgen nach der Autopsie rede ich mit ein paar von ihren Kollegen.«

»Brauchst du Gesellschaft?« Thorne hatte ihre fragende Miene registriert. »Russell macht es nichts aus – jedenfalls nicht, wenn wir vergessen, es ihm zu sagen. Und die Margate-Geschichte kommt nicht voran, also …«

»Ich sollte besser Dipak mitnehmen«, sagte sie. »Wo er sowieso schon dabei war.«

»Ich bin sicher, du findest etwas Sinnvolles für ihn zu tun –« Er hielt inne, als er sah, wie Tanner die Akten musterte, die weiterhin den größten Teil seines Schreibtischs bedeckten. »Ja, wo wir gerade davon reden, du hast nicht zufällig eine halbe Stunde Zeit, oder?«

Tanner spuckte ihm ihre Antwort nicht gerade entgegen, aber sie benutzte einen Ausdruck, den Thorne noch nie aus ihrem Munde gehört hatte. Dann drehte sie sich um und marschierte aus dem Zimmer. Er streckte den Kopf aus der Tür und rief ihr hinterher: »Das sollte ein *Witz* sein …«

EINUNDDREISSIG

Mehr als einmal dachte Conrad unterwegs, wie leicht es doch wäre, einfach kehrtzumachen und zu Sarah zurückzufahren. So zu tun, als hätte es sein früheres Leben nie gegeben. So wie die Dinge jetzt, nach seiner Begegnung mit Sarah, lagen, war diese Vorstellung gar nicht so abwegig. Wäre es nicht einfacher, wenn er bestimmte Menschen aus der Vergangenheit einfach vergessen, wenn er den Kontakt einfach endgültig kappen würde?

Wäre es, keine Frage.

Und doch war es nicht möglich, denn die Frau, zu der er jetzt unterwegs war, würde es nicht zulassen. Ihre SMS waren unmissverständlich gewesen, andererseits aber war sie schon immer ziemlich anhänglich gewesen. Natürlich hätte er sich längst ein neues Handy besorgen und den Kopf einziehen können. Dann wären ihre zunehmend angespannten Nachrichten irgendwo im Äther gelandet. Doch die Tatsache, dass er das bisher nicht getan hatte, verriet ihm etwas. Auch er war einmal anhänglich gewesen. Damals war sie für ihn da gewesen, und er konnte nicht leugnen, dass er ihr eine Menge zu verdanken hatte. Sie war ihm wichtig gewesen, und es kam nicht infrage, sie mit einem Anruf abzuspeisen oder zu ghosten wie eins seiner Opfer.

Er musste das von Angesicht zu Angesicht klären.

Er musste das mit *ihr* klären.

Als sie die Tür öffnete, war ihre Miene schwer zu deuten. Vielleicht war sie nicht sicher gewesen, wie sie sich bei seinem Anblick fühlen würde. Wie sie auf ihn reagieren würde. Vielleicht brach die Wut durch, die sie so lange heruntergeschluckt hatte, oder sie spürte gegen ihren Willen ein perverses Vergnügen, doch wenn es so war, schienen diese Gefühle sich im Augenblick zu neutralisieren und nur eine Leere zu hinterlassen.

Als wäre er gar nicht da.

»Hallo, Fremder«, sagte sie, drehte sich um und ging hinein.

Schnell folgte Conrad ihr und schloss die Tür hinter sich. »Tut mir leid«, sagte er, weil es tatsächlich so war. Die Wochen des Schweigens und der Abwesenheit taten ihm ebenso leid wie das, was er nun vorhatte und was nicht spurlos an ihr vorübergehen würde.

Sie sagte, eine Entschuldigung sei ein guter Anfang, aber mehr auch nicht.

Sie sagte, er solle sich setzen …

Eine halbe Stunde später kämpfte Conrad gegen den Drang an, auf das Erstbeste einzuschlagen, was ihm unter die Augen kam. Er stieg in seinen Wagen, knallte die Tür zu und starrte auf das Haus, das er gerade verlassen hatte. Er fragte sich, was sie dort drinnen dachte. Ihm war heiß, also schaltete er die Klimaanlage ein, doch als der Schweiß auf Hals und Brust zu trocknen begann, fröstelte er.

Er dachte über das nach, was gerade geschehen war, rief sich die Unterhaltung so genau wie möglich in Erinnerung und hoffte, dass vielleicht doch nicht alles so schlecht gelaufen war, wie es ihm jetzt erschien.

Er hatte ihrer Anweisung Folge geleistet und sich neben sie gesetzt.

Er hatte die Jacke nicht ausgezogen.

Er hatte gehofft, es würde nicht allzu lange dauern.

Fast auf der Stelle hatte sie zu schimpfen begonnen, dass er offenbar zu glauben wagte, er könnte sie einfach so loswerden. Als wäre nie etwas zwischen ihnen passiert, als hätte sie sich das alles nur eingebildet. Sie hatte den Kopf geschüttelt und über die Idiotie einer solchen Idee gelacht. Ihn gefragt, ob er ernsthaft glaube, sie wäre eine dieser verzweifelten Frauen, die er verführen und ausnehmen könnte.

»Natürlich nicht«, hatte er gesagt. »Red keinen Unsinn.«

Sie zuckte die Achseln und sagte, Unsinn sei etwas, an das sie sich langsam gewöhnt hätte. Es wäre zum Beispiel völlig unsinnig gewesen, auf einen Anruf oder eine Nachricht von ihm zu warten und zu glauben, er könnte im Krankenhaus liegen. Oder verhaftet worden sein. Oder tot.

»Ich verstehe, dass du dich aufregst.« Er hatte sich im Zimmer umgeschaut, in dem er so oft gewesen war, in das er nun nie wieder zurückkehren würde. »Deshalb hab ich gedacht, wir reden lieber persönlich darüber.«

Sie sagte, das sei ausgesprochen rücksichtsvoll.

»Wir müssen doch nicht –«

Sie hatte sich zu ihm hinübergebeugt und gefragt, worüber genau er lieber persönlich reden wolle.

»Ich kann dich nicht mehr treffen.«

»Du *kannst* nicht?«

Er hatte sich schon ausgemalt, dass es schwierig werden würde, dafür kannte er sie zu gut. Irgendwie hatte er auch das Gefühl gehabt, dass sie bereits vor seinem Kommen geahnt hatte, was auf sie zukam. Aber sie hatte eindeutig nicht vor, es ihm leicht zu machen. Sie wollte ihn eine Weile zappeln lassen, bevor sie ihn erlöste.

Wahrscheinlich verdiente er das.

»Ich *will* mich nicht mehr mit dir treffen.«

Sie hatte ihn einige Sekunden lang angeschaut, seine Miene *studiert*. Ihr Gesicht war dabei reglos geblieben, doch ihre Finger griffen nach dem Stoff ihres Rocks und verkrampften sich. Sie wartete darauf, dass er es endlich aussprach.

»Da ist eine andere.« Er zuckte beinahe zusammen, als wäre *er* derjenige, der die Nachricht verdauen musste. »Glaub mir, ich sag das nicht, um dir wehzutun …«

Sie blinzelte und lehnte sich zurück. Sie wirkte fix und fertig, als hätten ihr der Sarkasmus und die Bitterkeit zuvor bloß als Maske gedient. »Oh«, sagte sie.

»Ich versuche nur, ehrlich zu sein.«

Nach etwa einer halben Minute hatte sie leise zu sprechen begonnen, als würde ihr niemand zuhören. Sie sagte, sie sei, um ehrlich zu sein, enorm überrascht. Sie habe immer mit etwas Derartigem gerechnet, denn Männer wie er seien so absolut *jämmerlich* berechenbar. Es sei bloß eine Frage der Zeit gewesen, sagte sie. Jederzeit zu erwarten.

»Ich hab es nicht drauf angelegt«, sagte er.

Sie hatte gelächelt, dünn und säuerlich, und gesagt, *dann* sei ja alles in bester Ordnung.

»Am Anfang hab ich gedacht, sie wär wie die anderen«, fuhr er fort.

Sie nickte, als wäre sie beeindruckt und froh für ihn. Froh, dass diese andere Frau nicht bloß eine unter vielen war. Dass er sie nicht dazu gebracht hatte, erst die Beine breit zu machen und dann das Portemonnaie zu öffnen. Dass sie anders war.

Er hatte geschwiegen.

Sie hatte gesagt, das Komische daran, das *wirklich* Komische sei, dass sie gedacht habe, *sie* wäre anders. Er könne sich doch wohl noch daran erinnern, ihr genau das gesagt zu haben.

»Sie ist … besonders«, sagte Conrad. »Sie ist eine bemerkenswerte Frau, und ich weiß, dass es nicht schön für dich ist, das zu hören. Aber ich dachte, du verdienst es, die Wahrheit zu erfahren und nicht im Unklaren gelassen zu werden.« Er stand auf und machte ein paar Schritte Richtung Tür. »Also, das ist die Lage … Es tut mir leid. Was soll ich noch sagen?«

Sie hatte sein Bedauern mit einer Geste abgetan. Genickt und ihm versichert, er brauche sich keine Sorgen zu machen. Sie könnten beim nächsten Mal darüber reden.

Er hatte sich umgedreht. »*Was?*«

Daraufhin hatte sie ihm erklärt, dass die Dinge nicht so liefen, wie er sich das vorstellen würde. Sie sprach leise, wie mit einem Kind, das es unbeabsichtigt versäumt hatte, eine einfache Regel zu befolgen. Dass nämlich die Dinge *mit ihr* anders liefen.

»Aber ich hab's dir gerade gesagt: Es ist vorbei.«

Sie wusste genau, was er gesagt hatte. Schließlich war sie nicht schwerhörig oder begriffsstutzig. Doch das bedeutete lediglich, dass es für ihn vorbei war.

»Ich bin jetzt mit einer anderen zusammen«, beharrte Conrad.

Sie lächelte und erinnerte ihn sanft daran, wie lange sie sich schon kannten und dass er inzwischen wissen sollte, dass sie *immer* ein Wörtchen mitzureden hatte.

Obwohl er gehofft hatte, dass alles ein bisschen unkomplizierter laufen würde, war ihm insgeheim klar gewesen, dass die Wahrscheinlichkeit nicht allzu hoch gewesen war. Eine tröstliche

Illusion, mehr war es nicht gewesen. Was immer sie sich bedeutet hatten, er war immer …

… auf der Hut vor ihr gewesen.

»Was … hast du vor?«, fragte er.

Sie hatte sich zurückgelehnt, für den Augenblick mit ihm fertig. Sie sagte, sie müsse überlegen, eine Weile über alles nachdenken.

Schließlich habe sie eine Menge zu verarbeiten.

Was auch auf Conrad zutraf. Eine alles verzehrende neue Beziehung und eine alte, die zu sterben sich weigerte, dank einer Frau, die sich störrisch dagegen wehrte. Er hatte keine Ahnung, was sie als Nächstes unternehmen würde – oder was er unternehmen würde –, doch er wusste, wohin es ihn jetzt zog. Er ließ den Wagen an, drängte sich in den Verkehr und trat aufs Gas. Er sehnte sich nach Sarah. Nach einem Ort, der sich trotz allem plötzlich anfühlte wie ein sicherer Hafen.

ZWEIUNDDREISSIG

»Ein Zimmermannshammer«, sagte Hendricks, als sie fertig waren. »Wenn der Täter die spitze Seite benutzt, ist die Sache relativ leicht.«

Der Pathologe illustrierte seine Worte mit zwei Fingern, doch Tanner hatte begriffen. Sie war nicht zimperlich und hatte nie zu denen gehört, die sich bei einer Obduktion irgendwo abseits aufhielten und auf die Zusammenfassung warteten. Sie hatte zugesehen, von Hendricks' erstem Schnitt bis zu dem Augenblick zwei Stunden später, als der Assistent gekommen war, um die Organe zurück in die Leiche zu stopfen und sie wieder zusammenzunähen.

Sie hatte die Wunden an Gemma Maxwells Schädel gesehen.

»Danke, Phil.«

»Oh, und sie war schwanger.«

»Mein Gott.«

»Gerade erst. Vielleicht wusste sie es selbst noch nicht.« Hendricks öffnete die Tür mit dem Fuß. »Mit ein bisschen Glück kommt der komplette Bericht bis heute Abend.«

Sie ließen die OP-Kittel, Umhänge, Masken, Überschuhe und Handschuhe in die Abfalltonne im Umkleideraum fallen und schlüpften schweigend in ihre eigenen Jacken und Schuhe. Schließlich rieben sich beide die Hände mit reichlich Desinfektionsmittel ein, traten hinaus auf den Gang und machten sich auf den Weg zu Hendricks' Büro im Keller des Leichenschauhauses.

Ein ziemlich düsterer, ziemlich normaler Start in den Tag.

»Es wäre mir eine große Freude, wenn du den Täter schnappst.«

»Das ist immer eine Freude.«

»Klar.«

»Aber ich verstehe, was du meinst.«

»Ein verdammter Zimmermannshammer …«

»Lass uns hoffen, dass das, was du unter ihren Fingernägeln gefunden hast, uns ein bisschen weiterhilft.« Tanner schaute auf die Uhr. Die Probe war bereits ins Labor geschickt worden, sie hoffte auf ein Ergebnis innerhalb der nächsten Stunden.

Hendricks nickte. »Sie hat ihn gekratzt, als sie begriff, was auf sie zukam. Wann auch sonst, als er erst mal angefangen hatte, konnte sie sicher nicht mehr viel tun. Der erste Schlag hätte locker ausgereicht, sie zu töten.«

Auch das hatte Tanner gesehen.

Die Brüche und Risse, die gezackten Löcher im bleichen Schädelknochen.

Der erste von vielen Schlägen.

Als sie das Büro erreichten, nahm Hendricks Platz und fragte: »Tom hat mit dem Fall nichts zu tun?«

»Er versucht sich reinzudrängen.« Tanner blieb im Türrahmen stehen. Eigentlich hatte sie keinen Anlass, hierzubleiben, doch bis zu ihrem Termin in der Schule musste sie ein bisschen Zeit totschlagen. Gelegentlich konnten Hendricks' obszöne Sprüche sie zwar immer noch auf die Palme bringen, doch in letzter Zeit genoss sie seine Gesellschaft mehr und mehr. »Ich glaube, er langweilt sich.«

»Weißt du, dass er neulich abends bei Helen war?«

»Mir hat er nichts gesagt.«

»Mir auch nicht.« Hendricks schob ein paar Mappen zur Seite, um an seine Tastatur zu gelangen. Er tippte ein, zwei Worte und rollte dann mit seinem Stuhl vor eine Pinnwand, wo er etwas in seinem *Arsenal Legends*-Kalender nachschaute. »Helen hat es mir erzählt.«

»Ach ja, ich vergesse immer, dass ihr zusammen rumhängt«, sagte Tanner.

»Na komm schon, Helen ist *sehr viel* netter als er.« Er grinste. »Falls es jemals eine Frau geben würde, die mich interessieren könnte … Anwesende natürlich ausgenommen …«

»Und, wie ist es gelaufen?«

»Na ja, ich glaube nicht, dass sie irgendwas geklärt haben, aber zumindest klang es einigermaßen freundschaftlich. Das Gespräch hat ein bisschen für Klarheit gesorgt, glaube ich.«

»Das ist gut.«

»Ja. Sie hat ihm erklärt, dass er ihr ein bisschen distanziert vorgekommen wäre.« Hendricks warf ihr einen Blick zu. »Als würde er ihr etwas verheimlichen.«

Nach diesen Worten schauten sie sich nicht mehr an und verloren kein weiteres Wort über das Thema. Das war nicht nötig.

Tanner trat einen Schritt hinaus auf den Gang. »Dann also heute Abend? Der Bericht?«

»Toi, toi, toi.« Hendricks hatte bereits zu tippen angefangen.

»Ich sag's dir: Wenn man sieht, in welchem Tempo die Leute sich hier gegenseitig umbringen, wirst du bald froh sein, wenn deine Berichte innerhalb eines Monats kommen. Inzwischen werden wegen jeder Kleinigkeit die Messer gezogen. ›Schlimmer als New York‹ war gestern, inzwischen kommt es mir vor wie Südafrika oder Kolumbien.«

Doch Tanner war bereits verschwunden.

Rachel Peake, die Direktorin von Brooklands Hill, war ein Stück jünger, als Thorne erwartet hatte. Vielleicht war es ihre Stellung, die gewisse furchterregende Erinnerungen an Tweedstoff und erbarmungslose Strenge in ihm hervorgerufen hatte. Vielleicht lag es aber auch einfach daran, dass die Lehrer immer jünger aussahen, je älter man selbst wurde. So wie Polizisten. Oder eigentlich jeder.

»Im Augenblick sind wir alle fassungslos«, sagte sie. »Irgendwie … betäubt.«

»Natürlich«, sagte Tanner.

Als ihre Besucher sich gesetzt hatten, nahm die Direktorin hinter ihrem Schreibtisch aus Glas und hellem Holz Platz und starrte sie an. Obwohl sie wie eine toughe Geschäftsfrau gekleidet war, spürte Thorne die Wärme und Zerbrechlichkeit der Frau, wobei kaum zu entscheiden war, wie viel der augenblicklichen Situation geschuldet war. Er schaute sich um. In ihrem großen, gemütlichen Büro jedenfalls konnte er keinen Tweed entdecken.

»Wir überlegen die ganze Zeit schon, was wir tun und was wir den Kindern sagen sollen. Natürlich muss ich noch mit den Mitgliedern des Direktoriums sprechen, aber ich glaube, wir sollten die Schule für einige Tage schließen.«

»Vielleicht ist das eine gute Idee.«

Thorne erinnerte sich an die Gedenkfeier, die Susans Schule für sie ausgerichtet und die er als Tanners »Begleiter« besucht hatte. An die überfüllte Aula. An einen Song von Pete Seeger und die Abschiedsworte weinender Kinder.

»Ich habe schon angefangen, einen Brief an die Eltern zu schreiben, aber … was meinen Sie?«

»Keine einfache Situation.« Thorne fragte sich unwillkürlich, was er selbst unter solchen Umständen sagen würde. Die üblichen Phrasen? *Der traurige Verlust einer äußerst beliebten Lehrerin … die uns unter tragischen Umständen genommen wurde.* Die Schwangerschaft würde er wohl ebenso auslassen wie den Zimmermannshammer.

Es klopfte an der Tür, und gleich darauf trat die Sekretärin ein, um ihnen Tee zu servieren. Ihr Äußeres entsprach schon eher Thornes Erwartungen. Das barsche Auftreten und ein Anflug von Selbstherrlichkeit, Eigenschaften, denen man sonst nur am Empfang von Arztpraxen begegnete. Er sah zu, wie die Frau geräuschvoll mit Tassen und Untertassen hantierte, und fragte sich, nach welchen Qualifikationen Schulen wohl ihre Sekretärinnen aussuchten.

Gute Computerkenntnisse.

Erfahrung in Verwaltungstätigkeiten erwünscht.

Gesicht wie ein geprügelter Arsch.

Als die Sekretärin das Büro verlassen hatte, deutete die Direktorin mit dem Kopf Richtung Tür. »Seit sie es erfahren hat, weint Janet ununterbrochen.«

Thorne rutschte auf seinem Stuhl hin und her und dachte, dass Trauer sich auf verschiedenste Art und Weise ausdrücken konnte. Und dass er seiner eigenen Jobbeschreibung vielleicht den Punkt »unsensibles Arschloch« hinzufügen sollte.

Als Peake gerade Milch einschenkte und die Tassen herumreichte, klopfte es erneut an der Tür. »Ich habe ein paar von Gemmas Kollegen gebeten, sich zu uns zu setzen«, sagte sie schnell. »Sie kannten sie ein bisschen besser als ich. Damit will ich sagen … Ich *kannte* sie natürlich, aber ich dachte, es wäre vielleicht hilfreich.«

»Danke. Das ist es sicher«, sagte Tanner.

»Ich muss Ihnen allerdings sagen, dass sie bisher noch nichts wissen. Ich wollte es unseren Mitarbeitern gern einzeln und persönlich beibringen, aber …«

»Kein Problem«, sagte Thorne. *Was wollen Sie uns vormachen?* Wahrscheinlich war die Direktorin der Meinung, dass man solche Dinge besser Leuten überließ, die damit Erfahrung hatten.

Die Lehrerin und der Lehrer, die nun eintraten, wirkten noch jünger als ihre Chefin. Hätte Thorne nicht gerade gehört, dass ihnen die schlechte Nachricht noch bevorstand, hätten ihre Gesichter es ihm ohnehin verraten. Sie wirkten neugierig, aber auch erkennbar besorgt. Ins Büro der Direktorin bestellt zu werden, selbst wenn es so einladend wirkte wie dieses hier, war für sie offenbar kaum weniger einschüchternd als für ihre Schüler.

Peake machte alle miteinander bekannt. Karl Sturridge war untersetzt und trug die Haare zu Cornrows geflochten. Als Tanner in ruhigem Tonfall erklärte, warum Thorne und sie in die Schule gekommen waren, riss er die Augen auf und begann hinter seiner Designerbrille zu blinzeln. Alice Thomason war dünn und einige Zentimeter größer als ihr Kollege. Sie hatte mausgraues Haar und trug eine wollene Latzhose über einem knallgelben Top. »Gott«, sagte sie und »Scheiße«, woraufhin sie sich verlegen nach ihrer Chefin umsah.

Die Direktorin sagte, sie solle sich keine Sorgen machen, sie selbst habe sich praktisch genauso geäußert. Dann lud sie alle ein, in die etwas weniger formelle Sitzecke auf der anderen Seite des Büros umzuziehen.

»Wer zum Teufel würde Gemma etwas antun?« Alice nahm auf einem niedrigen roten Sofa Platz. Sie schaute von Thorne zu Tanner zu Karl. »Mein Gott, der arme Andy.«

Thorne warf Tanner einen fragenden Blick zu. Der Freund.

»Ich sollte ihn anrufen«, sagte Karl und schaute Thorne an. »Wir haben früher zusammen Fußball gespielt.«

»Vielleicht sollten Sie ihm ein, zwei Tage Zeit lassen«, schlug Tanner vor.

»Oh, klar, natürlich …«

»War zwischen Gemma und Andy alles in Ordnung?«, fragte Thorne.

Alice starrte ihn an und schloss langsam den Mund.

Auch Tanner musterte Thorne und beugte sich dann schnell vor. »Ich weiß, dass es ein gewaltiger Schock ist und dass Sie immer noch Mühe haben müssen, es zu begreifen. Die Frage, die Sie gestellt haben, ist eine natürliche Reaktion: Wie kann jemand Ihrer Freundin so etwas antun? Und warum? Unser Job ist es, Ihnen genau diese Fragen zu stellen.« Sie schaute die beiden an. »Sie würden uns also wirklich helfen, wenn Sie gründlich darüber nachdenken, okay?«

Karl und Alice nickten wie die Kinder, die sie unterrichteten.

»Kommt vielleicht ein eifersüchtiger Ex infrage? Oder sonst jemand aus ihrer Vergangenheit?«, fragte Thorne.

»Sie war mal mit jemandem namens Rob zusammen«, sagte Alice. »Aber sie verstehen sich immer noch gut, und soweit ich weiß, wohnt er inzwischen in Frankreich.«

»Irgendwelche familiären Probleme? Hatte sie Geschwister …?«

»Nur eine Schwester«, sagte Karl. »Eine … *ältere* Schwester?« Er schaute Alice fragend an.

Sie nickte. »Die beiden stehen sich sehr nahe.«

»Stimmt«, sagte Rachel. »Gemma hat oft von ihr gesprochen.«

»Hat sie irgendwann mal erwähnt, dass sie Angst vor jemandem hatte?« Tanner hatte ihr Notizbuch geöffnet, aber noch nichts hineingeschrieben. »Dass jemand sie bedroht hat?«

»Mir gegenüber jedenfalls nicht«, sagte Karl.

»Hat sie jemanden bemerkt, der sich vor ihrem Haus herumtrieb?«, fragte Thorne. »Oder vor der Schule?«

»Wenn ja, dann hat sie nichts davon gesagt.«

Peake schüttelte den Kopf.

»Warten Sie.« Alice wedelte mit der Hand. »Sie hat mir von einer Frau erzählt, mit der sie ein Wörtchen reden wollte. Es klingt ein bisschen … bizarr, aber da gab es eine Frau, die immer mit den anderen Eltern zusammen draußen wartete und von der Gemma glaubte, sie hätte eigentlich gar kein Kind auf der Schule … Dass sie sich aus irgendeinem Grund immer draußen herumtrieb und bloß so tat, als ginge ihr Kind hier zur Schule. Gemma sagte mir, sie wolle die Frau zur Rede stellen.«

»Wann war das?«, fragte Tanner.

»Ende letzter Woche, glaube ich. Freitag vielleicht?«

»Was wissen Sie über diese Frau?«, fragte Thorne.

»Warum hat sie nicht mit mir darüber gesprochen?« Peake klang, als würde sie der Toten am liebsten die Leviten lesen.

»Sie wollte nicht, dass es gleich offiziell wird«, sagte Alice. »Vorher wollte sie versuchen, es selbst zu klären.« Mit einem Blick auf Karl fügte sie hinzu: »Ich meine, diese Frau hatte offenbar … Probleme, verstehen Sie? Ich glaube, dass sie Gemma irgendwie leidgetan hat.«

»Ja, das klingt ganz nach Gemma.«

Inzwischen schrieb Tanner mit. »Hat Gemma den Namen der Frau erwähnt?«

»Ich glaube nicht, dass sie die Frau überhaupt kannte. Aber wenn Sie mit den anderen Eltern sprechen, können die Ihnen sicher sagen, um wen es geht. Gemma sagte, sie hätte immer mit derselben Gruppe zusammengestanden.« Wieder schaute sie zu Karl hinüber. »Du weißt schon, die Erstklässlermütter.«

»Ja, ich glaube, ich weiß, wen sie meint«, bestätigte Karl.

»Jacobs Mutter gehört zu ihnen«, sagte Alice in Richtung der Direktorin. »Und Arjuns Mutter.«

Peake nickte Tanner zu. »Ich kann Ihnen die Namen der Leute geben.« Sie schaute zur Uhr. »Normalerweise müssten die Eltern in etwa einer Stunde eintreffen. Ich bin sicher, dass Sie mit ihnen reden können, wenn Sie möchten.«

Tanner klappte ihr Notizbuch zu. »Danke«, sagte sie. »Das möchten wir.«

Während Thorne zur Toilette ging, wartete Tanner vor dem Haupteingang und schaute sich die Bilder an den Wänden an. Goldene Sonnen, deren Strahlen sich in alle Richtungen ausbreiteten, und Häuser, von denen jedes vier Fenster, einen rauchenden Schornstein und einen rechteckigen Vorgarten hatte, obwohl die meisten Kinder, die diese Bilder gemalt hatten, nicht annähernd in solchen Verhältnissen lebten.

»Warum tut eine Frau so, als hätte sie ein Kind?«, fragte sie.

Thorne war inzwischen an ihre Seite getreten. Er wischte seine nassen Hände an der Jeans ab. »Ich hab nicht die leiseste Ahnung.« Ihm ging durch den Kopf, dass auch Alfie solche Bilder malte, vorausgesetzt, er konnte sich von seinem iPad losreißen.

»Eigentlich lohnt es sich nicht, vorher noch irgendwo hinzugehen.«

»Stimmt.« Thorne schaute sich ein weiteres Bild an und musste aus unerklärlichen Gründen plötzlich an seine Mutter denken. Wenige Nächte zuvor hatte er wieder von ihr geträumt.

»Warum holen wir uns um die Ecke nicht einen Kaffee?«

»Klar.« Thorne hatte ihr nur mit halbem Ohr zugehört.

»Und kommen zurück, wenn die Kinder abgeholt werden.«

DREIUNDDREISSIG

Sarah hatte immer gern Zeit allein zu Hause verbracht. In der Zeit zwischen Schulbeginn und Schulschluss gab es normalerweise immer etwas Interessantes im Radio oder im Fernsehen. Außerdem musste sie das große Haus sauber und in Ordnung halten. Und selbst wenn sie mal keine Lust hatte, gab es genügend Themen, über die sich nachzudenken lohnte. Und schließlich war da noch die Metallkiste in der Garage, wenn sie in entsprechender Stimmung war.

Neuerdings jedoch zog sich die Zeit, die sie allein verbrachte, ziemlich in die Länge. Sie zählte jede Stunde, jede Minute, bis Conrad wieder bei ihr war. Nicht zu wissen, wann es so weit sein würde, quälte sie sehr, und im Moment hatte sie tatsächlich nicht die geringste Ahnung, wo er war und was er tat, denn als sie nach Hause gekommen war, war er schon fort gewesen.

Sie war selbst früh aufgebrochen. Vor dem Verlassen des Hauses hatte sie Conrad mit einem Kuss geweckt und daraufhin nur ein missmutiges Stöhnen vernommen. Er hatte sich gleich wieder umgedreht und war eingeschlafen. Oft weckte sie ihn auf wesentlich aufregendere Weise, aber dafür war heute Morgen keine Zeit gewesen.

Sie hatte ein wenig länger darüber nachdenken müssen, was sie anziehen sollte. Schließlich standen große Entscheidungen in Sachen Make-up und Frisur an. Natürlich hatte sie die Haare nach ihrer Konfrontation mit der Lehrerin neu färben und schneiden lassen.

Darum hatte sie sich als Erstes kümmern müssen.

Heute war der große Tag, sie musste sich neue Schulen anschauen.

Am Ende hatte sie drei in die engere Auswahl genommen, zwei in der Nähe und eine draußen in Woodford. Die längere Strecke würde auf Dauer nerven, aber daran ließ sich nichts ändern. Sie hatte sich entschieden, zur Not auch eine weiter entfernte Schule in Betracht zu ziehen. Das war vernünftig, weil sie Jamie nicht in eine Schule in der näheren Umgebung von Brooklands Hill bringen und dabei das Risiko eingehen wollte, den anderen Eltern über den Weg zu laufen. Auf keinen Fall wollte sie die besorgten Fragen von Leuten wie David oder Caroline hören, die wissen wollten, wo um alles in der Welt sie gewesen und was passiert war.

Nein, sie musste eine völlig neue Gruppe finden, von vorn beginnen. Schon mehrmals hatte sie an diesem Punkt gestanden, Jamie blieb selten allzu lange an derselben Schule. Sie war nicht dumm und wusste genau, dass alles, was über ein paar Monate hinausging, ziemlich riskant war. Also hatte sie sich an die Neuanfänge gewöhnt. Am liebsten bestimmte sie den Zeitpunkt selbst, nur ein-, zweimal war ihr die Entscheidung abgenommen worden. Durch neugierige Eltern, die das Quatschen nicht lassen konnten, oder durch Lehrer wie dieses neugierige kleine Miststück in Brooklands Hill, das sich ein bisschen zu sehr für die Erwachsenen interessierte, obwohl es eigentlich sein Job war, auf die Kinder aufzupassen. Solche Leute steckten ihre Nasen in Angelegenheiten, die sie nichts angingen. Jetzt, wo sie Conrad an ihrer Seite hatte, würden sie bekommen, was sie verdienten. Natürlich betrat sie die Schulen bei ihren vorbereitenden Besuchen nicht. Es war nicht nötig, den Direktor kennenzulernen oder sich die Räumlichkeiten zeigen zu lassen. Wichtiger war, was sich draußen abspielte: die Atmosphäre am Tor, die Parkplatzsituation, die umliegenden Lokale. Eigentlich war es schade, die Vormittage im Café würde sie vermissen. Sie mochte Heather und ein paar von den anderen inzwischen wirklich gern, aber letztendlich ging es darum, was das Beste für ihren Sohn war. Andere würden an ihrer Stelle dieselben Konsequenzen ziehen, nicht wahr?

Tatsächlich hatte sie bereits ein Auge auf die große Schule in Woodford geworfen. Größer bedeutete grundsätzlich besser, und sie hatte auch schon mit mehreren Eltern gesprochen, die einen sehr netten Eindruck machten. Natürlich hatte sie dieselbe Geschichte erzählt wie immer, denn meistens erfüllte sie ihren Zweck.

Wir sind gerade hergezogen, also suchen wir etwas, wo Jamie sich willkommen fühlt. Natürlich ist es nicht leicht für ihn, so oft umzuziehen, aber Kinder sind ziemlich anpassungsfähig, nicht wahr? Neue Freunde zu finden ist Jamie noch nie schwergefallen. Ja, er ist ein bisschen schüchtern, aber wenn er sich erst mal eingelebt hat, ist er voll dabei und kommt mit anderen ziemlich gut klar.

Noch einmal schaute sie auf die Küchenuhr. Sie konnte nicht wissen, wie lange Conrad schon aus dem Haus war. Mehrmals hatte sie es vergeblich auf seinem Handy probiert. Schlechter Empfang vermutlich. Sie überlegte kurz, auf einen Joint in die Garage zu verschwinden, wollte aber nicht riskieren, dass Conrad zurückkam und sie erwischte. Über Drogen hatten sie noch nicht gesprochen. Wahrscheinlich war es okay für ihn, da war sie ziemlich sicher, denn er wollte, dass sie tat, was sie glücklich machte. Das wollte er immer.

Als sie den Schlüssel im Türschloss hörte, kostete es sie einige Anstrengung, nicht vom Sofa aufzuspringen, ihm entgegenzulaufen und ihn zu begrüßen. Sie wartete, bis er ins Wohnzimmer trat, und stand erst dann auf, um ihn zu küssen. Sie wollte den Eindruck erwecken, als freue sie sich einfach über seine Rückkehr. Nicht, als trage sie keine Unterwäsche.

Es war der beste Moment des Tages.

»Ich hab dich angerufen«, sagte sie.

»Ich hatte mein Handy ausgeschaltet.«

»Wo warst du?«

Er antwortete nicht.

Sie grinste ihn wissend an. »Hast du eine Neue gefunden?«

»Ich schaue mich noch um«, sagte er. »Ich finde, es wird Zeit, oder?«

»Aber natürlich.« Sie legte ihre Hände auf seine Brust. Als er sich umwandte und in die Küche ging, folgte sie ihm. »Gibt es eine, die dir gefällt?«

»Nicht so richtig.« Er öffnete den Kühlschrank, nahm eine Flasche Wasser heraus und griff nach einem Glas. »Ich dachte, ich hätte ein paar mögliche Kandidatinnen gefunden, aber es hat zu nichts geführt.«

»Wo?«

»Du weißt schon, an den üblichen Orten. Ich hab's in ein paar Supermärkten probiert, in Cafés …«

»Ich hab mir was überlegt«, sagte sie. »Warum suchst du nicht online? Es gibt jede Menge von diesen Seiten, Dating-Apps und so.«

»Denen traue ich nicht«, sagte er. »Hab ich noch nie.«

»Warum nicht?«

»Wahrscheinlich lachst du mich aus.« Er schaute sie an und sah, dass sie auf eine Antwort wartete. »Auf diesen Seiten ist niemand ehrlich, oder?«

Sie musste lächeln.

»Wenn ich jemandem gegenübersitze, bekomme ich wesentlich mehr mit. Ich rieche es, wenn irgendwo Geld zu holen ist, verstehst du? Abgesehen davon will ich, wenn ich mit einer Frau zusammen bin, sichergehen, dass wenigstens einer von uns die Wahrheit sagt.«

Sarah nickte, das klang einleuchtend. »Also, wo hast du gesucht?«

Er stellte sein Glas ab. »Warum interessiert dich das so sehr?«

»Mich interessiert alles an dir.« Sie versuchte, nicht verletzt auszusehen oder schwach zu klingen. Das gehörte ins Bett. »Wir sind Partner, oder?«

»Ja, aber hier geht es um *meine* Sache. Du hast gesagt, du willst, dass ich mein eigenes Leben führe, oder? Hier geht's um meine Arbeit. Natürlich erzähle ich es dir, wenn etwas ins Laufen kommt, aber die Vorbereitung ist immer ein bisschen knifflig, verstehst du? Kennst du das, wenn man das Gefühl hat, dass es bloß Unglück bringt, über etwas zu reden, das noch nicht in trockenen Tüchern ist?«

Sarah sah, wie er sein Glas leerte und ihrem Blick auswich. Natürlich konnte sie nachvollziehen, was er sagte, und sie respektierte sein Bedürfnis, etwas für sich zu behalten. So nahe sie sich auch standen – und das war näher, als sie es je für möglich gehalten hatte –, brauchte doch jeder ein wenig Luft zum Atmen, oder?

Trotzdem wusste sie, dass er log.

Sie sagte sich, dass sie sich deshalb keine Sorgen zu machen brauchte, dass es bloß seine natürliche Nervosität vor einem neuen Job war. Trotzdem war es schade, weil sie glaubte, ihm helfen zu können, vielleicht sogar bei der Suche nach einem neuen Opfer. Aber letztlich war es seine Sache, und sie wollte keinen Druck auf ihn ausüben.

»Es stand heute in der Zeitung«, sagte er. »Die Sache mit der Lehrerin.«

»Ja?«

»Ich hab's gesehen.«

Conrads Gesichtsausdruck gefiel ihr nicht. Natürlich sah sie es niemals gern, wenn er sich Sorgen machte. Aber es bestand wirklich kein Grund, diese Sache mit nach Hause zu bringen. Sie hatten ein Problem gehabt und es gelöst. Wenn das mal keine gute Nachricht war.

»Ich denke, wir sollten von hier weg.«

»Abhauen?«

»Ja, von hier verschwinden. Die Polizei wird mit den Leuten an der Schule reden und von dir erfahren.«

»Was genau soll die Polizei denn erfahren?« Sie lachte. »Es gibt nichts zu erfahren.«

»Ich denke bloß, wir sollten vernünftig sein –«

»Das ist mein *Zuhause* … und jetzt *unser* Zuhause. Warum sollten wir hier weggehen?« Sie musterte ihn gründlich. Warum war er nicht glücklicher? So glücklich wie sie? »Ich hab mir schon ein paar neue Schulen angeschaut«, sagte sie.

»War was Passendes dabei?«

»Vielleicht«, sagte sie. »Eine macht auf jeden Fall einen guten Eindruck.«

»Toll.«

Er ging an ihr vorbei in den Flur. Sarah folgte ihm ein paar Schritte, blieb dann aber stehen und sah, wie er die Treppe hinaufging. »Wahrscheinlich schaue ich mir aber erst noch ein paar andere an.«

Sie überlegte, ihn zu fragen, ob er vielleicht mitkommen wollte. Sie hatte das Thema schon einmal aufgebracht, ohne dass er besonders interessiert gewirkt hatte. Seine Reaktion war … ambivalent gewesen, im besten Falle. Aber das war in Ordnung.

Vielleicht war es für all das noch ein bisschen früh. Vielleicht sollte sie Conrad noch nicht danach fragen, wie er sich als Jamies Dad fühlte.

VIERUNDDREISSIG

»HazBeanz?« Thorne starrte auf den Smiley, der ihm dank Kakaopulver und Schablone aus seinem Milchschaum entgegenstrahlte. »Du meine Güte.«

»Aber der Kaffee ist gut«, stellte Tanner fest.

»Bei diesen Preisen will ich das verdammt noch mal hoffen.« Er hob die schwere Steinguttasse hoch. »Dank unserer Spesenabrechnung sind wahrscheinlich nächsten Monat drei Streifenpolizisten weniger unterwegs.« Er schaute sich um und fragte sich, was all diese Leute am helllichten Nachmittag hier trieben. Was trieb *er* hier, wo es doch direkt gegenüber ein anständiges Café gab?

»Warum hast du diese Lehrer nach Gemmas Freund gefragt?«

Thorne blickte auf. Tanner hatte ihre Anschiss-Miene aufgesetzt. »Na ja …«, sagte er.

»Ich hab dir gestern schon gesagt, dass er nichts damit zu tun hat.«

»Weil er fix und fertig aussah?«

»Er hat ihr nichts getan.«

»Das ist jetzt kein wirklich zwingender Beweis, oder?«

»Nein«, räumte Tanner ein. »Und deshalb hab ich, nur um hundertprozentig sicherzugehen, Dipak gestern Abend ins Krankenhaus geschickt, um mit ein paar anderen Ärzten zu sprechen.«

»Siehst du? Ich hab doch gesagt, du findest eine nützliche Beschäftigung für ihn.«

»Er hat die Klinik während seiner Schicht definitiv nicht verlassen.« Sie wartete, damit Thorne die Nachricht in Ruhe sacken lassen konnte. »Also kannst du den Freund vergessen.«

»Welchen Freund?«

»Braver Junge«, lobte ihn Tanner. Sie nahm einen Schluck Kaffee, und als sie aufblickte, entdeckte Thorne bei ihr einen Gesichtsausdruck, den er bisher nicht kannte. »Welchen Eindruck hattest du von diesem Lehrer?«

»Karl? Noch unwahrscheinlicher als der Freund, würde ich sagen. Aber wenn du ihn überprüfen willst, um sicherzugehen –«

»Und Alice?«

»Welchen *Eindruck* ich von ihr hatte?«

Tanner beugte sich vor und senkte die Stimme. Sie errötete ein wenig. »Glaubst du, sie steht auf Frauen?«

»Was? Nur weil sie eine Latzhose trägt?«

»Ach, halt den Mund.«

In gespielter Entrüstung schüttelte Thorne den Kopf. »Das ist *wirklich* ein übles Klischee.«

Tanner wartete, ohne ein Lächeln auch nur anzudeuten.

»Woher zum Teufel soll ich das wissen?«

»Okay … schon gut … ist egal.«

»Was denn, klemmt dein Radar ein bisschen?«

»Manchmal frage ich mich, ob ich überhaupt einen habe«, sagte Tanner. »Ich hab mich damit schon immer schwergetan. Ich fand sie bloß … nett, das ist alles.«

Thorne lehnte sich zurück und verschränkte die Arme, um den Moment in vollen Zügen zu genießen. »Darf ich dich an den Vortrag erinnern, den ich mir vor ein paar Wochen anhören musste, als ich dich nach Ella Fulton gefragt hab?«

»Das ist etwas anderes.«

»Ach?«

Tanner schien sich langsam unwohl zu fühlen.

»Eine Regel für Sie und eine Regel für alle anderen. Ist es das, was Sie mir sagen wollen, Detective Tanner?«

»Vergiss es einfach.«

Thorne sah, wie sie sich abwandte, und bedauerte es auf der Stelle, sich über sie lustig gemacht zu haben. Er konnte sich an keine einzige Gelegenheit seit Susans Tod erinnern, bei der Tanner auch nur das leiseste Interesse an einer anderen Frau gezeigt hätte. Bei der sie den Anschein erweckt hatte, ein Interesse überhaupt in Betracht zu ziehen.

Vielleicht, dachte er, stand sie einfach auf Lehrerinnen …

»Ruf sie an«, sagte Thorne.

»Was?«

»Okay, wenn dir das zu direkt ist … Es gibt jede Menge Gründe, weswegen wir möglicherweise noch mal mit ihr reden müssen, oder? Hol sie für ein Phantombild ins Revier oder was auch immer. Stell ihr ein paar Fragen, die sich im Nachhinein noch ergeben haben.« Thorne streckte die Arme aus: alles ganz einfach. »Dann trinkt ihr zusammen eine Tasse Tee und unterhaltet euch ein bisschen. Schau dir an, wie es läuft. Von mir aus auch einen superteuren Kaffee.«

»Ich glaube nicht.« Tanner sah aus, als bedaure sie ernsthaft, das Thema überhaupt aufgebracht zu haben.

»Warum nicht?«

»Du hast recht«, sagte sie. »Es wäre extrem unprofessionell.«

»Das sollte bloß ein Witz sein.«

»Es ist keine gute Idee.«

»Ah, ich verstehe«, sagte Thorne. »Du bist ein bisschen schüchtern, aber das ist nicht –«

»Ich bin nicht schüchtern«, sagte Tanner. »Darum geht es nicht.«

»Sondern …?«

»Es ist achtzehn Monate her, Tom.« Sie senkte den Blick. »Anderthalb Jahre.«

Thorne begriff und nickte. »Ja. Das ist lange.«

»Nein, du kapierst es nicht.« Tanner legte beide Hände um die Tasse und hielt sie an ihre Wange. »Ich hab Angst, dass es nicht lange genug ist.«

Sie kamen zu dem Schluss, dass es vielleicht keine gute Idee wäre, einfach in die Gruppe der vor dem Schultor wartenden Eltern hineinzumarschieren. Also besprachen sie sich mit Rachel Peake, und die Direktorin bat die Gruppe, die Alice Thomason erwähnt hatte, ins Schulgebäude. Sie führte den Mann und die drei Frauen in ein leeres Klassenzimmer, in dem Thorne und Tanner sie erwarteten. Bewusst hatte sie nicht Gemma Maxwells Klassenraum gewählt, vor dem bereits jemand einen Strauß Blumen abgelegt hatte.

»Dann lasse ich Sie jetzt allein«, sagte die Direktorin.

Eine der Frauen fragte: »Entschuldigung, worum geht es hier eigentlich?«

Die Direktorin öffnete die Tür. »Die Beamten werden es Ihnen erklären, Caroline …«

Tanner stellte sich und Thorne vor, fragte die Eltern nach ihren Namen und notierte sie.

Heather Turnbull.

David Herbert.

Savita Kohli.

Caroline Wood-Wilson.

»Wir hoffen, dass Sie uns helfen können«, sagte Thorne. »Es geht nur um ein paar Fragen.«

»Oh Gott, ist es wegen diesem Mordfall?« Caroline schaute ihre Freunde nacheinander an. »Es stand im *Standard*. Da war von einer Grundschule in Enfield die Rede.«

»Was?« David richtete sich auf.

Thorne warf Tanner einen schnellen Blick zu.

»Da stand nicht ausdrücklich, dass es um diese Schule geht, aber … das tut es, oder?« Caroline rückte ein wenig näher an Heather heran. Sie wirkte zufrieden angesichts ihrer schnellen Schlussfolgerungen oder wegen der Chance, derart dramatische Nachrichten zu verbreiten. »Eine der Lehrerinnen ist ermordet worden.«

»Mach keine Witze«, sagte Heather.

Tanner hob eine Hand und sagte: »Bitte …«

Wie üblich hatten sie gehofft, die Story ließe sich ein wenig länger aus den Zeitungen heraushalten. Bisher hatten sie keine

Erklärungen abgegeben, doch bei einem bedeutenderen Mordfall war eine undichte Stelle selten zu vermeiden. Wenn an einem Tatort so viele Beamte im Einsatz waren, ließ sich das kaum vor den Nachbarn des Opfers verbergen. Und selbst wenn die Beamten vor Ort mit all diesen Nachbarn gesprochen hatten, war realistischerweise nicht davon auszugehen, dass jeder den Mund hielt. Natürlich konnte es auch sein, dass einem der Forensiker nach Feierabend im Pub etwas herausgerutscht war. Oder jemandem aus dem Krankenhaus, in dem der Freund des Opfers arbeitete. In den meisten Zeitungen hatte noch nichts gestanden, aber wenn eine Story – so vage sie auch sein mochte – es in den *Standard* geschafft hatte, war sie inzwischen auch online. Heute Abend würden die Nachrichten darüber berichten, und morgen früh die landesweit erscheinenden Zeitungen.

Was im Moment keine große Rolle spielte.

»Es tut mir leid«, sagte Tanner. »Aber zum jetzigen Zeitpunkt dürfen wir keine Informationen über unsere Ermittlungen weitergeben.«

»Welche Lehrerin ist es?«, fragte Caroline.

»Wie gesagt –«

Thorne trat einen Schritt vor und versuchte den Faden dort wiederaufzunehmen, wo Caroline Wood-Wilson ihn unterbrochen hatte. »Im Augenblick müssen wir Ihnen nur ein paar Fragen über eine andere Mutter stellen. Eine Frau, von der wir gehört haben, dass Sie mit ihr befreundet sind. Ich fürchte, wir haben keinen Namen und keine Personenbeschreibung.«

»Vielleicht hilft es Ihnen«, ergriff Tanner das Wort, »wenn ich Ihnen sage, dass Sie diese Frau in den letzten Tagen vermutlich nicht gesehen haben.«

Sie schauten einander an.

»*Sarah.*« David nickte. »Ich hab sie jedenfalls nicht gesehen. Ich meine, wahrscheinlich ging es ihr nicht so gut.«

»Ich hab sie auch nicht gesehen.« Heather wandte sich an Thorne. »Sie war weder morgens noch nachmittags an der Schule. Vielleicht ist Jamie krank geworden.«

»Jamie ist der Name ihres Sohnes?«, fragte Thorne. »Das hat sie Ihnen erzählt?«

Heather schaute ihn fragend an.

»Sarah … falls sie die Frau ist, über die wir reden … hatte in Wirklichkeit kein Kind an dieser Schule. Wir wissen noch nicht, warum, aber aus irgendeinem Grund hat sie so getan, als ob.«

»Ich wusste, dass irgendwas an ihr komisch war.« Caroline wandte sich Savita zu, die bisher noch kein Wort gesagt hatte. »Warum tut sie so was? Warum spielt man anderen so was vor?«

»Ich hab Jamie nie zu Gesicht bekommen.« David nickte, als hätte er es endlich begriffen. »Kein einziges Mal. Und ihr?«

Heather und Savita schüttelten den Kopf.

»Natürlich nicht«, kommentierte Caroline, als hätte sie bereits seit Monaten alles durchschaut.

»Kennen Sie Sarahs Nachnamen?«, fragte Tanner. »Oder haben Sie eine Idee, wo sie wohnt?«

Weiteres Kopfschütteln. »Tut mir leid, das … ist einfach nie Thema gewesen«, sagte Heather. »Man quatscht am Schultor, trinkt morgens einen Kaffee zusammen oder so, das ist alles.«

»Wie sieht es mit einer Telefonnummer aus?«

Heather griff nach ihrem Handy und begann zu scrollen. »Ja, ich hab eine …«

»Ich wusste nicht, dass ihr euch so gut versteht«, sagte Caroline.

»Doch, wir mochten uns ganz gern, wir haben Nummern ausgetauscht. Also …«

Sie reichte Thorne das Handy. Er wählte, dann schüttelte er den Kopf. »Kein Anschluss.«

Tanner wirkte nicht sonderlich überrascht.

»Oh«, sagte Heather. »Ich hab sie neulich noch angerufen.«

Caroline nickte David und Savita zu. »Ich meine, *wir* haben unsere Nummern ausgetauscht, aber das kommt daher, dass wir zusammen in diversen Schulkomitees arbeiten. Und dass unsere Kinder zusammen spielen.«

»Sarah wollte da nie so richtig mitmachen«, sagte Savita.

»Stimmt«, bekräftigte David.

»Sie war immer auf Abstand bedacht. Na ja, jetzt wissen wir auch, warum, oder?«

»Sie hatte einen Freund«, sagte Savita plötzlich. »Ich glaube, sie sind gerade zusammengezogen. Ich weiß nicht, ob Ihnen das hilft, aber …«

»Ah ja, natürlich, der wunderbare *Lover.*« Caroline nickte Thorne und Tanner wissend zu. »Sie war ziemlich verliebt. Konnte gar nicht mehr aufhören, von ihm zu quatschen.«

»Wissen Sie, wie er heißt?«, fragte Thorne.

»Conrad … irgendwas.« Hilfesuchend blickte Caroline ihre Freunde an, doch niemand schien mehr zu wissen als sie selbst. »Wir waren alle dabei, als sie ihn im Café kennengelernt hat.« Sie wandte sich an Heather. »Erinnerst du dich? Der Kerl, den ich für einen Freund von dir gehalten hab?«

»War er das?«, wollte Thorne von Heather wissen.

»Nein.« Angesichts der Vorstellung wirkte Heather leicht gereizt. »Ich hatte ihn noch nie gesehen.« An Caroline gewandt fügte sie hinzu: »Das hab ich dir doch gesagt.«

Erschrocken starrte Caroline Thorne an. »Sie glauben doch nicht, dass er irgendwas … *hiermit* zu tun hat, oder?«

»Womit …?«

»Dem Mord. An einer der Lehrerinnen.« Als ihr klar wurde, dass sie keine Antwort bekommen würde, wandte sie sich an Savita und David. »Um ehrlich zu sein, gefiel er mir nicht besonders. Und wie gesagt, dass an *ihr* etwas merkwürdig war, hab ich mir die ganze Zeit schon gedacht.«

Thorne schaute Tanner an, die etwas in ihr Notizbuch kritzelte, seine Lippen formten ein: »Ach du Scheiße …«

Als er sich wieder zu den Eltern umdrehte, erzählte Heather Caroline gerade etwas von »ernsthaften emotionalen Problemen«. David hatte begonnen, auf Savita einzureden. Als hätte das Klassenzimmer sie dazu inspiriert, hob Tanner den Arm, um die Aufmerksamkeit auf sich zu lenken. Just in diesem Moment klingelte ihr Telefon.

»Ich muss rangehen«, sagte sie zu Thorne.

Als Tanner den Raum verlassen hatte, ließ Thorne sich die Namen und Kontaktdaten der Anwesenden geben. Er notierte sich Telefonnummern und Adressen und sagte: »Möglicherweise werden wir jemanden von Ihnen bitten, uns bei der Erstellung eines Phantombilds zu helfen. Wer kannte Sarah am besten oder hat ein gutes Gedächtnis für Gesichter? Wir müssen auch wissen, wie ihr Freund aussieht.«

»Das übernehme ich gern«, sagte Caroline.

Thorne war nicht überrascht, dass sie sich als Erste meldete. Um beim nächsten Abendessen mit Freunden eine halbwegs spannende Geschichte erzählen zu können, würde sie wahrscheinlich alles tun. »Danke«, sagte er.

»Vielleicht habe ich irgendwo sogar ein Foto von ihr.« David zog sein Handy heraus und begann zu tippen und zu scrollen. »Ich glaube, ich habe im Café ein Foto gemacht, auf dem alle drauf sind.«

»Stimmt«, sagte Heather.

Thorne sah sie an.

»Tut mir leid, ich finde es nicht …«

»Falls Sie es später finden, wären wir dankbar, wenn Sie es uns schicken könnten.« Die Tür öffnete sich, und Thorne blickte zu

Tanner auf. Ihre Miene ließ keinen Zweifel daran, dass sie dringend mit ihm reden musste und die Sache keinen Aufschub duldete. Er stand schnell auf, zuversichtlich, dass die Eltern, die sicher einiges zu besprechen hatten, sich für eine Weile nicht rühren würden.

Als er auf den Gang trat, schloss Tanner die Tür zum Klassenzimmer.

»Die Kriminaltechniker haben es geschafft, die DNA der Hautpartikel zu bestimmen, die Phil unter den Fingernägeln von Gemma Maxwell gefunden hat«, sagte sie. »Wir haben eine Übereinstimmung.«

Tanner wirkte deutlich verwirrter und schockierter, als Thorne es bei einer derart guten Nachricht erwartet hätte. »Und?«

»Sie stimmt mit der des Verdächtigen im Mordfall in Margate überein.« Tanner *klang* auch schockiert und verwirrt. »Derselbe Verdächtige, dessen DNA wir auch in Philippa Goodwins Wohnung gefunden haben. Dein Betrüger schon wieder.«

Thorne starrte sie an.

»Sieht aus, als wäre er auf den Geschmack gekommen.«

»Das ist … krank.«

»Wäre es nicht ein absurder Zufall, wenn die Frau, über die wir gerade gesprochen haben, irgendwie mit dem Mord an Gemma Maxwell in Verbindung steht? Sie muss irgendwas mit dem Mann zu tun haben, der Gemma getötet hat, und falls der *tatsächlich* auch der Mörder von Kevin Deane ist …«

Thorne legte sich eine Hand in den Nacken und strich sich über die feinen Härchen, die sich dort aufgerichtet hatten, er spürte das Kribbeln, das sich von dort ausbreitete.

Tanner sprach aus, was auch ihm inzwischen klar geworden war.

»Sieht so aus, als hätten wir deine geheimnisvolle Frau gefunden.«

FÜNFUNDDREISSIG

Sie nahm einen Joint aus der Dose in der Garage, ging hinüber zum Deckchair und zündete ihn an. Sie war zu dem Schluss gelangt, dass es ihr nicht viel ausmachte, wenn Conrad sie dabei erwischte. Immerhin war sie weder auf Heroin noch eine heimliche Alkoholikerin oder so was. Und hatte sie nicht schließlich selbst darauf bestanden, dass es keine Geheimnisse zwischen ihnen geben sollte?

Davon abgesehen brauchte sie das Gras.

Nach dem Essen hatte er plötzlich erklärt, er sei müde und wolle früh ins Bett gehen, was bisher noch nie passiert war. Sie konnte sich an keinen einzigen Abend erinnern, an dem sie nicht zusammen ins Bett gegangen wären und miteinander geschlafen hätten. Sie hatte sich entschieden, es nicht zu kommentieren, weil es nach ihrem vorangegangenen Gespräch möglicherweise schwierig geworden wäre. Nach dieser schrecklichen Unterhaltung wegen dem, was er in der Zeitung entdeckt hatte. Also hatte sie bloß gelächelt und zugeschaut, wie Conrad mit schweren Schritten die Treppe hochgegangen war. Plötzlich hatte er *tatsächlich* erschöpft gewirkt.

Vielleicht würde der Joint ihr helfen, nicht weiter darüber nachzudenken, was er getan haben konnte, das ihn derart angestrengt hatte.

Ich hab dich angerufen.

Ich hatte mein Handy ausgeschaltet.

Sie nahm einen kräftigen Zug und sog den Qualm schnell ein. Er schmeckte bitterer als üblich, sie musste husten, ehe sie den nächsten Zug nehmen konnte. Eine neue Lieferung offenbar, hatte sie nicht irgendwo gelesen, dass manchmal irgendetwas beigemischt wurde?

Sie lehnte sich zurück und wartete auf das wunderbare Gefühl der Entspannung.

Sie musste sich beruhigen, das war ihr klar, musste sich vor

Augen führen, wie viel Glück sie hatte, und dieses Glück genießen. Mehr als alles andere wollte sie sich fallen lassen und die Zeit ein kleines Stück zurückdrehen, in jene ersten gemeinsamen Tage, als diese neue Beziehung alles andere aus ihrem Kopf und ihrem Herzen verdrängt hatte … Gott, sogar Jamie, wenn sie ganz ehrlich war. Sie musste sich daran erinnern, wie Conrad beim allerersten Mal gerochen, wie er geschmeckt hatte.

Was er mit ihr gemacht hatte …

Wieder hob sie den Joint zum Mund und schloss die Augen. Doch die Erinnerungen entwickelten schnell ihre eigene Dynamik, begannen zu verschwimmen. Sie weigerten sich, mehr als ein paar Augenblicke in der jüngeren Vergangenheit zu verweilen, und führten sie stattdessen weiter zurück, als ihr lieb war, bis sie schließlich an dem üblichen Ort mit einem Mal zum Halten kamen.

In dem kleinen Garten.

Als Sarah genau zehn Jahre alt war und sie beide ganz allein …

Der Lenker, der aus dem struppigen Gras herausschaut. Während der Rest ihres Fahrrads unter der Erde steckt, unerreichbar …

Sie geht langsam durch den Garten und fragt sich für eine Sekunde oder zwei, ob sie tatsächlich wach ist. Denn das hier kann doch nicht real sein. Wie viel Arbeit muss es gemacht haben? Wahrscheinlich hat er die ganze Nacht gebraucht, um das Loch zu graben, es genau auf diese Weise zu arrangieren.

Dass sie es sehen, aber nicht haben kann.

Es gibt einen kurzen Moment der Hoffnung, in dem sie glaubt, ihr Fahrrad lasse sich möglicherweise leichter herausziehen als gedacht. In dem sie das alles für einen dämlichen Witz hält. Doch sobald sie es versucht, weiß sie, dass es unmöglich ist.

»Manche Dinge muss man sich erarbeiten«, sagt ihr Vater.

Immer noch im Schlafanzug, kniet sie an der Stelle nieder, wo sie den Sattel vermutet. Sie legt die Hände an den Lenker, auf die schwarzen Gummigriffe mit den gelben Leuchtstreifen, auf die sie ihren Vater im Fahrradladen aufmerksam gemacht hat.

Sie zieht und zieht und zieht.

»Wenn du dir keine Mühe gibst, hast du es nicht verdient«, sagt ihr Vater.

Der Lenker rührt sich nicht, keinen einzigen Zentimeter, weil das Gewicht zu groß ist, weil zu viel Erde fortbewegt werden muss und ihre Arme nicht stark genug sind. Trotzdem bleibt sie dort, bis es dunkel wird, zerrt und weint, und an ihren Händen bilden sich Blasen. »Genug«, sagt ihr Vater irgendwann, und sie geht zurück ins Haus. Ihr Vater schüttelt den Kopf, legt den Arm um ihre Schultern und sagt: »Schau bloß, wie du aussiehst …«

Er stellt sie in die Wanne und wäscht den Schlamm von ihr ab, ganz langsam.

Sie weiß, wie aufbrausend ihr Vater sein kann, all ihre Freunde haben Angst vor ihm. Sie hat es schon immer gewusst. Seine Wut auf … irgendwas. Auf sie, weil sie der Grund dafür oder weil sie einfach in der Nähe ist. Wütend genug, um ihr neues Fahrrad hinaus in den Garten zu tragen und die ganze Nacht zu graben. Sie weiß es, und trotzdem dauert ihre eigene *Wut nicht lange an, das tut sie nie. All der Hass, der sich angestaut, der ihren ganzen Körper erfasst hat, beginnt zu verschwinden, wird mit dem Schlamm weggespült, der ihren Oberkörper und die Beine hinunterläuft, bis das Badewasser ganz schwarz wird.*

Denn sie spürt, dass auch seine Liebe aufbrausend ist. Sie spürt sie in den Händen auf ihrem Körper, wird sie weiter spüren, diese erschreckende Hitze, während sie tagelang durch einen Regenvorhang hinaus in den Garten schaut und zusieht, wie der Lenker ihres Fahrrads zu rosten beginnt.

Seine Hände auf ihrem Körper.

Die Hände der Männer, die sie benutzen, nur um sie nachher abzustoßen.

Conrads Hände …

Sarah öffnete die Augen und stand auf. Sie wischte sich die Asche vom T-Shirt, warf den Stummel in einen Eimer und ließ ein, zwei Minuten verstreichen, bis ihr Atem sich wieder normalisiert hatte.

Dann ging sie zurück ins Haus, um ihn zu wecken.

SECHSUNDDREISSIG

Dr. Melita Perera gab Thorne das Bild zurück. Ein Ausdruck des im Café in Enfield aufgenommenen Fotos, das David Herbert schließlich doch noch auf seinem Handy entdeckt und ihm vor nunmehr drei Tagen geschickt hatte.

»Natürlich macht sie einen völlig normalen Eindruck«, stellte Perera fest. »Wenigstens das, was man von ihr sehen kann. So ist es bei diesem Tätertypus meistens.«

Noch einmal betrachtete Thorne das Foto. Heather Turnbull, Savita Kohli und Caroline Wood-Wilson. Die Frau in ihrer Gesellschaft – die sie immer noch nur als »Sarah« kannten – saß am Ende des Tischs, das Gesicht halb hinter einer sorgfältig platzierten Speisekarte verborgen.

Kaffee und Kuchen.

Bloß eine der Mütter.

»Ich habe auch nicht geglaubt, dass es Ihnen wirklich viel verraten würde.« Thorne faltete den Ausdruck zusammen und steckte ihn wieder in die Tasche. »Ich dachte nur, es würde Sie vielleicht interessieren.« Er hatte das Foto auf der Stelle an Colin Hatter geschickt, in der Annahme, er werde es überall in Margate verbreiten. Vielleicht hatte der DI aus Kent es aber auch bloß über seinen Schreibtisch gehängt und weiter nichts unternommen. Wahrscheinlich hätte es sowieso nichts bewirkt. Im Zusammenhang mit dem Fall Gemma Maxwell war das Foto von *BBC London* gezeigt und als Teil eines größeren Artikels im *Standard* abgedruckt worden. Doch abgesehen von mehreren Hinweisen, die Frau wäre hier oder dort gesehen worden, hatten sich keine neuen Spuren ergeben.

»Was ist mit dem Mann, den Sie am Telefon erwähnt haben?« Perera nahm ihr Glas Mineralwasser vom Tisch und lehnte sich zurück. »Keine Fotos von ihm, vermute ich?«

Thorne schüttelte den Kopf. »Ein Phantombild, aber ich fürchte, es wird uns keine große Hilfe sein.« Da sie ihn im Café gesehen hatten, waren Heather Turnbull und die anderen in der Lage gewesen, eine halbwegs ordentliche Beschreibung des Mannes zu liefern, den sie als Conrad kannten und den Thorne im Stillen immer noch Patrick Jennings nannte. Sie hatten es zweifellos mit jemandem zu tun, der sein Äußeres regelmäßig veränderte. Und angesichts ihrer Erkenntnisse über die Frau, zu der er nun in einer irgendwie gearteten Beziehung stand, mussten sie davon ausgehen, dass auch sie inzwischen anders aussah. Thorne und Tanner suchten nach *zwei* Geistern. Zwar stellten die DNA-Spuren und Fingerabdrücke keinen schlechten Ausgangspunkt dar. Doch die falschen Namen und wenig aussagekräftigen Bilder hatten sie ins Leere laufen lassen.

Deshalb hatte er Melita Perera angerufen.

Die forensische Psychiaterin war vor sieben Monaten bei

einem Fall hinzugezogen worden, der mit einer Reihe von getöteten Katzen begonnen und sich dann … ausgeweitet hatte. Thorne hatte während der Ermittlungen mehrmals ihren Rat gesucht. Schon damals hatten sie sich in derselben Bar getroffen wie heute, nicht weit von ihrer Praxis in Lincoln's Inn Fields entfernt. Schon mittags zog es die Trinker in den Laden, und Thorne war zwar ein wenig enttäuscht, immer noch dieselben Kreidetafeln und freiliegenden Rohre vorzufinden, dafür freute er sich umso mehr, dass auch Melita Perera sich nicht verändert hatte. Gertenschlank, in einem dunklen Geschäftskostüm, das lange dunkle Haar hochgesteckt, der sri-lankische Hintergrund unübersehbar …

»Ruhig, Tiger«, hatte Hendricks am Abend zuvor am Telefon gesagt, als er gehört hatte, mit wem Thorne verabredet war. Schließlich erinnerte er sich genau, dass sein Freund sieben Monate zuvor ziemlich *angetan* von der Psychiaterin gewesen war.

»Sei nicht albern«, hatte Thorne erwidert.

Denken und Tun sind zweierlei.

»Nein, natürlich nicht, es geht ausschließlich ums Berufliche. Ich weiß gar nicht, wie ich auf etwas anderes kommen konnte … Schließlich hast du mir vor ein paar Wochen ja auch nicht mit hechelnder Zunge von dieser Fotografin erzählt.« Hendricks hatte die Angelegenheit köstlich amüsiert. »Was ist los mit dir, Kumpel? Sitzt du noch auf 'nem Restposten Viagra, den du unbedingt loswerden willst?«

Nicht zum ersten Mal hatte Thorne sich gesagt, dass er Hendricks möglicherweise zu viel anvertraute. Andererseits konnte er nicht leugnen, dass sein Freund einen wunden Punkt getroffen hatte. Dieses Zucken bestimmter … Antennen war eindeutig eine Reaktion auf das, was sich zwischen ihm und Helen abspielte, der Tatsache, dass er – theoretisch – wieder auf dem Markt war.

Und trotzdem …

»Ehe ich es vergesse …« Hendricks hatte sich eine letzte Bemerkung nicht verkneifen können. »Du kennst doch diesen alten Obdachlosen, den Typen, der ziemlich übel riecht und jeden Tag vor der Haltestelle Kentish Town sitzt? Der hat eindeutig ein Auge auf dich geworfen.«

»*Wirklich* interessant wäre es, die beiden zusammen zu sehen«, sagte Perera gerade. »Zu sehen, wie sie als Paar wirken.«

»Stimmt.« Thorne starrte sie über den Tisch hinweg an.

»Natürlich wäre es möglich, dass wir auch daraus keine Schlüsse ziehen können.« Sie beugte sich vor. »Aber manchmal bekommt man zumindest ein Gespür für die Hierarchie. Schon ein Foto könnte Hinweise darauf liefern, wer von beiden der dominante Partner ist.«

»Sie meinen, dass grundsätzlich einer von beiden das Sagen hat?«

»Üblicherweise schon«, sagte sie. »Selbst wenn es nicht im eigentlichen Sinne um ein Paar geht, wenn also zwei heterosexuelle Männer zusammen morden. Ein Partner verhält sich fast immer dem anderen gegenüber unterwürfig. Streng genommen sollte ich den Begriff Partnerschaft nicht mal verwenden, denn von einer Beziehung auf Augenhöhe kann dabei eigentlich nicht die Rede sein.« Sie nahm einen Schluck Wasser und schaute ihn an. »Ich glaube, Sie hatten mir erzählt, dass Sie selbst auch einmal in einem solchen Fall ermittelt haben.«

Thorne nickte. Während der Ermittlungen zu den Katzenmorden hatte er sie nach Stuart Nicklin gefragt, einem Serientäter und eine Zeit lang die eine Hälfte eines mörderischen Tandems. Über die Frage, wer bei diesem speziellen Paar die treibende Kraft gewesen war, hatte kaum ein Zweifel geherrscht. Und Nicklin, dessen augenblicklicher Aufenthaltsort unbekannt war, verfolgte Thorne bis heute in Träumen und Gedanken.

»Dann wissen Sie ja, wovon ich rede.«

Thorne nickte.

»Okay, wenn wir uns also speziell auf mordende *Paare* konzentrieren wollen, dann nehmen wir Hindley und Brady als Beispiel … auch wenn das natürlich schon eine Zeit her ist.«

Wieder nickte Thorne. Das beste Beispiel. Das schlimmste.

»Damals war ich noch ein Kind«, stellte er fest.

»Zum Glück sind Sie nicht in Manchester aufgewachsen.«

»Nein.«

»Sie werden zwar immer als perfektes Beispiel für eine *folie à deux* bezeichnet, aber ich habe meine Zweifel.«

Thorne wartete ab. Er hatte eine ungefähre Vorstellung, was der französische Begriff bedeutete, war aber froh, als Perera es ihm noch einmal erklärte.

»Wörtlich genommen ein Wahnsinn zu zweit«, sagte sie. »Was eine Gleichheit impliziert, die es meiner Meinung nach wahrscheinlich nicht gab. Grob gesprochen, geht es also um eine bizarre Chemie zwischen zwei speziellen Menschen, die entweder zu Wahnvorstellungen führt oder bereits vorhandene Wahnvorstellungen zusätzlich anheizt. Die Summe ist in diesem Fall größer als die einzelnen Teile, und tatsächlich können diese Wahnvorstellungen im Extremfall zu Morden führen.«

»Aber Sie sagen, bei Hindley und Brady war das nicht so?«

»Na ja, natürlich war in ihrem Fall dasselbe Muster am Werk, aber nach allem, was ich weiß, gehe ich nicht davon aus, dass sie wirklich von einem gemeinsamen Wahn beherrscht wurden, weshalb ich auch nicht glaube, dass sie gleichberechtigte Partner waren. Ich glaube, er war die dominierende Kraft.« Beide rutschten mit ihren Stühlen ein Stück näher an den Tisch, und Perera senkte ihre Stimme. »Brady hat Ende der Neunziger einen Brief ans Innenministerium geschrieben und erklärt, warum Hindley seiner Meinung nach keine vorzeitige Haftentlassung gewährt werden sollte. Er stritt konsequent ab, dass man in ihrem Fall von einer *folie à deux* sprechen könne. Klar, schließlich wollte er von den Wahnvorstellungen nichts wissen. Stattdessen beharrte er darauf, es hätte sich um eine Art gemeinsames Projekt gehandelt. Sie wären eine vereinte Macht gewesen. Im Wesentlichen stritt er ab, einen schlechten Einfluss auf sie gehabt zu haben. Stattdessen schrieb er lauter vorhersehbares Zeug über emotionale Wesensverwandtschaft und die Spiritualität des Todes, weswegen die Morde letztlich eine Art verdrehte Hochzeitszeremonie dargestellt hätten.«

»Mein Gott«, sagte Thorne.

»Außerdem schrieb er, Hindley wäre eher Messalina gewesen als Lady Macbeth.«

Wieder wartete Thorne ab.

»Lady Macbeth ermunterte ihren Mann zum Morden, wurde nachher aber von Schuldgefühlen geplagt. Dagegen war Messalina, die Frau des römischen Kaisers Claudius, notorisch intrigant und rücksichtslos. Oh, und sexuell unersättlich.« Perera nickte. »Sex spielt in Fällen wie diesen üblicherweise eine große Rolle.«

Thorne griff in seine Jackentasche, in der sich das Foto befand. »Sarah hatte Sex mit dem Jungen, ehe er ermordet wurde.«

»Genau.« Sie griff nach der Wasserflasche und schenkte sich nach. »Sex ist Teil des mörderischen Rituals und mit ziemlicher Sicherheit ein Faktor, der die Mörder überhaupt erst aneinanderbindet. Keine Ahnung, ob das hilfreich für den Fall ist, an dem Sie gerade arbeiten … Aber die Wahrheit über Hindley und Brady besteht – jedenfalls meiner Einschätzung nach – darin, dass er es getan hat, weil er verrückt war. So einfach ist es. Richtig krank … Stimmen im Kopf, Visionen, das volle Programm. Und ihr Motiv war, dass sie ihn liebte. Sie verehrte ihn und wollte ihn glücklich machen. Auf diesem Hintergrund können Sie natürlich lange darüber diskutieren, wer von beiden schlimmer war, aber für mich kann man zumindest nicht wirklich von einer *Partner-*

schaft reden. Seine Wahnvorstellungen trieben ihn dazu, schreckliche Dinge zu tun, und sie machte mit, weil sie – das können Sie wörtlich nehmen – verrückt vor Liebe war.« Sie machte eine kurze Pause und betrachtete Thorne, der Mühe hatte, ihre Aussagen zu verdauen. »Die Sache hat allerdings ein Gutes …«

»Und das wäre?«

»Nun ja, normalerweise entzweien sich solche Paare früher oder später. Unglücklicherweise war das bei Brady und Hindley erst der Fall, nachdem sie verhaftet wurden. Aber in der Regel zeigen sich die ersten Risse deutlich früher. Und manchmal werden sie genau deshalb geschnappt. Die gegenseitige Abhängigkeit führt schnell zu Misstrauen, und sobald das Vertrauen fehlt, fangen die Probleme an, denn er oder sie ist das Einzige, was den jeweils anderen vor dem Gefängnis bewahrt. An diesem Punkt kann es dazu kommen, dass sie aufeinander losgehen.«

»Daumen drücken.«

Perera lächelte. »Immerhin besteht die Chance.«

Thorne griff nach dem Kaffee, den er bestellt hatte, obwohl ihm im Augenblick etwas Stärkeres lieber gewesen wäre. Dann fragte er: »Was denken Sie? Wer von den beiden war schlimmer?«

Perera blies die Wangen auf und ließ die Luft entweichen, so als hätte sie schon oft über diese Frage nachgedacht, ohne je zu einem befriedigenden Resultat gekommen zu sein. »Das hängt von Ihrer grundsätzlichen Einstellung zu solchen Fragen ab, nicht wahr? Hindley stand in der öffentlichen Meinung schlechter da … wahrscheinlich bis heute … Aber ich glaube, das liegt überwiegend daran, dass sie eine Frau war und ihre Opfer Kinder. Es erschien so … abnormal.« Sie öffnete den Mund und schloss ihn wieder, auf der Suche nach den richtigen Worten. »Wenn man sie wirklich für schlimmer halten will als Brady – wobei ich mich nach dem Sinn eines solchen Vergleichs frage –, dann vor allem deswegen, weil es keine wie auch immer geartete Liebe gibt, die ihre Taten je entschuldigen könnte.« Sie schüttelte den Kopf und wandte zum ersten Mal den Blick ab. Ihr Tonfall hatte sich kaum merklich verändert, sie schien nicht mehr als Profi mit ihm zu sprechen. »Ich meine, Wahnsinn ist auch keine Entschuldigung, aber eine ... Erklärung.«

Obwohl Thornes Tasse leer war, hob er sie noch einmal an und starrte für einige Sekunden hinein. »Hören Sie, ich möchte Sie nicht zu einer voreiligen Einschätzung drängen, aber wollen Sie andeuten, dass wir es hier mit einer vergleichbaren Situation zu tun haben könnten?«

Perera schaute ihn wieder an. »Das ist möglich.«

»Eine ähnliche Art der Beziehung, meine ich. Eine Hindley und ein Brady.«

»Wie gesagt –«

»Ist nur eine Hypothese, ich weiß. Ich suche bloß nach irgendeinem Ansatzpunkt, der mich weiterbringen könnte. Also ...«

»Eine Sache sollten Sie allerdings im Kopf behalten.«

Thorne betrachtete sie fragend.

»Im Augenblick«, sagte sie, »lässt sich unmöglich sagen, wer von den beiden welche Rolle spielt.«

Auf dem Weg nach draußen sagte Thorne: »Ich wollte Sie noch eine Sache fragen ... mein Gott, klingt das bescheuert, aber ... in letzter Zeit hab ich oft von meiner Mutter geträumt.«

Lachend schob Perera sich durch die Gäste hinaus auf den Bürgersteig, wo sie ihren Mantel zuknöpfte. »Soll ich auf die Uhr schauen? Macht hundertfünfzig Pfund pro Stunde, wissen Sie?«

»Ja, tut mir leid«, sagte Thorne. »Mein Kumpel ist Arzt und kann nirgendwo hingehen, ohne dass ihn jemand wegen seiner Rückenbeschwerden oder irgendwelcher seltsamer Schmerzen anspricht.«

»Das ist wirklich nicht mein Fachgebiet«, sagte sie. »Träume.«

»Egal«, sagte Thorne. »Ich hätte gar nicht fragen sollen.«

Sie liefen los.

»Welche Art Träume?«

»Ganz normale Dinge.« Thorne zuckte die Achseln. »Im Prinzip einfach Erinnerungen an sie. Meine Mutter ist tot, das hätte ich wahrscheinlich sagen sollen.«

Sie hielten an der Ecke, wo Perera rechts abbiegen musste. »Wie gesagt, nicht wirklich mein Fachgebiet. Hätten Sie davon geträumt, Ihre Mutter zu *ermorden* …«

Als Perera gegangen war, nahm Thorne sein Handy, um Tanner auf dem Weg zur U-Bahn eine Kurzfassung dessen zu liefern, was die Psychiaterin gesagt hatte.

»Na, dann hoffen wir mal, dass sie sich so richtig in die Haare kriegen«, sagte Tanner. »Sarah und ihr mörderischer Betrüger.«

»Die Chancen stehen gut.«

»Weil …?«

»Weil das bei Paaren meistens so ist, oder?«

»Schließ nicht von dir auf andere«, sagte Tanner.

»Klar, ich weiß, dass ich eher von meinen eigenen Erfahrungen ausgehe als von deinen, aber …«

»Wo wir gerade davon reden.«

»Was?«

»Alice Thomason.«

Thorne brauchte einen kurzen Moment, um den Namen zuordnen zu können. »Oh, deine entzückende Lehrerin?«

»Eine entzückende Lehrerin, mit Freund, Baby und gemeinsamer Wohnung.«

»Hast du sie angerufen?«

»Ich hab ihren Namen durch den Polizeicomputer laufen lassen.«

Thorne musste mehreren Autos ausweichen, als er im Laufschritt den Kingsway überquerte und auf den Eingang der Haltestelle zulief. »Und ich dachte schon, die wahre Liebe hätte ausgedient.«

SIEBENUNDDREISSIG

Conrad saß im Auto, zwei Straßen entfernt vom Haus der Frau, mit der er zwei Morde begangen hatte. Oder *für* die er zwei Morde begangen hatte. Denn in Wahrheit fiel es ihm zunehmend schwerer, den Unterschied zu erkennen. Er starrte durch die Windschutzscheibe nach draußen, starr und ohne zu blinzeln. Sein Atem wurde langsamer, bis er so flach war wie der eines Scharfschützen. Dann schloss er die Augen. Mühsam versuchte er sich an sein Leben vor all dem hier zu erinnern, auch wenn es ihm inzwischen so schien, als hätte ein ganz anderer dieses Leben geführt.

Ein Leben, in dem Conrad eine andere Art Krimineller gewesen war, eine andere Art Mann.

An seine Vergangenheit zu denken bedeutete aber auch, an diese andere Frau zu denken. Eine andere Geliebte, eine andere Art Komplizin. Ihr Beharren darauf, dass ihre Beziehung nicht beendet war, machte alles schrecklich kompliziert. Und trotzdem: Die Erinnerung an damals konnte alles ein wenig … abdämpfen, als lege man sich einen kühlen Waschlappen auf die fiebernde Stirn. Die Linderung währte, wie er aus Erfahrung wusste, nicht lange, aber immerhin …

Vielleicht war es die Chance, ein wenig Kontrolle zurückzugewinnen.

Ein paar Minuten ohne Sarah im Kopf, ohne Steine, Hämmer und Blut.

Das, was geschehen war, war mehr als nur dumm gewesen.

Das, was er hatte geschehen *lassen*. Schließlich war er immer verdammt gut darin gewesen, sich jederzeit in eine andere Person zu verwandeln. Ein neuer Name, ein neues Aussehen. Eine Vergangenheit in Kurzfassung, die er sich sorgsam ausdachte und mit genügend Details ausschmückte, um überzeugend zu wirken. Einsam, geschieden, traurig. Oder ernsthaft und reserviert, wenn es ihm passender erschien, notfalls auch der Alleinunterhalter. Was immer ihm half, einer Frau nahezukommen, die mehr Geld als Verstand besaß. Er hatte diese Fähigkeit immer als nützlich empfunden. Schon als er sich zum allerersten Mal fürs andere Geschlecht interessiert hatte und dieses Interesse *erwidert* worden war, hatte er eine Möglichkeit gefunden, dass es sich für ihn auszahlte. Wie ein Schauspieler in immer neue Rollen zu schlüpfen, manchmal mehrere zugleich zu spielen, wenn er zwei Ziele auf einmal verfolgte, weil er sich eine Gelegenheit nicht entgehen lassen konnte.

Jetzt versuchte er sich mühevoll zu erinnern, wer er wirklich war.

Als hätte er *sich selbst* geghostet …

Es war schwierig genug, sich daran zu erinnern, was er in jenen ersten Momenten in diesem ach so hippen Café empfunden hatte. Als ihre Blicke sich getroffen hatten. Den Charmanten geben, bereit loszulegen. Hatte dieser Moment sich wirklich von seinen ersten Begegnungen mit unzähligen anderen Frauen unterschieden? In Supermärkten, in Pubs, in Schlangen am Postschalter …

Kann ich Ihnen helfen?

Ich wünschte, ich hätte das bestellt, was Sie essen.

Ich habe zufällig gehört, wie Sie …

Wem wollte er hier etwas vormachen?

Es war *komplett* anders gelaufen. Das völlige Gegenteil. Denn was immer ihm damals durch den Kopf gegangen war, welch genialen Plan er sich auch immer für sie zurechtgelegt hatte: An jenem Morgen war er zu keinem Moment derjenige gewesen, der die Karten in der Hand gehalten hatte.

Wie konnte er eine Kontrolle zurückgewinnen, die er nie besessen hatte?

Das alles ergab keinen Sinn, denn wenn es darum ging, eine Gefahr zu erspüren, hatten seine Instinkte ihn bisher nie im Stich gelassen, sein … eingebautes Alarmsystem. Normalerweise merkte er unfehlbar, wenn ein Plan den Bach runterging, wenn es Zeit war, die Verluste zu begrenzen und sich zurückzuziehen. Beim Gedanken an seine ersten Verabredungen mit Sarah konnte er sich vage an so etwas wie ein Alarmsignal erinnern. Doch selbst wenn, hatte er es lieber ignoriert.

Und nach jener ersten Nacht …

Was sie miteinander gemacht hatten und gleichzeitig so viel mehr als das.

Plötzlich bedeutete die Gefahr ihm alles, war sie unwiderstehlich geworden, eine verlockende Dunkelheit, in die er sich, aus welchem Grund auch immer, hatte hineinziehen lassen, um sich in ihr zu verlieren. Ein Bedürfnis, zu beschützen und sich beschützen zu lassen, und etwas unglaublich Wildes in Sarah, eine Liebe und eine Wut, von der er sich nicht lösen konnte.

Selbst wenn er es gewollt hätte.

Conrad öffnete die Augen und sah zwei kleine Kinder, die ihn durchs Fenster auf der Beifahrerseite betrachteten. Sie lachten und flüsterten. Er starrte sie an, bis sie losrannten, ließ den Wagen an und machte sich auf den Weg zu Sarahs Haus.

Vergangenheit oder Gegenwart, ohne sie fühlte sich beides leer an.

Er musste dieses Brennen noch einmal spüren.

Ein paar Stunden später wachte er auf und sah Sarahs Gesicht dicht vor sich.

Sie berührte seine Wange. »Du hast geweint.«

Er starrte sie an.

»Hast du schlecht geträumt?« Grinsend rückte sie noch näher. »Oder glaubst du, *das hier* ist der schlechte Traum?«

Er schüttelte den Kopf und schloss die Augen.

»Bist du überhaupt schon wach?« Sie lachte, ließ ihre Hand unter die Decke gleiten und die Finger langsam seinen Bauch hinunterwandern. »Na, ein *Teil* von dir ist auf jeden Fall schon wach«, sagte sie. »Mein Lieblingsteil.«

Conrad roch ihren Atem, beißend und sauer, ehe sie ein Bein über seinen Körper warf, sich plötzlich aufbäumte und ihre Position veränderte, bis er in ihr war.

»Sarah –«

»So hat es angefangen, weißt du noch?«

»Natürlich weiß ich das noch …«

Sie begann sich zu bewegen. »Mit mir auf dir, genau so.« Wieder lachte sie, und das Lachen ging in ein langes, tiefes Stöhnen über. »Jenseits von Gut und Böse, das sind wir, mein Liebster. Über und jenseits von allem.«

ACHTUNDDREISSIG

»Oh … klar.«

Thorne beugte sich zur Gegensprechanlage. Ella Fultons Stimme klang blechern, doch ihre Überraschung war unüberhörbar. Er sagte: »Ich habe gestern Abend eine Nachricht auf Ihrer Mailbox hinterlassen und gefragt, ob es in Ordnung ist, wenn ich mal vorbeischaue.«

Mit einem Summen öffnete sich die Tür.

Thorne stieg die Treppe hinauf und sah Ella oben mit ihrem Handy winken. »Tut mir leid. Ich vergesse immer, diese verdammte Mailbox zu checken.«

»Passt es Ihnen gerade nicht?«

»Doch, klar.« Sie wartete, bis er oben war, und trat dann in ihre Wohnung. »Hier ist alles ein bisschen durcheinander.«

Thorne folgte ihr. »Ich dachte, das wäre immer so.«

»Okay, sagen wir besser, es ist *ziemlich* durcheinander.«

»Wenn Sie gerade arbeiten, kann ich auch später wiederkommen.« Als er sich umschaute, entdeckte Thorne eine ganze Reihe von Fotos, an die er sich von seinem letzten Besuch nicht erinnern konnte. Einige standen auf dem Fußboden vor einer Wand aufgereiht: eine ältere asiatische Frau, deren Gesicht in sich zusammenzufallen schien, ein Mann, der unter dem Schirm seiner Mütze nach oben blickte, wobei die untere Hälfte seines Gesichts im Schatten lag, ein Kind, das durch eine Wolke von Zigarettenqualm in die Kamera strahlte. »Aber da ich auf dem Weg zum Büro sowieso hier vorbeikomme, wollte ich die Gelegenheit einfach nutzen.«

Ella ließ sich auf eine Seite ihres Sofas fallen. »Ich schätze, die Bearbeitung meiner Burger-Aufnahmen kann ein bisschen warten.« Sie bemerkte Thornes Zögern und deutete auf den Zeitungsstapel auf der anderen Seite des Sofas. »Oh, legen Sie die einfach auf den Boden …«

Thorne setzte sich: »Also, Patrick Jennings …«

Sie kickte ihre Crocs weg und zog die Füße aufs Sofa. »Wenn Sie gekommen wären, um mir zu sagen, dass Sie ihn gefunden haben, sähen Sie wahrscheinlich ein bisschen fröhlicher aus.«

»Nein, wir haben ihn nicht gefunden«, bestätigte Thorne. »Aber wahrscheinlich sehe ich die meiste Zeit so aus wie jetzt.«

Ella lächelte.

»Allerdings haben wir die Suche tatsächlich intensiviert.«

Sie schüttelte den Kopf. »Ich schätze, der schleimige Bastard hat sich inzwischen längst aus dem Staub gemacht. Sucht sich eine Frau wie Tante Pip, nimmt ihr alles weg und haut einfach ab.«

»Eigentlich sind wir ziemlich sicher, dass er sich immer noch in London aufhält.«

»Tatsächlich?«

»Zumindest vor einigen Tagen noch. Inzwischen nennt er sich Conrad.«

»*Conrad?*« Ella stieß ein trockenes Lachen aus.

»Ich würde Ihnen gern noch ein paar Fragen stellen, um zu sehen, ob Sie sich vielleicht an irgendetwas erinnern, das uns weiterhelfen könnte.«

»Intensiviert, warum?«, fragte Ella.

»Wie bitte?«

»Warum suchen Sie plötzlich intensiver nach ihm?«

Wie so oft in derartigen Situationen sah Thorne eigentlich keinen plausiblen Grund, der Frau die jüngsten Entwicklungen vorzuenthalten. Zumindest die grundlegenden Fakten konnte er ihr mitteilen. Was spräche dagegen? Er konnte sich nicht vorstellen, dass Ella Fulton irgendetwas sagen oder mit den Informationen anfangen konnte, das ihren Ermittlungen schadete.

Und doch spürte er Tanners Blick in seinem Nacken.

»Es geht um eine laufende Ermittlung«, sagte er. »Ich darf nicht in die Einzelheiten gehen. Tut mir leid.«

Ella starrte ihn an. »Er hat jemanden umgebracht, stimmt's?«

»Wie kommen Sie darauf?«

Sie war schlagartig erblasst, rang mit den Worten. »Es ist … ich hab's gelesen … *Scheiße* …« Sie stand auf, trat schnell auf Thornes Seite des Sofas, bückte sich und wühlte in dem Zeitungsstapel herum, den er gerade auf den Boden gelegt hatte. »Es gab ein Foto, vor ein paar Tagen … Ich hab den Artikel nicht richtig gelesen, aber ich weiß, dass ich dachte, da war … *etwas*, aber ich hätte nie … *hier.*« Sie zog eine Ausgabe des *Standard* heraus und hielt sie Thorne vors Gesicht.

Das Phantombild auf der Titelseite.

Sie setzte sich neben ihn und betrachtete das Bild. »Er sah nicht *exakt* so aus, als er mit Pip zusammen war.« Sie deutete auf das Gesicht. »Seine Haare waren ein bisschen dichter, glaube ich, und er trug nicht diesen albernen kleinen Bart. Aber die Gesichtszüge kommen hin, denke ich, und auch die Kopfform … und die Augen passen. Ja, das könnte er sein.«

Thorne schwieg, während Ella mit angehaltenem Atem den Artikel las.

Als sie fertig war, schaute sie ihn kopfschüttelnd an. »Patrick Jennings hat eine *Lehrerin* ermordet? Verdammte Scheiße.« Sie errötete leicht. »Tut mir leid …«

»Kein Problem«, sagte Thorne. »So habe ich auch reagiert.«

Ella lehnte sich zurück und seufzte tief. »Okay …« Sie dehnte das Wort und hatte offenbar immer noch Mühe, die Neuigkeiten zu verarbeiten.

»Nicht nur eine Lehrerin.« Jetzt, wo sie selbst eins und eins zusammengezählt hatte, sah Thorne noch weniger Grund, sie im Dunkeln tappen zu lassen. »Es gab noch einen weiteren Mord in Margate, vor einigen Wochen. Ein Siebzehnjähriger. Ganz andere Umstände, aber wir haben seine DNA an beiden Tatorten gefunden.«

»Warum? Ich meine … wegen Geld?«

»Das glaube ich nicht«, sagte Thorne. »Aber wegen dieser Morde muss ich noch einmal mit Ihnen sprechen. Nur für den Fall, dass Ihnen nach dem Tod Ihrer Tante noch irgendwas eingefallen ist.«

»Ich hab versucht, nicht an ihn zu denken«, sagte sie.

»Sie hatten erwähnt, dass er Pip in einem Pub kennengelernt hat.«

Sie nickte.

»Können Sie sich noch an den Namen erinnern?«

»Das war in der Nähe der City University.« Sie überlegte. »*The Blacksmith and* .... irgendwas?«

»... *the Toffeemaker.*« Thorne nickte. Er kannte das Pub. Es konnte nicht schaden, jemanden hinzuschicken, um dem Personal und den Stammgästen das Phantombild zu zeigen. »Keine anderen Lokale ... Bars, Restaurants, die er Ihrer Meinung nach regelmäßig besucht hat? Hat er irgendetwas erwähnt?«

»Tut mir leid.«

»Na ja, falls Ihnen später noch was einfällt ...«

»Er ist dort mit hingegangen, wo Pip hinwollte, glaube ich.« Ihre Miene verriet Abscheu. »Um ihr zu zeigen, wie sehr er an ihr hing.«

Das ergab Sinn. Der Mann war offensichtlich ein guter Schauspieler, auch wenn es so aussah, als habe er inzwischen jemanden gefunden, dem er nichts vorzumachen gedachte. »Wir wissen, dass er sich damals als jemand ausgab, der er nicht war ... Aber haben Sie irgendeine Idee, wie sein wirklicher Hintergrund aussehen könnte? Hat er seine Familie erwähnt oder irgendeine Stadt, in der er möglicherweise gelebt hat?«

Ella ließ sich einen Augenblick Zeit. »Es kam mir vor, als hätte er ständig demonstrieren müssen, wie klug er war, wie brillant dieses Onlineprojekt war. Um Pip zu imponieren. Er hat es ein bisschen übertrieben. Das hab ich damals schon gedacht, und ich weiß, dass Mum es auch so sah. Ich weiß, dass er wie ein Junge aus der Arbeiterklasse wirkte, der etwas aus sich gemacht hat. Verstehen Sie, was ich meine? Manchmal schimmerte auch ein leichter Akzent durch.«

»Was für ein Akzent?«

»Aus den Midlands, würde ich sagen. Diese flachen Vokale zum Beispiel.«

»Gut.«

»Aus irgendeinem Grund denke ich an Coventry. Vielleicht hat er irgendwas erwähnt. Fußball oder so.«

Ihre Vermutung kam Thorne ein wenig vage vor. Trotzdem notierte er sich alles.

»Wir glauben, dass er sich mit einer Frau zusammengetan hat … dass sie auch in diese Morde verwickelt ist.«

»Mein Gott ...«

»Haben Sie ihn je mit einer anderen Frau als Ihrer Tante gesehen?«

Ella schüttelte den Kopf. Nach der letzten Enthüllung wirkte sie immer noch wie vor den Kopf gestoßen.

»Kein Problem«, sagte Thorne. Es war einen Versuch wert gewesen. Die Zeugenaussagen der Eltern von Brooklands Hill deuteten darauf hin, dass der Mann, den sie als Conrad kannten, und die Frau, die sich Sarah nannte, sich erstmals im Café begegnet waren, mehrere Tage nach Philippa Goodwins Tod. Aber es bestand immerhin die Möglichkeit, dass dieses Treffen inszeniert gewesen war.

Thorne konnte nicht mit Sicherheit sagen, wie lange die beiden tatsächlich bereits ein Paar waren.

Er stand auf. »Ich will Sie nicht länger belästigen.«

»Sie belästigen mich nicht. Ich bin bloß ein bisschen … Sie wissen schon.«

»Vielleicht hilft es Ihnen ja, wenn ich sage, dass die Chance, dass wir ihn schnappen, jetzt deutlich besser steht.«

»Klar, verstehe. Aber trotzdem.« Sie erhob sich ebenfalls. Beide machten ein paar Schritte Richtung Tür, blieben stehen und schauten sich ein wenig verlegen an.

Thorne deutete mit dem Kopf auf die neuen Fotos. »Die gefallen mir«, sagte er.

»Oh, danke.« Sie schob ihre Hände tief in die Taschen ihrer

langen Strickjacke. »Sie sollten mal die *Photographers' Gallery* in Soho besuchen. Da gibt es fantastische Sachen.«

»Ja, vielleicht.«

»Kein Kebab oder so, aber der Laden ist auf jeden Fall einen Besuch wert. Wenn Sie mögen, begleite ich Sie gern.« Sie lächelte und senkte den Blick. »Dann kann ich Ihnen zeigen, was gut und was Mist ist.«

Thorne verlagerte sein Gewicht von einem Fuß auf den anderen … Wieder ging ihm Tanner durch den Kopf, die passenderweise ihr eigenes kürzliches »Interesse« an einer möglichen Zeugin verdrängt hatte und ihn nun finster und mit warnend erhobenem Finger anstarrte.

Er sagte: »Um ehrlich zu sein, hab ich im Moment praktisch keine Freizeit.«

NEUNUNDDREISSIG

Thorne war kaum im Becke House eingetroffen, als Tanner vorschlug, sich ein paar Minuten Zeit zu nehmen und alle wichtigen Punkte durchzugehen, bevor die Teambesprechung anstand. »Sortieren wir uns erst mal, bevor wir vor die Truppe treten.«

Sie gingen in Thornes Büro, wo er ihr von seinem Gespräch mit Ella Fulton erzählte.

»Gut, ich schicke Dipak ins *Blacksmith and* … was auch immer, um ihn unser Phantombild rumzeigen zu lassen.«

»*The Blacksmith and the Toffeemaker*«, sagte Thorne. »In Clerkenwell. Der Name geht auf einen Song von einem gewissen Jake Thackray zurück … Der Typ hat Comedy-Folksongs gesungen oder so was. Ich war ein paarmal in dem Laden.«

»Okay.«

»Gar nicht schlecht, aber das Essen ist vegan, also –«

»Ich denke, wir sollten auch die Haustürbefragungen noch mal aufnehmen«, schlug Tanner vor. »Einen Gang höher schalten. Lass uns ein größeres Netz auswerfen und Kollegen in die Gegend schicken, wo Gemma Maxwell gewohnt hat. *Und* ins Viertel um Brooklands Hill herum.«

»Dafür brauchen wir eine Menge Beamte.«

»Schon klar.«

»Hast du Russell darauf angesprochen?«

»Es geht um einen Doppelmord«, sagte sie so sachlich wie die Chefin einer kleinen Firma, die plötzlich eine Menge Aufträge bekommt und ihre Materialbestellungen erhöhen muss. »Ich hab mir gleich als Erstes grünes Licht von Russell geholt.«

Thorne war beeindruckt, aber nicht wirklich überrascht. Tanner verstand es bestens, das zu bekommen, was sie wollte. Und im Gegensatz zu ihm war sie nicht für ständige Querelen mit den Vorgesetzten bekannt. »Warum sind dir die Haustürbefragungen plötzlich so wichtig?«

»Weil dieses Paar in London wohnt«, sagte Tanner. »Es kann nicht anders sein.«

»Aber Margate liegt nicht in London.«

»In Margate ging es um … etwas anderes. Gemma Maxwell wurde umgebracht, weil es nötig war. Sie hat Sarah zur Rede gestellt und klargemacht, dass sie wusste, was vor der Schule ablief. Also mussten sie die Frau loswerden. Sarah hatte Angst, dass Gemma die Polizei einschalten würde. Das Risiko wollte sie nicht eingehen.«

Thorne konnte nicht leugnen, dass Tanners Theorie Sinn ergab. Er musste daran denken, was Melita Perera über Brady und Hindley gesagt hatte, über Mord als Hochzeitszeremonie. »Dann war der Mord an Kevin Deane vielleicht der bizarre Ausdruck eines gemeinsamen Bekenntnisses.«

»Genau«, stimmte Tanner ihm zu.

»Sie haben sich für Margate entschieden, es hätte aber auch sonst wo passieren können.«

»Weil der Ort keine Rolle spielte.«

»Und statt Deane hätte es auch einen anderen treffen können.«

»Aber Maxwell wurde zu Hause ins Visier genommen und getötet. Sie wohnte in der Nähe der Schule, an der sie unterrichtete. Die Vermutung, dass auch Sarah als ›Mutter‹ eines Schulkinds irgendwo im Umkreis wohnt, ist also nicht abwegig.«

Thorne war sich nicht so sicher. »Manche Eltern fahren kilometerweit, wenn sie glauben, dass es die richtige Schule ist.«

Tanner schüttelte energisch den Kopf. »Sie ist zweimal täglich nach Brooklands Hill gefahren, und wir wissen, dass sie sich mit den anderen Eltern in einem Café ganz in der Nähe getroffen hat. Sie wohnen nicht weit entfernt ... Enfield, Walthamstow, Southgate.«

»Okay, nehmen wir also an, sie wohnen tatsächlich irgendwo im Umkreis der Schule. Ist es dann nicht wahrscheinlich, dass sie längst ihre Zelte abgebrochen haben und umgezogen sind?«

Tanner nickte. »Darüber hab ich auch schon nachgedacht.«

»Ich meine, in Brooklands Hill kann sie sich nicht mehr sehen lassen, also sucht sie wahrscheinlich nach einer neuen Schule. Irgendwo.« Thorne fiel die Vorstellung schwer, dass eine Frau, die derart gestört war, ein nicht existierendes Kind zur Schule zu bringen, einfach damit aufhören würde. »Wenn du recht hast, wäre es doch logisch, möglichst schnell von dort zu verschwinden, nachdem sie jemanden sozusagen vor der Haustür ermordet haben.«

»Das leuchtet ein.«

»Ihre Bilder sind in allen Zeitungen und in den Lokalnachrichten.«

»Und deshalb müssen wir mit jeder Agentur in der Gegend

sprechen. Uns erkundigen, ob irgendwelche Mieter überstürzt umgezogen sind, vielleicht sogar, ohne Bescheid zu geben. Das funktioniert natürlich nur, wenn sie etwas gemietet hatten. Vielleicht besitzt einer von ihnen auch ein Haus, weshalb wir auch mit den Immobilienmaklern Kontakt aufnehmen und rausfinden müssen, ob in der letzten Woche irgendwelche Häuser auf den Markt gekommen sind. Vielleicht hat es jemand mit dem Verkauf besonders eilig gehabt.«

Derart motiviert hatte Thorne seine Kollegin lange nicht erlebt. Sie schien bestens vorbereitet.

»Dass es keine Spuren eines gewaltsamen Eindringens gab, hat mich auch gestört«, sagte sie.

Dieser Umstand war der Grund gewesen, warum Thorne so schnell die Frage nach dem Alibi von Maxwells Lebensgefährten aufgeworfen hatte. Jetzt, da er als Verdächtiger ausgeschieden war, schien nur noch eine andere Erklärung möglich: »Sie öffnet die Tür, und Patrick oder Conrad, oder wie auch immer er heißt, drängt sich mit Gewalt ins Haus. Dann tötet er sie im Flur, kaum dass sie ihm den Rücken zudreht.«

»Oder sie hat jemanden hereingelassen, den sie kannte«, sagte Tanner. »Ich meine, nach ihrer Auseinandersetzung dürfte sie sich nicht besonders gut dabei gefühlt haben, aber wahrscheinlich hat sie die Frau schließlich doch ins Haus gelassen.«

»Du meinst, sie hat *Sarah* reingelassen?«

»Ich hab mir die Überwachungsvideos noch einmal angeschaut«, sagte Tanner. »In Maxwells Straße und an den Nachbarhäusern gibt es keine Kameras. Aber ich hab mir Aufnahmen einer Verkehrsüberwachungskamera auf der Hauptstraße besorgt und das hier gefunden …«

Sie nahm eine gefaltete Fotokopie aus ihrer Tasche und reichte sie ihm.

Ein Paar, das sich zu Fuß von der Kamera entfernt. Lange

Mäntel und Hoodies. Der Timecode am unteren Bildrand zeigte 21.36 Uhr.

»Das passt zum geschätzten Todeszeitpunkt«, stellte Tanner fest. »Gut, es ist natürlich nicht der stichhaltigste Beweis aller Zeiten, und vor Gericht würde er nicht standhalten, aber ich denke, das sind die beiden. Sie haben irgendwo in der Nähe geparkt oder sind vielleicht auf dem Weg zur U-Bahn. Ich hab mir sämtliche anderen Kameras in der Gegend vorgenommen, aber etwas Besseres als diese Aufnahme hier hab ich nicht gefunden.«

Thorne legte das Foto auf seinen Schreibtisch. »Du glaubst also, sie waren *beide* dort?«

»Warum nicht? Diese Sarah klingelt bei Gemma, sie sagt irgendwas wie: ›Tut mir wirklich leid, Sie zu stören, vor allem nach dem peinlichen Gespräch, das wir hatten, aber könnten mein Mann – mein Freund oder was auch immer – und ich vielleicht kurz reinkommen?‹ Zu zweit muss es einfacher für sie gewesen sein, meinst du nicht?«

Thorne erinnerte sich, dass einer der anderen Lehrer gesagt hatte, ihrer ermordeten Kollegin habe die Frau, die sie zur Rede stellen wollte, leidgetan.

Ja, das klingt ganz nach Gemma …

»Außerdem hab ich mit Phil geredet …«

Thorne blickte sie erwartungsvoll an.

»Er kann nichts beschwören, hält es aber zumindest für möglich, dass eine Frau den Hammer benutzt hat.« Tanner drehte die Handflächen nach oben. »Ich meine, wir werden es wahrscheinlich erst erfahren, wenn wir sie in Gewahrsam haben und getrennt voneinander verhören können. Und selbst dann …« Sie schaute auf die Uhr und schob ihren Stuhl vom Schreibtisch weg. Es war Zeit für die Besprechung.

»Gehen wir?«

Thorne nickte, sagte aber nichts. Die Vorstellung, dass selbst die zierlichste Frau tödlichen Schaden anrichten konnte, wenn sie über die entsprechende Waffe verfügte, ließ ihm keine Ruhe.

Wie dünn eine Schädeldecke doch war …

»Also los, an die Arbeit.«

VIERZIG

Der erste Tag an einer neuen Schule war immer nervenaufreibend, also hatte sie beschlossen, sich zur Eingewöhnung mit dem Abholen zu begnügen. Nachmittags war es meist einfacher als beim morgendlichen Hinbringen, schon deshalb, weil die Leute sich wunderten, wenn jemand ohne ein Kind im Schlepptau auftauchte. Auch wenn Sarah für diesen Fall eine Geschichte parat hatte – sie war schnell noch einmal zurückgekommen, weil Jamie, als sie ihn vor zehn Minuten abgeliefert hatte, etwas vergessen hatte –, wollte sie nicht gleich an ihrem ersten Tag ein Risiko eingehen.

Schließlich war das Ganze für Jamie ohnehin schon traumatisch genug.

Die Fahrt nach Woodford war nicht so schlimm gewesen wie befürchtet. Sie wusste, dass sie sich schnell daran gewöhnen würde. Da sie die Parksituation schon bei ihrem ersten Besuch an der Schule gecheckt hatte, fand sie ein paar Straßen weiter problemlos einen Platz. Die Leute hier waren nicht so von sich eingenommen wie die in Brooklands Hill, das war auf den ersten Blick zu erkennen. Die Straßen ringsum waren nicht von SUVs verstopft. Sie schätzte, dass sie mit den Eltern ein bisschen leichter zurechtkommen würde. Trotzdem war sie auf dem fünfminütigen Fußweg zum Schultor nervös, sie wollte unbedingt auf Anhieb den richtigen Eindruck machen. Dass sie sich solche Sorgen wegen Conrad machte, war in dieser Situation alles andere als hilfreich.

Wegen dem, was Conrad vorhatte.

Er war kurz vor ihr von zu Hause aufgebrochen und hatte kein besonderes Interesse gezeigt, sie in seine Pläne einzuweihen. Er hatte das Thema gewechselt, als würde sie es nicht bemerken, und sich dann an der Tür übertrieben liebevoll verabschiedet. Auch wenn sie sich *darüber* niemals beschweren würde, war sein Bemühen allzu offensichtlich gewesen, vor allem wenn man bedachte, dass er sie vor dem Frühstück noch auf der Frisierkommode genommen hatte. Er hatte getan, als wäre es völlig egal, wohin er ging, als zählte nur, wie sehr er sie vermisste und was er nach seiner Rückkehr mit ihr anstellen würde.

»Daran werde ich den ganzen Tag denken«, hatte er gesagt, sich lächelnd die Jacke angezogen und sich vor dem Öffnen der Haustür an ihr gerieben, damit sie auch ja begriff, wovon er sprach.

Er war immer noch damit beschäftigt, sich seiner neuen Zielperson zu nähern.

Immer noch in dieser frühen, *kniffligen* Phase, in der er ein Gefühl für die Frau bekommen und sichergehen musste, dass sie die Mühe wert war. Er musste sich Zeit lassen.

Das jedenfalls hatte er ihr am Abend zuvor erklärt …

Die ersten Minuten waren immer die schlimmsten. Sich einen Meter entfernt von einer Gruppe Frauen herumzudrücken, die sich eindeutig gut kannten. Sich nicht aufdrängen zu wollen. Ein schüchternes Lächeln, als eine von ihnen – untersetzt und mit Dauerwelle – in ihre Richtung schaute. Dann endlich – Gott sei Dank – ein Winken, das sie aufforderte, sich zu ihnen zu stellen.

»Sie haben tolle Haare«, sagte die untersetzte Frau.

Ein hohles Kompliment vor jedem »Hallo« oder einer noch so oberflächlichen Vorstellung. Warum *machten* Frauen so etwas? Männer schienen sich immer damit zu begnügen, einfach die Hand auszustrecken und zu sagen: »Ich heiße Terry«, oder wie auch immer. Doch davon abgesehen war sie tatsächlich zufrieden mit ihrem neuen Look. Sie hatte sich noch nicht an das Blond gewöhnt, fand aber, dass der Stylist ganze Arbeit geleistet hatte. Ihr Haarschnitt war kürzer, fast wie ein Bob. Ironischerweise erinnerte er sie ein bisschen an die Frau, wegen der Sarah ihr Aussehen überhaupt hatte verändern müssen.

Als Sarah einen letzten Blick auf die Lehrerin geworfen hatte, hatte ihre Frisur allerdings nicht mehr ganz so gut gesessen.

Sie lächelte und strich über ihren Pony. »Oh, danke.«

Nein, *das* war kein Look, der ihr in absehbarer Zeit in irgendeiner Shampoowerbung begegnen würde. *Mit Blut verfilzt? Weil ich es mir wert bin …*

»Ich heiße Patti.«

»Sarah.« Wieder lächelte sie, freundlich und nervös diesmal. Dann starrte sie erwartungsvoll durch das Tor zum Schuleingang. »Mein Sohn hat heute seinen ersten Tag.«

»Oh.« Die untersetzte Frau wandte sich an ihre Freundinnen. »Der erste Tag …«

Es folgten Oohs und Aahs, ein erhobener Daumen und ein »Viel Glück«. Eine erzählte etwas vom ersten Tag ihres eigenen Kindes, was ihr eindeutig interessanter erschien.

»Wie heißt Ihr Sohn?«, fragte Patti.

»Jamie.«

»Dann alles Gute.« Als die Frau nickte, wogte ihr lockiger Haarwust auf und ab. »Er kommt sicher prima zurecht. Wahrscheinlich sind Sie viel nervöser als er.«

»Das könnte gut sein.«

In diesem Moment kamen die ersten Kinder nach draußen, und die Frauen drehten sich zu ihnen um. »Dann sind Sie also gerade hergezogen?«

»Ja, wir leben noch zwischen Umzugskartons.«

»Wo haben Sie vorher gewohnt?«

»Südlich vom Fluss.«

»Oh, ein großer Schritt.«

»Mein Partner hat eine Firma, die Onlinevideos für Studenten produziert. Sie wissen schon, Vorlesungen und so. Er hat das Büro nach hier draußen verlegt, also …«

Patti stellte sich auf die Zehenspitzen und winkte einem Mädchen zu, das gerade durchs Tor schlenderte und den Blick nicht vom Display eines pinkfarbenen Handys löste.

»Ich schätze, ich gehe besser rein und hole ihn«, sagte Sarah. »Er ist ein wunderbarer Junge, aber verdammt noch mal, er trödelt für sein Leben gern!« Ein paar andere Mütter lachten und nickten mitfühlend. Als Patti ihre Tochter in den Arm genommen hatte und ihr nachrief: »Schön, Sie kennengelernt zu haben«, hatte Sarah den Schulhof schon halb überquert.

Sie machten einen netten Eindruck, dachte Sarah, die anderen Eltern. Nach ein, zwei Tagen würde sie wie immer sämtliche Namen kennen. Besser hätte es nicht laufen können. Sie lächelte den Kindern zu, die an ihr vorbeiliefen, und winkte einer der Lehrerinnen. Sicher würde sie drinnen einen Platz finden, an dem sie sich die nächsten zehn Minuten verstecken konnte. Jetzt, wo die Nettigkeiten ausgetauscht waren und sie den ersten Schritt gemacht hatte, konnte sie nur noch an Conrad denken.

Scheiße, warum ließ sie es zu, dass er ihr den Tag ruinierte?

Weil sie ihn liebte, natürlich, das war nicht allzu kompliziert … Aber wenn er sie so sehr liebte, wie sie glaubte und wie er es behauptete, warum war er ihr gegenüber dann nicht ehrlich?

Warum wollte das verdammte Arschloch Conrad etwas vor ihr verbergen?

Wie konnte er nur?

Sie waren nicht Conrad und Sarah, jetzt nicht mehr. Nicht Sarah und Conrad. Es gab kein *und* mehr. Sie hatten sich zu etwas völlig anderem entwickelt, einer dritten Person, der sie beide

Fleisch und Blut verliehen. Und Geheimnisse würden dieser Person bloß schaden.

Würden sie zugrunde richten.

Sie betrat die Schule und marschierte an einer Reihe bunter Spinde vorbei zur Mädchentoilette. Geschickt schlüpfte sie hinein, verschwand auf schnellstem Weg in einer der Kabinen und verschloss die Tür.

Sie atmete durch …

Es war lächerlich, dachte sie, unsinnig. Hatten nicht bei allem, was Conrad ihr über sein bisheriges Leben erzählt hatte, seine bemerkenswerten Fähigkeiten als Lügner eine zentrale Rolle gespielt? Hatte er nicht Frauen betrogen, falsche Identitäten angenommen und Scheinfirmen und all das erfunden? Um Himmels willen, auf diese Weise hatte er seinen Lebensunterhalt bestritten. Der Erfolg, den er gehabt, und das Geld, das er verdient hatte, legten den Schluss nahe, dass er ein wirklich guter Lügner war. Zumindest hielt er selbst sich für einen. Mehr als einmal hatte er damit geprahlt. Wie hatte sie sich einreden können, dass er es bei ihr nicht versuchte?

Trotzdem ließ Sarah sich nichts vormachen.

Vielleicht weil sie das Lügen sogar noch besser beherrschte als er selbst.

Nachdem sie ihr Leben lang von so vielen Männern hintergangen worden war, hatte der Umstand, dass Conrad ein *professioneller* Lügner war, ironischerweise zu seiner Anziehungskraft beigetragen. Ihr war die ganze Zeit klar gewesen, worauf sie sich einließ. Es hatte auf eigenartige Weise sogar beruhigend gewirkt, natürlich immer unter der Voraussetzung, dass die Lügen ausschließlich bei den Frauen, die er als Opfer ausgewählt hatte, zum Einsatz kamen. Und dass es dabei niemals um etwas Wichtiges ging, um etwas, das *sie* betraf.

Nicht dass es ihr letztlich viel ausmachte. Conrad mochte der größte Lügner sein, den die Welt je gesehen hatte: Es würde ihm nichts nützen.

Denn sie würde es merken.

EINUNDVIERZIG

Die Augen der Frau verengten sich zu Schlitzen, als sie fragte, ob er ihre Nachrichten bewusst ignoriert habe.

»Ich hatte viel um die Ohren«, sagte Conrad. »Ich hatte zu tun.«

Die Frau sagte, sie verstehe ihn, es müsse schrecklich schwierig sein, jemand derart *Besonderes* allein zu lassen. Sich loszureißen sei ihm wohl mehr oder weniger unmöglich.

»Red keinen Unsinn –«

Sie lehnte sich auf dem Sofa zurück und schloss in gespielter Ekstase die Augen. Dann stieß sie langsam zischend den Namen ihrer Konkurrentin aus, wie eine Beschwörungsformel. »Sarah …«

»Es klang dringend«, sagte Conrad. Er stand dicht an der Tür und konnte es kaum erwarten, die Sache hinter sich zu bringen. »Deine Nachricht, meine ich.«

Sie nickte sofort, als hätte sie endlich begriffen, was er meinte. Ihre *letzte* Nachricht. Die Nachricht, die ihr endlich seine volle Aufmerksamkeit verschafft hatte.

»Also …?«

Sie wolle ihn sehen, sagte sie. Sonst nichts. Sie vermisse ihn.

Conrad setzte sich dicht neben sie. Er war nicht restlos überzeugt, doch die mit sanfter Stimme vorgetragenen Worte taten ihre Wirkung, der Ausdruck in ihrem Gesicht, der ihn früher dazu gebracht hatte, ihr jeden Wunsch zu erfüllen. Eine

Träne, als sie blinzelte, ihre kleinen Zähne, die auf die Unterlippe bissen.

Die Worte sprudelten wie von selbst aus seinem Mund.

»Ich habe etwas getan.« Kaum hatte er den Anfang gemacht, als Conrad bewusst wurde, wie sehr er sich danach gesehnt hatte. Lang atmete er aus, es fühlte sich an, als würde er vergiftete Luft aus seiner Lunge lassen. »*Wir* haben etwas getan. Sarah und ich.«

Sie sah ihn an.

»Das Schlimmste ...«

Er erzählte ihr alles, hastig, die Augen auf den Fußboden geheftet und von einem Zittern geschüttelt, das er nicht kontrollieren konnte. Er sprach von dem Jungen am Strand, von der Lehrerin ... von all dem, das sie sich nicht hatte ausreden lassen. Von den Dingen, die er in der ... Hitze des Augenblicks hatte tun *wollen*, ihretwegen, weil sie diese Momente hatten teilen müssen.

»Es klingt vielleicht dumm, aber es war, als würde jemand mich *mitreißen*, als gäbe es kein Zurück mehr, wie ... wenn man kommt«, sagte er. »Verstehst du? Es gibt einen Punkt, an dem du nicht mehr aufhören kannst, wo du *alles* tun würdest, bloß nicht aufhören.« Er schloss die Augen. »Mein Gott ...«

Als er schließlich aufblickte, sah er, dass sie ein wenig blass geworden war.

Ihre Augen waren weit aufgerissen und trocken.

Sie rückte ein Stückchen näher und legte sanft die Hand auf seinen Arm. Conrad ließ es bereitwillig geschehen. »Es war in allen Zeitungen und im Fernsehen«, sagte er. »Ich weiß nicht ...«

»Schsch«, machte sie.

»Wahrscheinlich haben sie meine Fingerabdrücke und meine DNA.« Wieder begann er zu zittern. »Da war so viel Blut.«

Eine Weile schwiegen beide, dann begann sie zu reden, wobei ihre Hand über seinen Arm strich. Sie sagte, sie wolle ihm helfen. Sie sei *immer* für ihn da gewesen. Die DNA würde erst dann zum

Problem, wenn man ihn schnappte, sagte sie. Wenn er oder seine Partnerin etwas Dummes täten. Sie sagte, sie kenne ihn gut genug, um zu wissen, dass er grundsätzlich ziemlich vorsichtig war. Das Einzige, worüber er sich wirklich Sorgen machen müsse, sei, dass jemand anders der Polizei Informationen zuspielen würde. Zum Beispiel jemand, der den Ermittlern einen anonymen Hinweis gab.

Conrad wich abrupt von ihr zurück und stand auf. »Was willst du damit sagen?«

Sie wirkte beunruhigt und versicherte ihm, sie wolle gar nichts damit sagen, sie erkläre ihm bloß die Lage. Conrad fühlte sich schwindlig, fiebrig. Dieser Tag im Café … Inzwischen war ihm klar, dass er hätte abhauen sollen.

Sie erklärte, sie gehe nur die Möglichkeiten durch, bis hin zum schlimmstmöglichen Szenario. Was wisse *sie* schließlich schon?

Er konnte kaum glauben, dass er das Lächeln dieser Frau einmal für das Anziehendste, Aufregendste gehalten hatte, das er je gesehen hatte. Dass er sie unwiderstehlich gefunden hatte.

Was sie hingegen wisse, sagte sie mit ruhiger Stimme, sei, dass er ihre Nachrichten von nun an nicht mehr ignorieren werde. Sie deutete auf das Kissen an ihrer Seite und sagte, er sehe ziemlich müde aus.

Conrad nahm wieder Platz.

ZWEIUNDVIERZIG

Auf der Suche nach etwas Hörbarem stöberte Thorne in dem Karton mit CDs herum, den er von Helen mitgebracht hatte. Nachdem er ein paar Minuten lang die Tracklisten studiert hatte, um seine eigene Stimmung auszuloten und sich zwischen seinen beiden Lieblingssängern zu entscheiden, kam er zu einem Kompromiss. Er legte *George Jones Salutes Hank Williams* auf und ging langsam hinüber ins Schlafzimmer, kehrte jedoch kurz darauf ins Wohnzimmer zurück, weil er keine Ruhe fand. Seit seiner Rückkehr hierher waren inzwischen drei Monate vergangen, und wenn er ehrlich war, fühlte er sich immer noch … fremd. Was hatte er vor anderthalb Wochen zu Helen gesagt? Als er wie ein Besucher auf ihrer Couch gesessen, ihr Bier getrunken und versucht hatte, sich all das zu erklären, so zu tun, als wäre das neue Arrangement keine große Sache?

Es ist halt … meine Wohnung.

Was natürlich zutraf. Doch obwohl er hier lange gewohnt hatte, ehe er schließlich bei Helen in Tulse Hill eingezogen war, kam ihm die Wohnung, in die er zurückgekehrt war, ganz anders vor als die, die er verlassen hatte. Es ging nicht bloß um die Räume als solche, sondern auch um die Atmosphäre. Er hatte nicht gelogen, als er Hendricks versichert hatte, er freue sich, wieder nördlich des Flusses zu wohnen. Und doch hatte der Schritt über die Schwelle sich nicht wie ein Nachhausekommen angefühlt.

Was zu einem großen Teil auch daran lag, dass sich die Wohnung tatsächlich nicht in ihrem früheren Zustand befand. Vor allem war sie verstörend … hübsch. Um sie vermieten zu können – zuletzt an ein paar dümmliche, aber sympathische Streifenpolizisten vom Revier Kentish Town –, hatte er sie zunächst gründlich aufmöbeln müssen. Ein frischer Anstrich und eine professionelle Teppichreinigung, neues Geschirr, neue Töpfe und Pfannen, neue Bettwäsche, ein paar gestreifte Läufer und Zierkissen (alle von Helen ausgesucht). Außerdem hatte er aus dem unkrautüberwucherten, mit Gehwegplatten und Sträuchern »angelegten« Garten mehrere Säcke Müll abtransportiert.

Bei seiner Rückkehr war ihm vieles vertraut gewesen, anderes allerdings auch nicht. Zu viele Gegenstände hatten keine Geschichte, keine Bedeutung für ihn. Im Prinzip fand Thorne sich mit geschlossenen Augen zurecht: die Zahl der Schritte von einem Zimmer ins andere, die Umrisse jedes einzelnen Schattens an der Wand. Und doch fühlte es sich besser an, die Wohnung morgens zu verlassen, als abends in sie zurückzukehren.

Problemlos zu passen schien nur noch sein Schlüssel.

Thorne war hungrig, konnte sich aber nicht entschließen, sich etwas zu essen zu machen. Er ging in den Flur und griff sich die Zeitung, die er beim Hereinkommen auf den Tisch gelegt hatte. Dann warf er einen kurzen Blick aufs Fernsehprogramm, entdeckte aber nichts, worauf er Lust hatte, kehrte zurück ins Wohnzimmer und spielte mit dem Gedanken, früh ins Bett zu gehen.

In Wahrheit war es ganz einfach: Die Wohnung fühlte sich anders an, weil er selbst sich anders fühlte. Doch vom Offensichtlichen abgesehen war er sich nicht sicher, worin diese Änderung bestand und was er davon halten sollte. Was er tun sollte. Mit dem Ellbogen schob er eins der von Helen ausgesuchten Kissen beiseite, drehte die Musik leise und wählte ihre Nummer.

Sie nahm nicht ab, doch diesmal hinterließ er keine Nachricht. Um diese Uhrzeit war sie sicher noch nicht im Bett, also hatte sie wahrscheinlich Spätschicht. Und Alfie wurde von Tante Jenny verwöhnt …

Er lehnte sich zurück und scrollte durch seine Kontaktliste, die wesentlich kürzer war als bei vielen anderen und außerdem mehr Nummern von Pizzalieferanten enthielt, als gut für seine Gesundheit war. Er starrte auf mehrere Namen, mit denen er nichts mehr anfangen konnte, und versuchte sich zu erinnern, wer um alles in der Welt diese Menschen waren. Kurz überlegte er, sie zu löschen, doch dann scrollte er weiter. Bei »P« hielt er inne und wählte spontan eine Nummer, ehe er es sich anders überlegen konnte.

Melita Perera lachte bereits, als sie sich meldete. »Geht es wieder um Ihre Mutter?«

Nun lachte auch er. »Nein. Hören Sie, es tut mir leid, Sie zu Hause zu stören … falls Sie zu Hause *sind*. Ich meine, außerhalb der normalen Arbeitszeiten.«

»Ich schaue mir gerade *Gogglebox* an, aber ich werd's überleben.«

»Mein Fehler«, sagte Thorne. Wo zum Teufel war *das* jetzt hergekommen. Er hasste den Ausdruck.

»Kein Problem, ist sowieso eine Wiederholung. Immerhin habe ich noch eine Hand für mein Weinglas frei.«

Thorne hatte keine Vorstellung, wie Melita Perera lebte. Dass sie keinen Ehering trug, hatte er schon vor sieben Monaten registriert, doch ihm war klar, dass das nicht viel zu bedeuten hatte. Immerhin *klang* sie nicht so, als hätte sie es sich gerade mit jemandem gemütlich gemacht. Er sagte: »Sie haben da neulich eine Bemerkung gemacht, als es um diesen Wahnsinn zu zweit ging.«

»*Folie à deux.*«

»Genau.« Thorne war zu verlegen gewesen, es auf Französisch zu sagen. »Die Idee, dass eine Hälfte des Paars normalerweise dominant ist.«

»Normalerweise.«

»Sie sprachen von Brady und Hindley und sagten, ich sollte keine voreiligen Schlüsse über die Rollenverteilung bei dem Paar ziehen, nach dem wir suchen.«

»Gibt es Neuigkeiten?«

Thorne gab ihr eine kurze Zusammenfassung dessen, was Tanner ihm gesagt hatte. Was Hendricks *ihr* gesagt hatte. Er hörte, wie sie einen Schluck nahm.

»Nun ja, erinnern Sie sich an den Brief, von dem ich gesprochen habe? Den Brady ans Innenministerium geschrieben hat? Von allem anderen mal abgesehen hat er behauptet, Hindley vor Gericht gedeckt und sie für ihre Aussagen so instruiert zu haben, dass sie nur wegen geringfügigerer Verbrechen verurteilt würde.«

»Dann hat er sich aber nicht besonders geschickt angestellt.«

»Nein, hat er nicht. Später, als sie völlig entfremdet waren, hat er angedeutet, Myra wäre direkt an den Morden beteiligt gewesen, zumindest an einigen. Sie hätte mehr getan, als nur die Opfer für ihn anzulocken.«

»Und was glauben Sie?«

»Ich glaube nicht, dass wir die Wahrheit je erfahren«, sagte sie. »Aber ich halte die Vorstellung, dass in Fällen wie diesen immer der männliche Teil des Paars die eigentlichen Verbrechen ausführt, für … naiv.«

»Dann könnte Sarah also Gemma Maxwell ermordet haben?«

»Unter den entsprechenden Umständen sind Frauen genauso zu derartigen Verbrechen in der Lage wie Männer.«

Thorne wusste aus eigener Erfahrung, wovon Perera sprach.

»Besteht die Möglichkeit, dass sie beide Morde begangen hat?«

»Danach sieht es nicht aus«, sagte Thorne. »Wir konnten die DNA des Mannes auf dem Mordwerkzeug sicherstellen.«

»Interessant …«

»Was meinen Sie?«

»Die Vorstellung, dass sie sich die Arbeit teilen.« Sie machte eine kurze Pause, und Thorne hörte sie schlucken. »Dann wäre beim nächsten Mal wieder er dran.«

»Glauben Sie, es gibt ein nächstes Mal?«

»Ich würde fast davon ausgehen«, sagte sie. »So wie es klingt, sind diese Morde bedeutsam für ihre Beziehung. Sie stärken die Verbindung und halten die beiden zusammen.«

Schließlich redeten sie noch eine Weile über dies und jenes: Psychotherapeuten, die andere Psychotherapeuten behandeln, den positiven Effekt schlechter Fernsehprogramme für die abendliche Entspannung, bessere Bars für zukünftige Treffen, falls sie denn nötig würden. Sie klang ehrlich neugierig, was die weitere Entwicklung des Falls anging, und Thorne versprach, sie auf dem Laufenden zu halten.

»Vielleicht schaffe ich es ja auch, nicht anzurufen, wenn gerade *Gogglebox* läuft.«

»Das würde ich begrüßen.«

Als Thorne sein Handy weggelegt hatte, drehte er die Musik wieder lauter, ging in die Küche und öffnete den Kühlschrank. Er wühlte so lange herum, bis er die Zutaten für ein Omelett und eine Dose Bier gefunden hatte. Mit einem Mal war er besserer Stimmung, fühlte sich leichter. Er schlug die Eier in eine Schüssel und sang unmelodisch mit, als Jones »Take These Chains From My Heart« schmetterte.

Und wahrscheinlich ging es genau darum.

DREIUNDVIERZIG

Sie richtete es so ein, dass bei Conrads Rückkehr das Abendessen fertig war.

Sarah hatte sich selbst nie als große Köchin betrachtet – wie oft hatte das Arschloch, mit dem sie verheiratet gewesen war, ihr diese Einschätzung bestätigt? –, aber immerhin gab sie sich Mühe. Sie wusste, wie sehr Conrad das Essen liebte. Heute gab es zwar bloß Nudeln mit Hühnchen in einer scharfen Soße, doch sie vermutete, es würde ihm schmecken.

»Sieht toll aus«, sagte er.

Sie hatte sich sogar die Mühe gemacht, den Tisch zu decken: Servietten und Kerzen, das volle Programm. War es nicht genau das, wodurch man, wenn man den Zeitschriften glauben durfte, eine Beziehung lebendig hielt? Jeden Abend so anzugehen, als wäre es die allererste Verabredung. Allerdings hatten sie bei ihrer ersten Verabredung keinen Sex gehabt, und sie hoffte doch, dass das heute anders sein würde. Sollte es mit dem Essen nicht klappen, wusste sie schon, was sie ihm sonst noch anbieten konnte.

Conrad nahm Platz, und sie brachte die Teller an den Tisch.

»Ich verhungere schon«, sagte er.

Sie holte noch ein Bier für jeden.

Als Sarah sich setzte, war er bereits mit Salz und Pfeffer zugange, was sie unhöflich fand, da er noch nicht einmal probiert hatte. Doch sie schluckte ihren Ärger herunter und fragte: »Langer Tag?«

Sie begannen zu essen.

Er grunzte und schluckte. »Ja.« Schon schob er sich die nächste Gabel in den Mund. »Es schmeckt übrigens fantastisch.«

»Wie läuft's denn?«

»Gut … ich glaube, die Sache nimmt langsam Gestalt an.«

»Großartig.« Sie hob ihr Glas und streckte es ihm entgegen.

»Diesmal könnte es sich richtig lohnen.« Er beugte sich vor und stieß mit ihr an. »Ich dachte, wenn alles nach Plan läuft, könnten wir uns vielleicht etwas gönnen und eine kleine Reise machen.«

»Ich nehm dich beim Wort.«

Er legte die Gabel auf den Tisch. »Hör mal, ich wollte mich entschuldigen, weil ich mich lustig gemacht habe, als du nach der neuen Frau gefragt hast, die ich ausgecheckt habe. Ich war ein bisschen gereizt.«

»Sei nicht albern, ich –«

»Es geht dich natürlich etwas an. Alles, was ich tue … Wie sollte es auch anders sein? Die ersten paar Tage sind manchmal ein bisschen knifflig, das ist alles. In der Phase bin ich etwas nervös, weil ich keine dummen Fehler machen will. Es … tut mir leid.«

Er lächelte, und sie hielt den Atem an, denn was immer er sonst noch zu sagen hatte, wie immer das Gespräch sich noch entwickelte, dieses schiefe Lächeln brachte sie nach wie vor um den Verstand.

»Es lag auch an mir«, sagte sie.

»Nein, das stimmt nicht.«

»Erst sage ich dir, dass du jedes Recht hast, diesen Teil für dich zu behalten und dein eigenes Leben zu führen, und dann mische ich mich ein.«

Er winkte ab. »Ganz egal, an wem es lag, jetzt, wo ich mit den Vorbereitungen praktisch fertig bin, kann ich dir davon erzählen.« Er grinste. »Von *ihr* erzählen.«

»Bist du sicher?«

»Das bin ich dir schuldig.«

Sie sagte: »Okay, wenn du willst.« Als würde sie die Entscheidung ganz ihm überlassen, ohne jeden Druck.

Er griff nach seinem Glas und lehnte sich zurück. »Also … Sie heißt Vanessa Anderson und wohnt in Clapham. Ich hab sie in einem Buchladen kennengelernt, ob du es glaubst oder nicht … Ich hab mich einfach zu ihr hingesetzt und über alles und nichts geplaudert.«

Sarah lachte. »Dein typischer Einstieg.«

»Stimmt«, sagte Conrad. »Jedenfalls macht sie beruflich … *irgendwas* in der City. Was genau, hab ich noch nicht rausgefunden, aber sie scheint in Geld zu schwimmen. Ihr Mann ist vor ein paar Jahren gestorben und hat ihr ein richtiges Vermögen hinterlassen.«

Sarah nickte und konzentrierte sich auf jedes einzelne Wort. Kein Gedanke mehr ans Essen. Sie war sowieso nicht sonderlich hungrig gewesen. Während er redete, warfen die Kerzen seltsame Schatten auf sein Gesicht. Sie konnte sich nicht erinnern, ihn je so lebhaft, so aufgeregt gesehen zu haben.

Ihr drehte sich der Magen um.

»Wie alt ist sie?«

»Dreiundfünfzig … nein, vierundfünfzig. Genau, sie hat gesagt, sie hätte kürzlich Geburtstag gehabt.«

»Oh, dann spielst du jetzt also den jugendlichen Liebhaber?«

Conrad lachte. »Ja, ich schätze schon. Allerdings sieht sie für ihr Alter ziemlich gut aus, das muss man ihr lassen. Und wenn eine Frau nicht aussieht wie das Heck eines Busses, wird die Sache für mich natürlich einfacher.«

»Und? Was hast du vor?«

»Ich weiß noch nicht genau«, sagte er.

»Wie wäre es mit diesem Film?«

Er schaute sie fragend an.

»Du weißt schon, das Drehbuch und die gefälschten Briefe? Eine meiner Lieblingsgeschichten.«

»Ja … Vielleicht wäre das keine schlechte Idee. Filme mag sie auf jeden Fall.« Er kippte den Rest seines Biers in sich hinein und begann wieder zu essen. »Und jetzt sag, wo möchtest du gern hin? Wenn sie bezahlt hat.«

»Ich weiß nicht.« Sarah schob ihr Essen auf dem Teller hin und her. »Hängt vom Zeitpunkt ab, oder?«

»Klar.«

»Ich muss es mit der Schule organisieren«, gab sie zu bedenken. »Ich will Jamie nicht rausreißen, wo er doch gerade erst anfängt, sich einzugewöhnen.« Sie sah zu ihm hinüber, in seinem Gesicht bemerkte sie einen Ausdruck, der ihr nicht gefiel. Ganz kurz nur, dann war er wieder verschwunden. »Vielleicht könnten wir auch einfach einen Wochenendausflug machen.«

Anschließend erzählte sie ihm, wie es in Woodford gelaufen war: von der Fahrt, dem Geplauder am Tor, der untersetzten Frau mit der Dauerwelle, die sich zu ihrer besten Freundin entwickeln würde, zumindest für die nähere Zukunft. Nach dem Essen brachten sie das schmutzige Geschirr in die Küche, und Sarah sah zu, wie Conrad es in die Spülmaschine räumte.

Er wirkte vergnügt, fast schon ein wenig zu selbstzufrieden.

Sie sagte: »Wie sieht sie genau aus? Diese Vanessa. Ist sie groß? Klein …?«

Conrad richtete sich auf und schob die Tür der Spülmaschine zu. »Sie … hat ungefähr deine Größe, glaube ich. Braune Haare …«

»Und wo wohnt sie?«

»In Clapham, wie gesagt.« Er schüttelte den Kopf. »Ist eine ziemliche Reise bis dort draußen, aber –«

»Ihre Adresse, meine ich, den Namen der Straße. Lebt sie in einem Haus oder in einer Wohnung? Wie sieht es drinnen aus? Ich nehme doch an, dass du schon drinnen warst? Fährt sie Auto, und wenn ja, was hat sie für einen Wagen? In welche Art Restaurants geht sie am liebsten? Hat sie Kinder? Wie heißen sie? Leben ihre Eltern noch? Was haben sie beruflich gemacht?« Sie ließ ihm ein paar Sekunden Zeit und schnippte dann mit den Fingern. »Komm schon, das sind doch keine schwierigen Fragen, oder? Du hast sie *ausgecheckt* und bist *praktisch mit den Vorbereitungen fertig*. Komm schon, Conrad …«

Sie starrte ihn an, sah, wie sein Hirn ratterte und sich verzweifelt um Antworten mühte, von denen sie wusste, dass es sie nicht gab.

Irgendwann öffnete er den Mund, doch in diesem Moment ging sie bereits auf ihn los.

Sie traf ihn seitlich am Kopf, sodass er rückwärts gegen die Arbeitsplatte taumelte. Als sie ihn erneut angriff, schrie er auf und versuchte, ihren Arm zu packen. Also benutzte sie die andere Hand, ballte sie zur Faust und prügelte auf seinen Hals und sein Gesicht ein.

»Du Stück Scheiße … verlogenes Arschloch …«

Er bekam ihr Handgelenk zu fassen, wandte den Kopf zur Seite und drehte den Körper weg, um den Tritten gegen seine Schienbeine und den auf seinen Unterleib zielenden Knien auszuweichen. Er sagte, sie solle sich beruhigen und was denn überhaupt los sei. Doch sie tobte, schlug um sich und brüllte ihn spuckend nieder.

»Für wen hältst du dich, verdammt? Für wen hältst du *mich*? Hast du überhaupt eine Ahnung, wozu ich in der Lage bin? Du glaubst, du kannst mich anlügen, ohne dass ich etwas merke … du verdammter Penner … und einfach damit durchkommen? Niemand macht so etwas mit mir, *niemand*.«

Plötzlich wandte er sich ihr direkt zu, ließ ihre Arme los und stieß sie hart gegen den Küchentisch.

Sein Gesicht war knallrot, seine Augen funkelten.

Er zeigte mit dem Finger auf sie und sagte: »Vorsicht, ja? Ich glaube, du weißt genau, wozu *ich* in der Lage bin, weil du diejenige bist, die mich dazu gebracht hat.«

Eine halbe Minute lang starrten sie sich schweigend an, bis ihr Atem sich wieder halbwegs normalisiert hatte. Als sie erneut eine schnelle Bewegung auf ihn zumachte, ballte er die Fäuste. Doch diesmal schlang sie ihre Arme um seinen Hals und drückte ihr feuchtes Gesicht an seine Brust. Ihre Worte drohten im Schluchzen unterzugehen.

»Es tut mir leid … Oh Gott, es tut mir so leid, Liebster. *Bitte …*«

Sarah ging in die Knie, ihr Gesicht glitt an seinem Körper hinab, bis es sich gegen seinen Bauch drückte. Ihre Arme umklammerten seine Taille. »Es ist doch bloß, weil ich dich liebe … Das weißt du, oder? Deshalb reagiere ich so. Ich wäre nicht so eifersüchtig, so aufgebracht und so *dumm*, wenn du nicht … alles für mich wärst. Ich könnte dir keinen Vorwurf machen, wenn du jetzt auf der Stelle verschwindest, wenn du mich verstoßen würdest, als wäre ich eine deiner dämlichen Zicken. Aber ich schwöre, nie wieder eifersüchtig zu werden, dir immer zu glauben.«

Ihr mit hoher Stimme vorgebrachtes Jammern verwandelte sich in ein Stöhnen, als sie Conrads Hand auf ihrem Kopf spürte. Als er begann, ihr über die Haare zu streicheln.

»Ich schwöre es dir, Liebster. Ich schwöre es beim Leben meines Sohnes …«

VIERUNDVIERZIG

Es kam nicht häufig vor, dass Thorne sich auf einen Vormittag freute, an dem er vor Gericht aussagen musste. Andererseits gab es nicht allzu viele Fälle, die so frustrierend verliefen wie dieser hier: die Jagd auf ein mörderisches Paar, das jederzeit beschließen konnte, die eigene Beziehung mit einer neuen »Hochzeitszeremonie« aufzupeppen, und über das Thorne immer noch praktisch nichts wusste.

Also … bester Anzug und Krawatte. Eine halbe Stunde Bla-bla-bla im Zeugenstand. Job erledigt. Es hatte sich wie ein Urlaubstag angefühlt.

Sie stiegen die Stufen vor dem Central Criminal Court hinab, ignorierten den Reporter von *London Tonight*, der vor der Kamera den obligatorischen Bericht ablieferte, und wandten sich ostwärts Richtung St Paul's. Es war kalt, aber sonnig. Zehn Minuten nach Beginn der Mittagspause war der Fußgängerverkehr in Newgate beinahe so dicht wie der von Autos und Bussen. Normalerweise ging Tanner so schnell, dass es Thorne Mühe kostete, mit ihr Schritt zu halten, aber heute schien sie es nicht sehr eilig zu haben.

Für ihre Verhältnisse konnte man fast schon von Bummeln sprechen.

»Wenn es bloß immer so liefe wie heute.« Wie Thorne hatte auch Tanner in dem Prozess um die Messerangriffe in Tottenham ausgesagt. Sie ließ das Handy in ihre Tasche gleiten und warf einen beinahe sehnsüchtigen Blick zurück auf die Bronzestatue der Justitia, die auf der Kuppel des Old Bailey thronte.

Thorne wusste genau, was sie meinte. Vom Papierkrieg einmal abgesehen – den Thorne tatsächlich irgendwann erfolgreich abgeschlossen hatte –, war der ganze Fall so reibungslos verlaufen, wie jeder außer den Angeklagten es gehofft hatte. Die Mordwaffen waren sichergestellt worden, und an ihnen hatte man genug forensisches Material gefunden, um das Team aus *Silent Witness* eine komplette Staffel lang zu beschäftigen. Vernichtende Sachverständigengutachten, verräterische Handydaten und falsche Alibis, die jeder Polizeischüler problemlos entlarvt hätte. Natürlich gab es keine Garantie, dass das Urteil so ausfallen würde, wie sie und die Angehörigen der Opfer es sich wünschten, doch sie waren ziemlich optimistisch.

»Dürfte ganz gut aussehen, oder?«, fragte Tanner.

»Alles andere würde mich wundern«, sagte Thorne.

Auf dem Revier bot DS Samir Karim, der Wetten auf den Ausgang sämtlicher Prozesse annahm, eine Quote vom 25 zu 1 für einen Freispruch. Trotzdem hatte er niemanden gefunden, der auf »nicht schuldig« setzen wollte. Tanner und Thorne waren lange genug dabei, um zu wissen, dass nicht alle Fälle so glatt verliefen wie dieser. Doch in den meisten Ermittlungen ging es zumindest irgendwie voran, wenn auch im Schneckentempo. Von daher durfte man tatsächlich von »laufenden Ermittlungen« sprechen. In den Mordfällen Kevin Deane und Gemma Maxwell hingegen konnte das Team kaum etwas tun, als herumzusitzen und zu hoffen, dass die Beweismittelfee ihnen neue Hinweise auf den Tisch zauberte.

Sie kamen zunächst an der Christ Church Greyfriars vorbei, kurz darauf an der Börse, deren Fenster das freundliche, aber wenig wärmende Sonnenlicht reflektierten.

»Gestern Abend hab ich Helen angerufen«, sagte Thorne.

»Und?«

»Sie war nicht zu Hause.«

Tanner schaute ihn fragend an. »Hab schon spannendere Geschichten gehört.«

»Ich mache doch bloß ein bisschen Konversation«, sagte Thorne. »Ich meine, wir müssen nicht die ganze Zeit über die Arbeit reden, oder?«

»Das tue ich auch nicht.«

Thorne stutzte, hielt aber lieber den Mund. Ein paar Meter weiter fragte Tanner: »Hast du gestern irgendwas Gutes im Fernsehen gesehen?«

Thorne versuchte sich zu erinnern, was er nach seinem Anruf bei Perera eingeschaltet hatte. Nach dem Omelett, das er sich gezaubert hatte. »Fußball-Highlights«, sagte er. »Watford gegen Burnley.«

»Was *Gutes*, hab ich gesagt.«

»Und du?«

»Bin bei *Newsnight* auf dem Sofa eingeschlafen.«

»Verdammt, führen wir aufregende Leben.«

»Kein Problem für mich«, sagte Tanner.

Sie warf ihm einen Blick zu, und Thorne wusste, ohne dass sie auch nur ein Wort darüber verlieren musste – was sie ohnehin nie tat –, woran sie dachte. Gott sei Dank hatte es bei den Ereignissen vor sieben Monaten außer ihnen keine Zeugen gegeben.

Die Aufregung von damals hätte für mehrere Leben gereicht.

Zehn Minuten später, auf einem überfüllten Bahnsteig der Station St Paul's, erzählte Tanner ihm ausführlicher von den erweiterten Haustürbefragungen, mit denen an diesem Morgen begonnen worden war. Sie erklärte, sie habe immer noch Hoffnung. Dipak Chall hatte sich bereits mit dem Wirt des *The Blacksmith and the Toffeemaker* unterhalten, und auch wenn der Mann das

Phantombild des Verdächtigen nicht erkannt hatte, wollte Chall am Abend ins Pub zurückkehren und mit ein paar Stammgästen sprechen. Thorne brummte zustimmend, hörte aber schon das dumpfe Rumpeln der einfahrenden U-Bahn und dachte an die Frau, die vier Wochen zuvor auf einem anderen Bahnsteig den einfahrenden Zug erwartet hatte.

An den Anfang des Ganzen.

Plötzlich spürte er wieder die Hitze und den Kopfschmerz jenes Morgens in Highgate. Er fragte sich, was Philippa Goodwin durch den Kopf gegangen war, als sie dasselbe Donnern von Sekunde zu Sekunde hatte lauter werden hören.

Der Zug rauschte an ihm vorbei und bremste laut quietschend ab.

»Sieht nach Sitzplatz aus«, staunte Tanner.

Thorne nickte und blinzelte, um die Bilder in seinem Inneren zu verscheuchen. Doch der Leichensack hing beim Hochheben noch immer in der Mitte durch.

Sie stiegen an der Tottenham Court Road um, und nach zwanzig Minuten kam ihr Zug am Bahnhof Hendon Central an die Oberfläche. Thorne blickte auf sein Handy. Er hatte einen Anruf auf der Mailbox, und nachdem er ihn abgehört und zurückgerufen hatte, glaubte er, dass irgendeine Fee es tatsächlich gut mit ihnen meinte.

Der Beamte vom Betrugsdezernat erklärte, er und seine Kollegen seien Berichte über unaufgeklärte Fälle der letzten Jahre durchgegangen, um nach Tätern zu suchen, deren Personenbeschreibungen sich mit den Aussagen der Fultons deckten. Oder wenigstens mit dem Phantombild, bei dessen Erstellung die Brooklands-Hill-Eltern geholfen hatten.

»Wir sind auf einen Typen gestoßen, der dem auf dem Bild ziemlich ähnlich sieht«, sagte der Beamte. »Jedenfalls nach Meinung des Opfers. Wir dachten, Sie möchten vielleicht mit der betreffenden Frau reden.«

Thorne fragte den Beamten nach den Kontaktdaten der Frau.

»Was ist los?«, fragte Tanner, als Thorne aufgelegt hatte.

Er brachte sie auf den aktuellen Stand. »Lust auf eine Reise nach Glasgow?«

»Geht wahrscheinlich nicht ohne Übernachtung.«

»Vermutlich.«

»Dann muss ich jemanden suchen, der sich um die Katze kümmert.«

Thorne starrte aus dem Fenster auf die von Sträuchern bewachsene Böschung, die zu einer Mauer voller Graffiti hin abfiel. Jenseits des Zauns dominierten die Braun- und Grautöne überfüllter Park- und Lagerhäuser.

»Wie war das mit den aufregenden Leben …?«

FÜNFUNDVIERZIG

Conrad hatte kaum eine andere Wahl, als sich auf den Weg zu machen, wann immer er gerufen wurde. Doch nach den Ereignissen des Abends zuvor war er erleichtert, für eine Weile verschwinden zu können. Loszufahren und sich mit der Frau zu treffen, die, so sehr sie ihn auch am Wickel hatte, wahrscheinlich niemals so ausrasten würde wie Sarah.

Anscheinend hatte er die Wahl zwischen Pest und Cholera.

Sie hatte ihn mit einem Blowjob geweckt, als könne sie so den Schmerz in seinem Ohr und die geschwollene Wange wiedergutmachen. Er hatte nicht die geringste Lust, von der Frau, zu der er gerade unterwegs war, über diese Verletzungen ausgefragt zu werden. Jedenfalls hatten Sarah und er anschließend im Bett gefrühstückt, und während sie sich für den Weg zur Schule rausputzte, hatte sie sich nochmals tränenreich für ihr peinliches Verhalten entschuldigt.

Den Weg zur Schule? Was für eine Farce …

Er fragte sich, ob sie beim Essen seinen Gesichtsausdruck bemerkt hatte, als sie erklärte, sie könnten ihre Reise nur an schulfreien Tagen unternehmen. Er gab sich alle Mühe, möglichst gleichmütig zu wirken, wann immer sie über den Jungen redete, so zu tun, als hielte er das alles für völlig normal. Doch vielleicht war es ihm dieses eine Mal nicht ganz gelungen. Jedenfalls war das sein erster Gedanke gewesen, als sie derart auf ihn losgegangen war: Dass er irgendeine rote Linie überschritten haben musste, die ihr Selbstbild als Mutter betraf.

Als wäre das der Punkt, den sie niemals verzeihen konnte.

Dann aber war sie komplett durchgeknallt, hatte so richtig losgelegt. Sie hatte ihn attackiert, als wollte sie ihm die Augen auskratzen, und ihn angebrüllt, er würde sie belügen. Zu dem Zeitpunkt hatte sich in seinem Kopf alles gedreht, nicht nur wegen der vielen Schläge.

»Scheiße …« Das Auto vor ihm hatte ewig gebraucht, um an der Ampel anzufahren, er kam nicht mehr über die Kreuzung.

Er schlug mit den Händen aufs Steuer.

Schlug immer weiter.

Schrie, bis er völlig außer Atem war, drehte sich zur Seite und hämmerte mit der Faust gegen das Fenster.

Verdammt! Wie hatte er sich in all das reinziehen lassen können? Bisher hatte immer er das Sagen und die Kontrolle gehabt, so sehr die Frau, mit der er jeweils zusammen war, auch das Gegenteil geglaubt haben mochte. Und jetzt war er … gefangen.

Wie konnte man jemanden so sehr lieben und ihm derart ausgeliefert sein?

Beim ersten Mal, dieser Sache am Strand, hatte er sich gefühlt, als hätte er unter Drogen gestanden oder so was. Vielleicht war es tatsächlich so gewesen. Er war high von *ihr* gewesen, total, und den Stein in die Hand zu nehmen hatte sich angefühlt, als wäre es nichts. Als er zugeschlagen und langsam begriffen hatte, was er getan hatte, war es bereits zu spät gewesen. Er gehörte ihr, war zu diesem … Etwas geworden, ohne sich dagegen wehren zu können. Als sie gesagt hatte, sie müssten dieser Lehrerin einen Besuch abstatten, hatte er einfach nicht Nein sagen können.

Nicht Nein sagen *können*, nicht Nein sagen *wollen* … wahrscheinlich gab es keinen großen Unterschied mehr.

Er fuhr langsam an und versuchte sich zu beruhigen, in diesem Zustand konnte er sich nicht blicken lassen.

Wenn Sarah jetzt genug hatte von den Abscheulichkeiten … wenn sie beide zur Ruhe kämen, bestand dann nicht die Chance, dass sie alles hinter sich lassen konnten? In ein paar Jahren konnten sie an einem anderen Ort noch einmal neu beginnen. Und das, was sie am Strand und im Haus dieser Lehrerin getan hatten, wären vielleicht bloß noch Szenen aus einem Horrorfilm, den sie einmal zusammen gesehen hatten.

Szenen, die sie nur allzu gern vergessen würden.

Im Moment blieben ihm bloß Strohhalme.

Als Conrad eine Viertelstunde später klingelte, strich er sich über die Schwellung an der Wange und fluchte laut. Auch hier fühlte er sich ausgeliefert. Es war völlig sinnlos, so zu tun, als wäre er gegen einen Türrahmen gelaufen, diese Frau hier spürte genauso gut wie Sarah, wenn er log.

Am Ende war es ganz egal, was sie dachte, wie sehr sie sich über ihn lustig machte, welchen Mist sie ihm zum Essen vorsetzte. Sie würde jede Minute genießen. Und wie hätte er abstreiten können, dass sie wenigstens darauf ein Recht hatte? Sie würde lachen und ihn eine Pussy nennen. Und er würde es zulassen.

Weil er eine war.

Am Ende war es relativ einfach gewesen, Conrad zu folgen. Sarah hatte genügend Krimis gesehen, um zu wissen, dass es besser war, ein paar Fahrzeuge Abstand zu halten. Und auch wenn sie sein Auto ein- oder zweimal aus den Augen verloren hatte – weil sie an einer roten Ampel hatte halten müssen –, war es nicht schwierig gewesen, es wiederzufinden. Sie hatte diese *Find My iPhone*-App genutzt, sodass sie mit wenigen Klicks genau sehen konnte, welche Straßen er nahm, auch wenn ihr nicht klar war, wohin er wollte. Natürlich hatte sie eine grobe Vorstellung, denn sie verfolgte ihn nicht zum ersten Mal.

Und ganz sicher fuhr er nicht nach Clapham.

Bei ihrer Rückkehr von der Schule war er geduscht und angezogen gewesen, bereit zum Aufbruch. Sie hatte die Gelegenheit genutzt und ihn mit weiteren Liebesbeweisen überschüttet. Es tat ihr *wirklich* leid, dass sie die Kontrolle verloren und ihn angegriffen hatte. Nicht aber, dass sie ihn einen Lügner genannt hatte, denn damit hatte sie ins Schwarze getroffen.

Er war derjenige, der sie betrog.

Er war der mit den Geheimnissen.

Er war es, der alles zu zerstören drohte, was sie hatten.

Am Ende der Fahrt war sie dicht genug an Conrad dran gewesen, um zu beobachten, wie er einparkte, ein Stück zurückging, klingelte und das Haus betrat. Natürlich wusste sie nicht, wie lange er sich hier aufhalten würde. Da er aber erklärt hatte, er sei zu Hause, wenn sie mit Jamie von der Schule zurückkomme, würde es hoffentlich nicht allzu lange dauern.

Für das, was er hier vermutlich vorhatte, blieb allerdings reichlich Zeit.

Mehr als einmal hatte sie ihm in der Nacht zuvor alles abverlangt.

Sie parkte ihren Wagen gleich um die Ecke und ging ein paar Schritte zurück zu einem Café, wo sie sich einen Platz suchen und die Haustür im Blick behalten konnte. Sie bestellte sich einen Tee und schlug die Zeitschrift auf, die sie mitgenommen hatte.

Absolut Mama: Für stilvolle Mütter.

Eigentlich machte ihr das Spionieren und Herumschleichen keinen Spaß. So sehr sie Conrad auch liebte, so heillos verloren sie ohne ihn wäre, so übel nahm sie es ihm, dass er sie zu diesem Verhalten zwang. Sie wollte doch bloß ein schönes, ruhiges Leben. Einen Alltag zu dritt, wie in jeder anderen Familie. Und ausgerechnet jetzt, wo sie genau so hätten leben können, hatte er ihr einen dicken, hässlichen Strich durch die Rechnung gemacht. So besonders er auch sein mochte, zuletzt war er doch bloß ein Kerl, der seinen Schwanz nicht in der Hose behalten konnte.

Sarah war einfach nicht gewillt, herumzusitzen und zuzuschauen, wie alles auseinanderbrach. Nicht schon wieder, wo es doch gerade so perfekt lief. Sie würde alles tun, um Conrad vor sich selbst zu beschützen, um sie alle drei zu beschützen. Trotz allem, was er trieb, zweifelte sie nicht daran, dass er sie noch liebte. Sie vertraute darauf, dass er es verstehen würde. Schließlich führten sie keine gewöhnliche Beziehung, nicht einmal annähernd, wie sollte er es also nicht verstehen?

Sie war ganz sicher, dass er in ihrer Lage genauso handeln würde.

Gut zwei Stunden später, als sie ihre Zeitschrift von vorne bis hinten durchgelesen und mehr Tee getrunken hatte, als gut war – schließlich konnte sie ihren Platz am Fenster nicht verlassen –, bemerkte Sarah, wie sich die Haustür öffnete. Sie sah Conrad heraustreten, von ihr aber sah sie ärgerlicherweise nichts. Kein zärtlicher Abschied, kein Kuss auf der Türschwelle …

Sie zahlte, rührte sich die nächsten fünf Minuten aber nicht von der Stelle, bis sie davon ausgehen konnte, dass er losgefahren war. Um ganz sicherzugehen, schaute sie auf die App, die ihr verriet, dass er auf dem Weg nach Hause war.

Dann zog sie den Brief aus ihrer Handtasche.

Beim Überqueren der Straße versuchte sie sich zu entscheiden, was sie vorn auf den Umschlag schreiben sollte. Dass die Frau nicht Vanessa hieß, erschien ihr als sicher, doch ihren richtigen Namen wusste sie nicht. Sie hatte mit dem Gedanken gespielt, »Conrads Hure« zu schreiben, entschied sich dann aber, den Brief überhaupt nicht zu adressieren. Die Frau würde so oder so nicht widerstehen können, ihn an sich zu nehmen und zu lesen.

Vor der Haustür zögerte sie kurz.

Sie konnte auch einfach klingeln und die Frau zur Rede stellen, die Karten hier und jetzt auf den Tisch legen. Aber wahrscheinlich war es das Risiko nicht wert.

Vielleicht würde die Hure sie anlächeln, nach ihm riechen …

Wer weiß, was dann passieren würde?

Sie schob den Umschlag unter der Tür hindurch, wandte sich um und ging zurück zu ihrem Auto. Eine schriftliche Nachricht war ohnehin die bessere Idee. Sie war kurz und pointiert und konnte bei der armen Frau keinen Zweifel über ihre Lage aufkommen lassen.

WENN ICH IHN BITTE, WIRD ER DICH TÖTEN.

SECHSUNDVIERZIG

Mit einem Becher Earl Grey in der Hand ging Tanner von der Küche hinüber ins Wohnzimmer. Dabei fiel ihr Blick auf die Reisetasche, die fertig gepackt an der Haustür wartete. Inzwischen stand sie dort seit mehreren Stunden, Tanner hatte sich gleich nach ihrer Rückkehr ans Packen gemacht. Ihr war klar, wie berechenbar sie war und welchen Spaß Thorne haben würde, sie deswegen aufzuziehen, doch das machte ihr nichts aus. Es war eben sinnvoll, solche Dinge gründlich und rechtzeitig zu erledigen, um dumme Fehler zu vermeiden. Ein wichtiges Dokument oder das Ladekabel zu vergessen, zum Beispiel. Bei der großangelegten Ermittlung sieben Monate zuvor hatte sie einen dummen Fehler begangen, und auch wenn dieser Fehler letztlich nicht entscheidend gewesen war, wollte sie die Erfahrung kein zweites Mal machen.

Sie hatte nie wirklich begriffen, was genau man aus Fehlern lernen sollte. Dass man nicht alles richtig machen konnte? Dass man vorher vielleicht zu viel gearbeitet hatte? Tanner lernte, sie nicht zu wiederholen, ganz einfach.

Wieder war es die Erinnerung ans Jahr zuvor, die sie daran denken ließ, was Thorne zu diesem Thema sagen würde. Wie er ihr mit nervtötender Selbstzufriedenheit erklären würde, dass eine vergessene Ersatzhose ziemlich unwichtig war … wenn man das große Ganze betrachtete.

Kaum hatte sie sich gesetzt, sprang Mrs Slocombe zu ihr aufs Sofa. Tanner nahm das Handy vom Polster, ehe die Katze es sich gemütlich gemacht hatte. Sie schickte ihrer Nachbarin eine kurze Erinnerung, wo das Katzenfutter stand, dass sie die Wasserschüssel auffüllen und die Schlüssel am nächsten Tag in den Briefkasten werfen sollte.

Tanners Ersatzschlüssel. Susans Schlüssel …

Kurz ging ihr durch den Kopf, wie bizarr solche Assoziationen waren, fast schon komisch. Dass es die dummen Kleinigkeiten waren, die einem den Verlust wieder richtig bewusst machten. Denn Susans Abwesenheit war ständig spürbar. Eine innere Leere. Tanner hatte sich im Lauf der Zeit daran gewöhnt, an diesen Schmerz, der manchmal bereits ein wenig nachließ. Dann aber, wenn sie am wenigsten damit rechnete, stürzte irgendeine Erinnerung auf sie ein und versetzte ihr einen heftigen Stich. Wenn sie zum Beispiel, weil es nicht anders ging, auf einen Stuhl klettern musste. Susan war nur wenige Zentimeter größer gewesen als sie, aber es hatte gereicht, um an die Reisetasche zu kommen, die auf dem Kleiderschrank lag, wenn sie nicht gebraucht wurde. Danach hatte Susan auf dem Bett gesessen und zugesehen, wie Tanner ordentlich gefaltete Kleidungsstücke auf stets dieselbe Art und Weise in der Tasche verstaute. Sie hatte gewartet, bis Tanner fertig war, um ihr die unvermeidliche Frage zu beantworten.

»Hab ich irgendwas vergessen?«

Heute war Tanner noch einmal ihre Liste durchgegangen und hatte sich die Frage selbst beantwortet. Sie wählte Thornes Nummer, erreichte aber nur die Mailbox und schärfte ihm noch einmal den genauen Treffpunkt am Bahnhof Euston ein, an dem sie sich für neun Uhr am nächsten Morgen verabredet hatten.

Mit dem Rest ihres Tees ging sie nach oben.

Beim Zähneputzen starrte sie ihr Spiegelbild an, noch einmal musste sie daran denken, wie knapp sie kürzlich an einer Blamage vorbeigeschrammt war. Von den sexuellen Neigungen der Lehrerin einmal abgesehen: Hatte Tanner wirklich geglaubt, die Frau könnte sich auch nur im Geringsten für sie interessieren? Sie verspürte Erleichterung, dass ihr die Antwort auf diese Frage erspart geblieben war, dass sie keinen weiteren Fehler begangen hatte, aus dem sie würde lernen müssen.

»Verdammte Idiotin«, sagte sie und grinste, weil die Worte mit dem Mund voller Zahncreme ziemlich seltsam klangen. Sie gurgelte, spuckte aus und wischte mit einem Waschlappen ein paar Spritzer vom Spiegel. Dann ging sie ins Schlafzimmer und hinterließ eine weitere Nachricht für Thorne.

»Es gibt zwei Smith-Läden im Bahnhof. Wir treffen uns vor dem größeren, okay? Es ist der, der näher an den Bahnsteigen liegt. Wo man auch Bücher kaufen kann. Ich bin um Viertel vor neun da.«

»Du hast angerufen«, sagte Helen.

Thorne brauchte ein paar Sekunden, bis er sich an den Abend vor einigen Tagen erinnerte, an dem er auch Perera angerufen hatte. »Ja …«

»Warum hast du keine Nachricht hinterlassen?«

»Ich weiß nicht«, sagte Thorne. »Es war nichts Dringendes.«

»Ich hatte Spätschicht.«

»Hab ich mir gedacht.« Thorne zog die Beine zu sich heran und ließ den Kopf ins Sofapolster sinken. Er hörte Helen husten. War es bloß die Situation, die sie so verlegen machte, oder gingen ihnen wirklich die Gesprächsthemen aus? »Wie geht es Alfie?«

»Gut. Na ja, in der Schule könnte es ein bisschen besser laufen.«

»Wo wir gerade davon sprechen: Was glaubst du, wie gut du die anderen Eltern an der Schule kennst?« Helen war ganz anders als die Frauen, denen Thorne in Brooklands Hill begegnet war, aber vielleicht war es einen Versuch wert. »Die du triffst, wenn du Alfie zur Schule bringst und ihn abholst, meine ich.«

»Na ja, ein paar kenne ich schon. Jedenfalls die Eltern der Kinder aus Alfies Klasse. Warum?«

Thorne gab die wesentlichen Fakten des Falls wieder.

»Wie kommt es eigentlich, dass die verrückten Ermittlungen immer bei dir landen?«

»Sag so was nicht«, protestierte er. »Ich hab bloß ein wenig Freizeit geopfert, um einen Betrüger zu finden, und plötzlich finde ich mich in diesem Irrsinn wieder.«

»Aber irgendwie ziehst du die Spinner an, oder?«

»Jetzt sag schon: Was denkst du über *sie*?«

»Hältst du sie für die größere Spinnerin von beiden?«

»Ich weiß nicht«, sagte Thorne. »Ich denke bloß laut.«

»Keine Ahnung … Vielleicht hat sie ein Kind verloren? Oder mehrere?«

»Ja, ich kann mir vorstellen, dass jemand, dem das passiert ist, sich im Extremfall in solche Fantasien hineinsteigern kann. Aber erklärt es auch zwei Morde?«

»Etwas Besseres fällt mir auf Anhieb nicht ein«, sagte Helen.

»Wollte bloß hören, was du denkst.« Doch im Prinzip machte er bloß Konversation. Thorne hatte so lange darüber nachgegrübelt, warum *irgendjemand* einen Mord begehen konnte, dass er inzwischen glaubte, die Antworten Leuten wie Melita Perera überlassen zu müssen. Sein Job war es, die Täter zu stellen, sonst nichts. »Eine andere Perspektive, du kennst das ja.«

»Ein Kind zu verlieren ist immer traumatisch«, sagte Helen. »Und wenn dann noch psychische Probleme dazukommen …«

Ein langes Schweigen folgte.

»Tom …?«

Bei Helens Worten hatte Thorne an eine Frau namens Louise Porter denken müssen, die vor einigen Jahren ein Kind verloren hatte, nach zwei Monaten Schwangerschaft. *Sein* Kind. Die Beziehung hatte die Fehlgeburt nicht überlebt. Oder vielleicht sollte Thorne ehrlicherweise sagen: Sie hatte Thornes Reaktion nicht überlebt. Die Emotionen, die er damals idiotischerweise nicht zugelassen hatte, Traurigkeit und Wut, die er in sich aufgestaut hatte – zu seinem eigenen Schaden und zum Schaden der Menschen, mit denen er später zu tun hatte.

Ungelöste Probleme, so würde Perera es wahrscheinlich nennen.

Auch Louise Porter war Polizistin gewesen.

Vielleicht lag darin das Problem.

Er sagte: »Warum bringst du Alfie nicht mal vorbei? Wir könnten ins *Heath* gehen oder so was.« Er wartete. »Vielleicht am Sonntag?«

»Sonntag geht nicht«, antwortete Helen nach einer kurzen Pause.

»Wenn du etwas vorhast, kann ich ihn auch abholen.«

»Wie gesagt, Sonntag ist schwierig. Aber vielleicht ein anderes Mal.«

Danach gab es nicht mehr viel zu sagen.

Als er aufgelegt hatte, hörte Thorne die beiden Nachrichten Tanners ab, die seine Stimmung ein wenig aufhellten. Mit manchen Spinnern kam er doch ganz gut zurecht …

Er griff nach der Dose Lager auf dem Fußboden und leerte sie. Wahrscheinlich sollte er schon mal für morgen den Wecker stellen, damit er es später nicht vergaß. Er lächelte bei der Vorstellung, dass Tanner wahrscheinlich gleich mehrere Wecker gestellt hatte. Von Kentish Town bis Euston waren es mit der U-Bahn nur zwei Stationen. Trotzdem beschloss er, ein kleines bisschen früher aufzustehen als üblich. Damit er noch zehn Minuten hatte, um ein paar Sachen in eine Tasche zu werfen.

SIEBENUNDVIERZIG

Denise Fry arbeitete in der Personalabteilung einer großen Versicherungsfirma in der Innenstadt von Glasgow. Thorne und Tanner hatten sie von der Rezeption aus angerufen und warteten, dass sie herunterkam. Am Tag zuvor hatte Fry Tanner gegenüber deutlich gemacht, dass sie lieber nicht an ihrem Arbeitsplatz mit ihnen reden wolle. Als sie, ein wenig zögerlich, aus dem Aufzug trat, standen Thorne und Tanner auf, stellten sich kurz vor und folgten ihr durch die Eingangshalle in Richtung des Ausgangs zur Sauchiehall Street.

»Heute ist es nicht so kalt, oder?«, fragte sie.

Thorne war überrascht, keinen Akzent zu hören, immerhin hatte er mit einer Einheimischen gerechnet. Doch Fry war keine

Spur schottischer als er und sprach mit einer hohen, leisen Stimme, in der ein wenig Nervosität mitschwang. Nicht weniger verblüfft war Thorne von Tanners Bemerkung, das Wetter sei heute überraschend mild, schließlich hatte er sich auf dem zehnminütigen Fußweg vom Hotel hierher beinahe die Eier abgefroren. Er hatte gehofft, die beiden in das nächste Café oder ein Pub lotsen zu können.

»Dann gehen wir am besten in den Park. Das ist nicht allzu weit.«

Die Frau trug ein schickes Businesskostüm, hatte Übergewicht und sah ein wenig älter aus als ihre sechsundvierzig Jahre. Auf dem Weg zum Park fragte sich Thorne, ob sie anderthalb Jahre zuvor noch anders ausgesehen hatte, als sie auf einen Mann hereingefallen war, der sich Paul Jenner nannte. Natürlich hatten all seine Opfer viel Geld verloren, doch zweifellos litt das Selbstwertgefühl mindestens so sehr wie das Bankkonto, wenn man so schamlos hinters Licht geführt wurde.

In Philippa Goodwins Fall hatte es ein tödliches Ende genommen.

Sie hielten sich in nördlicher Richtung, und Denise plauderte drauflos. Sie deutete auf einige Sehenswürdigkeiten, fragte Thorne und Tanner nach ihrer Fahrt und entschuldigte sich, wie schon bei Tanners Anruf am Tag zuvor, dafür, die Polizei nicht in der unmittelbaren Umgebung ihres Büros empfangen zu wollen.

»Ich hab auf der Arbeit keinem davon erzählt«, sagte sie. »Von dem, was damals passiert ist.«

»Verständlich«, sagte Tanner.

»Na ja, wer hätte das schon getan.«

»Es ist wirklich kein Problem«, beruhigte sie Tanner.

Thorne nickte nur. Der Fußweg war länger als erwartet, Denise Fry hatte einen unglaublich schnellen Schritt drauf, und ihm wurde noch immer nicht wärmer.

»Es ist … peinlich«, sagte sie. »Ich bin ziemlich gut in meinem Job, wissen Sie? Also will ich nicht, dass irgendjemand glaubt, mich verarschen zu können. *Noch mal*, meine ich.«

Am Ende der Sauchiehall Street bogen sie rechts ab, gelangten in den Kelvingrove Park und fanden eine Bank am Rand eines Spielplatzes. Denise nahm zwischen Thorne und Tanner Platz. »Ich komme oft hierher«, sagte sie. Eifrig deutete sie auf den Musikpavillon und das Amphitheater auf der einen Seite, dann auf die gotischen Türme des Kunstmuseums hinter dem Bowls-Spielfeld auf der anderen Seite. Tanner nahm eine Mappe aus ihrer Tasche. »Es ist schön, ab und zu mal rauszukommen.«

»Könnten Sie sich das hier bitte einmal anschauen?« Tanner reichte ihr das auf den Beschreibungen von Ella und Mary Fulton basierende Phantombild.

Denise warf einen Blick darauf. »Ah …«

»Es handelt sich um einen Mann, der sich Patrick Jennings nennt«, sagte Thorne. »Das Phantombild wurde vor etwas mehr als einem Monat angefertigt.«

»Dieselben Initialen«, stellte Denise fest. »Patrick Jennings. Paul Jenner.«

Thorne nickte. Es war ihm zwei Tage zuvor während des Gesprächs mit dem Team vom Betrugsdezernat aufgefallen, und er hatte die Kollegen gebeten, in ihren Akten nach mutmaßlichen Betrügern mit den Initialen P. J. zu suchen. »Und dieses hier …« – Tanner reichte ihr das zweite Phantombild, an dem mehrere der Brooklands-Hill-Eltern mitgewirkt hatten – »… ist noch jünger. Der Mann nennt sich im Augenblick Conrad.«

Denise starrte das Bild an, hielt dann beide Ausdrucke nebeneinander und schaute vom einen zum anderen. »Ja, das ist er, eindeutig.« Sie gab Tanner die Bilder zurück. »Das ist Paul … oder Patrick, oder wie auch immer. Als ich ihn kannte, hatte er längere Haare, und sein Gesicht war nicht so dünn. Außerdem trug er eine Brille und keinen Bart.« Kopfschüttelnd betrachtete sie Tanner. »Ich fand ihn gut aussehend.«

»Erzählen Sie uns, was passiert ist«, forderte Tanner sie mit sanfter Stimme auf. »Wenn es Ihnen nichts ausmacht.«

Denise nickte. »Bis zu Ihrem Anruf hatte ich mein Bestes getan, ihn zu vergessen. Oder jedenfalls nicht mehr so oft an ihn zu denken.«

»Jede Kleinigkeit könnte wichtig sein«, sagte Thorne.

Rund zwanzig Meter entfernt vergnügten sich einige Kinder auf den Schaukeln und Klettergerüsten. Nicht ganz so weit entfernt übte ein Junge von neun oder zehn Jahren komplizierte Skateboard-Tricks und fluchte, wenn ihm etwas misslang, jedes Mal laut und erstaunlich fantasievoll im Glasgower Akzent.

»Ich hab ihn vor ungefähr achtzehn Monaten in einer Bar kennengelernt«, begann Denise. »Ich war mit ein paar Freundinnen unterwegs. Nicht auf Männerfang oder so ... Ich wollte nur einen schönen Abend haben, und irgendwie kamen wir ins Gespräch. Er war überhaupt nicht aufdringlich oder irgendwas ... eigentlich eher scheu. Aber er hat gesagt, ich sähe nett aus. Er hat einfach dagesessen und mir zugehört, als ich über die Arbeit oder irgendwas gequatscht hab. Dann hat er mir einen Drink spendiert ...« Sie schaute Tanner an. »Ich hatte damals ... ein paar Pfunde weniger als heute.«

Tanner nickte.

»Dummer Wichser«, rief der Skater.

»Am Ende des Abends jedenfalls bat ich ihn um seine Nummer. Ich glaube, zu dem Zeitpunkt war ich schon ziemlich angeheitert.«

Thorne war schon vorher klar gewesen, dass sie es mit jemandem zu tun hatten, der, ehe er zum Mörder geworden war, seine Masche mit bemerkenswertem Geschick durchgezogen hatte. Seinem Opfer allerdings die Möglichkeit zu überlassen, das Tempo selbst zu bestimmen, war ein zusätzlicher Beweis für »Pauls« außerordentliche Fähigkeiten. Wahrscheinlich trug dieses Vorgehen später dazu bei, die Scham und die Selbstverachtung der Opfer zu verstärken. Thorne vermutete, dass »Patrick« an jenem Abend im *Blacksmith and Toffeemaker* mit Philippa Goodwin ein ganz ähnliches Spiel abgezogen hatte.

Dass er sich erst an sein Opfer herangemacht und es dann dazu gebracht hatte, die Initiative zu übernehmen.

»Danach ging alles ziemlich schnell«, sagte Denise. »Wir haben uns ein paarmal verabredet. Er erzählte, er wäre geschieden und hätte eine miese kleine Wohnung gemietet, um erst mal wieder zu sich zu kommen. Ich hab ihm angeboten, bei mir einzuziehen. Am Anfang schien er nicht ganz sicher zu sein und das Gefühl zu haben, sich aufzudrängen, aber ich hab ihn überredet.« Sie warf Tanner einen verstörten Blick zu. »Ich hab ihn *überredet*, können Sie sich das vorstellen?«

»Er hat Sie manipuliert«, sagte Thorne. »So geht er vor.«

So *war* er vorgegangen. Bevor er den Anmachspruch gegen einen Stein eingetauscht hatte.

Denise blinzelte mehrmals und holte ein paarmal schnell Luft. »Als er eingezogen war, erzählte er mir alles über seine Familie … seine Ex-Frau und seine Tochter. Ein paar Monate lang war alles prima. Ich war glücklich. Ich war *wirklich* glücklich.«

»Was hat er gesagt, womit er seinen Lebensunterhalt verdient?«, fragte Tanner.

»Er hat behauptet, er wäre eine Art selbstständiger Personalberater. Er würde für alle möglichen Firmen arbeiten, immer jeweils für ein paar Wochen. Wenn wir uns mittags zum Essen verabredet haben, hat er mir erzählt, in welchem Büro er gerade arbeitete … und Geschichten über die Angestellten dort. Er hat die Leute nachgemacht und all solche Sachen. Er war wirklich witzig.«

»Beschissene Scheiße!«, brüllte der Junge seinem Skateboard hinterher, das sich gerade selbstständig gemacht hatte. Er trat gegen eine leere Getränkedose. »Dummer Schwanz …«

»Wie gesagt, alles war gut. Und dann ist er eines Tages einfach zusammengebrochen und hat mir erzählt, seine Tochter wäre schwer krank. Sie hätte eine seltene Form der Leukämie. Ich schwöre, er war am Boden zerstört. Er konnte gar nicht mehr aufhören zu weinen. Er und seine Ex-Frau wollten das Geld auftreiben, um sie zur Behandlung nach Amerika schicken zu können. Er hat mir ein Foto gezeigt … ein kleines Mädchen, das schrecklich aussah und trotzdem breit grinste. Er hatte Wohltätigkeitsläufe veranstalten lassen und all das … um genügend Geld zu sammeln.«

»Also haben Sie ihm angeboten, ihm das Geld zu geben«, sagte Thorne.

Die Frau nickte, den Tränen nahe. »Zuerst hat er es nicht annehmen wollen. Immer wieder hat er gesagt, es wäre zu viel, aber jedes Mal hat er auch wiederholt, wie toll ich wäre und dass das Mädchen mich schrecklich lieben würde, wenn wir uns irgendwann begegnen würden. Zum Schluss hab ich drauf bestanden … hab mir seine Kontodaten geben lassen und ihm das Geld überwiesen.« Sie betrachtete die beiden Polizisten. »Warum auch nicht? Sie war Pauls Tochter, wir waren ein Paar, und ich tat es für ihn.

Ich weiß noch, wie er an dem Abend reagiert hat, ich sehe sein Gesicht noch vor mir. Als könnte er es nicht glauben. Ich war dabei, als er in Tränen aufgelöst seine Ex angerufen und ihr gesagt hat, die Kleine könnte die Reise machen.« Schniefend zuckte sie die Achseln. »Am nächsten Tag war er weg.«

Die Frau wühlte in ihrer Handtasche, doch Tanner hielt bereits ein Papiertaschentuch bereit.

»Tut mir leid«, sagte Denise.

»Haben Sie nachher mit jemandem darüber gesprochen?«,

fragte Tanner. »Ich meine nicht die Polizei. Haben Sie sich Hilfe geholt?«

Denise schüttelte den Kopf. »Ich wollte einfach so tun, als wäre es nie geschehen. Und auf keinen Fall hätte ich mit jemandem darüber geredet. Es war, wie wenn man auf der Straße hinfällt und sich als Erstes umguckt, weil man eine Riesenangst hat, jemand könnte einen gesehen haben. Verstehen Sie, was ich meine?«

»Sie waren nicht sein einziges Opfer«, sagte Thorne. »Deshalb sind wir hier.«

Sie nickte.

»Es tut mir schrecklich leid, dass wir das alles wieder aufwühlen müssen«, erklärte Tanner. »Aber ich kann Ihnen versichern, dass es wirklich wichtig ist.«

»Können Sie sich noch an irgendwelche Kleinigkeiten erinnern, die uns möglicherweise weiterhelfen?«, fragte Thorne. »Vielleicht etwas, das er gesagt hat …?« Er hielt inne, als er merkte, dass ihr etwas auf der Zunge lag.

»Ich bin ziemlich sicher, dass ich es der Polizei nach seinem Verschwinden gesagt hab … Oder vielleicht hab ich es auch nur einem Beamten gegenüber erwähnt, aber manchmal, wenn Paul und ich zusammen waren, hatte ich das Gefühl, als gäbe es eine andere Frau.« Denise brachte ein Lächeln zustande. »Ich meine, ein bisschen eifersüchtig war ich schon immer … nicht, dass es so viele Männer gegeben hätte … aber es war mehr als das. Ich hab nie etwas gesagt, weil ich nicht klammern wollte. Ich wollte ihn nicht abschrecken.«

»Aber Sie meinen nicht die Ex-Frau?«, hakte Tanner nach.

»Die nicht existierende Ex-Frau?«, bemerkte Denise spöttisch. »Doch, am Anfang hatte ich das Gefühl, aber nicht lange. Es kam mir so vor, als würde er sich zwischendurch mit einer anderen treffen.«

»Wie sind Sie daraufgekommen?«, fragte Thorne.

»Ich weiß nicht … abends kamen manchmal seltsame SMS, solche Sachen. Ich meine, er hat immer behauptet, es ginge um die Arbeit, und wie gesagt, ich wollte ihn nicht bedrängen.« Sie zog die Handtasche an sich und starrte auf den Spielplatz. »Ich weiß noch, wie ich abends einmal eine SMS ankommen hörte … Sie wissen schon, diesen Klingelton … Als er zehn Minuten später ins Bad ging, hab ich auf sein Handy geschaut, und die Nachricht war nicht mehr da. Er musste sie gelöscht haben.«

Das Skateboard rutschte dem Jungen unter den Füßen weg, und er stampfte hinterher.

»Wahrscheinlich hätte es alles Mögliche sein können, aber ich bin den Gedanken nicht losgeworden, dass es da eine Frau gab, die er vor mir geheim hielt.«

Thorne und Tanner wechselten einen Blick.

»Keine Ahnung, ob das für Sie irgendwie hilfreich ist, aber –«

»Verdammte Fotze!«, brüllte der Junge.

»Wir können woanders hingehen, wenn Sie wollen.« Tanner stand auf, warf dem Jungen einen finsteren Blick zu und hob die leere Dose auf. »Wir sind sowieso fast fertig.«

»Schon gut«, sagte Denise. »Ich weiß genau, wie er sich fühlt.«

ACHTUNDVIERZIG

Kaum hatte Conrad den Anruf angenommen, schimpfte die Frau auch schon los.

»Sie hat gedroht, mich umzubringen, verdammt.«

»*Was?*«

»Bist du taub? Mich umzubringen.«

Zweimal las sie ihm die Nachricht vor, die unter der Tür durchgeschoben worden war. »Okay …«, sagte er.

»Okay? Was Besseres fällt dir nicht ein?«

Er ging ein Stück vom Haus weg und senkte die Stimme fast zu einem Flüstern. »Du musst dich beruhigen –«

»Und was unternimmst du jetzt?«

»Woher willst du wissen, dass die Nachricht von ihr stammt?«

»Wach auf, Conrad. Von wem soll sie sonst stammen?«

Er war in den Garten gegangen, als er den Namen der Anruferin gelesen hatte. Jetzt schaute er zurück zum Haus und sah, dass Sarah ihn von der Küche aus beobachtete. Er winkte ihr, woraufhin sie sich zurückzog.

»Ich könnte zur Polizei gehen«, sagte sie.

»Und was willst du denen erzählen?«

»Ich könnte hingehen … mehr sage ich nicht. Ich *sollte* hingehen.«

Er schaute noch einmal zur Küche, doch Sarah war nicht mehr zu sehen. Instinktiv hob er den Blick zu den Fenstern im oberen Stockwerk, überzeugt, dass sie ihn von dort beobachtete. Doch er konnte sie nicht entdecken. »Du gehst nicht zur Polizei. Wie könntest du auch?«

»*Ich* hab nichts verbrochen.«

»Eine Frau hat sich umgebracht.«

»Was kann ich dafür?«

»Du hängst mit drin«, sagte Conrad.

»Aber hier nicht. Nicht bei *ihr* …«

»Hör zu, ich … kümmere mich darum, klar?«

»Wie denn?«

Conrad hatte nicht die leiseste Ahnung. Doch er wusste, dass, was auch immer er tat, so lange würde warten müssen, bis er aufgehört hatte, vor Angst oder vor Wut – er hätte es selbst nicht sagen können – zu zittern. Er fing an, in dem kleinen Garten auf und ab zu gehen. Seine Autoschlüssel lagen auf dem Küchentisch, falls Sarah sich, wie vermutet, tatsächlich im oberen Stockwerk aufhielt, könnte er sie holen und in sein Auto steigen, ohne ihr zu begegnen.

Ein kleiner Ausflug würde ihn ein bisschen beruhigen, ihm Zeit zum Nachdenken verschaffen.

»Ich kümmere mich darum«, bekräftigte er.

NEUNUNDVIERZIG

Als Thorne in der Bar des *Travelodge* in der Queen Street eintraf, hatte Tanner es sich schon mit einem Glas Wein gemütlich gemacht. Sie schob ihm die Speisekarte rüber und sagte, sie habe sich einen Thunfischsalat bestellt. Thorne suchte nach einem verlockenden Angebot, winkte einen Kellner heran und bestellte Chickenwings, einen Burger und eine Flasche Stella.

»Nicht schlecht für fünfzehn Pfund«, sagte er. »So viel haben wir in Enfield fast für zwei Kaffee bezahlt.«

»Wie ist dein Zimmer?«, fragte Tanner.

»Es hat ein Bett und einen Fernseher«, erwiderte Thorne.

»Ist ja nur für eine Nacht.«

»Schockierenderweise gibt's aber keinen Pornokanal.« Er nahm sein Handy heraus und checkte es auf Anrufe und Nachrichten. »Ich meine, das ist eigentlich einer der Pluspunkte, wenn man im Hotel übernachtet, oder?«

Tanner lächelte. »Ich verlasse mich lieber auf meine Vorstellungskraft.«

»Meine ist ein bisschen limitiert«, sagte Thorne. Der Kellner kam mit seinem Bier, und Thorne nahm einen kräftigen Schluck.

»Also … was ist mit dieser ›anderen Frau‹, die Fry erwähnt hat?«

Thorne legte sein Handy auf den Tisch. »Ja, über die hab ich auch nachgedacht.«

»Glaubst du, es könnte Sarah sein?«

»Na ja, wir dürfen nichts voreilig ausschließen, aber ich sehe nicht, wie das hinkommen soll.«

»Weil die zeitliche Abfolge nicht passt?«

»Genau. Denise kam vor anderthalb Jahren mit diesem Kerl zusammen, aber die Brooklands-Hill-Eltern sind ziemlich sicher, dass Sarah ihm in dem Café vor ungefähr sechs Wochen zum ersten Mal begegnet ist.«

»Und wenn das zum Spiel gehört?«

Thorne nahm noch einen Schluck und sah sie an.

»Ich denke nur laut, aber wenn diese andere Frau nun eine Art Komplizin von ihm wäre? Jemand, mit dem er zusammengearbeitet hat, um mögliche Opfer ins Visier zu nehmen. Ich schätze, dass es für Frauen leichter ist, an andere Frauen heranzukommen, sie ein bisschen auszuhorchen. Sie können leichter diejenigen herauspicken, die verletzlich sind. Und die Geld haben.«

»Klingt einleuchtend«, stellte Thorne fest.

»Stell dir vor, dieses Treffen im Café wäre inszeniert gewesen. Vielleicht hatten sie es auf eine der Mütter von der Schule abgesehen.«

Thorne schüttelte den Kopf. »Das ergibt keinen Sinn. Auf den ersten Blick vielleicht … Ich schätze, ein paar von diesen Frauen könnten Geld haben, aber wahrscheinlich sind sie alle keine Singles. Abgesehen davon haben sie gesagt, Sarah hätte Conrad eindeutig als ihren Lover bezeichnet. Sie wären total verliebt gewesen und zusammengezogen. Wie hätte er sich an eine dieser Mütter heranmachen sollen, wenn alle wussten, dass er mit einer anderen von ihnen zusammen war? Wobei Sarah natürlich in Wirklichkeit keine Mutter war, aber du verstehst, was ich meine.«

»Ja … wie gesagt. Ich denke bloß laut.«

»Ich glaube nicht, dass Sarah irgendetwas mit dem zu tun hatte, was Conrad vorher gemacht hat, sie ist ein ganz anderer Typ Mensch. Ich meine, theoretisch hätte er sie auch im Visier haben können … jedenfalls bei der ersten Begegnung im Café. Bevor sie sich näher kennengelernt haben.« Thorne schwenkte die Bierflasche sanft mit zwei Fingern hin und her. »Aber als die beiden zusammenkamen, ist irgendwas passiert.« Er erinnerte sich daran, wie Hatter am Strand von Margate lässig den Stein in seiner Hand gewogen hatte. An das Entsetzen und die Angst in den Gesichtern von Gemma Maxwells Kollegen. »Etwas ziemlich Übles.«

»Okay. Angenommen, die andere Frau war nicht Sarah, wer war sie dann?«

Thorne zuckte die Achseln. Als der Kellner ihr Essen auf den Tisch stellte, lehnte er sich zurück. »Vielleicht hat Denise es sich eingebildet. Sie hat sich ja selbst als eifersüchtig bezeichnet.«

»Für mich klang sie ziemlich sicher«, hielt Tanner dagegen.

Dipak Chall hatte Tanner angerufen, als sie auf ihrem Zimmer gewesen war. Nun, beim Essen, fasste sie für Thorne zusammen, wie es mit den erweiterten Haustürbefragungen vorangegangen war. Sie informierte ihn über die Gespräche mit Immobilienmaklern und Vermietungsagenturen rund um Brooklands Hill und das Haus, in dem Gemma Maxwell ermordet worden war.

Ihr Bericht fiel kurz aus.

»Wir können nur weiter rackern«, sagte Thorne. »Was bleibt uns anderes übrig?«

»Wahrscheinlich.«

»Und wir müssen hoffen, dass den beiden unterdessen niemand in die Quere kommt.«

Tanner nickte und leerte ihr Weinglas. Sie wollte gerade etwas sagen, als ihr Handy klingelte. Sie nahm das Gespräch an, presste sich das Telefon ans Ohr und formte für Thorne lautlos den Namen *Denise Fry.*

Thorne legte Messer und Gabel beiseite und versuchte mitzuhören. Doch Tanners Gesichtsausdruck und die Plattitüden, die sie einstreute, machten klar, dass die Frau, mit der sie vor wenigen Stunden erst gesprochen hatten, nicht wegen irgendwelcher entscheidenden Informationen angerufen hatte. Tanner stieß Laute des Mitgefühls aus, erhob sich und trat hinaus in die Lobby.

Als sie wieder an den Tisch zurückkehrte, war Thorne mit dem Essen beinahe fertig.

»Worum ging es?«

»Ich glaube, sie war betrunken«, sagte Tanner und setzte sich. »Betrunken und in Tränen aufgelöst.«

Thorne brummte und widmete sich dem Rest seines Burgers.

»Meinst du, wir nehmen es manchmal zu selbstverständlich hin?« Tanner schob ein paar schlaffe Salatblätter auf ihrem Teller hin und her. »Was die Opfer durchmachen?«

Thorne schaute kauend auf. »Nein, aber … na ja, sich um die Opfer zu kümmern ist eigentlich nicht unser Job, oder? Dafür gibt's die Teams der Opfer- und Angehörigenbetreuung.«

»Ich meine nicht, dass wir nicht an diese Leute denken, das tun wir ja … manchmal sogar zu sehr. Aber vielleicht sollten wir ein bisschen mehr mit ihnen reden.« Tanner schob ihren Teller weg und beugte sich zu ihm. »In neun von zehn Fällen befragen wir sie, und das ist alles. Wir sehen sie erst wieder, wenn der Fall vor Gericht kommt. Falls er vor Gericht kommt.«

»Unser Job ist es, die Leute zu schnappen, die dafür verantwortlich sind, mehr nicht. Und alles zu tun, um für Gerechtigkeit zu sorgen.«

»Ja, natürlich, wobei es in diesem Fall nicht allzu vielversprechend aussieht, oder?«

Thorne warf ihr einen fragenden Blick zu. »Worauf willst du hinaus?«

Sie zuckte die Achseln. »Ich weiß nicht. Ich denke bloß wieder laut.« Sie lehnte sich zurück und sah zu, wie Thorne seine Mahlzeit beendete. »Hast du morgen viel vor?«

»Wir brauchen den halben Tag für die Rückfahrt.«

»Und danach?«

»Ich muss immer noch einen Stapel Formulare fürs Gericht und einen Fragebogen fürs Jugendamt ausfüllen. Falls du also etwas Reizvolleres anzubieten hättest ...«

Tanner erklärte ihm, was ihr vorschwebte. Als Thorne keine Einwände erhob, wühlte sie in ihrer Handtasche und nahm eine Münze aus dem Portemonnaie.

»Ich bin froh, dass wir das auf wissenschaftliche Weise angehen«, sagte Thorne.

»Ich auch«, erwiderte Tanner. »Kopf heißt, du bekommst Margate, Zahl heißt Walthamstow.«

Tanner warf die Münze. Als sie die Hand wegzog, schaute Thorne hinunter: »Na gut!«

»Schaden kann es nicht, oder?«

Thorne war sich da nicht ganz so sicher, aber die Aussicht auf noch mehr Schreibtischarbeit war nicht verlockender. Er griff nach Tanners leerem Weinglas und fragte: »Letzte Runde?«

Sie zogen mit ihren Gläsern an einen kleinen Tisch in einer Ecke der Bar um, deren einzige Besucher sie inzwischen waren. Eine Weile hingen beide ihren Gedanken nach. Es schien, als sei über die Verbrechen, derentwegen sie hergekommen waren – die Betrügereien, die Morde –, alles gesagt. Jetzt, während sie tranken und den Augenkontakt vermieden, fühlte sich das Schweigen zwischen ihnen mit jeder Minute eine Spur schwerer an, beunruhigender, und stand im scharfen Kontrast zu dem vergnügten

Plastik-Jazz, der aus dem winzigen Lautsprecher in einer der Zimmerecken sprudelte.

»Was letztes Jahr passiert ist …«, sagte Tanner schließlich.

Da war sie.

Diese Sache, die *passiert* war …

Sie waren nie spezifischer geworden. Niemals ein Name oder ein Ort. Kein Wort über Stichwunden oder die Schere, über Blut und gebrochene Schädelknochen.

Thorne wandte sich ihr zu und nickte auffordernd.

»Es fühlt sich an, als würdest du darauf warten, dass ich mich bei dir bedanke.«

»Das tue ich nicht«, sagte Thorne.

»Jede einzelne Minute, jeden Tag.«

»Wie gesagt –«

»Und die Wahrheit ist, dass ich es nicht kann, weil ich dir nicht wirklich dankbar bin.«

Thorne starrte in sein Glas. Dann nahm er einen Schluck.

»Ich weiß, wie lächerlich das klingt nach dem, was du getan hast … was Phil getan hat … aber Tatsache bleibt, dass es falsch war und dass ich immer noch damit kämpfe, es hinter mir zu lassen.«

»Was meinst du damit? Dass du kämpfst?«

»Ich meine, es gibt nur einen einzigen Grund, warum ich nicht sofort nach unserer Rückkehr in Russells Büro marschiere, reinen Tisch mache und erzähle, was wirklich passiert ist. Und das bist du.« Endlich schaute sie Thorne in die Augen, wenn auch nur für einen Moment. »Du und Phil. Ich weiß, was es für eure Laufbahnen bedeuten würde … und ich selbst wäre sogar noch deutlich schlimmer dran, aber das wäre mir egal. Jedenfalls geht es nicht. Denn obwohl auch das, was du getan hast, falsch war … falsch und wirklich … dumm … kann ich euch beide nicht mit runterziehen.«

Thorne schaute sie an.

»Natürlich kann ich das nicht.« Schnell schüttelte sie den Kopf. »Ich meine bloß. Ich werde niemals die Wahrheit sagen können. Und so undankbar und illoyal es jetzt klingen mag, nimmt ein Teil von mir dir das übel.«

Thorne hatte gerade begonnen, abwesend seine rechte Hand zu reiben, als Tanner den Arm ausstreckte und seine Finger packte. Sie starrte auf die quer über seine Handfläche verlaufende ausgefranste Linie, die Narbe, für die sie verantwortlich war. »Und auch dafür werde ich mich nicht entschuldigen«, sagte sie. »Es war deine Idee, weißt du noch?«

Thorne zog die Hand fort. »Unwahrscheinlich, dass ich es vergesse, oder?«

Eine Zeit lang herrschte Schweigen. Zwei Geschäftsleute im Anzug kamen herein und stellten sich an die Bar, um ihre Bestellung aufzugeben. Der Dudel-Jazz war noch fröhlicher geworden.

»Du warst nicht du selbst, Nic.« Thorne sah, dass sie ihm widersprechen wollte, und hob seine andere Hand, die linke, um sie zu stoppen. »Als du es getan hast.«

»Aber ich bin jetzt ich selbst, oder?« Sie funkelte ihn an. »Jeden Tag, wenn ich wach werde und weiß, dass ich das Richtige nicht tun darf.«

»Bist du sicher?«

»In welcher Hinsicht?«

»Dass es richtig wäre, die Wahrheit zu sagen. Vielleicht haben wir das Richtige getan. Es fühlte sich jedenfalls so an.«

Tanner zuckte leicht zusammen, als die Männer an der Bar lachten, und schloss für einige Sekunden ihre Augen. Als sie sie wieder öffnete, waren sie feucht. Sie sagte: »Es tut mir aufrichtig leid, was geschehen ist und dass du da reingezogen wurdest. Es mag mir schwerfallen, mich zu bedanken, aber ich komme schon klar. Und es tut mir leid, dass ich … mich jetzt hier vor dir auskotze.« Sie seufzte laut auf. »Ich weiß nicht …«

»Denkst du wieder laut?«

»So ungefähr.« Mit einem Mal sah Tanner so ausgewrungen und bleich aus wie die Mordopfer, über die sie während des Essens gesprochen hatte, so elend wie Denise Fry einige Stunden zuvor im Kelvingrove Park.

»Kein Problem«, sagte Thorne. »Und es wird auch nie eins werden.« Er beugte sich vor und legte eine Hand auf ihren Arm. »Solange es außer mir keiner zu hören bekommt.«

FÜNFZIG

Sarah war im Badezimmer, also setzte Conrad sich aufs Bett und wartete. Seit dem Telefonat im Garten hatte er sich ein wenig beruhigt. Trotzdem war er dankbar für die paar zusätzlichen Minuten, die ihm nun zur Vorbereitung blieben. Er wusste noch immer nicht, was er ihr sagen wollte. Im Auto hatte er sich verschiedene Sätze zurechtgelegt. Und auch wenn er darin geübt war – die kranke Tochter, das großartigste Drehbuch, das er je gelesen hatte –, war ihm nichts wirklich Überzeugendes eingefallen. Der erste Satz würde entscheidend sein, so viel war klar. Aber alles, was ihm in den Sinn gekommen war, hatte entweder vollkommen albern geklungen oder einfach … gefährlich.

Wir müssen reden.

Also, wahrscheinlich kannst du's mir erklären, aber …

Diesmal bist du zu weit gegangen.

Er hörte ihr unmelodisches Singen im Bad, diesen dämlichen Song von Hall and Oates, von dem er ihr erzählt hatte. Zu hören, wie sie dort drinnen völlig sorglos mit ihren Cremes und

Ölen hantierte, fachte seinen Ärger erneut an. Er versuchte ihn unter Kontrolle zu halten, um ihrer beider willen. Wenn *er* ausflippte, würde sie es sicher auch tun, und das Letzte, was er jetzt brauchte, war eine Wiederholung dessen, was drei Abende zuvor passiert war.

Oder etwas noch Schlimmeres …

Unwillkürlich schaute er sich im Schlafzimmer nach etwas um, das sie sich schnappen und mit dem sie auf ihn einschlagen konnte, wenn sie die Beherrschung verlor. Nach etwas, womit er sich im Ernstfall verteidigen konnte, denn er würde kein zweites Mal den Sandsack spielen. Ein dicker Kerzenhalter aus Glas, ein Stöckelschuh mit einem Absatz, der zweifellos ordentlichen Schaden anrichten konnte, das gerahmte Foto von ihnen beiden auf ihrem Nachttisch. Dann fiel sein Blick auf den in Plastik gewickelten Stein mit den Blutresten, der unpassenderweise neben einem Taschenbuch-Thriller lag, und sein Zorn verwandelte sich plötzlich in Panik, oder in die Erinnerung an eine Panik, aber genauso intensiv. Wie Säure stieg sie aus seinen Eingeweiden hoch.

»Ist doch schön, ein Souvenir zu haben, oder?« Das waren ihre Worte gewesen, als er sie darauf angesprochen hatte. »Er ist durch und durch Margate, und jetzt sind *wir* durch und durch Margate.«

Natürlich konnte er auch einfach gar nichts sagen.

Wäre das nicht die einfachste Option, der Weg des geringsten Widerstands?

Er könnte sich einfach ausziehen, ins Bett legen und so tun, als schliefe er.

Ja, er hatte der Frau am Telefon versprochen, sich um die Angelegenheit zu kümmern. Doch wenn er einfach so tat, als wäre überhaupt nichts passiert, würde sich vielleicht alles von allein regeln. Mit ein bisschen zeitlichem Abstand würde sie sich beruhigen, und sicher fiel ihm eine Geschichte ein, mit der er sich aus der Affäre ziehen konnte. Darin war er schließlich ein Meister …

Conrad hörte die Badezimmertür, Sarahs Schritte auf dem Flur, und plötzlich trat sie durch die Tür, ein Handtuch fest um ihre Brust gewickelt und mit einem breiten Grinsen, das ihm die Entscheidung abnahm. Er sprang auf.

»Was zum Teufel hast du dir dabei gedacht?«

Ihr Grinsen verschwand höchstens für einen kleinen Augenblick. »Na ja, ich hab im Bad gerade etwas wirklich Böses gemacht, aber dabei hab ich an dich gedacht, wirklich.«

Ein paar Sekunden lang trafen sich ihre Blicke.

»Du hast mich neulich verfolgt.« Conrad keuchte, als käme er gerade vom Laufband.

»Das wäre nicht nötig gewesen, wenn du mir gesagt hättest, wohin du wolltest.«

»Du hast mich *verfolgt*.«

»Du bist ziemlich wütend.« So wie sie es sagte, klang es wie ein Kompliment.

»Und du hast jemandem eine Nachricht zukommen lassen.«

»*Jemandem?*«

Plötzlich machte Conrad einen Schritt auf sie zu, doch sie zuckte nicht zurück. »Du weißt, was du getan hast. Was du ihr angedroht hast.«

»Du hättest mir sagen sollen, dass du dich mit ihr triffst.« Sarah hob eine Hand und fuhr sich mit den Fingern durch ihr nasses Haar. »Keine Geheimnisse, haben wir gesagt.«

»Du verstehst es nicht.«

»Dann erklär es mir.«

»Ich *will* mich nicht mit ihr treffen …« Conrad hielt inne, ihm wurde klar, dass er in der Falle saß. Dass Ehrlichkeit jetzt die schlimmste Wahl war.

»Warum nicht?«

Conrad senkte den Blick und betrachtete einen einzelnen Wassertropfen, der über ihr Schlüsselbein glitt. Als er ihr wieder in die Augen schaute, bestätigte ihre Miene seine schlimmsten Befürchtungen. Wenn er ihr anvertraute, dass er praktisch erpresst wurde und dass die Frau, die sie bedrohte, ganz genau wusste, was Sarah und er getan hatten, wäre es bloß eine Frage der Zeit, bevor daraus ein Problem wurde, das Sarah auf ihre Weise würde lösen wollen. Und was das bedeutete, wie effizient sie dabei vorging, hatte er im Haus der Lehrerin erfahren.

Er konnte das nicht noch einmal mitmachen. Er *wollte* es nicht.

»Du bist plötzlich so still«, sagte sie.

Wusste sie schon Bescheid?

Auf Anhieb hätte Conrad nicht sagen können, wie das möglich sein sollte. Aber schließlich wusste er nicht, wie lange sie ihn oder die Frau, die er besuchte, schon beobachtet hatte. Längst hatte er akzeptiert, dass er nie auch nur erahnen konnte, was in Sarah vorging.

»Es tut mir leid«, sagte er mit einer Stimme, aus der alle Kraft gewichen war.

»Dass du sauer auf mich warst? Oder was Schlimmeres?«

»Ich hätte nicht lügen sollen.«

»Das stimmt.«

»Aber es ist nicht so, wie du denkst.«

Sie nickte zufrieden. »Ich hab nur getan, was mir das Beste für uns erschien, das ist dir hoffentlich klar? Für dich, für mich und für Jamie.«

Mit einem Mal brachte er die Selbstkontrolle, die *Nachgiebigkeit*, die sie in Momenten wie diesen von ihm verlangte, nicht mehr auf. Vielleicht wollte er sie einfach nicht mehr aufbringen. *»Jamie?«*

»Er braucht Stabilität –«

»Was redest du da? Wie kann jemand, den du erfunden hast, *irgendwas* brauchen? Was zum Teufel ist los mit dir?«

Zehn oder fünfzehn Sekunden lang wirkte Sarah, als hätte er ihr einen Arm ausgerissen, als könnte sie sich nur mühsam auf den Beinen halten. Doch schon sah Conrad, wie ihr Gesichtsausdruck wieder härter und entschlossener wurde. Er erwischte sich bei der Frage, wie schnell er den Kerzenständer oder die High Heels am Fußende des Bettes erreichen konnte, und wartete auf das Unvermeidliche, sah dann aber, wie sich ihre Miene langsam veränderte, als sei sie zu einem Entschluss gelangt.

Sie knotete das Handtuch auf und ließ es zu Boden fallen.

Sie lächelte und strich sich mit der Hand über den Bauch.

Sie sprach seinen Namen aus, als wäre es das erste Mal.

Ob er wollte oder nicht: Conrad wurde hart, Schläge und Kratzen wären so viel leichter zu ertragen gewesen als das hier. Langsam ging Sarah an ihm vorbei, stieg aufs Bett und begab sich auf alle viere.

»Manchmal, Liebster, ist es gut, wütend zu sein.« Sie griff ins Laken, reckte den Hintern hoch und legte den Kopf flach aufs Kissen. »Du weißt ja, dass es mir nichts ausmacht, wenn es ein bisschen wehtut.«

EINUNDFÜNFZIG

Thorne folgte Andrew Ruston durch den schmalen Flur, in dem seine Freundin zehn Tage zuvor erschlagen worden war. Aus offensichtlichen Gründen war der Teppich entfernt worden – wobei Thorne nicht sicher war, ob die am Tatort eingesetzten Kriminaltechniker dafür verantwortlich waren oder ob Ruston ihn später selbst entsorgt hatte. Außerdem bemerkte er Löcher im Boden, voller Wollmäuse und Kabel, wo auch die Bodendielen entfernt worden waren.

»Passen Sie bitte auf die Nägel auf.« Ruston sprach mit leiser Stimme, in der ein Akzent aus dem Norden mitschwang. »Ich vergesse sie immer. Wenn ich morgens barfuß hier runterkomme, muss ich immer gleich wieder nach oben, um mir Hausschuhe anzuziehen.«

Der junge Mann hatte nicht sonderlich erstaunt gewirkt, dass ein ihm unbekannter Detective vor seiner Haustür gestanden und seinen Dienstausweis vorgezeigt hatte. Vielleicht wäre seine Miene genauso ausdruckslos geblieben, wenn die Zeugen Jehovas oder ein aufdringlicher Vertreter für Putzmittel geklingelt hätte. Als Thorne ihn gefragt hatte, ob er für einen Moment ins Haus kommen dürfe, hatte Ruston nur müde genickt und war vorangegangen. Er trug eine Jeans und ein kariertes Hemd, hatte auf Thorne aber den Eindruck gemacht, als sei er gerade erst aufgestanden.

Er fragte Thorne, ob er einen Kaffee wolle. Der Detective bejahte, obwohl es schon spätnachmittags war, und bedankte sich. Da sein Besuch ohnehin mehr oder weniger inoffiziell war, hatte er bereits mit dem Gedanken gespielt, unterwegs in einen Laden zu gehen und ein paar Biere mitzubringen.

Er folgte Ruston in die Küche.

»Ich habe leider keine Neuigkeiten.« Thorne sah zu, wie Ruston Becher aus dem Regal nahm, und trat einen Schritt beiseite, um ihn an den Kühlschrank zu lassen. »Das sollte ich vielleicht als Erstes sagen.«

Ruston legte eine Kapsel in einen stylish aussehenden Kaffeeautomaten. »Warum sind Sie dann gekommen?«

Jemandem, der kürzlich auf so schreckliche Weise einen geliebten Menschen verloren hatte, zu erklären, dass ein Besuch bei ihm spannender war als Schreibtischarbeit, kam natürlich nicht infrage. Immerhin mühte sich Thorne, zumindest einigermaßen nah an der Wahrheit zu bleiben.

»Ich hatte einfach das Gefühl, ich sollte mal vorbeischauen«, sagte er.

Ruston drehte sich um und betrachtete ihn mit unveränderter Miene. Dann wandte er sich wieder dem Kaffeeautomaten zu.

»Sind Sie … allein hier?«, fragte Thorne.

»Erst seit ein, zwei Tagen«, sagte Ruston. »Gemmas Mum und Dad waren hier. Zur Beerdigung werden sie alle noch einmal kommen, wann immer die sein wird.«

»Ich sehe zu, was ich tun kann«, sagte Thorne. »Damit Gemma schneller … freigegeben wird.«

»Bis dahin bin ich allein hier, ja. Aber das ist in Ordnung. Ich werde mich sowieso dran gewöhnen müssen, was?«

Thorne dachte an Tanner, die im Moment wahrscheinlich in Margate war, um sich mit Kevin Deanes Eltern zu unterhalten. Wahrscheinlich hatte die Münze es letztlich gut mit ihnen gemeint. Im Prinzip ging es um eine Art Seelsorger-Besuch, und wenn man bedachte, dass sowohl Tanner als auch Ruston ihre Partnerin verloren hatten, war die Gemeinsamkeit zwischen beiden vielleicht ein bisschen größer, als für Tanner gut gewesen wäre. Vielleicht interpretierte er aber auch zu viel in diesen Umstand hinein und unterschätzte die … Professionalität seiner Kollegin.

Tanner wäre sicher sehr gut damit umgegangen.

Wahrscheinlich hätte sie ihm einen Laden empfohlen, in dem er günstig einen neuen Teppich für den Flur bekommen konnte.

Mit ihren Kaffeebechern gingen sie hinüber ins Wohnzimmer, wo seine Kollegen keine derart offensichtlichen Spuren hinterlassen hatten. Ein paar Kleidungsstücke lagen in einer Ecke, und neben dem Sofa standen ein Pizzakarton und ein Aschenbecher, dessen Inhalt den unverwechselbaren Geruch von Gras erklärte, den Thorne bereits beim Öffnen der Haustür wahrgenommen hatte. Auf einem Couchtisch stand ein offener Laptop, dessen Bildschirmschoner ein Bild von Ruston und einer jungen Frau zeigte, von der Thorne bisher nur Fotos gesehen hatte, die nach ihrem Tod aufgenommen worden waren. Das Bild sah aus, als wäre es in einer dieser Photobooths gemacht worden, die heutzutage auf Partys so beliebt waren. Er trug eine komische dickrandige Brille und hatte ein Stethoskop um den Hals hängen, sie trug einen Doktorhut und hob drohend einen Rohrstock.

Beide grinsten idiotisch in die Kamera.

Ruston klappte den Laptop zu, setzte sich und bot Thorne einen Platz an. »Meine Vorgesetzten waren wirklich toll«, sagte er. »Sie haben gesagt, ich kann einfach wiederkommen, wenn ich mich dazu in der Lage fühle.«

»Das ist gut«, sagte Thorne.

»Wann immer das sein wird. Im Moment könnte ich eine Migräne wahrscheinlich nicht von einem Melanom unterscheiden.«

»Es ist wichtig, sich ein wenig Zeit zu lassen.« Thorne kam sich vor, als würde er aus dem Trauerhilfebuch für Idioten zitieren. »Es ist … wichtig.«

»Was mit Gemma passiert ist …« Ruston warf ihm einen fragenden Blick zu. »… hat mit dieser Frau zu tun, die immer vor der Schule rumhing, stimmt's? Die so getan hat, als hätte sie Kinder dort. Karl Sturridge hat mir erzählt, dass Sie nach ihr gefragt haben.«

Thorne nahm einen Schluck Kaffee, um sich etwas Zeit zu verschaffen. Er hatte damit gerechnet, allgemeine Fragen nach den Fortschritten der Ermittlung gestellt zu bekommen. Allerdings wäre es leichter gewesen, direkt einzuräumen, dass sie nicht wirklich vom Fleck gekommen waren, als mit einer direkten Frage wie dieser konfrontiert zu werden, so gern er sie auch beantworten würde. Eine Frage, wie auch Ella Fulton sie gestellt hatte, und Gemma Maxwells Freunde in der Schule, eine Frage, auf die Menschen in solchen Situationen jedes Recht hatten, auf die Thorne aber stets nur mit einem Verweis auf die Vorschriften antworten durfte.

Überhaupt nichts zu sagen wäre wahrscheinlich die sicherste Variante.

Stattdessen erklärte er: »Ja, das vermuten wir.«

»Sie ist also diejenige, nach der Sie suchen?«

»Sie und ihr Liebhaber, ja.«

Ruston starrte vor sich hin.

»An dem fraglichen Abend waren sie zu zweit hier.«

»Oh, ach so. Wissen Sie, wer von den beiden letztlich …«

Thorne sah keinen Grund zu lügen. »Nein, das wissen wir nicht.«

»Ich hatte ihr gesagt, sie sollte mit Peake darüber sprechen oder direkt zur Polizei gehen.« Er seufzte tief und fuhr sich mit der Hand über die Bartstoppeln. »Aber Gemma wollte nichts davon wissen … Sie sagte, die Frau hätte wahrscheinlich Probleme, und wollte es lieber auf die freundliche Art probieren.«

»Probleme hat sie ganz sicher«, bestätigte Thorne.

Ruston nickte, als wolle er es gar nicht genauer wissen. Als wisse er schon zu viel, über das er in schlaflosen Nächten nachgrübeln würde. »Ihre Kollegen haben mir von dem Baby erzählt«, sagte er. »Gemma war erst ein, zwei Wochen schwanger und wusste wahrscheinlich selbst noch nichts.«

Thorne schluckte. »Richtig.« So stark die Versuchung auch gewesen war, ihm Gemmas Schwangerschaft zu verschweigen, hatte Ruston doch ein Recht darauf, jedes Detail der Obduktion zu erfahren, zumal es später, im Falle einer Gerichtsverhandlung, ohnehin ans Licht kommen würde.

»Wenn sie es wusste, hat sie mir jedenfalls nichts gesagt. Aber das hätte sie getan, denn wir … haben es schon eine Weile versucht.« Wieder nickte er. »Ich glaube … es war vielleicht gut, dass sie keine Ahnung hatte. Dass sie am Ende nicht an das Baby denken musste, verstehen Sie?« Er warf einen kurzen Blick Richtung Hausflur. »Wenigstens etwas, oder?«

Zu sehen, wie Ruston den Kopf hängen ließ, und mit einem Mal zu spüren, dass das gesamte Leben dieses Mannes in Trümmern lag, verunsicherte Thorne. Hilflos suchte er nach den richtigen Worten, *irgendwelchen* Worten. Das Schweigen begann so unangenehm zu werden wie das zwischen Tanner und ihm in der Hotelbar in Glasgow, und er hatte nicht die geringste Idee, was er sagen konnte, um es zu beenden. Alles klang so vorgefertigt, so unaufrichtig. Vielleicht sollte er dem Mann … einfach Gesellschaft leisten? Versuchen, ihn von seinem Leid abzulenken? Kaum hatte er den Gedanken zu Ende gedacht, da begriff er schon, wie lächerlich er war.

Sind Sie Fußballfan?

In letzter Zeit irgendwelche guten Filme gesehen?

Warum fiel es ihm so schwer? Was … fehlte ihm? Er konnte sich nicht vorstellen, dass Tanner sich in Margate so schwertat. Er hatte ja mitbekommen, wie sie Denise Fry am Abend zuvor am Telefon getröstet hatte.

»Ich habe Sie für den Täter gehalten«, sagte er schließlich. »Ganz am Anfang, meine ich.«

Ruston schaute ihn an und nickte. »Das ergibt wahrscheinlich Sinn.«

»Rein statistisch zumindest. In den meisten Fällen ist es der Partner.«

»Ja«, sagte Ruston. »Fast immer.« Er stand auf und sammelte ein paar Kleidungsstücke aus der Zimmerecke auf. Mit dem Bündel auf dem Arm schaute er aus dem Fenster hinaus auf die Straße. »Und, ist das irgendeine neue Initiative oder so was?«

»Was meinen Sie?«

»Detectives wie Sie rauszuschicken, um mit den Angehörigen der Opfer zu sprechen. Die fürsorgliche Seite der Metropolitan Police?« Er drehte sich zu Thorne um. »Mir ist schon Beratung und all das angeboten worden. Ein paar uniformierte Kollegen von Ihnen sind mit Broschüren vorbeigekommen.«

»Nein, darum geht es eigentlich nicht«, sagte Thorne. »Ich dachte bloß, wir machen so was viel zu wenig. Na ja, meine Kollegin denkt das. Um ehrlich zu sein, war es ihre Idee. DI Tanner?«

Ruston nickte. »Ja, die war nett. Ihr … ging das Ganze nicht am Arsch vorbei. Und trotzdem hat sie mit mir nicht geredet, als hätte ich Krebs, verstehen Sie?«

»Sie ist eine von den Guten.«

»Die Idee mit dem Besuch war von ihr? Das erklärt es dann wohl«, sagte Ruston.

»Was?«

»Dass Sie so unglücklich aussehen, wie ich mich fühle.«

ZWEIUNDFÜNFZIG

Anderthalb Stunden nach seinem Aufbruch in Walthamstow befand Thorne sich wieder auf heimischem Territorium. In einem feuchten, zugigen Raum über dem *Grafton Arms* hatte er sich mit Hendricks zu einer Partie Pool verabredet. Zum Glück schienen nur die Stammgäste von diesem Raum zu wissen. Thorne fühlte sich hier entschieden wohler als in Rustons Haus, auch wenn Mobiliar und Böden reichlich klebrig waren.

»Rein mit dir!« Thorne ballte die Faust, als er einen Ball über weite Distanz in einer der Ecktaschen versenkt hatte.

»Nicht schlecht«, sagte Hendricks. »Nur schade, dass es eine von meinen war.«

»Was?«

»*Ich* hab die Halben. Du die Vollen.«

»Oh, verdammte Sch–« Thorne lag bereits drei Frames im Rückstand, und der Verlierer ihres Best-of-seven-Matchs musste für sämtliche Getränke des Abends aufkommen. Seine Chancen standen schlecht. Er musste mitansehen, wie Hendricks zwei weitere Kugeln versenkte. Während er sein Queue kreidete, fragte er: »Findest du's nicht seltsam, dass ich nicht öfter von meiner Mum träume?«

Hendricks setzte den nächsten Stoß und sah zu, wie die weiße Kugel schön nah an der Bande liegen blieb. Er richtete sich auf. »Weiß der Himmel. Aber dass du mich danach fragst, finde ich tatsächlich etwas seltsam.«

»In letzter Zeit hab ich eine Menge von ihr geträumt, deswegen.«

»Gut …«

»Viel öfter als sonst.«

»Und weswegen machst du dir jetzt also Sorgen? Weil du von ihr träumst oder weil du nicht genug von ihr träumst?«

»Ich weiß nicht«, sagte Thorne. »Beides. Ich hab Perera gefragt.«

»Ach, tatsächlich?«

»Ich kam mir dabei ein bisschen dumm vor, um ehrlich zu sein, aber sie war sowieso keine große Hilfe.«

»Verstehe. Dann bist du also an den *professionellen* Diensten der heißen Psychiaterin interessiert, ja?« Hendricks grinste höhnisch, doch als Thorne darauf nicht einging, holte er sich sein Bierglas. »Hör mal, es sind einfach Träume, Mann. Ich würde mir keine Sorgen machen. Neulich hab ich geträumt, Bradley Cooper hätte mir einen geblasen, und das Einzige, was mir beim Aufwachen Kopfschmerzen bereitet hat, war, dass es nicht wirklich passiert ist.«

»Bradley Cooper?«

»Oh ja. Er hat genau gewusst, was er tat.«

Der Rest des Frames verlief ungefähr so wie die drei vorangegangenen, auch wenn das Ergebnis ein wenig mehr Anlass für Kontroversen bot. Während noch vier von Thornes Kugeln auf dem Tisch lagen, musste Hendricks nur noch die schwarze versenken. Als dabei stattdessen die weiße in der Tasche landete, beanspruchte Thorne das Frame für sich.

»Was redest du da?«

»Wenn du die Weiße einlochst, obwohl du eigentlich die Schwarze –«

»Klar, wenn *nur* noch die Weiße übrig ist.«

»Aber so haben wir immer gespielt.«

»Seit wann?« Hendricks wartete, zuckte dann die Schultern und legte sein Queue auf den Tisch. »Klar, wie du willst, Kumpel. Wenn du schon betrügen musst, um nicht zu null zu verlieren …«

Während Hendricks die Kugeln einsammelte und wieder neu arrangierte, erzählte er Thorne von dem langen Wochenende in Barcelona, das er und Liam planten. Ein wenig neidisch erinnerte Thorne sich an einen Kurztrip, den Helen und er im Jahr zuvor unternommen hatten. »Klingt nett«, bemerkte er.

»Verdammt, ich kann's kaum abwarten«, sagte Hendricks. »Tolle Bars, tolles Essen, das ganze Drum und Dran. Ein bisschen Shoppen auf den Ramblas und zwischendurch mal eine Galerie, damit Liam auf seine Kosten kommt.«

»Er steht auf so was?«

»Bedauerlicherweise.«

»Ich hab mir in letzter Zeit selbst ein paar Gedanken über Kunst gemacht«, erklärte Thorne.

»Langsam fange ich wirklich an, mir Sorgen um dich zu machen«, erwiderte Hendricks und eröffnete das Spiel mit einem kraftvollen Stoß. Als zwei Halbe in die Taschen rollten, begann er, um den Tisch zu stolzieren und »Werewolves of London« anzustimmen.

»Ich meine bloß«, sagte Thorne, »ich verstehe rein gar nichts davon. Und wenn ich so darüber nachdenke, gibt es eigentlich eine ganze Menge Dinge, von denen ich rein gar nichts verstehe.« Er nahm sein Bier, während Hendricks die nächste Kugel anvisierte. »Wein, Politik, Geschichte.« Er nahm einen Schluck. »Geografie, klassische Musik, Bücher …«

»Ich versteh nichts von Nuklearphysik«, stellte Hendricks fest. »Aber das bereitet mir keine schlaflosen Nächte.«

»Manchmal kommt man sich halt ein bisschen dumm vor, mehr will ich gar nicht sagen …«

»Und das aus gutem Grund.«

»… gerade in Gesellschaft von Leuten, die sich mit solchen Sachen auskennen, auch wenn sie es nicht darauf anlegen.«

Hendricks verpatzte seinen Stoß und fluchte laut. »Hör mal, Kumpel, über Kunst kann ich dir alles erzählen, was du wissen willst. Oder wenigstens so viel, dass du so klingst, als wüsstest du Bescheid, wenn du drüber redest. Im Wesentlichen geht es darum, bei einem berühmten verstorbenen Künstler, nehmen wir mal Rembrandt, ein paarmal zu nicken und zu sagen: ›Oh, ist es nicht fantastisch, wie er dieses … Pferd hingekriegt hat?‹ Oder: ›Schau mal, wie hübsch die Titten dieses Engels gemalt sind.‹ Oder so. Und wenn es um *moderne* Kunst geht, du weißt schon, irgendwelches Gekringel oder eine ›Installation‹ … alles Blödsinn. Kinderkram.«

Thorne lachte.

»Bitte schön«, sagte Hendricks.

»*Verdammt …*«

»Was?«

»Meine Mum«, sagte Thorne. »Sie hat *gemalt.*« Er lächelte kopfschüttelnd. »Wie konnte ich das vergessen?«

»Na, großartig.« Hendricks zog eine Grimasse, als hätte Thorne den Verstand verloren. »Übrigens, du bist dran.«

Thorne rührte sich nicht, immer noch betäubt von der Erinnerung, die scheinbar aus dem Nichts wiederaufgetaucht war. »Ich meine, ich hab keine Ahnung, ob sie gut war oder irgendwas, aber ich erinner mich, dass ich ihr dabei zugeschaut hab, als ich … ich weiß nicht, sechs oder sieben war. Ich hatte diese Malen-nach-Zahlen-Sets, erinnerst du dich?«

»Muss zu sehr mit Masturbieren beschäftigt gewesen sein.«

»Ich hab so ein Ding ausgemalt, während sie … Ich weiß nicht mehr, was sie gemalt hat. Sie saß Ewigkeiten an einem Bild.« Er schaute Hendricks fragend an. »Was zum Teufel ist bloß aus den Bildern geworden?«

»Hat dein Dad sie nicht irgendwo aufbewahrt?«

Thorne versuchte sich an die Tage und Wochen nach dem Tod seines Vaters zu erinnern. Er wusste noch, dass er sich um all den offiziellen Kram gekümmert hatte, dass er sich ein paar von den persönlichen Gegenständen des alten Mannes ausgesucht hatte. Aber vieles aus dieser Zeit lag irgendwie im Nebel. Dann nickte er. »Tante Eileen.«

»Tante Eileen … was?«

»Sie hat mir nach Dads Tod ihre Hilfe angeboten. Sie hat sich die Kisten und Tüten auf dem Dachboden vorgenommen.«

»Na also«, sagte Hendricks. »Vielleicht hast du deswegen von ihr geträumt, vielleicht steht noch irgendwo ein vergessenes Meisterwerk von Mrs Thorne herum. Warum fragst du nicht deine entzückende Doktorin Perera, was sie davon hält?«

Thorne zeigte ihm den Finger, beugte sich über den Tisch und hämmerte eine Halbe in die gegenüberliegende Ecke.

»Vier zu eins.« Hendricks schüttelte den Kopf, als machte es ihn traurig, sich von Thorne das Bier bezahlen zu lassen. »Ich glaube, du hast da unten südlich des Flusses deinen Biss verloren.«

Thorne blies die Wangen auf und griff nach dem Pint, das für diesen Abend sein letztes sein sollte. Als ihm sein kürzliches Gespräch mit Helen durch den Kopf ging, erschien es ihm tatsächlich so, als wäre seine Zeit auf der falschen Seite des Flusses vorbei. Noch immer konnte er sich nicht entscheiden, wie er sich bei diesem Gedanken fühlen sollte. »Da könntest du recht haben.«

»Und selbst der eine Punkt war fragwürdig.«

Sie waren wieder hinunter in die Bar gegangen. Trotz der Niederlage, die er oben hatte einstecken müssen, und dem Umstand, dass ein Sadist an der Jukebox einen Song von Ed Sheeran ausgewählt hatte, fühlte Thorne sich entspannt wie schon seit Tagen nicht mehr. Sie hatten ein paar Stunden Spaß gehabt, ohne sich ein einziges Mal über die Arbeit zu unterhalten. Kein Wort über Blut und Wunden durch stumpfe Gewalteinwirkung, kein Wort über Betrüger und Leichen.

Und jetzt musste Thorne ihnen diesen Abend versauen, weil es nicht anders ging.

»Ich hatte gestern Abend ein längeres Gespräch mit Tanner«, sagte er.

»Tatsächlich?« Hendricks' Miene verriet, dass er begriff, worum sich die Unterhaltung gedreht hatte.

Thorne wiederholte exakt, was Tanner gesagt hatte.

»Ist sie katholisch?«, fragte Hendricks.

»Ich glaube nicht. Warum?«

»Ich kenne keinen, der die Nummer mit den Schuldgefühlen so gut draufhat wie sie.«

»Vielleicht ist sie deswegen so eine gute Polizistin«, sagte Thorne. »Vielleicht spürt sie Schuldgefühle bei anderen.«

»Glaubst du, sie hat je ein Wort über die Sache fallen gelassen?«

»Nein.« Thorne schüttelte den Kopf und schaute seinem Freund in die Augen. »Nein, auf keinen Fall. Ich glaube, sie musste sich einfach etwas von der Seele reden.«

Schweigend widmeten sie sich ihrem Bier, bis der Ed-Sheeran-Song von etwas minimal weniger Nervigem abgelöst wurde.

»Es gibt da so einen Spruch, oder?«, sagte Hendricks. »Drei Menschen können ein Geheimnis bewahren, solange zwei von ihnen tot sind. So was in der Art.«

»Klingt ein bisschen drastisch«, sagte Thorne.

Hendricks lächelte und riss eine Chips-Packung mit den Zähnen auf. »Wie bei diesem Paar, hinter dem du her bist.«

»Was?«

»Dieses Mörderpaar …«

»Conrad und Sarah.«

»Genau. Ganz ähnliche Situation, wenn man drüber nachdenkt. Sie sind aufeinander angewiesen, stimmt's? Genau wie wir. Um das Geheimnis zu bewahren, meine ich. Wenn einer von ihnen … schwach wird, sind sie beide am Arsch.« Hendricks stopfte sich eine Handvoll Chips in den Mund. »Also, wen hältst du für das schwächere Glied der kleinen Kette?«

DREIUNDFÜNFZIG

Das Gras ließ Sarah wieder an ihren Vater denken, doch das war in Ordnung. Sie hatte Interviews mit Rockstars und Schriftstellern gelesen, die erklärten, das Rauchen würde sie in kreativer Hinsicht öffnen, etwas freisetzen. Vielleicht war es in diesem Fall ähnlich, es half ihr auf jeden Fall, ein bisschen klarer zu denken.

Es half ihr beim Planen.

Zwar waren die Erinnerungen an die Dinge, die ihr Vater ihr angetan hatte, schmerzhaft, das Gefühl, das seine Grausamkeit – die Art, wie er sie *benutzte* – in ihr hervorgerufen hatte. Doch der Schmerz war erträglich, der dumpfe Druck, das scharfe Stechen, je nachdem, denn sie konnte ihn sich für ihre eigenen Zwecke zunutze machen.

Du weißt ja, dass es mir nichts ausmacht, wenn es ein bisschen wehtut …

Sie erinnerte sich an das letzte Mal, dass sie ihn gesehen hatte: sabbernd und unfähig zu sprechen, in einem Zimmer, das nach Urin und verkochter Leber stank. Sie erinnerte sich, wie der Gestank ihre Stimmung gehoben hatte. Der beseligende Gestank von jemandem, der bekam, was er verdiente. Sie erinnerte sich, wie sehr sie es genossen hatte, ihm zu sagen, was sie von ihm hielt, schließlich konnte er weder antworten noch entkommen. Und sie würde nie vergessen, welche Last von ihr abgefallen war, als sie hinausmarschiert war und die Krankenschwestern mit ihren harten Gesichtern angelächelt hatte, die sie nie würde wiedersehen müssen.

Vielen Dank, dass Sie sich um ihn kümmern. Dad macht einen ziemlich glücklichen Eindruck.

Das war ein, zwei Tage nach Peters Zusammenbruch gewesen, als er über seine praktisch noch jugendliche Geliebte ausgepackt hatte. Über das kurze Abenteuer und die daraus folgende Schwangerschaft, den Fehler, den der arme, verwirrte Kerl »nicht hatte verhindern« können. Dass sie sich mit Peter auseinandersetzen musste, hatte ihr vielleicht die Kraft gegeben, endlich auch ihrem Vater entgegenzutreten, und als die Eiterbeule endlich durchstochen war, als sie aus diesem beschissenen Pflegeheim marschiert war, hatte sie entschieden, sich nie wieder von einem Mann betrügen zu lassen.

Die Frau, zu der sie wurde, konnte so etwas nicht dulden.

Sarah lächelte und nahm einen tiefen Zug von ihrem Joint.

Keine der neuen Frauen …

Conrad hing irgendwo im Haus herum, und als sie den Qualm ausstieß, erinnerte sie sich daran, wie er heute Morgen zu ihr hochgeschaut hatte, als sie sich auf ihm bewegt hatte. Total weggetreten. Wahrscheinlich hatte er in der Nacht zuvor genauso ausgesehen, als sie es getan hatten, nur dass sie da sein Gesicht aus offensichtlichen Gründen nicht hatte sehen können.

Stöhnend und schwitzend, die Wut aus sich herausvögelnd.

Egal was sonst noch lief, wie verängstigt und unsicher er auch sein mochte, er genoss ihren Körper noch immer.

Er liebte sie noch immer, daran zweifelte sie nicht.

Doch traurigerweise reichte Liebe allein nicht aus, denn Jamie und sie konnten mit Zweifeln nicht leben. Sie brauchten ein klares Bekenntnis, und der Umstand, dass Conrad dazu nicht mehr willens oder in der Lage schien, zerriss ihr das Herz. Was immer er getan hatte oder – noch wichtiger – tun würde: Sie würde noch immer fast alles geben, um den Mann, für den sie Conrad gehalten hatte, zurückzubekommen.

Sie beide zurückzubekommen und das, was aus ihnen geworden war.

Jenseits von Gut und Böse …

Wegzugehen würde nicht leicht werden, doch Sarah hatte sich daran gewöhnt und sich auf alles vorbereitet, was im Zweifelsfall zu tun war. Am Ende ging es nur um ihre und Jamies Sicherheit. Sie ließ die Reste des Joints zu Boden fallen, trat ihn gründlich aus und gab sich einen Ruck.

Was einen nicht umbringt … und so weiter.

Auch sie hatte einen Fehler begangen, den sie nicht hatte verhindern können.

Sie hatte geglaubt, dass Bindungen, die *mit* Blut geschmiedet werden, viel stärker sind als solche, die *durch* Blut bestehen, doch da hatte sie sich gründlich getäuscht.

Conrad hockte in einer Sofa-Ecke, zappte ziellos von Sender zu Sender und kratzte sich an dem blühenden Ausschlag, der über Nacht an seinem Arm aufgetaucht war. Er wusste, dass dieser Ausschlag auf seine Nervosität zurückzuführen war. Schon als Teenager hatte er hin und wieder darunter gelitten, vor Prüfungen zum Beispiel oder wenn es mit irgendeinem Mädchen nicht gut lief. Erst nachdem Sarah heute Morgen im Bett von ihm bekommen hatte, was sie wollte, hatte sie den Ausschlag bemerkt und ehrlich bestürzt reagiert. Sie hatte getan, als wäre er das Symptom einer tödlichen Krankheit. Sie hatte ihm die Hand auf die Stirn gelegt und mit ihm wie mit einem Baby gesprochen, sie hatte den Kopf hinabgebeugt, sanft die roten Striemen geküsst und ihm versprochen, auf dem Rückweg von der Schule eine Salbe zu besorgen.

Bei diesen Worten hatte sie ihn unverblümt angestarrt und auf seine Reaktion gewartet, ihn einem Test unterzogen.

»Verdammt noch mal.« Conrad warf die Fernbedienung hin und kratzte sich erneut.

Wenn es nicht so gut lief …

Es war ein Wunder, dass der Ausschlag ihn nicht von Kopf bis Fuß bedeckte.

Die Frau, die Sarah bedroht hatte, hatte im Lauf des Tages schon dreimal angerufen, und ihm war nichts anderes übrig geblieben, als dazusitzen und es klingeln zu lassen. Schlimmer noch: Er hatte das Handy demonstrativ hochgehalten, um Sarah zu zeigen, dass er den Anruf nicht annahm. Er hatte ihr den Namen der Frau genannt, damit sie ihn gleich erkannte, wenn er auf dem Display aufleuchtete, damit sie sah, dass er die Frau ignorierte.

Das hatte ihr gefallen, keine Frage. Er hatte ein paar Pluspunkte gesammelt.

Als sie die Salbe auf seinem Arm verteilt hatte, hatte sie ihn einen braven Jungen genannt, hatte gesagt, dass sie die Kleinigkeiten endlich hinter sich lassen sollten. Sie sagte, sie werde immer für ihn da sein, schließlich sei er ihr bester Freund. Conrad fühlte sich irgendwo zwischen verhätscheltem Schoßhündchen und Kampfhund.

So oder so war er nicht sein eigener Herr. Er *gehörte* jemandem …

Er wurde gefüttert, gevögelt und gezwungen, Gott weiß was zu tun, wann immer ihr danach war.

Er kratzte und kratzte, bis die Striemen zu bluten anfingen. Dabei versuchte er, nicht an den Strand und den Gesichtsausdruck des Jungen zu denken, die Sandschicht, die seine verschwitzten Wangen überzog. Die blutende Abschürfung an seiner eigenen Hand. Das Geräusch, als der Schädel der Lehrerin brach, und das leise Stöhnen, bevor der Hammer das nächste Mal zuschlug.

Wir müssen feiern. Wir müssen das hier *feiern …*

Als es an der Tür klingelte, setzte er sich auf und wartete, dass Sarah öffnete. Als sie nicht auftauchte, ging er selbst an die Tür. Er quittierte den Empfang des sperrigen Pakets – wahrscheinlich wieder Spielzeug oder Kinderkleidung.

»Schönen Tag noch«, sagte der Paketbote.

Conrad sah dem Mann hinterher und dachte, wie leicht es wäre, ihm zu folgen. Einfach die Beine in die Hand zu nehmen. Sich das Nötigste zu schnappen, zum Auto zu laufen und loszufahren, ohne sich noch einmal umzudrehen, ohne sie je wiedersehen zu müssen.

Was würde Sarah unternehmen? Was *konnte* sie unternehmen?

Jedenfalls konnte sie nicht zur Polizei laufen und ihn verraten, ohne sich selbst zu belasten. Der einzig mögliche Grund für eine solche Dummheit konnte darin bestehen, dass sie ihn für sein Fortgehen bestrafen wollte, dafür, dass er es wagte, sie zu verlassen. Aber würde sie aus Rachsucht ihre Freiheit opfern?

Ihre eigene und die ihres geliebten erfundenen Sohnes?

Er sah den Paketboten in seinen Lieferwagen steigen und dachte an den Abend, als Sarah ihn angegriffen hatte. An den Zorn und die Gewalt, die durch ein paar Lügen zum Ausbruch gebracht worden waren. Unwillkürlich berührte er die Schwellung in seinem Gesicht, die mittlerweile einen gelblichen Ton annahm.

Vielleicht würde sie doch zur Polizei gehen. Wie ein geschlagener Hund drehte Conrad sich um, schloss die Haustür und ging langsam in die Küche. Er betrachtete die Arbeitsfläche, an der sie ihn geküsst und geschlagen hatte. Zitternd und mit aller Kraft schleuderte er das Paket in die Ecke.

Thorne war froh, endlich zurück in seine Wohnung zu kommen und die Reisetasche loszuwerden, die er den ganzen Tag mit sich herumgeschleppt hatte. Er ließ sie aufs Bett fallen und begann sofort in den CDs aus Helens Wohnung zu wühlen. Er suchte nach der *Patsy-Cline-Anthology*, die ihm nicht mehr aus dem Kopf ging, seit er das Pub verlassen hatte. Das Cover, auf dem Patsy ein Lächeln andeutet und irgendwie verloren wirkt.

Sobald er die CD eingelegt hatte, warf er die Werbesendungen weg, die während seiner Abwesenheit gekommen waren, und spülte die schmutzige Tasse und den Teller, die er zwei Tage zuvor in die Spüle gestellt hatte. Dann ging er zurück ins Wohnzimmer, starrte die leeren, cremeweißen Wände an, nickte im Takt der Musik und dachte, dass die seltsame und scheinbar willkürliche Weise, auf die das Gedächtnis funktionierte, vielleicht auch ein Thema war, über das er mit Perera sprechen konnte.

Seine Mutter hatte die Songs, die er gerade hörte, geliebt und sie häufig gesungen: »Walking After Midnight«, »Crazy Dreams«, »Three Cigarettes In The Ashtray«. Zarte Erinnerungen, die stets einen festen Platz in seinem Bewusstsein eingenommen hatten, während die Bilder seiner vor der Staffelei sitzenden Mutter aus irgendeinem Grund in eine entferntere Ecke seines Gehirns verbannt gewesen waren: falsch einsortiert und unauffindbar, bis vor etwa einer Stunde.

Er nahm sich vor, Tante Eileen so bald wie möglich anzurufen.

Nach längerem Nachdenken kam Thorne zu dem Schluss, dass es vielleicht gar nicht *so* seltsam war. Erinnerungen, die sich am hartnäckigsten dem Vergessen widersetzten, waren gewöhnlich jene, die auf die eine oder andere Art mit Musik verbunden waren. Hatte er nicht schon von vielen Leuten gehört, dass eine bestimmte Melodie das Bild einer Landschaft heraufbeschwören konnte, die man seit Jahren nicht gesehen hatte? Oder sämtliche Merkmale des Gesichts eines alten Freundes? Manchmal reichten ein oder zwei Zeilen, ein Vers aus einem Songtext. Für sich selbst jedenfalls konnte Thorne diese Beobachtungen bestätigen, auch wenn die mit der Musik verbundenen Erinnerungen nicht immer die angenehmsten waren. Es gab Melodien, die unweigerlich irgendwelche Bilder von einem Mörder oder einem Tatort in ihm wachriefen, die er viel lieber vergessen hätte. Ein spezieller Song der Eurythmics, den er vor Jahren aus der über einem Tatort liegenden Wohnung gehört hatte, würde für alle Zeiten mit dem Bild eines bestimmten Spritzmusters – breit gestreut auf einer blassgrünen Prägetapete – verknüpft bleiben. Und mit der eigenartigen Position der wächsernen Gliedmaßen des Opfers auf dem Teppich.

Eines der erträglicheren Berufsrisiken.

Solange kein Verbrechen ihm einen Hank Williams-Song versaute …

Er kehrte ins Schlafzimmer zurück und wühlte in seiner Tasche. Schmutzige Unterwäsche und Socken warf er in Richtung des offenen Wäschekorbs, traf aber nur teilweise und hob die Unterhose vom Boden auf, um sie endgültig zu versenken. Dann griff er nach dem Pappordner, den er nach Glasgow mitgenommen hatte, schlug ihn auf und legte drei Ausdrucke aufs Bett.

Die Phantombilder von Conrad und das im Café aufgenommene Foto von Sarah.

Wie aufs Stichwort stimme Patsy Cline »Crazy« an. Seltsam, wie oft ihm *so was* passierte.

Er starrte das Paar an, das viel Schrecklicheres angerichtet hatte, als die eine oder andere Erinnerung zu beflecken, das sich seine Opfer ausgewählt und getötet hatte, wie andere einen Ring oder Blumen kauften, das sich durch Mord aneinander gebunden und auf diese Weise wahrscheinlich seine ganz eigenen kostbaren Erinnerungen geschaffen hatte.

Er konnte nur hoffen, dass Perera recht hatte.

Solche Paare entzweien sich normalerweise früher oder später ...

Thorne zog sich aus und ließ seine Kleidungsstücke einfach auf dem Boden liegen. Ihm ging etwas durch den Kopf, das Hendricks gesagt hatte, als sie das *Grafton Arms* verlassen hatten. Zum Glück waren sie vor ihrer letzten Bestellung noch einmal auf Conrad und Sarah zurückgekommen.

»Ich kann mir keine Beziehung vorstellen, in der die Co-Abhängigkeit eine größere Rolle spielt als bei diesen beiden«, hatte Hendricks gesagt. »Ich meine, sie können sich eine Trennung überhaupt nicht leisten, stimmt's? Beide sind dem jeweils anderen das Alibi. Aber ein einziger dummer Streit darüber, wer den Müll rausbringt, könnte reichen, und er oder sie ist Zeugin der Anklage.«

VIERUNDFÜNFZIG

Sarah hielt mitten in der Bewegung inne und wich dann einen halben Schritt zurück. Die wenigen Sekunden, die nun folgten, zogen sich hin wie ein Schrei, der immer lauter wurde: Vom Augenblick an, als sie in den Gang des Supermarkts bog und die Frau am anderen Ende sah, bis zu dem Moment, als die Frau aufschaute und ihre Blicke sich trafen. Blinde Panik schien Sarah zu lähmen, ihr Gehirn befahl ihr, auf dem Absatz kehrtzumachen und auf schnellstem Weg den Ausgang anzusteuern, doch ihre Beine weigerten sich, der einfachen, dringenden Anweisung Folge zu leisten.

Andere Einkäufer umkurvten sie murrend und kopfschüttelnd.

In den Sekunden, die folgten, wusste sie nur eines mit absoluter Sicherheit: dass Conrad recht gehabt hatte. So töricht und egoistisch er in vielerlei Hinsicht sein mochte, diesmal hatte er fraglos richtiggelegen. Sarah stand wie angewurzelt da, hilflos und kaum in der Lage zu schlucken. Mit einem Mal war ihr klar, dass sie trotz allem, was ihr im fraglichen Moment durch den Kopf gegangen war, auf ihn hätte hören sollen.

Sie hätten abhauen sollen.

Dann winkte die Frau ein wenig zögerlich, und es war klar, dass sich die Begegnung nicht mehr vermeiden ließ. Sarah winkte zurück und setzte sich in Bewegung. Im selben Maß, in dem die Panik nachließ, wurden ihre Schritte schneller. Ihr Selbstvertrauen und ihre Kraft kehrten zurück, denn selbst auf diese Entfernung war überdeutlich, dass die Frau, die am anderen Ende des Gangs auf sie wartete, deutlich ängstlicher war als sie selbst.

»Oh mein Gott!« Sarahs Lächeln war echt, sie genoss den Gesichtsausdruck der Frau, die verloren auf das Telefon in ihrer Hand starrte und offenbar begriffen hatte, dass ihr für einen Anruf keine Zeit mehr blieb. »Toll, dich zu sehen …«

Die Frau rang sich mühsam ein Lächeln ab und ließ das Handy wieder in ihre Hermès-Tasche gleiten. »Ja …«, murmelte sie und sah aus, als hätte sie jede Hoffnung verloren.

In gespieltem Unglauben schüttelte Sarah den Kopf. »Wirklich toll«, sagte sie, stellte ihren Einkaufskorb auf den Boden und umarmte Heather wie eine verloren geglaubte Freundin.

Freudig und leidenschaftlich, als könnte sie gar nicht anders.

Als sie Heather schließlich aus der nicht erwiderten Umarmung entließ, schob Sarah den Einkaufswagen der Freundin an den Rand des Gangs und nahm ihre Hände.

»Hör mal, Sarah ...«, begann Heather.

Sarah schüttelte den Kopf und drückte fest zu. »Ich weiß, dass du Fragen hast. Verdammt, *natürlich* hast du Fragen. Und ich verspreche dir, jede einzelne zu beantworten.«

»Die Polizei ...«

»Alles in Ordnung. Du hast schon mit ihnen geredet, nehme ich an?«

Heather schluckte schwer. »Die Polizei war in der Schule.«

Das Zittern in ihrer Stimme war Musik in Sarahs Ohren. Wie all die anderen war auch Heather immer so souverän, so selbstbewusst aufgetreten. »Ja, natürlich.«

»Eine Lehrerin ist umgebracht worden.«

Traurig schüttelte Sarah den Kopf. »Ich weiß. Ich hab's in den Nachrichten gesehen.«

»Sie haben nach dir gefragt.«

»Hör zu, das alles ist ein bisschen kompliziert, diese dumme Geschichte mit Jamie, aber ich werde es dir erklären. Nur dass es ein bisschen schwierig ist ... hier im Laden.«

Sie trat beiseite, als eine alte Frau nach einem Päckchen Mehl griff. Sie sah, wie Heather sich ängstlich umschaute. »Was ist los?«

»Ist Conrad bei dir?«

»Nein.« Sarah lachte. »Er kauft nicht gern ein.«

»Ich glaube, *er* ist derjenige, für den die Polizei sich interessiert.« Heather nickte und schluckte. Unter ihrem Auge machte sich ein leichtes Zucken bemerkbar. »Seid ihr noch ... zusammen?«

Sarah setzte eine Miene auf, die noch jedes Mal, wenn man ihr auf die Schliche gekommen war, funktioniert hatte. Bei diversen peinlichen Gesprächen an irgendwelchen Schultoren. Diesmal war die Angelegenheit natürlich ein wenig ernster als simple Fragen nach einem Jungen, den nie jemand zu Gesicht bekommen hatte. Doch sie hoffte, auch diesmal damit durchzukommen.

Tapfer, trotz allem, und fest entschlossen, etwas zu beichten, das mehr oder weniger unaussprechlich war.

Es ist so schwierig für mich, so schmerzhaft.

Bitte vertrau mir, ich bemühe mich ja, ich will es dir wirklich *erzählen.*

Ehrlich gesagt bist du die Einzige, der ich es erzählen kann …

Sie sagte: »Lass uns einfach bezahlen und hier verschwinden.«

Ein wenig nervös schlug Heather vor, dass Sarah, die nur eine Handvoll Artikel in ihrem Einkaufskorb hatte, die Expresskasse benutzen sollte, während sie sich mit ihrem Wagen ans Ende einer Schlange stellte.

»Geht wahrscheinlich schneller«, sagte sie mit leicht brüchiger Stimme. »Na ja, musst du selbst entscheiden …«

Von ihrer Position an der fünf Meter entfernten Expresskasse behielt Sarah die perfekt manikürten Hände am Griff des Einkaufswagens fest im Auge. Vermutlich hoffte Heather jedes Mal, wenn sie zu Sarah herüberschaute, sie anlächelte und den Kopf darüber schüttelte, wie viel Zeit sich die Kunden vor ihr ließen, dass Sarah sich durch irgendetwas ablenken ließ. Zumindest so lange, dass Heather zu ihrem Handy greifen konnte.

Die 9-9-9 zu wählen würde nur ein paar Sekunden dauern, und wahrscheinlich musste sie das Telefon dafür nicht einmal aus der Tasche ziehen. Sarah glaubte nicht, dass Heather so mutig war, es zu versuchen, aber sie wollte der Frau keine Chance geben, ihre Vermutung zu widerlegen.

Sie ließ sie keine Sekunde aus den Augen.

Sie schmiedete einen Plan.

Jedes Mal, wenn Heather herüberschaute, lächelte sie einfach, als wäre sie immer noch aufgeregt, weil sie sich über den Weg gelaufen waren. Natürlich war es bloß eine Frage der Zeit gewesen, bis so etwas passierte. Conrad hatte es gewusst, er hatte versucht, sie zu warnen. Deswegen hatte er vorgeschlagen, sich aus dem Staub zu machen, solange sie noch die Möglichkeit hatten.

In vielerlei Hinsicht hatte er sie enttäuscht, doch sein Instinkt für drohende Gefahren funktionierte untrüglich, das musste sie ihm lassen.

Sarah legte ihre Kreditkarte auf den Scanner, griff nach ihrer Plastiktüte und ging zur anderen Kasse hinüber, um auf Heather zu warten, deren Einkäufe gerade gescannt wurden. Sarah sah zu, wie eine Tüte nach der anderen in den Einkaufswagen geladen wurde und Heather ein weiteres Mal kleinlaut zu ihr herüberschaute, ehe sie zu ihrem Portemonnaie griff.

»Sieht aus, als müsstest du fünftausend Leute satt bekommen«, sagte Sarah, als sie sich gemeinsam auf den Weg zum Ausgang machten.

Heather brummte etwas und blickte starr geradeaus.

»Ich gebe in einem ganzen Monat nicht so viel fürs Essen aus.« Die automatische Tür öffnete sich, und Sarah folgte Heather hinaus auf den Parkplatz. »Da muss jemand einen kostspieligen Geschmack haben.«

Heather sagte nichts, nur ein Rad ihres Einkaufswagens quietschte rhythmisch auf dem Asphalt.

Sarah riss die Verpackung eines Schokoriegels auf, biss hinein und starrte sie an.

»Du musst zur Polizei gehen«, sagte Heather.

»Ich weiß.« Sarah kaute schnell und schluckte. »Das tue ich natürlich auch, aber ich muss dir vorher noch so viel erzählen. Du hast ein Recht darauf, es zu erfahren, denn du warst mir eine wirklich gute Freundin, als das alles passiert ist.«

Heather schob den Einkaufswagen noch ein Stück weiter. Als Sarah sich ihr in den Weg stellte, bremste sie ab.

»Warum gehen wir nicht einfach irgendwo einen Kaffee trinken?«, schlug Sarah vor. »Wie früher. Ich erzähle dir die ganze *bizarre* Geschichte, und dann gehen wir vielleicht zusammen zur Polizei. Nur eine halbe Stunde, okay?«

Sie schaute kurz zur Seite und setzte eine andere Miene auf. Eine vertraute Maske. Stoisch, allen Umständen zum Trotz, mit leicht bebender Unterlippe.

Siehst du, wie tapfer ich bin. Du machst dir ja nicht mal annähernd *eine Vorstellung …*

Wieder biss sie ein Stück von ihrem Schokoriegel ab, als wäre dies ihr einziger Trost.

»Also, wo hast du geparkt …?«

TEIL DREI

MÖWEN UND SCHWÄNE

FÜNFUNDFÜNFZIG

Das wird einer von diesen Fällen …

So hatte Colin Hatter sich wenige Tage nach dem Mord an Kevin Deane ausgedrückt, und Thorne hatte genau gewusst, was er meinte, was er befürchtet hatte, schon in diesem frühen Stadium der Ermittlungen. Auch fast einen Monat nach dem Mord an Gemma Maxwell fand Thorne die Arbeitseinstellung des DIs aus Kent und Essex immer noch fragwürdig. Gegen die Instinkte des Mannes allerdings ließ sich kaum etwas einwenden.

Einer dieser Fälle, die in die zweite Reihe geschoben wurden, weil andere, leichter aufzuklärende Morde dazwischenkamen, die ihre Aufmerksamkeit verlangten.

Einer dieser Fälle, bei denen alle Bemühungen vergeblich gewesen waren, obwohl sie eine Menge über die Täter wussten und genügend forensische Beweise gesammelt hatten, sollten diese jemals festgenommen werden. Und wahrscheinlich würden sogar noch mehr Kollegen an dem Fall verzweifeln, falls irgendwann beschlossen wurde, einen frischen Blick auf die Sache zu werfen – wenn Thorne und Tanner ihre Dienstausweise längst zurückgegeben hätten.

Einer dieser Fälle, die Thorne auch dann noch am Einschlafen hindern würden.

Er hob den Blick von seinem Schreibtisch, vom Formular zur Beantragung der Einsicht in Telefondaten, das er pflichtbewusst und mit demselben Enthusiasmus ausfüllte, den er auch für eine Überweisung ans Finanzamt oder die Spende einer Niere aufbringen würde. Die Aussicht aus seinem Büro war minimal erfreulicher als noch vor einigen Wochen, was nicht viel heißen sollte. Der Februar war in den März übergegangen. Thorne freute sich, Schal und Handschuhe endlich zu Hause lassen zu können, wurde dabei aber schmerzlich daran erinnert, dass zwar die Welt um ihn herum sich täglich veränderte, er hinsichtlich seiner häuslichen Situation aber weiterhin auf der Stelle zu treten schien.

Der aufkommende Frühling hatte nichts daran geändert.

Nicht die kleinste Knospe war zu erkennen.

Vor seinem verdammten Fenster mochte die Natur aus dem Winterschlaf erwacht sein, doch sein Privatleben – Helen, Alfie, seine Wohnsituation – war noch immer von Stagnation und Unsicherheit geprägt.

Privatleben, Fall, alles stand still.

Im Fegefeuer spielten die Jahreszeiten keine Rolle …

Und Thorne war nicht der Einzige, der sein Elend nicht mehr ertragen wollte.

»Du klingst wie eine gesprungene Schallplatte«, hatte Hendricks einige Tage zuvor festgestellt. »Hör auf zu jammern und unternimm was.«

»Zum Beispiel?«

»*Irgendwas.* Scheiß endlich oder verschwinde vom Klo!«

»Sehr freundlich.«

»Ernsthaft, Kumpel, du machst mich wahnsinnig. Du kommst mir vor wie jemand, der, wenn's regnet, ohne Schirm loszieht und sich dann beklagt, dass er nass wird.«

»Das kapier ich nicht«, hatte Thorne erwidert.

»Ich meine, es ist nicht so, als hättest du keine Wahl gehabt. Oder als hättest du nicht immer noch die Wahl. Willst du wieder mit Helen zusammenkommen oder nicht?«

»Macht das einen Unterschied?«

»Hörst du mir überhaupt zu?«

»Sie hat ihre Entscheidung getroffen, also –«

»Mein Gott!« Hendricks hatte ernsthaft genervt geklungen. »Was willst *du*?«

Vielleicht, dachte Thorne, wusste er ja genau, was er wollte, vielleicht erschien es ihm aber einfacher, abzuwarten und jemand anderen die Entscheidung für ihn treffen zu lassen. Vielleicht hegte er auch immer noch Hoffnungen und behielt sie lieber für sich, aus lauter Angst, dass sie ohnehin zerstört würden. Möglicherweise hing seine Passivität aber auch damit zusammen, dass er tatsächlich unentschlossen war. In diesem Fall konnte es die beste – oder jedenfalls die *am wenigsten schlechte* – Option sein, einfach abzuwarten.

Seine Meinung änderte sich ein Dutzend Mal am Tag.

Vielleicht sollte er es mit Tarotkarten versuchen, auch wenn er von solchem Blödsinn nie viel gehalten hatte. Oder sich die Telefonnummer von Mystic Meg besorgen, dieser Astrologin, falls sie noch nicht in Rente war. Schlimmstenfalls konnte er auch Helen anrufen und sie fragen, ob sie die Angelegenheit auf dieselbe Art klären konnten wie Tanner und er am Abend vor seinem Besuch bei Andrew Ruston.

Kopf oder Zahl …

Er wandte sich wieder seinem Antragsformular zu, dem, so schrieben es die gesetzlichen Bestimmungen vor, ersten von insgesamt dreien, die er ausfüllen musste, ehe er Zugriff auf die Telefondaten eines mutmaßlichen Vergewaltigers bekommen würde. In diesem Moment trat Tanner in sein Büro.

Rauschte Tanner in sein Büro.

Mit einem Blatt Papier in der Hand. Und einem Gesichtsausdruck, den Thorne nicht recht deuten konnte, der ihm aber unmissverständlich signalisierte, dass er seinen Papierkram für eine Weile vergessen durfte.

Sie setzte sich gar nicht erst.

»Bei den Kollegen in Enfield ist eine Vermisstenmeldung eingegangen.«

»Und …?« Thorne lehnte sich zurück und blickte sie erwartungsvoll an.

»Die Frau ist gestern Morgen zum Supermarkt gefahren und nicht zurückgekommen«, sagte Tanner. »Der Ehemann hat versucht, sie telefonisch zu erreichen, aber das Handy ist ausgeschaltet.«

»Beziehungsprobleme?«

»Nein. Sagt er jedenfalls. Offenbar ist er ganz krank vor Sorge.«

»Vielleicht ist sie mit einem Supertypen durchgebrannt?«

»Oder einer Superfrau.« Immer noch sah Tanner aus, als hielte sie irgendetwas zurück.

»Was ist mit dem Auto?«

»Wir wissen, dass sie damit vom Supermarkt weggefahren ist, aber jetzt wird es interessant –«

»Und was haben wir mit alldem zu tun?«

»Eine Menge, schätze ich«, sagte Tanner. »Es sei denn, du glaubst an irrsinnige Zufälle. Was ich nicht tue.« Sie hielt das Blatt hoch. »Wir hätten es vielleicht nicht einmal mitbekommen, hätte eine aufmerksame Kollegin der Vermisstenabteilung nicht aufgepasst. Sie hat den Hintergrund der Frau überprüft, die Formulare ausgefüllt und so … Und beim Namen der Schule ihres Kindes hat bei ihr was geklingelt.«

»Der *Schule*?« Ruckartig setzte Thorne sich auf, und Tanner reichte ihm das Blatt. Er warf einen Blick darauf und las den Namen der als vermisst gemeldeten Frau. »Heilige Scheiße.«

»Genau. Und es wird noch besser … na ja, schlimmer, sollte ich wohl sagen.« Tanner wandte sich zur Tür. »Komm mit und schau es dir an …«

Thorne stand auf und folgte ihr in den Einsatzraum. Er rieb sich den kribbelnden Nacken. Tanner zog einen Stuhl für ihn heran, und er setzte sich vor einen Computer, in den sie sich bereits eingeloggt hatte. Er wartete, bis sie den Ausschnitt eines Überwachungsvideos aufgerufen hatte, das die Vermisstenabteilung in Enfield besorgt und ihr vor zehn Minuten geschickt hatte.

»Also los …«

Thorne beugte sich vor und sah, wie eine Frau, in der er Heather Turnbull erkannte, ihren Einkaufswagen zu einem dunklen Audi schob, den Kofferraum öffnete und anfing, ihre Tüten einzuladen. Hinter ihr wartete eine andere Frau, deren Gesicht praktisch komplett durch die langen, blonden Haare verdeckt wurde. Dann drehte sie sich um und war für einen kurzen Augenblick zu erkennen. Sie aß irgendwas.

»*Sarah*, oder was meinst du?«

Thorne betrachtete konzentriert die Aufnahme. »Vielleicht. Mit Perücke, oder sie hat ihre Haare gefärbt.«

»Klingt einleuchtend«, sagte Tanner.

Das Video lief weiter. Heather schlug den Kofferraum zu und trat an die Fahrertür. Die Frauen wechselten ein paar Sätze über das Dach hinweg und stiegen dann ein. Kurz darauf setzte der Audi zurück und fuhr Richtung Ausfahrt.

»Ich kapier's nicht«, sagte Thorne. »Was zum Teufel macht sie da? Turnbull, meine ich. Wenn sie weiß, wo Sarah ist, warum ruft sie uns dann nicht an?«

»Vielleicht hatte sie nicht die Möglichkeit.«

Thorne löste den Blick nicht vom Monitor. Tanner hatte den Clip noch einmal von vorn gestartet. »Sieht sie aus, als wäre sie genötigt worden?«

»Jedenfalls nicht auf den ersten Blick«, sagte Tanner. »Aber nach allem, was wir über Sarah wissen, ist sie mit ziemlicher Sicherheit in der Lage, jemandem auch ohne Waffe eine Mordsangst einzujagen, meinst du nicht? Und jemanden dazu zu bringen, das zu tun, was sie will.«

Als der Audi zum zweiten Mal aus dem Bild verschwand, fragte Thorne: »Wissen wir, wohin sie gefahren sind?«

»Die automatische Nummernschilderkennung hat den Wagen ein paar Minuten später auf einer Straße ganz in der Nähe erfasst, danach aber nicht mehr. Vielleicht hat Sarah ihr gesagt, wie sie fahren soll. Auf Nebenstraßen wahrscheinlich, um den Kameras zu entgehen.«

Thorne lehnte sich zurück und dachte nach. »Ist sie zurückgekommen, um ihr eigenes Auto abzuholen?«

Kopfschüttelnd schloss Tanner die Datei. »Nein, und nach Geschäftsschluss standen auch keine Autos mehr auf dem Parkplatz. Was bedeutet, dass sie zu Fuß oder mit dem Bus gekommen sein muss. So oder so, wir hatten recht.«

»Sie muss in der Gegend wohnen.«

»Und sie hat sich noch nicht aus dem Staub gemacht.«

Thorne stand auf. Er musste das Team zusammenrufen und über die neueste Entwicklung ins Bild setzen. Vielleicht hatte Hatter doch falschgelegen, und sie konnten noch einmal richtig Gas geben. »Wir müssen das Video so schnell wie möglich öffentlich machen«, sagte er. »Wir konzentrieren uns auf den kurzen Ausschnitt, in dem sie einigermaßen gut zu erkennen ist. Irgendjemand muss uns zu dem Gesicht einen Namen nennen können.«

»Da bin ich dir wohl zuvorgekommen«, erklärte Tanner lächelnd. »Wie immer. Es läuft in *London Tonight* … heute Abend.«

»Sehr schön«, sagte Thorne. »Oh, und wie heißt diese Kollegin in Enfield, der schulden wir einen Drink.«

»DC Andrea Marcou«, sagte Tanner. »Ich texte dir ihre Nummer. Sie hat mir schon geschrieben, sie hätte am liebsten etwas Prickelndes, aber wenn du knapp bei Kasse bist, tut's auch ein Prosecco.«

Thorne machte sich auf den Weg zurück in sein Büro, blieb

aber noch einmal stehen, drehte sich um und ballte die Faust. »Verdammt, das sieht gut aus!«

Tanners Miene verriet, dass sie Thornes Enthusiasmus nicht ganz teilte: »Leider glaube ich nicht, dass Heather Turnbull dir da zustimmen würde.«

SECHSUNDFÜNFZIG

»Aber warum jetzt gleich?« Conrad setzte sich im Bett auf und sah zu, wie Sarah eilig ihre Vorbereitungen traf. Als sie nicht antwortete, wiederholte er seine Frage.

»Ich hab eingesehen, dass du recht hattest«, antwortete sie. »Ganz einfach. Ich hab nur eine Weile gebraucht.« Sie hielt inne und warf ihm einen Blick zu. »Und tatsächlich könnte ich ein bisschen Hilfe gebrauchen.«

»Ja, klar, aber –«

»Es war doch deine Idee.«

Er rieb sich den Bauch. »Ich fühle mich noch immer nicht so toll, um ehrlich zu sein.«

»Ich weiß.« Sie trat ans Bett, beugte sich hinunter, um seine Stirn zu küssen und ihm durchs schweißnasse Haar zu streichen. »Und das tut mir leid.« Sie machte sich wieder an die Arbeit. »Du solltest wirklich zum Arzt gehen, ich hab's dir gesagt.«

»Ja, und ich hab's *dir* gesagt.« Inzwischen klang er ein wenig mürrisch. Sarah schob es auf seinen Zustand. »Wenn man so viel rumkommt wie ich, kann man nicht zum Arzt gehen. Die verschiedenen Namen, verstehst du?«

Sarah nickte.

»Es ist sowieso bloß ein Infekt. Wahrscheinlich bin ich morgen wieder fit.«

»Das hoffe ich«, sagte sie. »Wir haben einiges zu erledigen.« Obwohl sie es nicht ertragen konnte, dass Conrad Schmerzen hatte, war es gar nicht so verkehrt gewesen, ihn den größten Teil des Tages im Bett zu wissen. So hatte er auch die Nachrichten am frühen Abend verschlafen. »Vielleicht sollte ich schnell loslaufen und dir etwas für den Magen besorgen? Die Apotheke hat bis neun geöffnet.«

»Ich komme schon klar«, sagte Conrad. »Ich brauche nur noch ein bisschen Schlaf.«

Sie trat wieder ans Bett und drückte seinen Fuß. »Na ja, das meiste werde ich wohl allein schaffen, wenn es nötig ist. Du hast sowieso nicht viele Sachen.«

»Nur eine Stunde oder zwei«, sagte er. »Dann helfe ich dir.«

»Okay, Liebster. Du schläfst, und ich mache unten weiter.«

Conrad kroch wieder unter die Decke. »Wahrscheinlich hast du es sogar einfacher, wenn ich nicht im Weg bin«, sagte er. »Ich weiß, dass du gern die Kontrolle hast.«

»*Was?*«

»Ich meine nur … In solchen Dingen bist du einfach besser.«

Sie ließ die Tasche, die sie in der Hand hatte, auf den Boden fallen und drehte sich zu ihm um. »Glaubst du vielleicht, ich mache das *gern*?«

»Nein.« Er drehte sich auf die Seite. »Das sieht man doch.«

»Glaubst du, es macht mir Spaß? Dass alles, wofür ich gearbeitet hab, alles, was ich hab tun müssen, für den Arsch gewesen ist?«

Er drehte sich wieder auf den Rücken und sah ihr in die Augen. Natürlich war es nicht das erste Mal, aber er war immer wieder verblüfft, wie schnell ihre Stimmung kippte. »Das hab ich nicht gesagt. Ich hab nichts in der Art gesagt.«

»Das war auch nicht nötig. Es ist auch so ziemlich deutlich, dass dir scheißegal ist, wie es mir damit geht. Wie durcheinander ich bin.«

»Um Himmels willen.« Inzwischen klang er eher müde als ärgerlich. »Du legst es echt drauf an, aber jetzt ist kaum der richtige Zeitpunkt dafür, wo du es doch so eilig hast. Selbst wenn ich mich fit genug fühlen würde, um mich mit dir zu streiten … was ich wirklich nicht tue.«

»Schlaf gut, Conrad.«

Sie marschierte aus dem Zimmer und hörte ihn irgendetwas von Mitgefühl rufen und was für eine furchtbare Krankenschwester sie doch abgeben würde. Seine letzten Worte wurden vom Zuschlagen der Schlafzimmertür übertönt.

Unten angekommen, setzte sie sich zunächst aufs Sofa und versuchte sich zu beruhigen. Kurz überlegte sie, für ein paar Minuten in der Garage zu verschwinden, doch es gab so viel zu tun, und mehr denn je brauchte sie einen klaren Kopf.

Opfer, sagte sie sich immer wieder. Es ging immer um Opfer, und – so schmerzhaft es auch war – am Ende hatte man keine Wahl.

Für die Menschen, die man liebte, brachte man Opfer.

Ja, er war angeschlagen, und doch war seine Einstellung alles andere als hilfreich. Sein Misstrauen, seine mangelnde Unterstützung – wo sie im Gegensatz dazu alles für ihn tat, sich *seinen* Wünschen anpasste. War sie die Einzige, die sich um ihrer aller Sicherheit sorgte?

Er würde es später begreifen und sich natürlich entschuldigen. Doch im Moment hatte Sarah einfach nicht die Zeit, sich mit seinen Unzulänglichkeiten zu befassen und einmal mehr ihre Enttäuschung an sich heranzulassen. Sie hatte eine Menge zu tun.

Thorne war zu Hause, schaute *Das perfekte Dinner* und fragte sich, wie weit er wohl mit seinem aus Käsetoast und einem Fertigdessert bestehenden Menü käme. Ein Anruf von Tanner riss ihn aus seinen Gedanken.

»Bingo!«, sagte sie.

»Na ja, dafür ist es ein bisschen spät, aber in einer Nebenstraße der Holloway Road gibt's einen Laden, der lange offen hat. Fünfhundert Pfund, wenn du sämtliche Zahlen abhaken kannst.«

Wie üblich war Tanner nicht zu Späßen aufgelegt. »Nach dem Bericht in *London Tonight* sind eine Menge Anrufe reingekommen«, sagte sie.

Thorne setzte sich auf und war auf einen Schlag hellwach. »Okay …«

»Wie immer können wir den größten Teil vergessen. Zum Beispiel behauptet jemand, dass die blonde Frau Magda heißt und in einem polnischen Feinkostladen in Balham arbeitet. Ein anderer ist überzeugt, sie als Schauspielerin in einer Episode von *Casualty* gesehen zu haben. Wir überprüfen alles, was im Entferntesten glaubhaft scheint, aber ein paar Hinweise klingen tatsächlich interessant.«

»Noch interessanter als eine Schauspielerin aus *Casualty*?«

»Ein Kerl meinte, er glaubt, es könnte seine Ex-Frau sein.«

»Er *glaubt* es?«

»Ich weiß.«

»Dass sie es *sein könnte*?«

»Genaueres wissen wir noch nicht, aber er klang offenbar ziemlich überzeugend. Er sagt, ihre Haare sähen anders aus, aber sonst …«

Aus schmerzhafter Erfahrung gestattete Thorne sich keinen allzu großen Optimismus. Einfache Irrtümer, Erinnerungslücken oder das bloße Bedürfnis nach Aufmerksamkeit – das Feedback nach öffentlichen Aufrufen wie diesem war notorisch unzuverlässig.

»Holen wir ihn aufs Revier«, schlug er vor.

»Er kommt von allein«, sagte Tanner. »Gleich morgen früh.«

»Dann gehst du heute Abend besser nicht mehr zum Bingo.«

SIEBENUNDFÜNFZIG

Die »Befragungssuite« für Besucher im Revier Colindale wirkte eine Spur freundlicher als der offizielle Verhörraum am anderen Ende des Ganges, auch wenn die Einrichtung sich im Prinzip kaum unterschied. Sie bestand hier wie dort aus einem Tisch mit je zwei Stühlen auf beiden Seiten. Und hier wie dort konnten die Gespräche, wenn nötig, in Bild und Ton mitgeschnitten werden. *Suite* bedeutete in diesem Fall nur, dass die Stühle gepolstert waren und der Raum über einen Automaten für Heißgetränke verfügte, den die Befragten gratis nutzen durften. Normalerweise war das Zimmer für diejenigen Besucher vorgesehen, die *tatsächlich* »bei den Ermittlungen halfen«, denn immerhin stank hier auch der Teppich nicht allzu übel, und niemand hatte DRÄCKSBULLEN in die Tischplatte geritzt.

Zwar war Peter Suzman nicht klar, dass er eine Vorzugsbehandlung genoss, an seiner Umgebung aber schien er zumindest keinen Anstoß zu nehmen. Er fragte, wo er sich setzen sollte, und akzeptierte dankend den angebotenen Kaffee.

»Herzlichen Dank, dass Sie gekommen sind«, sagte Tanner.

»Kein Problem.«

Er mochte um die fünfzig sein, trug ein dunkles Jackett über einem cremefarbenen Hemd und eine teure Jeans, die erstaunlich abgetragen wirkte. Sein elegant ergrauendes Haar war noch voll. Ein weißer Dreitagebart zierte das sonnengebräunte Gesicht. Sein Lächeln, das eine Reihe perfekter Zähne zur Geltung brachte, konnte als *gewinnend* bezeichnet werden, und um die Augen herum – und auch sonst – fanden sich nur wenige Falten.

»Eine Sache noch, bevor wir in die Einzelheiten gehen«, sagte Tanner. »Dürfen wir fragen, wie sicher Sie sind, dass es sich bei der Frau, die Sie auf den Überwachungsaufnahmen gesehen haben, um Ihre Ex-Frau handelt?«

»Oh, das ist Michelle, auf jeden Fall.« Suzman nahm seine

Tasse und lehnte sich zurück. »Bei meinem Anruf hab ich gesagt, ich wäre ziemlich sicher, aber danach hab ich mir den Ausschnitt noch mehrmals angesehen und … Ich meine, sie ist jetzt aus irgendeinem Grund blond, aber doch, sie ist es. Es sei denn, sie hat eine Doppelgängerin.« Tanner wollte eine Frage stellen, doch Suzman fuhr fort: »Ich hab's in dem Moment gemerkt, als sie sich kurz der Kamera zugewandt und sich irgendwas in den Mund geschoben hat. Schokolade, so gut wie sicher.« Er wandte sich an Thorne, als könnte nur ein Mann so was begreifen. »Michelle *liebt* Schokolade.«

Thorne und Tanner wechselten einen Blick. Wenn Sarah tatsächlich Suzmans Ex-Frau war, konnten die Informationen, die sie hoffentlich von ihm erhalten würden, immens wichtig sein, selbst wenn der Mann seine einstige Ehefrau nicht mehr so gut kannte wie früher.

Thorne dachte: Michelle liebt *alles Mögliche*.

Tanner schlug ihr Notizbuch auf. »Könnten Sie uns vielleicht zuerst ein paar grundlegende Informationen zu Ihrer Ex-Frau geben? Vollständiger Name, Adresse, Geburtsdatum …«

»Worum geht es denn eigentlich?« Suzman nippte an seinem Kaffee und schaute zwischen Thorne und Tanner hin und her. »Im Fernsehen war von einer vermissten Frau die Rede.«

»Genau«, antwortete Tanner.

»Dann wird Michelle vermisst?«

»Wir brauchen diese Informationen wirklich dringend, Mr Suzman.«

Er zuckte die Achseln und ratterte die Details herunter, um die Tanner ihn gebeten hatte. »Natürlich kenne ich ihre Adresse«, sagte er. »Ich hab das Haus schließlich gekauft und ihr nach der Scheidung komplett überschrieben.«

Thorne hätte gern nachgehakt, ihn ausführlicher über ihre Beziehung und über deren Ende befragt. Erst aber mussten sie die grundlegenden Details zusammenhaben. »Haben Sie ihre Telefonnummer?«

Suzman zog sein Handy heraus, scrollte durch die Kontaktliste und las Festnetz- und Handynummer vor. »Das sind die aktuellsten, die ich habe, aber sie sind ein paar Jahre alt. Es ist ja nicht so, als würden wir regelmäßig plaudern.«

Tanner schaute auf ihre Aufzeichnungen.

Michelle Sarah Suzman, geb. Littler. Alter: 42.

Eine Adresse in Enfield und die beiden Telefonnummern.

Sie riss die Seite heraus, bat Suzman, sie für einen kurzen Moment zu entschuldigen, und ging hinaus.

»Wann haben Sie Michelle zum letzten Mal gesehen?«

Suzman wandte sich Thorne zu und dachte nach. »Sagen wir, ich hab sie nach der Trennung häufiger aus der Ferne gesehen.«

Thorne sah ihn auffordernd an.

»Nach der Scheidung bin ich mit meiner neuen Partnerin Beth zusammengezogen … Wir haben ziemlich schnell ein Kind bekommen, und Michelle, na ja, war davon nicht allzu angetan. Ich rede jetzt von einer Zeit, die Jahre zurückliegt, aber damals hab ich sie ein paarmal vor unserem Haus gesehen. Sie hat auf der anderen Straßenseite im Auto gesessen und einfach herübergeschaut. Beth war ziemlich verängstigt, aber, wie gesagt, es waren nur wenige Male.«

»Haben Sie sie nie zur Rede gestellt?«

»Nein … Das hab ich für keine gute Idee gehalten.«

»Worüber hat Michelle sich aufgeregt? Darüber, dass Sie mit Ihrer neuen Partnerin zusammenlebten? Oder dass Sie ein Kind bekommen hatten?«

Suzman wirkte ein wenig verlegen »Also, ja … Ich glaube, es ging vor allem um Josh. Ich meine, sie war natürlich extrem sauer, als ich mit Beth zusammenkam, und ich muss gestehen … Ich bin untreu gewesen und hab sie für eine jüngere Frau verlassen, also hatte sie allen Grund zur Wut. Und mich finanziell richtig bluten zu lassen. Aber als sie von Josh erfahren hat, war das noch mal eine ganz andere Nummer. Ihre Wut …«

Thorne fiel ein Satz von Helen ein. »Hat sie ein Kind verloren?«

Suzman schüttelte den Kopf. »Nein, aber sie hat eins gewollt.« Für einen Moment blitzte ein säuerliches Grinsen auf. »Sie wollte unbedingt ein Kind. Zu der Zeit sprachen wir gerade darüber, all diese Tests machen zu lassen. Zugegebenermaßen war ich nicht besonders scharf darauf, denn meiner Meinung nach hatten wir noch nicht lange genug versucht, es einfach laufen zu lassen. Aber in dem Punkt hat sie nicht mit sich reden lassen und sich komplett in das Thema reingesteigert. Um diese Zeit bin ich dann mit Beth zusammengekommen, sodass sich die Kinderfrage sowieso erledigt hatte. Ich schätze, als Josh dann geboren wurde, war es für sie am schlimmsten, weil damit deutlich wurde, dass es nicht an mir gelegen hatte, verstehen Sie?«

»Dass Sie kein Kind bekommen hatten …«

»Genau. Dass es möglicherweise ihre … nicht ihre *Schuld* war, aber Sie verstehen sicher, was ich meine.«

In Thornes Augen war es offensichtlich, dass Michelle Suzmans übermächtiger Kinderwunsch dazu geführt hatte, dass ihre Reaktion auf die Scheidung und die anschließende Geburt so extrem ausfiel. Und doch: Vom unerfüllten Kinderwunsch bis zu einem erschlagenen Teenager und einer in ihrem eigenen Hausflur ermordeten jungen Frau war es ein weiter Weg.

Er fragte: »Hat Michelle, bevor Sie sich getrennt haben, irgendwelche Anzeichen für … psychische Labilität gezeigt?«

Suzman starrte ihn an. »Hat Michelle irgendwas *verbrochen*?«

Thorne starrte ausdruckslos zurück.

»Die Beziehung zu ihren Eltern war ein bisschen … kompliziert, glaube ich. Ihre Mum war schon tot, aber ich weiß, dass ihr

Verhältnis nicht immer leicht war. Ihr Dad starb entweder kurz vor oder kurz nach unserer Scheidung, ich weiß nicht mehr genau. Sie war damals ziemlich durcheinander und hatte heftige Stimmungsschwankungen, aber das kommt bei Trauernden häufiger vor, oder?«

»Ja, das tut es«, bestätigte Thorne.

»Meine Ex hatte ihre besonderen Momente, wenn ich es mal so ausdrücken darf.«

»Ich verstehe«, sagte Thorne. Er wusste, dass die Eltern von Kevin Deane es niemals so formuliert hätten. Oder Andrew Ruston.

Als die Tür sich öffnete, nickte er Tanner zu und stand auf. »Vielen Dank, dass Sie gekommen sind«, sagte Tanner und hielt ihm die Tür auf.

»War's das?«, fragte Suzman.

»Das war's«, sagte Thorne. »Wir müssen Sie allerdings bitten, später noch einmal vorbeizukommen und eine offizielle Aussage zu machen.«

Sie begleiteten ihn zum Haupteingang und bedankten sich noch einmal. Suzman unternahm noch einen Versuch, herauszufinden, warum sie sich so für seine Ex-Frau interessierten, kam aber nicht weiter als zuvor. Thorne und Tanner folgten ihm nach draußen und eilten dann Richtung Parkplatz.

Tanner war fleißig gewesen.

»Laut Wählerverzeichnis lebt Michelle Littler immer noch an dieser Adresse. Die Zulassungsstelle führt sie als Besitzerin eines weißen Nissan Qashqai, und bei der Enfielder Zweigstelle der HSBC gibt es ein Konto auf diesen Namen. Keine nennenswerte Präsenz in den sozialen Medien … ein paar Facebook-Posts aus der Zeit, als sie noch verheiratet war, danach nichts mehr. Der Festnetzanschluss wurde vor einem Jahr gekündigt, und die Mobilnummer existiert schon seit einer ganzen Weile nicht mehr.

Vermutlich hat sie sowieso Wegwerfhandys mit Guthabenkarte benutzt.«

»Wir haben also eine ganze Menge.« Thorne entriegelte die Türen, und sie stiegen in seinen BMW. Er wendete und fuhr zur Ausfahrt an der Hauptstraße.

»Dipak trommelt das Team zusammen«, sagte Tanner. »Wenn wir zurückkommen, machen wir die Einsatzbesprechung.«

Thorne nickte, gab Gas und fädelte sich in den Verkehr ein. »Für den Fall, dass Heather Turnbull in diesem Haus ist, müssen wir so schnell wie möglich ein Überwachungsteam zusammenstellen. Wir brauchen auch eine Spezialeinheit und Notarztwagen, das volle Programm.«

»Klar.«

»Auch wenn sie nicht im Haus ist.«

»Ich hab schon mit Russell gesprochen. Er kümmert sich um alles.«

»Wir müssen es richtig machen.« Thorne schaute hinüber zu Tanner, die auf übernatürliche, *nervige* Weise ruhig wirkte.

»Wie denn sonst?«, fragte sie.

ACHTUNDFÜNFZIG

Sarah schloss die Badezimmertür hinter sich. Als sie vor der Toilette in die Knie ging, bemerkte sie sofort, dass Conrad sich bereits übergeben hatte. Natürlich hatte er nachher abgezogen, jeglicher Schmutz war ihm zuwider, doch einige Reste klebten noch am Porzellan, gleich unter dem Rand. Außerdem hing ein Gestank in der Luft, der sie wahrscheinlich ohnehin zum Würgen gebracht hätte, wenn ihr nicht schon übel gewesen wäre.

Sie beruhigte sich und erbrach ihr Frühstück.

Sie keuchte und spuckte, dann griff sie zum Toilettenpapier, um sich das Kinn abzuwischen.

Schließlich zog sie ab, stand auf und wusch sich Hände und Gesicht.

»Alles in Ordnung?«

»Bestens«, brummte sie, ohne den Blick vom Spiegel abzuwenden, von den Haaren, die sie sich am Tag zuvor brutal kurz geschnitten hatte und die sie später mit Henna färben wollte.

Sie drehte das Wasser ab und griff nach dem Handtuch.

Wieder rief er aus dem Schlafzimmer herüber. »Willkommen in meiner Welt …«

Plötzlich grinste sie sich im Spiegel an wie ein Teenager, krank vor Liebe, dachte sie, in jeder Hinsicht. Denn was immer auch sonst gerade lief, wie groß das Chaos auch war, aus dem sie Conrad und sich selbst gerade zu befreien suchte, konnte seine Stimme noch immer diese Gefühle in ihr auslösen, ihr Herz erfüllen. Es war lieb von ihm, sich um sie zu sorgen, tröstend, vor allem, wenn sie sah, wie schlecht es ihm selbst ging.

Allerdings war sein Zustand keine große Hilfe gewesen, das Elend am gestrigen Tag.

Ihn so schwach zu sehen war schrecklich, wie ein dumpfer Schmerz. Doch trotz aller Erschöpfung und des Streits, bei dem er sie als Kontrollfreak bezeichnet hatte, hatte er sie letzte Nacht noch gewollt. Erschöpft und zu sonst nichts zu gebrauchen, hatten sie sich gegenseitig gewollt. Und nachdem sie sich geliebt hatten – ein wenig sanfter als gewöhnlich –, um zu feiern, dass sie beide … dass *sie* alles erledigt hatte, hatte sie ihn gehalten, bis er eingeschlafen war. Und zumindest für eine Weile hatte sie vergessen können, dass alles so furchtbar schiefgelaufen war.

Dass er sie derart im Stich gelassen hatte.

Sarah sprühte das Bad schnell mit Duftspray ein, öffnete die Tür und trat ins Schlafzimmer.

Conrad lag im Bett. »Alles in Ordnung?«

»Ja, wie gesagt.«

»Beschissenes Timing.« Er ließ die Zeitung sinken, die er gelesen hatte, und rieb sich den Bauch. »Das Letzte, was wir jetzt brauchen, ist, dass du dich auch noch angesteckt hast.«

»Das wird schon«, sagte sie. »Wie du schon sagst, morgen ist es wahrscheinlich vorbei.«

»Hoffen wir's.«

»In guten wie in schlechten Tagen, stimmt's?«

Er starrte sie an, noch eine Spur blasser als bisher.

Sie sagte: »Entspann dich, Liebster, das wird kein Heiratsantrag.«

NEUNUNDFÜNFZIG

»Ich hab gesagt, ich will Schinken oder Hühnchen.«

»Was anderes hatten sie nicht.«

»Keine Chips?«

Die Frau nahm ein Päckchen aus ihrer Plastiktüte und warf es ihm zu. »Das war bloß eine beschissene kleine Tankstelle.« Sie öffnete eine Dose Cola light und trank einen Schluck. »Immerhin hatten sie Toiletten.«

»Deine Blase ist echt ein Problem.« Der Mann riss die von innen verdächtig feuchte Verpackung des Käsesandwiches mit den Zähnen auf. »Am Ende brauchst du noch so ein Plastikding, wie alte Damen es benutzen. Shewee, oder wie die Dinger heißen.«

Die Frau rülpste und zeigte ihm den Finger.

Sie saßen jetzt seit gut anderthalb Stunden in ihrem schmutzig weißen VW Polo. Natürlich hatten sie ihr Ziel ständig im Blick und waren voll auf den Job konzentriert. Trotzdem blieb genug

Zeit für Gequatsche, für den neuesten Klatsch und die obligatorischen Späße unter Kollegen, die sich gut kannten. Untermalt von Magic FM hatten sie sich über Freunde und Familienurlaub unterhalten, Jokes eines Comedians ausgetauscht, den sie beide mochten, und über einen Kollegen gelästert, den sie nicht ausstehen konnten.

»Der Typ hält sich für ein Gottesgeschenk.«

»Klar, wenn Gott sich aufs Verschenken von Arschlöchern verlegt hat …«

Die nächsten Minuten verbrachten sie mit Schweigen, Essen, dem Mitsummen von Songs und dem Klopfen des Takts auf dem Armaturenbrett. Dabei ließen sie das Haus, die Einfahrt und den weißen Nissan Qashqai nicht aus den Augen.

»Irgendwas passiert, als ich weg war?«

Der Mann kaute und schüttelte den Kopf. »Ich sag dir, das Haus ist leer.«

Er hatte gerade den Rest seines Sandwiches weggelegt und sich die Finger an seiner Jeans abgewischt, als das Funkgerät zum Leben erwachte.

»Wie sieht's aus?«, fragte Thorne.

»Wenn Sie mich fragen, ein typisches Donald-Trump-Szenario.«

»Wie bitte?«

»Das Licht ist an, aber keiner ist zu Hause.«

Thorne hörte die Kollegin lachen. »Wie sicher sind Sie?«

»Na ja, die Vorhänge sind offen, wir haben gute Sicht. Niemand hat das Zimmer vorn an der Straße oder das darüber liegende betreten. Seit wir gekommen sind, hat sich nichts gerührt.«

»Bellt der Hund noch?«

»Ununterbrochen.«

»Ein großer Hund?«

»Das kann ich nicht sagen.«

»Jetzt kommen Sie schon, Sie hören sein verdammtes Gebell jetzt seit anderthalb Stunden.« Thorne wusste, dass die Kollegen von der Hundestaffel, die er in Bereitschaft versetzt hatte, sobald er von dem im Haus bellenden Hund erfahren hatte, praktisch mit jedem Tier zurechtkamen. Trotzdem konnte es nie schaden, ihnen im Voraus so viele Informationen wie möglich zu geben. »Ist es ein tiefes Bellen oder mehr ein … Kläffen?«

Er hörte, wie der Überwachungsbeamte sich leise mit seiner Kollegin abstimmte. »Okay, wir glauben nicht, dass es ein Rottweiler oder so was ist, aber wahrscheinlich auch kein dummer kleiner Kläffer. Mehr können wir unter diesen Umständen nicht sagen.«

Im Ton des Beamten schien der leise Vorwurf mitzuschwingen, dass die *Umstände* nicht gerade ideal waren. Thorne scherte sich nicht darum, die Dringlichkeit im Fall Heather Turnbull ließ ihnen keine andere Wahl. Da sie sich potenziell in Lebensgefahr befand, war die Operation in größter Eile auf die Beine gestellt worden.

Eine Chaos-Operation.

Mit mehr Zeit und Ressourcen hätten in den Nachbarhäusern sowohl zur Straße als auch zur Gartenseite hinaus Beobachtungsposten bezogen werden können, mit Kameras und vielleicht sogar versteckten Mikrofonen, die so viel wie möglich aufzeichneten. Stattdessen mussten sie sich mit der etwas »traditionelleren« Variante zufriedengeben: ein Team vor dem Haus und ein zweites – ohne die Rückseite des Hauses direkt im Auge zu haben – dahinter, falls dort jemand zu fliehen versuchte.

Thorne beendete das Gespräch und wandte sich an Tanner: »Was meinst du?«

»Mir ist wirklich egal, was für ein Hund das ist.«

»Ob wir *reingehen* sollen, meine ich.«

»War bloß ein Witz …«

Thornes BMW stand ein paar Straßen von Littlers Haus entfernt. Sie saßen dort inzwischen fast so lange wie das Beobachtungsteam. Hinter ihnen parkten zwei unauffällige Transporter mit Spezialkräften und einem Kriminaltechnikerteam, die bloß auf ihr Startsignal warteten.

»Glaubst du, Heather ist im Haus?«, fragte Thorne.

»Wenn sich da drinnen nichts rührt ...«

»Ich frage dich trotzdem.«

Sie runzelte die Stirn.

»Glaubst du, da drin könnte eine Leiche liegen?«

Tanner griff schon nach ihrem Sicherheitsgurt. »Es gibt nur eine Möglichkeit, das rauszufinden.«

Thorne nahm das Funkgerät und gab den Einsatzbefehl.

Er ließ den Wagen an, wartete, bis der Transporter mit der Spezialeinheit an ihm vorbei war, und gab Gas.

Thorne wollte unbedingt als Erster im Haus sein. Der Durchsuchungsbeschluss schien ein Loch in seine Hosentasche zu brennen, und er hätte nur zu gern höchstpersönlich mit dem »großen Schlüssel« hantiert. Doch das Protokoll ließ ihm keine andere Möglichkeit, als sich im Hintergrund zu halten, zuzuschauen, wie die Haustür mit der Metallramme eingedrückt wurde und die Beamten der Spezialeinheit – untermalt vom rasenden Gebell des Hundes – in Helmen und Körperpanzern ins Haus stürmten.

Er hoffte nur, dass sein Beobachtungsteam sich geirrt hatte. Dass Michelle Littler und ihr Komplize gerade unsanft geweckt wurden, dass sie im Bett saßen und panisch versuchten, ihre Blößen zu bedecken.

Dass sie so hilflos und verängstigt waren wie Kevin Deane.

Gemma Maxwell.

Heather Turnbull ...

Vom Bürgersteig hörten Tanner und er, wie die Beamten

brüllend und nicht besonders höflich ihre Anwesenheit kundtaten, woraufhin nach und nach aus jedem einzelnen Zimmer ein *Sauber* ertönte.

Wie immer standen Thorne seine Gefühle überdeutlich ins Gesicht geschrieben.

»Sauber heißt gut.« Tanner machte einen Schritt auf ihn zu. »Es ist *gut*.«

»Meinst du?«

»Turnbull ist nicht da drin.«

»Die beiden aber auch nicht.«

»Und deshalb gehen wir jetzt rein und sehen nach, ob wir etwas finden, das uns verrät, wohin sie geflüchtet sind.«

Während die Beamten der Spezialeinheit einer nach dem anderen das Haus verließen, nahmen zwei Männer der Hundestaffel ihre Arbeit auf. Wenige Minuten später führten sie einen mittelgroßen, alles andere als bedrohlich wirkenden Hund an einer Leine heraus. Thorne und Tanner schauten zu, wie er zufrieden über die Straße zu einem kleinen Transporter trabte.

Der Leiter der Spezialeinheit gab Thorne mit einem Nicken zu verstehen, dass sie das Haus nun betreten konnten. Thorne öffnete den Kofferraum seines Wagens und nahm zwei Schutzanzüge aus einem Pappkarton.

»Wann?«, fragte Thorne. »Wann sind sie abgehauen?«

»Soll ich raten?«, erwiderte Tanner. »Wahrscheinlich, als sie sich im Fernsehen gesehen hat.«

»Vielleicht hätten wir die Aufnahmen nicht öffentlich machen sollen.«

»Dann wüssten wir jetzt nicht, wer sie ist. Und wären nicht hier.«

»Wir hätten es anders herausfinden müssen«, sagte Thorne.

Während die Spezialkräfte ihre Helme, stichfesten Westen und Bodycams ablegten, zogen Thorne und Tanner ihre Jacken aus und schlüpften in blaue Plastikoveralls, Nitrilhandschuhe und Überschuhe. Als er sich umschaute, bemerkte Thorne, dass sie inzwischen Publikum hatten. Lärm und Tumult hatten schnell die Nachbarn angelockt, die jetzt gaffend auf den Schwellen der gegenüberliegenden Häuser standen und über niedrige Hecken und Vorgärten hinweg Gerüchte und halb gare Theorien austauschten.

Thorne fragte sich, wie viele von ihnen schon für die Interviews mit Boulevardzeitungen übten, in der Hoffnung, mit schockierten, ungläubigen Mienen auf den Titelseiten die üblichen Plattitüden verbreiten zu können.

Sie waren so ein ruhiges Paar.

Sind immer für sich geblieben.

Und vielleicht die schlimmste von allen: *Ich wusste, dass irgendwas an ihnen komisch war …*

Tanner, die in solchen Dingen immer die Schnellere war, näherte sich bereits im Schutzanzug der Eingangstür, während sich Thorne noch die Kapuze seines Overalls überzog. Auf der Schwelle blieb Tanner stehen, um auf ihn zu warten. Als er sie einholte, sagte sie: »Wir hatten keine andere Wahl, Tom. Lass uns einfach reingehen und schauen, ob wir was Hilfreiches finden, okay?«

Sie betraten den gefliesten Hausflur, Thorne ein paar Schritte hinter Tanner, und schauten kurz in die ordentlichen und geschmackvoll eingerichteten Wohnräume zu beiden Seiten. Dicke Teppiche und teuer wirkende Möbel. In einem der Zimmer entdeckten sie ein modernes Heimkinosystem, in einem anderen bis zur Decke reichende Bücherregale. Gerahmte Drucke, Parkettboden, edle Tapeten …

Für einen Moment sah Thorne sich selbst in einem großen Spiegel über dem verschnörkelten Kamin: ein blässlich-blauer Geist, der durchs Bild huschte. Er dachte immer noch an die

Gaffer vor dem Haus und sah die Schlagzeilen der Klatschpresse schon vor sich, die, saßen Sarah und Conrad erst hinter Gittern, sich um das »Horrorhaus« in der gut betuchten Vorstadt drehen würden.

Falls Sarah und Conrad irgendwann hinter Gittern saßen …

Tanner rief ihn aus der Küche, und Thorne folgte ihr hinein. Mit dem Kopf deutete sie auf zwei leere Hundenäpfe auf dem Fußboden. Ein dritter musste bis vor Kurzem noch Wasser enthalten haben. In der Nähe der Gartentür lagen mehrere kleine Hundehaufen.

»Ich schätze, wir haben sie relativ knapp verpasst«, sagte sie.

Thorne schaute sich um. Auf der Arbeitsfläche aus Marmor standen zwei benutzte Becher, und auf dem Tisch aus poliertem Kiefernholz lag neben einer Obstschale eine Ausgabe des *Evening Standard* vom Vortag. »Sie wussten, dass wir kommen.«

Tanner nickte. »Sie haben gerade genug Futter für einen Tag dagelassen. Wenn der Hund länger gebellt hätte, wären die Nachbarn sicher auf die Idee gekommen, die Polizei zu rufen.«

Sie ließen sich einige Minuten Zeit, um den Inhalt der Küchenschränke und Schubladen durchzugehen und diverse Rechnungen, Kassenbons und einen Wandkalender gründlicher unter die Lupe zu nehmen. Dann kehrten sie in den Hausflur zurück und durchsuchten die Taschen der Jacken und Mäntel an der Garderobe. Schließlich stiegen sie die Treppe hinauf. Sie gaben sich rund eine halbe Stunde Zeit für die Suche nach eindeutigen Hinweisen, dass Heather Turnbull im Haus gefangen gehalten worden war, und nach Anhaltspunkten, die Aufschluss darüber gaben, wo sich Sarah und Conrad inzwischen aufhielten. Ein hoffnungsvoller Schnelldurchgang, ehe die Kriminaltechniker, die sich draußen bereits umzogen und ihre Ausrüstung vorbereiteten, sich auf die Suche nach Beweismitteln machen würden, die für das bloße Auge unsichtbar waren.

Mit ihren Bürsten, Abdruckfolien und Klebestreifen. Dem Luminol für den Nachweis von Blutspuren.

Oben angekommen, stellten Thorne und Tanner sich in die Tür des kleinsten Schlafzimmers und starrten auf die Poster von Fußballspielern und Dinosauriern, auf die in einem Regal über dem Bett stehenden Ausgaben von *Harry Potter* und *Horrible Histories*, auf den *Danger Mouse*-Bettbezug und den farbenfrohen Teppich mit Robotermotiven.

»Glaubst du, das hier ist der Dreh- und Angelpunkt? Das eingebildete Kind?«

Thorne schüttelte den Kopf. »Was die Morde angeht, nicht, nein.«

»Du klingst ziemlich überzeugt.«

»Ich meine, ich weiß es nicht sicher, aber –«

»Sie leidet jedenfalls eindeutig an Wahnvorstellungen.«

»Da sind verschiedene Dinge am Werk«, sagte Thorne. »Was immer der Grund gewesen sein mag, sich ein Kind herbeizufantasieren … Als sie Conrad begegnet ist, wurde noch etwas anderes losgetreten. Bei beiden. Eine Art … Feuer ist ausgebrochen.« Er drehte sich um und machte sich auf den Weg zum Schlafzimmer der Eltern. »Gott weiß, was genau da gelaufen ist.«

Wenige Augenblicke später starrte er auf das ungemachte Bett, das Sarah und Conrad geteilt hatten. Den Ort, an dem, wenn er Perera glauben durfte, der mörderische Ausbruch seinen Anfang genommen hatte.

An dem er lustvoll gezeugt, zelebriert worden war.

Thorne betrachtete die zerknüllten Laken, die Kissen, auf denen noch die Abdrücke eng beieinanderliegender Köpfe zu sehen waren, und für einen kurzen Moment meinte er, es riechen zu können. *Die beiden* riechen zu können.

»Tom …?«

Er drehte sich um und sah, dass Tanner etwas in der Hand

hielt, das sie von einem der Nachttische genommen hatte. Er trat näher heran und erkannte, was sie vor sich hatten: einen länglichen, mit Plastik umwickelten und rötlich verfärbten Gesteinsbrocken. Thorne wurde flau im Magen, und Tanner verstaute den Stein vorsichtig in einem Beweismittelbeutel.

»Krank«, stellte sie fest. »Aber mal ehrlich, wir wissen beide, dass Geschworene auf so was hier stehen. Klar, die DNA und all das ist gut und schön.« Sie nickte zufrieden. »Aber *das hier* wird sie mit Sicherheit hinter Gitter bringen.«

SECHZIG

Conrad hatte nach dem Aufwachen erklärt, er fühle sich viel besser, und war hinausgegangen. Zum ersten Mal seit längerer Zeit war Sarah relativ egal, wo er war. Im nächsten Pub vermutlich, um sich ein paar Drinks zu gönnen, jetzt, wo er sie wieder bei sich behalten konnte. Um Bilanz zu ziehen, der Gute. Um Atem zu holen. Noch war er nicht wieder in der Lage, sich seiner Arbeit zu widmen, die Fährten wiederaufzunehmen. Und er würde kaum den ganzen Weg nach London fahren können, um sich mit dieser Frau zu treffen. Immerhin hatte es keine sentimentalen SMS oder verzweifelte spätabendliche Anrufe mehr gegeben, mit denen sie um Aufmerksamkeit flehte. Auch wenn es sie nicht mehr wirklich tangierte, glaubte Sarah zu wissen, dass die armselige kleine Hure in nächster Zeit nicht allzu scharf darauf sein würde, sich mit Conrad zu treffen.

Jetzt, wo Sarah sie in Angst und Schrecken versetzt hatte.

Alle beide.

Wie wäre sie selbst damit zurechtgekommen, hatte Sarah sich gefragt, als Conrad gekotzt, geschissen und wie ein Baby gejammert hatte. Hätte *sie* ihn in solch einer Lage immer noch so sehr gewollt? Sie bezweifelte es ernsthaft.

Lächelnd schaute sie aus dem Fenster des Hotelzimmers in den Ziergarten mit seinen um den üppigen Rasen herum arrangierten Holzbänken. Es gab einen großen Teich, der einer Schwanenfamilie als Heim diente, und eine dünne Baumreihe als Sichtschutz zur Straße hin. Man hatte das Gefühl, aus der Welt zu sein.

Plötzlich verschwand ihr Lächeln.

Traf das nicht den Nagel auf den Kopf?

Ihr Leben würde immer hart sein, daran hatte sie nie gezweifelt. Aber jetzt, wo sie tatsächlich hier waren, wo ihnen die Flucht geglückt war, dämmerte ihr plötzlich, wie sehr sie würde kämpfen müssen.

Es war ein Opfer. Das hatte sie sich immer wieder vor Augen geführt, das war ihre Losung gewesen. Doch jetzt wurde das ganze Ausmaß erkennbar, und sie hatte noch immer nicht wirklich verarbeitet, was sie getan hatte. Was sie hatte tun müssen.

Es machte ihr Angst, es machte sie wütend.

Für Conrad war es nicht im Geringsten so kompliziert. Er hatte nur seine Sachen in eine Tasche stopfen und abhauen müssen, wie schon zahllose Male zuvor. Sie dagegen hatte zwangsläufig alles zurückgelassen, ihr komplettes Leben. Das Haus, für das sie so hart gearbeitet hatte – das Einzige, was sie nach all den Jahren mit diesem Arschloch von Peter vorzuweisen hatte. Mit grimmiger Miene lehnte sie sich gegen das Fenster und fragte sich, was aus dem Haus werden würde. Jetzt, wo der Bericht im Fernsehen gelaufen war und die Polizei höchstwahrscheinlich ihre Identität kannte, konnte sie sich wohl kaum in einer Verkleidung zurücktrauen und das Haus auf den Markt bringen.

Ja, ein vernünftiges Angebot würde ich sofort annehmen. Die komplette Einrichtung ist im Kaufpreis inbegriffen. Schicken Sie mir einfach einen Scheck, wenn alles erledigt ist …

Mindestens eine Million hatte sich in Rauch aufgelöst. Und wer war schuld? Erst hatte er sein Ding nicht in der Hose lassen können, und jetzt verschleuderte er sein Geld im Pub. Er war schon immer ein Loser gewesen. Vielleicht würde er allen einen Gefallen tun und an einer Erdnuss ersticken.

Ihre Schuld bestand einzig und allein darin, ihn geliebt zu haben.

Plötzlich kam ihr der schreckliche Gedanke, dass am Ende ihr Ex-Mann das Haus wieder in seine dreckigen Pfoten bekommen könnte, er, seine geistlose Frau und ihr heiß geliebter Joshy. Das wäre … völlig inakzeptabel. So weit durfte es nicht kommen. Er hatte keinerlei Anspruch auf ihr Haus oder irgendwas sonst, das ihr gehörte.

Sie trat vom Fenster zurück und atmete einige Male tief ein. Sie durfte nicht mehr an das denken, was sie verloren hatte. Sie musste sich auf das vor ihr Liegende konzentrieren. Auf die Dinge, für die sie all diese Opfer gebracht hatte.

Sie schnappte sich ihre Jacke, öffnete die Tür und ging nach unten.

Sie musste raus.

An der Rezeption stand dieselbe junge Frau – ein wenig nichtssagend, aber freundlich –, bei der sie sich am vorgestrigen Abend angemeldet hatten. Als Sarah an ihr vorbeiging, schaute sie plötzlich von ihrer Zeitschrift auf: »Ich habe Ihren Mann vor einer Weile weggehen sehen.«

Die Formulierung ließ Sarah grinsen.

Das wird kein Heiratsantrag, Liebster.

Conrads Miene …

Sie verließ das Gebäude durch die Vordertür und ging in den Garten. Sie genoss das Gefühl und den Klang von Kies unter ihren Schuhen. Beides hatte sie innerlich stets mit … Erfolg in Verbindung gebracht, als wäre man tatsächlich irgendwo *angekommen.*

Es war ein bisschen kühler als in den vergangenen Tagen. Sie knöpfte ihre Jacke bis oben hin zu und ging hinunter zum Teich, den sie von ihrem Fenster aus gesehen hatte.

Eine Zeit lang beobachtete sie die Schwäne und fing langsam an, sich besser zu fühlen.

Sie hatte ihre Flucht nicht mit einem Vermögen angetreten, wahrhaftig nicht, aber es war genug, um zurechtzukommen. Zusammen mit dem Geld, das Conrad von seinem Konto abgehoben hatte, konnten sie sich hier für eine Weile verkriechen und abwarten. Vielleicht blieb am Ende sogar genug übrig, um eine Anzahlung auf ein Haus zu leisten.

Alles würde in Ordnung kommen.

Nein, es würde besser als nur *in Ordnung* sein, mit etwas anderem würde sie sich nicht zufriedengeben. Das hatte sie noch nie, warum zum Teufel also jetzt damit anfangen? In diesem Teil des Landes war sie ein- oder zweimal gewesen. Und auch wenn sie im tiefsten Inneren immer ein Stadtkind bleiben würde, konnte sie sich wahrscheinlich daran gewöhnen. Sie wusste, dass es nicht allzu weit weg eine kleine Dorfschule gab, sie hatte ein Hinweisschild gesehen. Vielleicht würde Jamie sich dort sogar wohler fühlen. Ihr eigenes Leben würde auf jeden Fall einfacher werden, immerhin würden hier wohl kaum so viele Davids und Carolines herumschwirren, die ihre perfekten, geraden Nasen unweigerlich in die Angelegenheiten anderer Leute steckten.

Sie würde neue Freunde finden, sich einen neuen Hund besorgen, würde für sie beide ein wunderbares neues Leben entwerfen.

Ich hatte einfach genug von London. Die Stadt ist so hektisch, so ermüdend. Hier kann ein Kind viel unbelasteter aufwachsen, findet ihr nicht?

Als sie noch einen Schritt näher ans Wasser trat, breitete ein Schwan, der bislang hektisch in den Wasserpflanzen nahe am Ufer herumgepickt hatte, die Flügel aus und zischte sie an. Sie zischte zurück und gab ihm zu verstehen, er solle sich verpissen.

Sie wusste nur zwei Dinge über Schwäne, wahrscheinlich dieselben, die jeder irgendwann einmal gehört hatte. Dass sie trotz aller Eleganz unter Wasser wie wild mit den Füßen paddelten. Und die alte Geschichte, dass ein Schwan, der sich bedroht fühlte, in der Lage war, einem das Bein zu brechen. Auch wenn sie das nie wirklich geglaubt hatte, trat Sarah lieber ein Stück zurück.

Sie dachte darüber nach, wie viel Mühe es doch kostete, mühelos zu wirken. Und dass auch die am harmlosesten wirkende Kreatur in der Lage war, auszuteilen, wenn es darauf ankam. Plötzlich hoffte sie von Herzen, dass Conrad, wo immer er sein mochte, ein bisschen Zeit zum Entspannen und Abschalten gefunden hatte. Und mehr als alles andere hoffte sie, dass auch er sie noch immer liebte.

Als sie sich umwandte und zurück zum Hotel ging, war ihr Lächeln zurückgekehrt.

EINUNDSECHZIG

»Man fühlt sich ein bisschen wie nach der *Lord Mayor's Show*, oder?«, sagte Tanner.

Thorne schaute sie fragend an. »Wie bitte?«

»Das ist … bloß so eine Redensart.« Tanner zuckte die Achseln und trank einen Schluck Kaffee aus dem Thermobecher, den sie von zu Hause mitgebracht hatte. Die Blicke Thornes und aller anderen im Raum schienen ihr unangenehm. »Wenn plötzlich die Luft raus ist. Man hat gerade etwas Aufregendes hinter sich und muss sich wieder mit gewöhnlichem Alltagskram rumschlagen. Also … wie wir jetzt.« Sie wies auf ihre Ecke des spärlich besetzten Einsatzraums, die leeren Schreibtische, das halbe Dutzend

Teammitglieder, die zusammengesunken auf ihren Stühlen saßen und einen wenig akkuraten Halbkreis bildeten. Nicht zuletzt auch auf Thorne.

Es war der Morgen nach der Durchsuchung von Michelle Littlers Haus.

»Irgendwer muss nachher immer die miesen Jobs erledigen, den Pferdemist wegschaufeln zum Beispiel, nach *Lord Mayor's.*« Sie hob die Tasse, als wollte sie sich selbst zu ihrem sinnlosen Wissen gratulieren. »Daher kommt die Redensart.«

»Den Pferdemist wegschaufeln klingt ganz treffend«, stellte Chall fest.

Thorne trug immer noch denselben fragenden Gesichtsausdruck zur Schau. »Was genau war denn so spannend?«

»Bitte?«

»Niemand behauptet, dass es Spaß macht, jetzt hier bloß rumzusitzen. Ich frage mich nur, was der erfreuliche Teil gewesen sein soll.«

Thornes Miene verriet unmissverständlich, dass er Streit suchte, ganz egal mit wem. Trotzdem war Tanner nicht bereit, zurückzustecken. »Ich rede selbstverständlich von gestern.«

»Meinst du das ernst?«

»Eine Operation wie aus dem Lehrbuch«, sagte sie. »Findest du nicht?« Sie schaute sich um, doch die meisten Kollegen starrten nur auf ihre Schuhe.

»Bis wir reingegangen sind, vielleicht. Aber ich hatte mir etwas mehr erhofft als ein paar leere Schubladen und einen verhungernden Hund.«

»Wir haben alles richtig gemacht.«

»Aber nichts erreicht.«

»Das stimmt so nicht«, sagte Tanner. »Und das weißt du genau.« Sie rückte ihren Stuhl ein wenig näher an Thorne heran, und die übrigen Teammitglieder schlossen sich unaufgefordert an. »Schauen wir uns doch mal an, was wir trotz allem erfahren haben.«

»Das dürfte nicht lange dauern.« Thorne blickte zur Uhr. »Was übrigens ganz praktisch ist, denn wie du weißt, wird Heather Turnbull immer noch vermisst.«

Tanner ignorierte ihn. »Wir haben ausreichend Beweise und forensische Spuren, um Michelle beziehungsweise Sarah und ihren Liebhaber mit den Morden an Kevin Deane und Gemma Maxwell in Verbindung zu bringen.«

»Die hatten wir auch vorher.«

»Ausreichend Beweise, um sie beide hinter Gitter zu bringen.«

»Die hatten wir vorher schon. Seit wann gibt's hier drin ein Echo?«

Tanner ließ sich nicht beirren. »Entscheidend ist, dass wir keinen einzigen Hinweis darauf gefunden haben, dass Heather Turnbull jemals in dem Haus gewesen ist. Die Fingerabdrücke und DNA-Spuren werden momentan noch ausgewertet, aber es gab weder offensichtliche Blutspuren noch Anzeichen für einen Kampf. Nichts deutet darauf hin, dass das Haus ein Tatort ist.« Sie lehnte sich zurück und ließ ihre Worte wirken. »Das ist mehr als nichts, oder?«

»Toll«, sagte Thorne.

»Ernsthaft.«

»Dann können wir uns ja auf die Schultern klopfen.«

»Und wir dürfen nicht vergessen, dass die Kriminaltechniker immer noch im Haus sind und jeden Quadratzentimeter unter die Lupe nehmen. Wer weiß, worauf sie noch stoßen.«

»Denkst du vielleicht an eine Nachsendeadresse?« Falls Thorne das Aufflackern echter Wut in Tanners Miene bemerkte, entschied er sich, es zu ignorieren. »Dann lasst uns jetzt darüber nachdenken, was wir *nicht* haben ... von den Tätern selbst mal abgesehen. Lasst uns realistisch einschätzen, wo wir stehen.«

»Aber Nicola hat nicht unrecht«, mischte Chall sich ein.

Thorne sah ihn an.

»Natürlich wollen wir die beiden schnappen, aber unsere Priorität liegt doch sicher darauf, dass Heather Turnbull in Lebensgefahr schwebt.«

»Natürlich.« Einerseits bewunderte Thorne Challs Loyalität gegenüber seiner früheren Chefin, andererseits war er nicht bereit, den Blick auf das Positive zu richten. »Aber sie ist so lange in Gefahr, bis wir die beiden verhaftet haben, meinen Sie nicht?«

»Ja, Sir«, sagte Chall, konnte aber weder ihm noch Tanner in die Augen schauen.

»Trotz unserer Schatzkiste voller Beweise haben wir nicht die geringste Ahnung, wo unsere Hauptverdächtigen sich aufhalten.« Thorne breitete die Arme aus. »Nichts. Wir können zwar annehmen, dass sie mit Conrads Auto abgehauen sind, wissen aber nicht, welches Modell er fährt. Vorgestern Abend hat Michelle ihr Bankkonto leer geräumt, und beide dürften zu schlau sein, um ihre Kreditkarten zu benutzen. Also müssen wir davon ausgehen, dass sie mit den zwölf Riesen, die sie dabeihat, plus dem Bargeld, das *er* möglicherweise noch eingesteckt hat, eine ganze Weile durchhalten. Offen gesagt: Sie könnten inzwischen überall sein. Auch im Ausland.«

»Könnten sie«, wandte Tanner ein. »Aber das bezweifle ich. Sie mussten ziemlich überstürzt aufbrechen, und wenn sie jetzt versuchen, das Land zu verlassen, erwischen wir sie sofort. Seit gestern Abend sind alle Häfen und Flugplätze informiert. Ich kann mir kaum vorstellen, dass sie einen gefälschten Reisepass bei sich hat, was meint ihr? Für mich sieht alles nach einem überstürzten Aufbruch aus.«

»Wir hätten schon früher an die Grenzen denken müssen«, sagte Thorne.

Einmal mehr inspizierten die Kollegen eifrig ihre Schuhe.

»Im Rückblick vielleicht … Aber es war alles ein bisschen hektisch«, sagte Tanner.

»Trotzdem –«

»Wir haben die Durchsuchung im Haus der Verdächtigen im Eiltempo auf den Weg gebracht. Weißt du noch, wie scharf du darauf warst, den Einsatz so gründlich wie möglich vorzubereiten?«

»Vielleicht hätten wir die Arbeit besser delegieren müssen.«

Jemand sog deutlich hörbar die Luft ein.

»Immerhin«, sagte Tanner, »haben wir im Haus ein paar brauchbare Fotos der verdächtigen Frau gefunden …«

»Wozu auch immer sie gut sein sollen.«

»… die jetzt an jede Polizeidienststelle im Land übermittelt werden.«

»Sie wird ihr Äußeres wieder verändert haben. Andere Haarfarbe, Perücke, dunkle Brille, was auch immer, also –«

Tanner schlug mit der Handfläche auf den nächstbesten Schreibtisch.

»Herrgott noch mal, Tom!« Sie schüttelte den Kopf. »Du führst dich auf wie ein oberschlauer Anfänger, der zum ersten Mal erlebt, dass eine Operation nicht ganz nach Plan gelaufen ist und nicht die gewünschten Ergebnisse gebracht hat. Nein, wir hatten tatsächlich nicht das nötige Quäntchen Glück, aber wir haben alles richtig gemacht, also find dich damit ab. Was wir auf keinen Fall gebrauchen können, ist ein DI, der sich wie ein pampiger Teenager aufführt, bloß weil nicht alles läuft, wie er sich das wünscht. Ich sag's dir gern vor allen Kollegen: Damit hilfst du weder dem Team, das sich den Arsch aufreißt, um diesen Fall abzuschließen, noch der Frau, die seit drei Tagen vermisst wird.«

Thorne öffnete den Mund und schloss ihn gleich wieder.

Plötzlich bemerkte er die Blicke der Kollegen. Als er sich umdrehte, sah er Russell Brigstocke vor seinem Büro stehen.

Der DCI zitierte ihn mit einem Kopfnicken zu sich.

Thorne stand auf und setzte sich langsam in Bewegung, wie ein ertappter Schüler auf dem Weg zum Büro des Direktors. Schonungslose Wahrheiten waren in Ordnung, solange man selbst derjenige war, der sie aussprach. Wenn es allerdings darum ging, nun seinen *Vorgesetzten* über den beschissenen Auftritt vom Vortag ins Bild zu setzen, musste er dem Ganzen irgendwie einen positiven Dreh geben. Er würde ein wenig wie die Frau argumentieren müssen, die ihn gerade vor versammelter Mannschaft zusammengeschissen hatte.

Als Brigstocke die Tür geschlossen hatte, sagte er: »Ihre Psychiaterin … Hat sie nicht gesagt, unsere größte Chance liege darin, dass es zu einem Zerwürfnis kommt?«

Thorne ließ sich auf einen Stuhl fallen, ging im Kopf ein paar mögliche Antworten durch und entschied sich für ein unverfängliches: »Ja.«

»Eben. Ich glaube allerdings, dass sie dabei von den Verdächtigen gesprochen hat, nicht von den ermittelnden Detectives.«

Thorne nickte. »Wir hatten bloß eine Meinungsverschiedenheit, mehr nicht.«

ZWEIUNDSECHZIG

Das Auto im Rückspiegel war plötzlich strahlend weiß, deshalb schüttelte er den Kopf, blinzelte und schaute noch einmal hin. Ein paar Sekunden zuvor war es noch schmutzig blau gewesen. Er hätte schwören können. Eben noch schien es näher und näher zu kommen … ihm geradezu auf die Pelle zu rücken … dann war es plötzlich wieder dreißig Meter hinter ihm.

Oder überhaupt nicht da.

So viele Autos, die in entgegengesetzter Richtung an ihm vorbeiflogen, so viele Schilder, auf die er zu achten hatte, um das richtige bloß nicht zu verpassen, bis all die Farben und der Lärm dafür sorgten, dass sein Magen revoltierte. Mehr als einmal hatte er bereits für ein paar schreckliche Sekunden das Gefühl gehabt, gerade aufgewacht zu sein und nicht zu wissen, was er überhaupt in diesem Wagen machte, wohin er wollte. Dann war es ihm wieder eingefallen, was ihn kurzzeitig erleichtert und gleich darauf erschreckt hatte.

Conrad trat das Gaspedal durch und schaute auf das Armaturenbrett, doch die Anzeigen verschwammen immer wieder vor seinen Augen, sodass er nie wirklich sicher war, wie schnell er fuhr.

Was ohnehin egal war.

Je schneller, desto besser.

Er wischte sich den Schweiß aus den Augen und den langsam klebrig werdenden Speichel vom Hals. Dann scherte er aus, überholte einen Lastwagen und schaffte es gerade noch rechtzeitig wieder auf die linke Spur, um nicht frontal mit dem entgegenkommenden Wagen zusammenzustoßen. Sein Herz hüpfte wie wild, er spürte den hämmernden Puls in seiner Kehle. Der andere Fahrer machte eine wütende Geste, und Conrad wollte etwas brüllen, doch dadurch wurde der Schmerz in seinem Bauch nur schlimmer, unerträglich.

Scheiße. SCHEISSE. Er wusste, was sie getan hatte.

Wieder ein Blick in den Spiegel, doch diesmal war da nur der Lastwagen, der hinter ihm zurückfiel. Ein wenig länger als nötig und vernünftig musterte er sein eigenes Gesicht im Spiegel. Diese Hautfarbe, um Himmels willen …

Seine Fingerspitzen sahen aus, als hätte er sie sich in einer Tür eingeklemmt. Das Weiße in seinen Augen … diese verschiedenen Weißtöne … die Haut an seinen eingesunkenen Wangen.

Wie altes Zeitungspapier.

Ein stechender Schmerz ließ ihn aufstöhnen. Er riss das Steuer herum, weil er wusste, was kommen würde. Holpernd steuerte er den Wagen auf den Seitenstreifen, riss die Tür auf, würgte und schrie laut auf. Als er die Tür wieder schloss, entdeckte er Erbrochenes auf ihrer Innenseite und seiner Hose, Erbrochenes und Blut. Er konnte nicht sicher sagen, ob Schweiß oder Tränen in seinen Augen brannten. Sofort gab er wieder Gas, und die Reifen drehten durch, ehe der Wagen zurück auf die Straße schlingerte.

Wahrscheinlich bin ich morgen wieder fit.

Er wusste *genau*, was sie getan hatte.

Während der Wagen Fahrt aufnahm, löste er die Hände vom Steuer und tastete für einige Sekunden schweigend ins Leere. Er versuchte, eine nicht vorhandene Decke hochzuziehen, weil er ihren weichen Stoff an seinem Hals spüren wollte. Er wartete, dass seine Mutter durch die Tür trat, mit süßem Tee und tröstenden Worten. Jene Sommerferien, in denen er von einem Baum gefallen war und lange Tage im Bett verbringen musste, desorientiert und fantasierend.

Bei einem Schlag auf den Kopf kann das vorkommen, Schatz …

Ein Schlag von einer Frau, die er zu lieben glaubte.

Ein Stein, der herabrauschte.

Er wollte nur noch schlafen. Er konnte sich nicht erinnern, sich je so müde gefühlt zu haben. Ja, er war dankbar für die Schmerzen, die ihn wach hielten, denn so gern er auch an einem stillen Ort anhalten und sich unter diese Decke kuscheln wollte, konnte er – *durfte* er – auf keinen Fall einnicken.

Jenseits von Gut und Böse.

Fünf Minuten oder dreißig, er hatte keine Ahnung. Er stöhnte und übergab sich, murmelte Flüche. Der Wagen schien die Straße anzusaugen. Plötzlich entdeckte er das Schild, nach dem er Ausschau gehalten hatte. *Das* war der Ort, nach dem er gesucht hatte. Der Ort, an den er musste.

Er wusste, was dieses Schild bedeutete.

Ohne zu zögern oder einen Gedanken an die möglichen Konsequenzen zu verschwenden, bog Conrad ab und kreuzte die Gegenfahrbahn. Der Lärm war ohrenbetäubend. Mehrere Autofahrer brüllten aus ihren Fenstern und hupten wütend, doch das Einzige, was er hörte, war das Krächzen der Möwen.

DREIUNDSECHZIG

Der Abend war relativ mild, auf jeden Fall erträglich, solange sie ihre Jacken anbehielten. Also traten sie, während sie auf das Essen warteten, mit ihren Bierflaschen hinaus auf Thornes kleine Terrasse. Sie war von den letzten Mietern liebevoll gepflegt worden. Sogar eine Blumenampel und mehrere Pflanzen in großen Terrakottatöpfen hatten sie zurückgelassen. Etwas Grünes, das gerade austrieb, wand sich an einem Spalier neben Tisch und Stühlen hoch. Thorne hatte die Möbel gekauft, als er ursprünglich hier eingezogen war, sie bisher aber nie benutzt.

»Essen wir hier draußen?«, fragte Hendricks.

»Eigentlich spricht nichts dagegen.«

»Na ja, warm ist es nicht gerade, oder?«

»Nur weil du keine anständige Jacke hast. *Ist* das überhaupt eine Jacke oder eher eine Bluse?«

»Das ist italienisches Wildleder, Kumpel, und ich sehe darin umwerfend aus.«

»Oh, klar«, sagte Thorne.

»Ich hoffe, die beeilen sich.« Hendricks stellte seine Flasche geräuschvoll auf den Tisch und schaute zur Uhr. »Ich könnte einen räudigen Köter am Spieß verzehren.«

Irgendwie hatte er Thorne davon überzeugt, ausnahmsweise

nicht beim Inder vorbeizuschauen und sich etwas mitzunehmen. Nachdem er darauf hingewiesen hatte, dass sie bereits praktisch die ganze Speisekarte durchprobiert hatten, hatte der Pathologe unterstrichen, dass all die gehaltvollen Soßen Gift für Thornes Taille waren und ihm das vielleicht nicht komplett egal sein sollte.

Vor allem jetzt.

Widerstrebend hatte Thorne sich kompromissbereit gezeigt, sie hatten stattdessen Pizza bestellt.

Sie nahmen Platz und genossen die letzten Augenblicke des dunstigen Sonnenuntergangs. Beide genehmigten sich einen Schluck Lagerbier, und Hendricks zündete sich die eine Zigarette an, die er sich jede Woche gönnte.

»Verdammte Scheiße«, sagte Thorne. »Ich hoffe mal, *so* stressig wird es nicht werden.«

»Allzeit bereit.« Hendricks legte grüßend zwei Finger an die Schläfe. »Hab ich bei den Pfadfindern gelernt.«

»Ich dachte, die hätten dich rausgeschmissen, weil du einen der Anführer betatscht hast.«

»Oh.« Grinsend trank Hendricks noch einen Schluck. »Glückliche Zeiten. Also, dann erzähl mal …«

Thorne begann, nicht unbedingt flüssig, über die Lage mit Helen zu reden, über die jüngsten Entwicklungen, die letzte Abrechnung. »Neulich Abend hat sie angerufen. Am Ende waren wir beide in Tränen aufgelöst.«

Schon zuvor hatte Thorne einiges zu berichten gehabt. Vier Tage nach der Durchsuchung von Michelle Littlers Haus bot sich jetzt die erste Gelegenheit, Hendricks über die letzten Entwicklungen des Falls ins Bild zu setzen. Dieser hatte sich zwar alles bereitwillig angehört, aber wenig Konstruktives beizutragen gehabt. Er hatte bloß geschnaubt und am Piercing in seiner Unterlippe gezupft.

»Und was passiert jetzt mit dem Hund?«, hatte er schließlich gefragt.

Er war wegen Helen hier, wegen der Entscheidung, zu der sie gelangt war. Um seinem Freund beizustehen. Um Rat und Trost zu bieten oder sich gutmütig über ihn lustig zu machen, was immer Thorne am ehesten zu brauchen schien.

»Den Satz des Grauens hat sie aber nicht gesagt, oder?«, fragte er.

»Welchen Satz?«

»Du weißt schon. ›Es liegt nicht an dir, sondern an mir‹, und diesen Mist.«

»Nein, um Himmels willen.« Thorne atmete tief aus. »Sie hat keinen Zweifel daran gelassen, dass es an mir liegt. *Meine* Schuld. Ich meine, du weißt ja, dass Helen … Sie hält mit ihrer Meinung nicht wirklich hinterm Berg.«

Hendricks nickte, denn das wusste er aus eigener Erfahrung. Im Jahr zuvor hatte zwischen ihm und Helen nach einer hitzigen Diskussion über die Legalisierung von Drogen wochenlang Funkstille geherrscht. Von diversen kleineren Streitereien über alles Mögliche ganz zu schweigen – von amerikanischer Politik über Kochrezepte bis zu einer fortdauernden Debatte darüber, ob *RuPaul's Drag Race* unterhaltsamer ist als *Orange Is The New Black*.

»Ähm, deine Schuld, weil …?«

»Weil ich ein erbärmlicher Drecksack bin und meine Stimmungsschwankungen ein Albtraum sind. Weil wir abgesehen von unseren Dienstausweisen keine Gemeinsamkeiten haben. Weil ich meine Gefühle nicht deutlich zeige, es sei denn, ich bin wegen irgendwas sauer, denn das kriegen alle mit.« Thorne versuchte zu lächeln, um die Litanei seiner Mängel ein wenig herunterzuspielen, doch die Mühe, die es ihn kostete, war offensichtlich. »Denn offenbar … ›schotte ich mich ab‹.« Er schüttelte den

Kopf und malte mit beiden Händen Anführungszeichen in die Luft. »Jedenfalls bestimmte Seiten von mir.«

»Bisher kann ich nicht widersprechen«, sagte Hendricks.

»Und weil ich ihr manchmal das Gefühl vermittelt hätte, ich müsste mich ständig zwischen ihr und dem Job entscheiden. Und dass in neunundneunzig von hundert Fällen der Job gewonnen hätte.«

Hendricks zuckte zusammen und stürzte den Rest seines Biers herunter. »Ja, Zurückhaltung ist nicht ihr Ding, was?«

»Eine der Eigenschaften, die ich an ihr liebe.« Thorne griff nach seiner Flasche und betrachtete sie. »Vielleicht sollte ich mich daran gewöhnen zu sagen: geliebt habe. Vergangenheitsform.«

»Aber das wäre nicht ehrlich, oder?«

»Nein«, sagte Thorne nach kurzem Zögern. »Jedenfalls noch nicht.«

»Irgendwann wird es besser.«

»Ich weiß.«

»Ja, aber das ist der Punkt«, sagte Hendricks. »Jetzt *weißt* du es. Es ist beschissen, Kumpel … ich will nicht so tun, als wäre es anders, und es tut mir ehrlich leid. Aber jetzt kannst du wenigstens aufhören, darüber nachzugrübeln, was du willst und wie du dich fühlen könntest, falls das eine oder das andere passiert, denn das liegt alles hinter dir.« Er beugte sich vor und legte seine Hand auf Thornes Arm. »Jetzt ist es passiert, und du kannst es einfach … fühlen.«

Ein Zug in Richtung West Hampstead ratterte geräuschvoll vorbei, und Thorne schaute zu seinem Freund hinüber. Doch weil ihm dessen ernster Gesichtsausdruck unangenehm war, wandte er den Blick schnell wieder ab und zupfte lieber am Etikett seiner Bierflasche herum. »Du kommst mir jetzt aber nicht damit, dass andere Mütter auch schöne Töchter haben, oder?«

»Ich bin doch nicht bescheuert.«

»Ach was?«

Hendricks schüttelte den Kopf und zog seine Hand weg. Er lächelte. »Ich hoffe bloß, die vergessen meine Extra-Peperoni nicht.«

Thornes Telefon klingelte.

In freundlichem, aber geschäftsmäßigem Ton stellte die Anruferin sich als DC Jilani Azad von der Abteilung für Schwerkriminalität der Polizei von Suffolk vor. »Ich rufe aus dem Krankenhaus West Suffolk an«, erklärte sie. »Ich habe etwas, das Sie interessieren könnte ...«

Mit aufgerissenen Augen starrte Thorne seinen Freund an. Sofort rückte Hendricks mitsamt seinem Stuhl an Thornes Seite und lehnte sich an ihn, um mithören zu können.

»Wo liegt dieses Krankenhaus?«, fragte Thorne.

»Bei Bury St Edmunds«, sagte Azad. »Ungefähr auf halbem Weg zwischen Cambridge und Ipswich.«

»Okay. Dann lassen Sie mal hören.«

»Hier wurde vor vier Stunden ein Patient aufgenommen, der in die Notaufnahme getaumelt kam, über und über mit Erbrochenem beschmiert. Die Ärzte vermuten akutes Leberversagen. Ein männlicher Weißer Anfang vierzig. Außerdem wurde eine ...« – es klang, als müsse die DC in ihren Aufzeichnungen nachschauen – »*Zyanose in den Extremitäten* festgestellt.«

Thorne schaute Hendricks fragend an.

»Blaue Finger«, flüsterte Hendricks und hielt demonstrativ seine Hand hoch.

»Wir wurden erst verständigt, als er davon anfing, man hätte ihn vergiftet.«

»Okay ...«

»Also hab ich mir die Brieftasche des Kerls vorgenommen, um nach Ausweispapieren zu suchen. Und ich hab jede Menge gefunden: Führerscheine, Kreditkarten, alles auf verschiedene Namen. Als ich sie in unserem System überprüft hab, tauchte Ihr Name auf.«

»Welcher Name?«

»Ihr Name.«

»Ich meine, welcher von seinen Namen hat Sie zu meinem geführt?«

»Oh.« Nach kurzer Pause sagte sie: »Patrick Jennings.«

Thorne richtete sich kerzengerade auf. Hendricks hob einen Daumen. »Okay, hören Sie, ich muss so schnell wie möglich mit ihm reden, also –«

»Na dann viel Glück.«

»Wie bitte?«

»Der Kerl ist ins Koma gefallen«, sagte Azad. »Ungefähr eine halbe Stunde nach seinem Auftauchen.«

»Verdammt …«

»Murphys Gesetz, nicht wahr?«

Hendricks hob zum zweiten Mal den Daumen, verzog das Gesicht und drehte ihn langsam gegen den Uhrzeigersinn.

»Ich komme, so schnell ich kann«, versprach Thorne. Azad setzte zu einer Erklärung an, dass ihre Schicht dann möglicherweise vorbei sei, doch Thorne hatte nichts anderes im Sinn, als das Gespräch möglichst schnell zu beenden und sich auf den Weg zu machen. Er lief in die Wohnung, schloss die Gartentür ab und griff nach seinen Papieren und den Autoschlüsseln. »Was meinst du? Anderthalb Stunden um diese Tageszeit?«

»Wahrscheinlich.« Hendricks warf die beiden leeren Flaschen in die Recyclingtonne. »Etwas in der Art.«

»Dann können wir mit ein bisschen Glück und ohne Stau um halb zehn da sein.«

Hendricks drehte sich um und starrte ihn an. »Wir? Keine Chance, Kumpel, ich muss –«

»Es ist ein Krankenhaus«, erwiderte Thorne. »Da geht's um Medizinkram. Zur Abwechslung könntest du mir mal eine echte Hilfe sein.«

»Und die Pizza?«

Thorne hielt ihm bereits die Haustür auf. »Stellen sie wahrscheinlich einfach vor die Tür«, sagte er. »Aufgewärmt schmeckt sie sowieso besser.«

VIERUNDSECHZIG

Gegen Viertel vor zehn fuhren sie auf den Parkplatz des Krankenhauses. Thorne war überrascht, als Tanner, die er gleich nach seinem Aufbruch angerufen hatte, ihn am Empfang erwartete.

»Wie zum Teufel …?«

»Von da, wo ich wohne, kann ich mir die M25 ersparen«, erklärte Tanner. »Außerdem hab ich einfach Gas gegeben. Du nicht?« Ehe Thorne etwas erwidern konnte, wandte sie sich Hendricks zu, der kaum glücklicher aussah als bei ihrem Aufbruch vor knapp zwei Stunden. »Jetzt schuldet er dir noch einen Gefallen, Phil.«

»Verdammt richtig. Für das hier hab ich auf meine Pizza verzichtet.«

»Es gibt keine größere Liebe –«

»Seid ihr beiden jetzt fertig?«, fragte Thorne.

»Dann kommt mal mit«, sagte Tanner mit demonstrativem Augenrollen und ging voran zu den Aufzügen. »Ich hab mich schon mal umgesehen und rausgefunden, wo die Intensivstation liegt …«

Sie stellten sich bei der Stationsschwester vor und wurden zu einem Zimmer am Ende des Gangs geschickt. Dort fanden sie

DC Jilani Azad auf einem Stuhl vor der Tür. Sie schaute von ihrem Taschenbuch-Thriller auf und erhob sich. Thorne war beeindruckt, dass sie so lange gewartet hatte, und gab ihr das zu verstehen.

»Ich hatte sowieso nichts Besseres vor.« Sie deutete mit dem Kopf zur Tür. »Also, wer ist der Typ da drin?«

Obwohl sie eigentlich keine Zeit hatten, sich einer übereifrigen Kollegin zu widmen, wollte Thorne sich nicht wie ein Arschloch aufführen und sie, nachdem sie so viel Einsatz gezeigt hatte, ohne weitere Informationen nach Hause schicken. »Ich gehe davon aus, dass der Mann, wegen dem Sie angerufen haben, der Hauptverdächtige in einer bedeutenden Mordermittlung ist.«

»Teufel auch«, sagte sie. »Volltreffer.«

»Vielen Dank für Ihre gute Arbeit, Jilani«, mischte Tanner sich ein. »Sie können jetzt Feierabend machen, wir halten Sie auf dem Laufenden, wie es hier weitergeht.«

Wenn sie auch nur eine Spur enttäuscht war, hier nicht mehr gebraucht zu werden, ließ die DC sich nichts anmerken. Thorne ließ es sich nicht nehmen, der Frau hinterherzusehen, als sie sich mit federnden Schritten entfernte.

»Sollen wir?« Tanner öffnete die Tür, und sie traten zu dritt ins Zimmer.

Sie konnten den Patienten – oder zumindest das Pfeifen und Piepen der Maschinen – schon hören, ehe sie hinter eine fahrbare Wand traten und einen Blick auf den im Bett liegenden Mann warfen. Ein dicker Beatmungsschlauch war an seiner Nase fixiert, und vom Schädel verlief ein dünnes Kabel zu einem an die Wand montierten Monitor, an dem ein Beutel befestigt war. Ein Wirrwarr weiterer Kabel führte von seiner Brust zu diversen Pumpen und weiteren Monitoren. Thorne hatte nicht die leiseste Ahnung, wozu auch nur eines dieser Geräte diente, er starrte auf den Infusionsständer, auf das stetige Tropf-Tropf der Glukose-Kochsalz-

Lösung, die dem Patienten über eine Kanüle in der rechten Hand zugeführt wurde.

»Da hat jemand einen schlechten Tag erwischt«, kommentierte Hendricks.

Tanner beugte sich über einen der Monitore. »Das kannst du wohl sagen.«

Thorne verspürte einen kurzen Anflug von Mitgefühl, es fiel ihm nicht leicht, jemanden in einem Zustand derartiger Hilflosigkeit zu sehen. Doch das Gefühl verflog, als er sich daran erinnerte, was der Mann getan hatte. »Er hat auch ein paar anderen schlechte Tage bereitet. Die *schlimmsten* Tage.«

Er trat einen Schritt näher ans Kopfende und betrachtete das Gesicht des Patienten. Oder das, was er zwischen Pflastern und Plastik erkennen konnte. Er betrachtete den Mann, der seinen Ausweisen nach Patrick Jennings und Paul Jenner hieß, den Thorne aber auch als Conrad kannte.

Den Thorne … *kannte*.

Der Mann hatte etwas beunruhigend Vertrautes an sich, doch Thorne kam nicht darauf, was es war und warum er es als so verstörend empfand. Irgendwas an seiner Augenpartie, oder? Die Gesichtsform? Er war sich ziemlich sicher, diesem Mann nie zuvor begegnet zu sein, und doch …

Es klopfte laut an der Tür, und als sie sich umwandten, trat eine Frau ins Zimmer. Um die fünfzig, rote Haare und gekleidet, als wäre sie von einer festlichen Abendveranstaltung hergerufen worden. Sie trat direkt ans Bett und stellte sich, ohne die Besucher eines Blickes zu würdigen, als Maggie Drummond vor. »Ich bin die zuständige Ärztin für … Nun ja, wie ich es verstanden habe, kennen wir seinen Namen noch nicht.«

»Genauer gesagt haben wir mehrere zur Auswahl«, erklärte Thorne.

Die Frau verlangte noch einmal ihre Dienstausweise. Thorne

fand diesen Wunsch ein wenig übertrieben, was er auch zum Ausdruck brachte. Während er und Tanner in ihre Taschen griffen, trat Hendricks auf die Ärztin zu.

»Ich habe gehört, Sie gehen von Leberversagen aus«, sagte er.

»Nun, das war es auch –« Sie hielt inne und musterte ihn ausgiebig.

»Er ist ein Kollege von Ihnen«, warf Thorne ein. »So schwer man es auch glauben kann.«

»Normalerweise arbeite ich mit Leichen. Aber wissen Sie …« Hendricks deutete mit dem Daumen aufs Bett. »Ihn hier kann man ja mehr oder weniger dazuzählen …«

Drummond nickte. »Die Frage nach der Ursache des Leberversagens hat uns ein wenig ratlos gemacht. Bis er immer wieder von Gift gestammelt hat.«

Thorne lauschte dem Gespräch über die Symptome des Mannes und die Behandlung – oder zumindest Pflege –, die er zurzeit erhielt. Beide Mediziner schienen sich um die etwas nutzlos herumstehenden Polizisten, von denen zumindest einer gerade mal jedes zehnte Wort verstand, nicht zu scheren. Sie warfen mit Begriffen wie fulminante hepatische Nekrose, Koagulopathie und erhöhte Thrombinzeit um sich, sprachen von Computertomografie und Ösophagusvarizen.

»Wäre es vielleicht möglich, sich auf Englisch zu unterhalten?«, fragte Thorne schließlich. »Bloß für ein paar Minuten?«

Drummond schaute ihn an, als habe sie die Anwesenheit der Polizei beinahe vergessen und befinde sich in einer ganz alltäglichen Fallbesprechung. »Also … ja, alle klassischen Anzeichen für ein Leberversagen, Gelbsucht und so weiter. Außerdem wurde schnell deutlich, dass auch die Nieren nicht mehr lange durchhalten würden. Dass sämtliche wichtigen Körperfunktionen betroffen waren.«

»Was hat er gesagt? Sie meinten, er hätte gestammelt.«

»Genau. Verwirrung und Desorientierung gehören zu den typischen Symptomen.« Sie warf Hendricks einen Blick zu, der bestätigend nickte. »Aber er hatte noch einige klare Momente, in denen wir ihm Fragen stellen konnten. Immerhin konnte er uns noch sagen, dass er sich seit vier oder fünf Tagen krank fühlte ... Erbrechen, Durchfall und so weiter ... Dass er glaubte, sich bloß einen Magen-Darm-Virus eingefangen zu haben und schon bald wieder auf dem Damm zu sein. Gestern Morgen sei es dann rapide bergab gegangen, weshalb er ins Krankenhaus gefahren sei. Ein bisschen zu spät, wie sich herausgestellt hat. Wenn die Diagnose in einem solchen Fall frühzeitig gestellt wird, besteht die Möglichkeit einer Transplantation, aber dafür war er schon viel zu geschwächt –«

»Als er von Gift gesprochen hat«, sagte Tanner, »wie hat er sich genau ausgedrückt?«

»Na ja, es war alles ein bisschen hektisch.« Wieder ein vielsagender Blick zu Hendricks, begleitet von einem Kopfschütteln. »Verstehen Sie? Wir haben versucht, ihm das Leben zu retten, da blieb keine Zeit zum Mitschreiben.« Sie zuckte die Achseln. »Im Wesentlichen sagte er, er wäre vergiftet worden. Er sagte, er wüsste, was sie getan hätte, was *dieses Miststück getan hätte*. Daran kann ich mich schon deswegen erinnern, weil er es ständig wiederholt hat. Vielleicht waren es seine letzten Worte, bevor wir ihn verloren haben.«

»Hat er einen Namen genannt?«, fragte Thorne.

Die Ärztin nickte. »Sarah. ›Sarah hat mir das angetan.‹ ... Etwas in der Art.«

Thorne suchte Blickkontakt zu Tanner. Von Anfang an hatten beide kaum einen Zweifel gehabt, wer ihm das Gift verabreicht hatte, und doch war die Bestätigung wichtig. »Nach welchem Gift suchen wir?«, fragte er.

»Die Tests laufen noch.« Drummond wandte sich wieder Hendricks zu. »Ausgehend von den Symptomen, die er gezeigt hat, und dem, was er gesagt hat, können wir relativ sicher sein, dass es sich um kein besonders gängiges Gift handelt. Sicher weder Arsen noch Strychnin … nicht wie bei Agatha Christie … Und ich bezweifle auch, dass man ihm ein Antipsychotikum oder irgendein Pestizid verabreicht hat. Natürlich werden wir rausfinden, was genau es war …« Sie warf einen Blick auf ihren Patienten. »Im Nachhinein.«

»Wie sieht es mit Pilzen aus?«, fragte Hendricks. »Knollenblätterpilze vielleicht?«

Drummond dachte einige Sekunden nach. »Das könnte … tatsächlich … ein ziemlich guter Tipp sein.«

»Ich hab selbst nie mit einem solchen Fall zu tun gehabt, aber ein paar Studien gelesen. Es gibt tatsächlich eine Art Schonfrist. Nach einer Weile fühlt man sich wieder gut, topfit, doch inzwischen greift das Gift die Leber, die Nieren und den Herzmuskel an.«

Drummond nickte.

»Aber wie zum Teufel kommt sie *im März* an giftige Pilze?« Tanner schaute Hendricks und Drummond an, als hätte sie einen offensichtlichen Fehler in deren gerade entwickelter Theorie entdeckt. »Ich dachte, man findet sie im Spätsommer oder im frühen Herbst.«

»Stimmt«, räumte Drummond ein. »Das ist … ein Problem.«

Alle wechselten fragende Blicke.

»Also, wie gehen wir weiter vor?«, fragte Tanner.

Thorne fand keine schnelle Antwort.

»Ich meine …« Tanner deutete auf den Mann im Koma. »*Ihn* werden wir in nächster Zeit wahrscheinlich nicht vor Gericht sehen, oder?«

»Eher nie«, bemerkte Hendricks.

»Also …?«

»Wo sind seine Sachen?« Thorne machte einen Schritt auf Drummond zu. »Kleidung, persönliche Gegenstände …«

Drummond schaute sich im Zimmer um und deutete schließlich auf einen schwarzen Müllsack in einer Ecke. Thorne holte den Sack, setzte sich hin und durchwühlte schnell den Inhalt, bis er gefunden hatte, was er suchte.

Ein Handy.

Er drückte eine Taste und fluchte, als er nach einem Passwort gefragt wurde. Dann hielt er inne, den Finger einige Zentimeter über dem Display. Er schaute erst Tanner, dann Drummond an: »Ich denke, wir kommen im Moment allein zurecht.«

»Klar, wie Sie meinen.« Auf dem Weg zur Tür schob die Ärztin nach: »Ich hoffe, Sie werden … Ich habe ja keine Ahnung, was genau Sie suchen, aber … viel Glück.«

Kaum hatte sie die Tür hinter sich geschlossen, stand Thorne auf und ging ans Bett. Das Telefon in der einen Hand, hob er mit der anderen Conrads Arm von der Matratze.

»Was hast du vor?«, fragte Tanner.

»Abkürzung«, sagte Thorne bloß. Er hielt dem Blick stand, mit dem sie ihn bedachte, als sie begriffen hatte. Es hatte eine Zeit gegeben, in der er sie nie gebeten hätte, bei etwas mitzumachen, was später in irgendeiner Weise unprofessionell oder gar illegal genannt werden konnte.

Doch diese Zeiten waren längst vorbei.

»Touch ID, oder?« Hendricks grinste. »Raffiniert, Kumpel. Verdammt raffiniert.« Sein Grinsen wurde noch breiter.

Thorne hielt das Gerät in der einen Hand, packte mit der anderen Conrads Daumen und drückte ihn auf den Home-Button. Sobald die Apps angezeigt wurden, kehrte er mit dem Handy zu seinem Stuhl zurück und fing an, durch die Kontaktliste zu scrollen.

»Ich hab das nicht gesehen«, erklärte Tanner.

Thorne blickte nicht auf. »Doch, hast du«, erwiderte er.

Schnell scrollte er zu den mit S beginnenden Namen hinunter, wobei er nur ein einziges Mal innehielt, nur für eine Sekunde oder zwei zum Luftholen, als er weiter oben im Alphabet einen Namen entdeckte, mit dem er nicht gerechnet hatte.

Als er bei »sarah mob« gelandet war, begann er eine Textnachricht zu tippen.

Hendricks trat neben ihn, um zu sehen, was Thorne geschrieben hatte. »Willst du sie fragen, ob sie Lust hat, sich zu stellen?«

»So ungefähr«, sagte Thorne. Als er fertig war, las er schnell ein paar gespeicherte SMS durch, um sicherzugehen, dass er den richtigen Ton traf, und um zu sehen, wie Conrad solche Nachrichten normalerweise beendete. Ein Kuss zum Abschluss musste in diesem speziellen Fall natürlich verdächtig erscheinen. Ein letztes Mal las er, was er geschrieben hatte.

Ich weiß, was du getan hast. Ich bin im W. Suffolk Krankenhaus, und wenn du nicht kommst, erzähle ich alles der Polizei. C

Thorne blickte auf. »Wir haben nichts zu verlieren, oder?«, sagte er und schickte die Nachricht ab.

FÜNFUNDSECHZIG

Als die Nachricht eintraf, versuchte Sarah gerade einzuschlafen.

Sie stellte sich Jamie an seinem ersten Tag in der Dorfschule vor: nervös, aber voller Vorfreude. *Und wenn mich keiner mag, Mum?* Die lächelnden Lehrerinnen, die den neuen Jungen bemutterten und dafür sorgten, dass seine Klassenkameraden ihn freundlich aufnahmen. Kinder mit ganz normalen Namen, die nicht ständig ihre Ellbogen einsetzten. Jungen und Mädchen, die es mit dem Erwachsenwerden nicht ganz so eilig hatten wie manche Kinder in den Londoner Schulen: Treibhausblumen … Treibhaus*unkraut*. Zicken im Kleinformat und rotzfreche kleine Drecksäcke, rücksichtslos und ruhmsüchtig, bereits fest verwachsen mit ihren superteuren Handys und Tablets.

Und alle so selbstsicher nach dem komfortablen Platz in der Welt strebend, der schon für sie reserviert gewesen war, als sie noch nicht mal laufen konnten.

Nicht *geliebt*, nicht wirklich.

Sie setzte sich auf, griff nach ihrem Handy und las die Nachricht. Es war ein Schock, auf jeden Fall, und sogar beunruhigend, zumindest im ersten Moment. Schließlich hatte sie nicht erwartet, noch einmal von Conrad zu hören. Er war nicht mehr Teil ihres Lebens, und so schmerzhaft das sein mochte, blieb ihr keine andere Wahl, als sich daran zu gewöhnen. Schon jetzt vermisste sie ihn schrecklich, sehnte sie sich nach seiner Berührung, seinem Geruch – heftiger als erwartet. Sie hatte angefangen, an die wilden und wundervollen frühen Tage ihrer Beziehung zurückzudenken und ein … Finale zu komponieren, wie eine derart besondere Beziehung es verdiente. Etwas, von dem sie Jamie eines Tages würde erzählen können, eine angemessen romantische Geschichte. Leidenschaftlich, verhängnisvoll …

Wir haben uns so sehr geliebt, dass es uns zerrissen hat.

Am Ende war es leichter für ihn, fortzugehen.

Es gab diesen Mann, der mir mehr bedeutet hat als alles auf der Welt, aber eines Tages wurde er sehr, sehr krank …

Sie schaltete ihr Handy aus und stieg aus dem Bett.

Beim Anziehen redete sie mit sich selbst. Sie lief von einer Ecke des Zimmers zur anderen, spuckte Flüche aus oder flüsterte sanfte Bekenntnisse. Die Worte, die sie zu Conrad gesagt hätte, wenn es möglich gewesen wäre, die Dinge, die sie und Jamie einander sagen würden, wenn er am ersten Tag auf den kleinen Schulhof trat.

Zwei Menschen, die sie über alles und jeden liebte.

Wie ging noch der Text von diesem Lied, das du für mich rausgesucht hast? Etwas mit »you and me forever«? So hatte ich es mir auch vorgestellt, Liebster. Natürlich komme ich mir inzwischen wie eine Idiotin vor, aber ich habe wirklich geglaubt, dass –

Es wird bestimmt schön, Schatz, und wenn du rauskommst, bin ich hier.

Hat deine Mummy dich zur Schule gebracht?

Nein, mein Schatz.

Hat dein Daddy dich gebracht?

Sie trat ans Fenster und fragte sich, ab welchem Alter es möglich war, Jamie von seinem Großvater zu erzählen. Ein paar Jahre musste sie sicher noch warten.

Sarah schaute hinaus in die Dunkelheit und konnte gerade eben erkennen, wie die Baumwipfel im Wind hin und her wogten. Sie dachte an die Schwäne, die irgendwo da unten durchs dunkle Wasser glitten, an die scheinbare Mühelosigkeit und an die Gefahr, die von diesen wunderschönen weißen Schwingen ausging. Wenige Minuten später war sie bereit und rief bei der Rezeption an, um ein Taxi zu bestellen.

SECHSUNDSECHZIG

»Das Krankenhausessen ist auch nicht mehr so schlecht wie früher.« Hendricks trug sein Tablett zu einem Rollwagen an der Tür. Er hatte Steak und Kidney Pie, Pommes frites und Bohnen verspeist. Die Mahlzeit war warm gemacht und von einer Hilfskraft aufs Zimmer gebracht worden. Er trank den Rest seines Tees und kehrte zu seinem Stuhl am Fenster zurück. Thorne, der neben der Batterie von Monitoren saß, hatte gerade mal ein halbes Schinkensandwich geschafft, während Tanner, die auf der anderen Seite des Betts saß, ihr Essen nicht einmal angerührt hatte.

Eine Stunde war vergangen, seit Thorne die SMS abgeschickt hatte.

Und eine Viertelstunde, seit endlich alles bereit war.

Die Eile, mit der sie den Einsatz improvisiert hatten, ließ die Durchsuchung des Hauses in Enfield im Vergleich wie eine aufwendig geplante Operation erscheinen. Doch war ihnen keine andere Wahl geblieben. Der Umstand, dass Conrad zum Krankenhaus gefahren war, ließ vermuten, dass er und seine Partnerin sich irgendwo im Umkreis aufgehalten hatten. Falls Sarah also in der Nähe war, wenn sie die SMS erhielt, konnte sie binnen Minuten hier auftauchen.

Mithilfe von DC Jilani Azad hatte Thorne vor Ort schnell eine ausreichende Zahl von Beamten rekrutiert, die er an verschiedenen Stellen innerhalb und außerhalb des Krankenhauses postiert hatte. Seine Anweisungen waren, freundlich ausgedrückt, knapp ausgefallen, denn die gebotene Eile ließ keine Zeit für Nettigkeiten. Keine einzige Uniform und kein als Polizeiwagen erkennbares Fahrzeug durften vor Ort zu sehen sein, und es gab keinen Spielraum für Fehler. Falls die Frau, auf die sie warteten, tatsächlich auf die Nachricht reagierte, mussten die anwesenden Beamten – zusammen mit allen Krankenhausmitarbeitern, die bis dahin ins Vertrauen gezogen werden konnten – dafür sorgen, dass sie das Krankenhaus nicht mehr verließ. Dagegen hatte Thorne darauf bestanden, dass sie ungehinderten Zugang zu dem Intensivzimmer erhielt, in dem sie jetzt saßen.

Falls Sarah auftauchte, wollte er unbedingt derjenige sein, der sie festnahm.

Und das war in diesem Fall bedeutsamer als sonst, denn Thorne war klar, dass er Mist gebaut hatte. Die SMS zu schicken war ihm spontan wie eine kühne Idee vorgekommen. Doch schon nach wenigen Minuten hatte er begriffen, wie dumm sie in Wirklichkeit war. Stattdessen hätte er die Mobilnummer der Verdächtigen unverzüglich an die Spezialisten bei den Kriminaltechnikern weitergeben sollen. Im besten Fall hätten diese über die Mobilfunkzellen das Handy geortet und ihnen allen eine Menge Arbeit erspart. Doch als Thorne sich endlich zu dieser Einsicht durchgerungen hatte, war das Handy längst ausgeschaltet gewesen.

Natürlich hätte es auch *schon früher* ausgeschaltet gewesen sein können, sodass Sarah die SMS überhaupt nicht bekommen hatte. Oder sie hatte die Nachricht gelesen und das Telefon *dann* ausgeschaltet, weil sie genau begriffen hatte, was gespielt wurde.

Thorne wusste nur eins: Er hatte es gründlich versaut. Solch einen Fehler hätte Tanner sich niemals geleistet.

Wenigstens besaß sie den Anstand, nichts zu sagen.

Hendricks fragte: »Wie wär's mit 'ner schnellen Runde ›Ich sehe was, was du nicht siehst‹?«

Tanner hob den Kopf, und ihre Miene reichte Hendricks als Antwort. »Meine Güte, ich wollte doch bloß –«

Thorne schnappte sich sein Handy und nahm das Gespräch noch während des ersten Klingelns an. Er hörte eine Weile zu und brummte schließlich ein »Gut, danke«. Dann legte er auf, schaute Tanner an und schüttelte den Kopf. Es war kurz vor Mitternacht, und immer noch herrschte ein lebhaftes Kommen und Gehen, vor allem in der Notaufnahme. Aber auf niemanden passte die Beschreibung der Frau, hinter der sie her waren.

Keine ihrer Beschreibungen.

»Beruhig dich, Mann«, sagte Hendricks. »Sonst bekommst du noch einen Herzinfarkt. Klar, dafür könntest du dir keinen besseren Ort suchen, aber trotzdem.« Er wartete auf eine Antwort, doch die blieb aus. »Es ist doch ganz einfach: Wenn sie kommt, dann kommt sie.«

Thorne nickte, ohne aufzusehen. Das Wiederholen des Offensichtlichen war ihm ebenso wenig eine Hilfe wie die krampfhaften Bemühungen seines Freundes, die Stimmung aufzulockern. Immer wieder musste er an seinen Fehler und die möglichen schwerwiegenden Konsequenzen denken. Noch mehr beschäftigte ihn allerdings der andere Name, den er in Conrads Kontaktliste entdeckt hatte. Natürlich konnte es eine simple Erklärung dafür geben, warum Conrad ihn gespeichert hatte, und trotzdem ließ es ihm keine Ruhe. Alles hing davon ab, wie lange Conrad dieses spezielle Handy schon besaß, wie gründlich er in solchen Dingen vorging.

Beim Ausradieren seiner Vergangenheit …

Thorne würde es herausfinden, sobald er die Möglichkeit hatte. Aber er konnte das Gefühl nicht abschütteln, dass er über die Gründe, warum der Name, über den er gestolpert war, in Conrads Kontaktdaten auftauchte, lieber nicht nachdenken wollte.

Die Stimmung im Zimmer, in der sich vor allem Thornes innere Verfassung spiegelte, war zunehmend düster geworden. Kurz nach ein Uhr stand er auf und verkündete: »Gut, machen wir Schluss für heute.«

»Bist du sicher?«, fragte Tanner.

Thorne war bereits auf dem Weg zur Tür.

»Na gut.« Hendricks erhob sich mühsam und streckte sich. »Den Versuch war's wert.«

»Ich hab's verkackt«, sagte Thorne.

Tanner trat zum Kleiderständer in der Ecke und griff nach Mantel und Handtasche. »Mach dir keine Vorwürfe, Tom. Es war nicht deine Schuld.«

»Na, wessen Schuld soll es sonst gewesen sein?«

»Wir mussten es versuchen.«

»Ich hab es falsch angepackt.« Thorne öffnete die Tür. »Das weißt du genau.«

»Klar, wir alle haben etwas falsch angepackt«, sagte Tanner. »Irgendwann einmal.« Sie schaute den beiden Männern kurz in die Augen, dann verließen sie das Zimmer, ohne sich noch einmal zu dem Mann im Bett umzudrehen.

Auf dem Weg nach draußen rief Thorne Jilani Azad an und bat sie, ihre Leute abzuziehen. Trotzdem überraschte es ihn nicht, als sie einige Minuten später, als er mit Tanner und Hendricks aus dem Aufzug stieg, im Eingangsbereich wartete. Er setzte an, sich zu bedanken, doch sie brachte ihn mit erhobener Hand zum Schweigen.

»Ich war gerade auf dem Weg nach oben.« Ihr Tonfall lag irgendwo zwischen Erregung und Panik. »Ich hab einfach gedacht, es wäre vielleicht eine gute Idee, noch mal ganz sicherzugehen. Also hab ich mit diesem Typen an der Rezeption gesprochen.«

»Wovon reden Sie?«

»Vor einer halben Stunde ist jemand reingekommen. Und hat etwas für unseren Freund da oben abgegeben, den Kerl im Koma.«

Thorne starrte sie an. »Vor einer halben Stunde?«

»Wer?«, fragte Tanner.

»Nicht die Frau«, sagte Azad. Mit dem Kopf deutete sie zu dem mittelalten Mann an der Rezeption, der durch die plötzliche Aufregung leicht irritiert wirkte. »Er hat gesagt, es wäre ein junger Mann gewesen –« Azad trat beiseite, als Thorne Richtung Empfang marschierte. Dann versuchte sie ihn einzuholen. »Es war nicht seine Schuld«, sagte sie. »Seine Schicht hat eben erst angefangen, er hatte keine Ahnung, was hier los war.«

Ein Laborwagen, der geräuschvoll aus dem Lift hinter ihnen geschoben wurde, übertönte Thornes genaue Worte. Doch der Mann am Empfang wurde leichenblass und griff nach unten, als wolle er nach dem Alarmknopf tasten.

Inzwischen waren auch Tanner und Hendricks eingetroffen, und da sie im Augenblick beide deutlich ruhiger und vernünftiger wirkten als Thorne, konzentrierte Azad sich auf sie. »Auf dem Umschlag steht nur ein Name, der arme Kerl hier wusste überhaupt nicht, was er damit machen sollte.«

»Schon gut«, sagte Tanner.

»Geben Sie ihn mir.« Thorne streckte die Hand aus, und der Mann schob ihm nervös einen großen braunen Umschlag hinüber.

Thorne starrte auf das Papier, auf dem, vermutlich mit Filzstift, der Name Conrad geschrieben stand.

Darunter war ein Herz gemalt.

»Dieser Junge kam rein«, sagte der Mann vom Empfang. »Ich hatte keine Ahnung, also ...«

»Wir brauchen Handschuhe«, sagte Thorne und sah sich um. Auch wenn der Umschlag bereits vom Pförtner und dem Jungen, der ihn gebracht hatte, berührt worden war, wollte Thorne wenigstens den Inhalt nicht verunreinigen.

In dieser Nacht hatten sie schon genug Fehler begangen.

Keine Minute später tauchte Azad mit einer Kiste OP-Handschuhe aus der Notaufnahme auf. Thorne streifte sich ein Paar über, öffnete den Umschlag und nahm vorsichtig ein einzelnes Blatt Papier heraus. Auch Tanner zog Handschuhe über und beugte sich dicht an Thorne heran, sodass sie beide den Brief lesen konnten.

Mein Liebster,

na, was sagst du DAZU?? Es bricht mir das Herz, dass alles so geendet hat, dass die große, böse Welt (und natürlich die Leute, die in ihr leben) sich gegen uns verschworen hat. Aber ich weiß, dass du genauso WAHNSINNIG glücklich darüber wärst wie ich.

Über das großartige Ereignis!!
Dieses WUNDER.
Glaub mir, ich habe eimerweise um dich geweint, denn ich weiß, dass du SO ein toller Dad gewesen wärst. Und dass es schrecklich für dich sein muss, das alles zu verpassen. Aber sei nicht zu traurig, denn ich werde dich nie vergessen (wie könnte ich??), und ich sorge dafür, dass dieses wundervolle Wesen GENAU weiß, wie sehr du ihn geliebt hättest. Oder sie.
Du und ich für immer ...
Sarah XXX

Thorne wandte sich ab und machte ein paar Schritte Richtung Tür. Sie glitt automatisch zur Seite, doch Thorne blieb einfach stehen, bis sie sich wieder schloss, während Tanner hinter ihm noch einmal in den Umschlag griff.

»Interessant«, sagte Hendricks, als er sah, was Tanner herausgenommen hatte.

»Tom …?« Ein paar Sekunden später stand Tanner neben ihm und hielt behutsam einen Schwangerschafts-Teststreifen zwischen zwei Fingern. Sie hielt ihn so, dass er die beiden rosafarbenen Linien in dem schmalen Fenster sehen konnte, das positive Ergebnis.

»Klar hätte es heute Abend besser laufen können.«

»Tatsächlich?«

Noch einmal hielt sie den Streifen hoch. »Aber immerhin haben wir jetzt noch mehr von ihrer DNA.«

Thorne trat wieder auf die Tür zu. Diesmal blieb er nicht stehen, als sie sich öffnete. Nachdenklich trottete er hinaus auf den Parkplatz. Ohne die Frau, von der sie stammten, waren auch die Pissetropfen auf diesem Streifen nichts wert.

Immer noch dachte er an Conrads Kontaktliste.

An einen Namen und eine Nummer, die er erkannt hatte.

SIEBENUNDSECHZIG

Der Test, den sie Conrad in den Umschlag gepackt hatte, war natürlich nicht ihr einziger gewesen. Beim ersten Mal war sie mit minimalen Erwartungen zum örtlichen Apotheker gegangen. Sie hatte sich darauf eingestellt, sich lächerlich zu machen. Immerhin war ihre Periode seit jeher unregelmäßig gewesen, und für ihr Erbrechen waren verschiedene Gründe denkbar. Anschließend hatte sie praktisch auf der Stelle einen zweiten Test gemacht – ungläubig und mit derart zitternden Händen, dass sie das Ding kaum richtig festhalten konnte. Danach hatte sie noch vier oder fünf weitere gekauft, einfach, weil sie es genoss mitanzusehen, wie diese rosafarbenen Linien langsam hervortraten.

Sie hatte im kleinen Badezimmer des Hotels gehockt und gegrinst, bis ihr der Kiefer schmerzte, während sich jenseits der Tür Conrads Zustand immer weiter verschlechterte.

Jedes Mal hatte sie geweint.

»Ich bekomme ein Baby«, sagte sie jetzt.

Der Taxifahrer warf ihr im Rückspiegel einen Blick zu. »Herzlichen Glückwunsch.«

Sie faltete die Hände über ihrem Bauch. »Danke.«

»Das erste, nicht wahr?«

Sie lachte tatsächlich einen Moment, ehe sie wieder zu weinen begann. »Nein.«

»Alles in Ordnung, meine Liebe?«

»Ja, schon gut.« Sie nahm ein Papiertaschentuch aus ihrer Handtasche. »Die Hormone sind ein bisschen früh dran.«

»Oh, das kann nerven«, sagte der Fahrer. »Bei meiner Frau haben sie auch verrücktgespielt.«

Erschöpft ließ Sarah den Kopf nach hinten fallen. Vor ihr lag eine lange Fahrt, und für den Moment war ihr Gesprächsbedarf gedeckt. Sie starrte hinaus auf die nur zu erahnenden Umrisse hoher, dunkler Hecken auf der einen und die Mondsichel auf der anderen Seite der Straße. Lächelnd dachte sie an die misstrauische Miene des Jungen. Schon witzig, denn hatte das alles nicht mit einem ganz anderen Gesichtsausdruck eines ganz anderen Jungen begonnen?

Hast du Lust auf einen Spaziergang?

Dieser Junge in Margate hatte sich mit einem Angebot konfrontiert gesehen, das viel zu schön war, um wahr sein zu können. Und damit hatte er verdammt richtiggelegen. Heute Abend dagegen, als sie ein paar Straßen vom Krankenhaus entfernt ihre Abmachung getroffen hatten, waren sämtliche Zweifel des Jungen verflogen, als er gesehen hatte, was sie ihm anbot. Ein großer Beutel Gras als Gegenleistung fürs Abgeben eines Umschlags, was war daran auszusetzen?

»Den ganzen Beutel … echt jetzt?«

»Ich kann nichts mehr damit anfangen«, hatte sie gesagt. »Ich bekomme ein Baby.«

»Cool«, hatte der Junge gesagt, sich erst den Beutel und dann den Umschlag gegriffen. »Sie können ihn ja nach mir benennen.«

Er hatte ihr seinen Namen genannt, und sie hatte versprochen, darüber nachzudenken. Dann war er glücklich abgezogen. In Wahrheit hatte sie, egal ob Junge oder Mädchen, sich längst für einen Namen entschieden.

»Wann ist es denn so weit?«, fragte der Fahrer.

Natürlich hatte sie bereits gerechnet, im Badezimmer des Hotels, ihren Kalender auf dem Schoß. Sie hatten das Baby sieben Wochen zuvor gezeugt. In der ersten Nacht, beim einzigen Mal ohne Kondom.

Damals hatte es sich perfekt angefühlt, und offenbar war es das auch gewesen.

»Wahrscheinlich in der ersten Novemberwoche«, sagte sie.

Der Fahrer nickte. »Dann wächst Ihr Bauch während des

Sommers. Hoffen wir, dass es nicht so heiß wird wie letztes Jahr.«

»Mir egal«, sagte sie. »Leicht muss es gar nicht sein, oder?«

»Was versteh ich schon davon?«, entgegnete der Fahrer lachend.

Je schwerer, desto besser, dachte sie. *Opfer.* Sie wollte das Baby in jeder kostbaren Minute jedes einzelnen Tages in sich spüren, egal wie unbequem. Notfalls würde sie leiden, denn sie musste beweisen, dass sie dieses Kind zur Welt bringen konnte, um jeden Preis. Dass sie es wert war.

All die Jahre zuvor war sie nicht in der Lage gewesen, das Geschenk einzufordern, das ihr rechtmäßig zustand. Das ihr gegeben und wieder weggenommen worden war. Sie hatte es nicht geschafft, das Fahrrad aus seinem Grab zu befreien, doch inzwischen war sie wesentlich stärker.

»Na, auf jeden Fall viel Glück!«

»Ich hab schon Glück gehabt«, sagte sie.

»An Ihrer Stelle würde ich versuchen, ein bisschen zu schlafen.« Der Fahrer drehte den Funk leiser. »Es sind noch gut zwei Stunden …«

Lächelnd schloss Michelle Littler die Augen. Sie hatte die Liebe ihres Lebens gehen lassen, hatte sich mit Verlust und Verrat herumschlagen müssen. Da war ein kleines bisschen Glück zur Abwechslung genau das, was sie verdiente.

ACHTUNDSECHZIG

Thorne hatte sich im tiefsten Inneren gewünscht, dass die einfachste Erklärung diesmal nicht die zutreffende war. Doch es hatte ihn keine halbe Stunde gekostet, seine schlimmsten Befürchtungen bestätigt zu sehen. Seine schlimmsten Befürchtungen in Bezug auf den Namen, den er in Conrads Handy gefunden hatte. Über die Seriennummer des Geräts hatten seine Kollegen schnell herausgefunden, wo – und vor allem wann – Conrad das Gerät gekauft hatte.

In einem O2-Shop in Southgate. Am 22. Januar. Am Tag nach dem Selbstmord von Philippa Goodwin und fast zwei Wochen vor dem Mord an Kevin Deane in Margate. Ein Schock mit Ansage, schließlich ergab es einfach Sinn. Genau deshalb hatte Thorne auf Anhieb dieses Unbehagen verspürt, als er den Namen entdeckt hatte. Warum sollte jemand, dessen ganzes Leben sich um Lügen und Betrug drehte, *nicht* seine Telefonnummer und die Kontaktliste – sei sie echt oder erfunden – mit jeder neuen Identität wechseln?

Nach Philippa Goodwin …

Jetzt also, nach mehreren unbeantworteten Anrufen bei einer Nummer aus dieser Liste, standen Thorne und Tanner auf dem Bürgersteig vor einer Metalltür, mit einem Durchsuchungsbeschluss in der Jackentasche und geborgten Schlüsseln in der Hand.

»Es hat keinen Sinn, dass wir hier rumstehen und uns die Titten abfrieren«, sagte Tanner. »Um auf Nummer sicher zu gehen, müssen wir rein.«

Kurz vor ihrer Abfahrt aus Bury St Edmunds am Abend zuvor hatte er ihr von seiner Entdeckung auf Conrads Handy berichtet. Dort auf dem Parkplatz des Krankenhauses hatte er sofort gesehen, dass sie ebenso angestrengt nach einer unverfänglichen Erklärung suchte wie er.

»Weißt du noch, was Denise Fry gesagt hat?«

»Ja.« Thorne hatte sich noch im Krankenzimmer an das Gespräch in Glasgow erinnert, dort, neben dem Bett, in dem der Mann, den Fry als Paul Jenner kannte, um sein Leben kämpfte.

»Sie könnte die andere Frau sein, von der Denise gesprochen hat.«

»Vielleicht.«

»Ich meine, das wäre ernsthaft krank«, sagte Tanner. »Wenn man bedenkt …«

Thorne nickte. Genau genommen waren die meisten Aspekte ihres Falls ziemlich krank. Bizarr, widernatürlich. Es fühlte sich an, als wäre etwas Monströses zum Leben erwacht, das sich nun aus der Deckung wagte und auf ihn zukroch. Und das schon seit dem Morgen in der U-Bahn-Station Highgate, als er gesehen hatte, wie der Leichensack von den Schienen gehoben wurde.

Auf der Hauptstraße raste ein Krankenwagen Richtung Highbury Corner. Thorne trat einen Schritt vor, suchte nach dem richtigen Schlüssel und steckte ihn ins Schloss. Auf einer Ablage hinter der Tür lag ein Stapel Post, ein Fahrrad war an ein Rohr gekettet. Die schwere Tür fiel hinter ihnen ins Schloss, und sie begannen die eiserne Treppe zur Wohnung in der obersten Etage hinaufzusteigen.

»Keine Sorge«, sagte Tanner. »Wenn sie abgehauen ist, schnappen wir sie. Genau wie wir Michelle irgendwann kriegen.«

Mit schweren Schritten ging Thorne voran und fragte sich, ob Tanner tatsächlich so optimistisch war oder ob sie beide bloß in ein eingespieltes Muster verfallen waren, indem sie die positiven Aspekte hervorhob, um seiner … Vorliebe für das Negative etwas entgegenzusetzen. Und in seltenen Fällen auch umgekehrt. »Genau«, sagte er bloß.

Wie schon bei seinem ersten Besuch hier war er nach zwei Etagen außer Atem und machte an derselben Stelle eine Pause, vorgeblich, um auf Tanner zu warten. Von diesem Absatz aus hatte er sieben Wochen zuvor nach oben geschaut und gesehen, wie Ella Fulton sich über das Geländer lehnte und ihn beobachtete.

Hier war früher das örtliche Arbeitsamt …

Eine halbe Minute später standen sie vor der Wohnungstür und wechselten einen kurzen Blick. Dann beugte Tanner sich vor und klopfte zweimal. Nach kurzem Warten benutzte Thorne den Schlüssel, den Ellas Mutter ihm geliehen hatte, und beide traten ein.

Anscheinend war niemand zu Hause. Der riesige Raum war so vollgepackt und chaotisch, wie Thorne ihn in Erinnerung hatte, doch von –

»Scheiße …«

Thorne wandte sich zu Tanner um und schaute dann nach oben.

Ella Fultons nackte Füße waren bläulich angelaufen, die Zehennägel rosa lackiert. Thorne hob den Blick noch weiter, erkannte die gemütliche Strickjacke und die Wäscheleine, die sich in ihren Hals geschnitten hatte … ihr Gesicht mit der dicken, schwarzen Zunge … die Wendeltreppe zur Galerie, an deren Brüstung die Leine befestigt worden war.

Sie war nicht tief gefallen, sicher nicht tief genug, um ein schnelles Ende zu garantieren.

Unwillkürlich fragte er sich, wie lange es gedauert hatte.

Tanner hielt ihr Telefon bereits in der Hand. »Wie es aussieht, hängt sie hier schon ein paar Tage.« Da der Eintritt des Todes offenkundig feststand, machte sie den vorgeschriebenen Anruf beim Gerichtsmediziner, um den Transport ins Leichenschauhaus zu arrangieren. Inzwischen schlenderte Thorne zu der Stelle an der Wand, wo die zuletzt gerahmten Fotos hingen. Er blieb vor einem Bild stehen, das ihm bei seinem zweiten Besuch bei Ella Fulton aufgefallen war, als er sie darüber informiert hatte, dass der Betrüger Patrick Jennings höchstwahrscheinlich auch ein Mörder war. Im Rückblick begriff Thorne, dass er ihr möglicherweise nichts Neues erzählt hatte oder dass sie es zumindest vermutet haben könnte. Vielleicht würde niemals herauskommen, wie viel Ella von dem Mann wusste, mit dem auch sie sich eingelassen hatte.

Und welche polizeilichen Erkenntnisse sie an ihn weitergegeben hatte.

Thorne betrachtete das Foto eines Mannes, der unter dem Schirm einer Mütze zur Kamera aufblickte. Mit einem Mal begriff er, woher ihm der Mann im Krankenhausbett – seine Augenpartie – bekannt vorgekommen war. Von diesem Foto, das Ella von ihrem Geliebten gemacht und die ganze Zeit an der Wand hängen gehabt hatte. Er trat ganz dicht an die Aufnahme heran und griff vorsichtig nach einem am Rahmen befestigten Umschlag.

Einem Umschlag, auf dem sein Name stand.

»Was hast du gefunden?«, fragte Tanner.

»Warte …«

Thorne brachte den Umschlag zum Schreibtisch und öffnete ihn. Er schob mehrere Bücher beiseite, um Platz zu schaffen, und leerte ihn dann auf der Schreibtischplatte aus. Mehrere Fotos und ein USB-Stick.

»Du hattest recht.« Mit der Spitze eines Kugelschreibers löste Thorne die Fotos voneinander und legte sie in eine Reihe. »In Glasgow, als du von einer möglichen Komplizin gesprochen hast. Sie hat die Opfer für ihn ausgesucht …«

Den Frauen auf den Fotos war eindeutig nicht bewusst gewesen, dass sie fotografiert wurden. Sie saßen allein in einem Restaurant, telefonierten, stiegen aus einem Auto. Philippa Goodwin und Denise Fry erkannte er auf Anhieb, die drei anderen Opfer würden sie noch identifizieren müssen. Er drehte die Fotos um und sah, dass die Namen auf den Rückseiten notiert waren.

Hatte Ella Fulton ihnen zuletzt doch noch helfen wollen, oder war es nur der Versuch einer Erklärung?

»Hast du Handschuhe dabei?«

Nachdem Tanner ihren Anruf beendet hatte, zog sie Handschuhe aus der Tasche, streifte sich ein Paar über und brachte ihm das andere. Thorne griff damit nach dem USB-Stick und steckte ihn in Ellas Computer. Tanner tippte auf ein paar Tasten, und nach wenigen Sekunden erschien Ellas Gesicht auf dem verstaubten Monitor. Ausgelaugt und nervös wirkend griff sie sich in die Haare. Sie neigte sich der Kamera entgegen, und das harte Licht ließ die Schatten um ihre Augen und etwas Verkrustetes in ihren Mundwinkeln hervortreten.

»Nach Tante Pip war plötzlich alles nur noch Scheiße.« Ihre Stimme klang heiser. Sie atmete durch und räusperte sich. »Es ging nur ums Geld, und davon hatte sie jede Menge. Ich wollte ihm helfen, wie immer. Ich dachte, wenn ich aufhöre, ihm zu helfen, verliere ich ihn, und .... Ich hätte nie für möglich gehalten, dass es Pip so zusetzen würde. Und was Pips Selbstmord aus Mum machen würde.«

Sie schloss die Augen für einige Sekunden. Wieder fuhr sie sich mit den Fingern durch die Haare.

»Vielleicht stimmt mit meinen Genen irgendwas nicht.« Sie schüttelte den Kopf. »Es ist so dumm und unverzeihlich und ... gestört. Wenn ich mich nicht selbst aus dem Verkehr ziehe, tut *sie* es wahrscheinlich. Sie ist ein bisschen ... *gruselig*, aber das wissen Sie wahrscheinlich schon.« Sie lehnte sich zurück und regte sich mindestens eine halbe Minute lang überhaupt nicht. Schrecken und Scham hatten sich tief in ihre hageren Gesichtszüge eingegraben. Sie wirkte wie das Motiv eines ihrer Fotos. Ein unbarmherziges Porträt.

»Die meisten Leute, die so etwas tun, hinterlassen keinen Abschiedsbrief, nicht mal einen extravaganten auf Video. Das hat mir mal jemand erzählt.« Sie deutete ein Lächeln an, auch wenn ihre Augen tot und unbewegt wirkten. »Typisch, nicht wahr? Ich konnte es nie ertragen, so zu sein wie die anderen ...«

Schnell streckte sie die Hand aus, um die Kamera abzuschalten. Das Bild fror ein.

Thorne wandte sich ab, ging langsam zur Mitte des Raums und setzte sich auf eins der abgewetzten Sofas, mit dem Rücken zu Ella Fultons Leiche. Tanner folgte ihm und setzte sich neben ihn.

»Die Kollegen sind unterwegs«, sagte sie.

Thorne nickte und hielt den Kopf gesenkt. Er hoffte, dass es schnell gehen würde, denn er konnte sich nicht erinnern, dass er jemals so dringend von irgendwo hatte verschwinden wollen wie jetzt aus dieser Wohnung. Er hoffte auch, dass Tanner es dabei belassen würde, hier zu sitzen und zu schweigen, bis jemand eintraf. Und dass es ihm erspart blieb, Mary Fulton die zweite Todesnachricht binnen knapp zwei Monaten überbringen zu müssen.

Schwester, Tochter …

Aber mehr als alles andere hoffte er, dass Patrick, Paul, Conrad oder wie auch immer er in Wirklichkeit hieß, richtig gelitten hatte, bevor er in sein hübsches, friedliches Koma gefallen war.

TEIL VIER

WISSEN UND NICHTWISSEN

NEUNUNDSECHZIG

Phil Hendricks und sein Partner Liam waren bereits im Zustand glücklicher Trunkenheit, und ihre gemeinsame Freundin Grace lag beinahe gleichauf. Die drei lachten viel, sprachen ein bisschen zu laut, und wann immer einer von ihnen die Hand ausstreckte, bestand die Gefahr, dass sie ein Glas oder eine Kerze umstießen. Es war noch vor halb elf, und Liam hatte gerade ein Runde Kaffee geholt, doch Tanner schielte bereits heimlich auf ihre Uhr.

»Denk nicht mal dran«, sagte Hendricks.

»Was ist denn?«, fragte Grace.

Tanner warf Hendricks einen bösen Blick zu, weil er sie verraten hatte.

»Komm schon, Nic.« Hendricks legte einen Arm um sie. »Der Spaß hat noch nicht mal richtig angefangen.«

»Eben.« Liam goss sich den nächsten Drink ein. »Lasst uns ein bisschen spielen. Dieses Spiel, bei dem man sich ein Stück Papier an die Stirn klebt.«

»Versautes ›Wer bin ich‹«, stimmte Hendricks eifrig zu.

Tanner begriff, dass er es ernst meinte, und spielte kurz mit dem Gedanken, einen Herzinfarkt vorzutäuschen.

»Bin dabei.« Grace grinste Tanner über den Tisch hinweg an.

Trotz Hendricks' eindringlichem Flehen, seiner Versicherung, sie werde einen viel schöneren Abend haben, wenn sie ihr Auto zu Hause lasse, und des angebotenen Schlafplatzes war Tanner mit dem Wagen nach Camden gekommen. Jetzt war sie heilfroh über diese Entscheidung. In Gesellschaft Betrunkener fühlte sie sich ohnehin nicht entspannt, eine Blockade, die sie nie hatte abschütteln können. Doch dass sie stocknüchtern zusehen musste, wie ihre Tischgenossen sich volllaufen ließen wie echte Alkoholiker, war nicht der einzige Grund für Tanners Unbehagen und ihr Bedauern, nicht einfach zu Hause geblieben zu sein.

Mit einem Buch oder einer DVD-Box. Und dann richtig ausschlafen.

»Schätze, es ist nicht so leicht für dich«, sagte Grace. »Lange Nächte, Partys und so. Wegen deiner Arbeit, meine ich. Du weißt nie, was dich am anderen Tag erwartet, oder?«

»Das ist ja einer der Gründe, warum ich meinen Job liebe«, sagte Tanner.

»Klar, aber trotzdem. Es muss doch schwierig sein, mal ein bisschen Spaß zu haben.« Sie griff an Liam vorbei nach der Weinflasche. »Wenn man morgens mit einem ekligen Kater gleich neben einer Leiche steht.«

»Manche von uns kriegen das hin«, prahlte Hendricks.

»Mich interessiert nur, was du in der Nacht davor hinkriegst«, sagte Liam.

Die drei lachten, und Tanner schloss sich halbherzig an.

Grace war nett, ziemlich nett eigentlich. Sie war Krankenpflegerin im staatlichen Gesundheitsdienst – »wir sind eine aussterbende Art« – und wohnte nicht weit von ihrer Arbeitsstelle in Islington. Sie war ungefähr so alt wie Tanner, schlank und klein, hatte ein schiefes Grinsen und kurz geschnittenes dunkles Haar. Sie war schlagfertig und witzig und trug mehrere Tattoos zur Schau, auf die selbst Hendricks stolz gewesen wäre. Tanner konnte sich vorstellen, dass die beiden sich gut verstanden. Trotzdem hatte es eine Weile gedauert, bis bei ihr der Groschen gefallen war. Schon früh am Abend hatte Grace die Namen einiger Clubs erwähnt, in denen sie Stammgast war, doch Tanner hatte es nicht kapiert. Erst als sie von einer Komikerin aus Australien sprach, von der sogar Tanner wusste, dass sie ihre Homosexualität öffentlich thematisierte, machte es klick. Plötzlich kam sie sich ziemlich dumm vor. Vor wenigen Wochen noch hatte sie Thorne gegenüber erwähnt, dass auf ihren Radar kaum Verlass war, doch dass er überhaupt nicht mehr funktionierte, war ihr nicht klar gewesen.

Jetzt war ihr die Erkenntnis, dass man sie zu verkuppeln versuchte, genauso unangenehm wie ihre Begriffsstutzigkeit.

»Eine gute Freundin von mir kommt vorbei.« Bei der Einladung vor ungefähr einer Woche hatte Hendricks sich als Unschuld in Person präsentiert. »Ich schätze, ihr werdet euch verstehen, sie ist wirklich witzig.«

»Also gut.« Grace erhob sich. »Ich muss nur mal …« Sie ging Richtung Bad, hielt aber noch einmal inne. »Und fangt bloß nicht ohne mich an. Ich hab 'ne Spitzenparodie auf *Die Hard* drauf.«

Sobald Grace das Zimmer verlassen hatte, wandte Tanner sich an Hendricks. »Hör mal, Phil, ich fühle mich bei der ganzen Sache ziemlich unwohl.«

»Was ist denn?« Mit gespieltem Schrecken schaute er zu Liam hinüber. »Es ist doch bloß ein Abendessen –«

»Ach, halt den Mund.«

»Aber sie ist umwerfend, oder? Ich dachte einfach –«

»Sie ist toll«, sagte Tanner. »Ich glaube nur nicht, dass ich schon so weit bin. Wer weiß, vielleicht sollte ich es sein, aber jedes Mal, wenn ich nur daran denke, komme ich mir … schmuddelig vor.«

Hendricks beugte sich über den Tisch. »Nun komm schon. Du hast doch *Bedürfnisse*, oder?«

Tanner griff nach der Cafetiere. »Im Augenblick muss ich mich beherrschen, um dir nicht den heißen Kaffee in den Schoß zu schütten.«

»Lass sie in Ruhe«, sagte Liam.

»Ich bin Witwe und lebe allein mit meiner Katze«, stellte

Tanner fest. »Wahrscheinlich ist deine Freundin davon sowieso nicht allzu begeistert.«

Sie beendeten das Gespräch, sobald sie die Toilettenspülung hörten, und das verlegene Schweigen hielt noch an, als Grace wieder Platz genommen hatte. Sie sah sich um und fragte: »Was zum Teufel hab ich verpasst?« Da niemand sonderlich scharf darauf schien, ihre Frage zu beantworten, deutete sie auf Hendricks und wandte sich an Tanner: »Er ist ein hinterhältiger Bastard, aber da sage ich dir sicher nichts Neues. Und nebenbei bemerkt, das Spiel ›Verkuppel eine Single-Lesbe‹ reißt mich genauso wenig vom Hocker wie dich. Also … kein Stress, klar? Vielleicht können wir uns mal auf einen Drink treffen und ein bisschen quatschen. Oder bei einem Kaffee vielleicht …«

Tanner mühte sich immer noch um eine passende Antwort, als ihr Telefon klingelte.

»Gerade noch mal davongekommen«, sagte Grace und lief rot an.

Tanner sah die Nummer: »Ich muss rangehen.« Dann stand sie auf und setzte sich mit dem Telefon in einen Sessel in der Ecke. Sie nahm den Anruf entgegen und presste sich das Handy ans Ohr.

»Beeil dich«, sagte Hendricks. »Wir spielen das jetzt auf jeden Fall.«

Tanner beendete den Anruf und begann sofort wieder zu wählen. »Ich muss sofort mit Tom sprechen«, sagte sie.

SIEBZIG

Einige Wochen zuvor war Thorne endlich dazu gekommen, seine Tante Eileen anzurufen. Sie schien sich – als sie endlich begriffen hatte, wer der Anrufer war – riesig zu freuen, von ihm zu hören, was seine Schuldgefühle, sich bei der alten Dame so lange nicht gemeldet zu haben, nur noch verstärkte.

»Es ist ja Ewigkeiten her, Junge.«

»Ich weiß. Tut mir leid. Die Arbeit.«

»Immer derselbe Mist, stimmt's …?«

Am Nachmittag darauf war er nach Watford gefahren, um bei ihr Tee zu trinken. Nach zwei Stunden Geplauder über Familienmitglieder, an die er sich nicht erinnern konnte oder von deren Existenz er nichts gewusst hatte, war er auf den Speicher seiner Tante geklettert und hatte in mehreren feuchten Pappkartons die Gemälde seiner Mutter gefunden.

Später hatte er ein halbes Dutzend von ihnen gereinigt und rahmen lassen.

Jetzt stand Thorne in seinem Wohnungsflur, betrachtete die Bilder und aß ein Müsli, während aus dem Nebenzimmer Musik herüberschallte. Er fragte sich, warum seine Mutter eine solche Vorliebe für Schiffe gehabt hatte. Liniendampfer, Jachten, altmodische Klipper. An ihrem Wohnort in Nordlondon hatte sie solche Schiffe nicht gerade täglich zu sehen bekommen, und abgesehen von gelegentlichen Urlauben am Meer …

Aber vielleicht war gerade das der Punkt gewesen. Sie hatte Freude an diesen Schiffen gehabt oder sich diese Freude zumindest ausgemalt.

Wahrscheinlich hatte sie einfach Bilder aus Zeitschriften als Vorlage benutzt, letztlich aber war das auch egal. Wann immer möglich, hatte sie eine halbe Stunde abgeknapst, ihre Aquarellfarben aus dem Schrank geholt und alles andere vergessen. Jetzt, wo er die Bilder vor sich hatte, konnte Thorne sich genau an diese Momente erinnern, an ihren Gesichtsausdruck, während sie malte. Hin und wieder ein Blick zu ihm, wenn er mit seinem Malen-nach-Zahlen-Bild beschäftigt war und – genau wie sie – auf dem Ende seines Pinsels herumkaute und sich größte Mühe gab, nicht über die Ränder hinauszumalen. Sie hatte auch einige Landschaftsbilder gemalt – von Nebel umhüllte, weit entfernte Berge, ein sonnengesprenkelter See –, ein paar Hunde und Katzen und sogar ein Porträt seines Vaters, wobei der junge Jim Thorne nicht unbedingt erfreut wirkte, dafür so lange still sitzen zu müssen.

Seine Miene verriet, dass er tausend andere Dinge zu tun hatte, auch wenn er sich wahrscheinlich Mühe hätte geben müssen, mehr als zwei oder drei zu benennen.

Um Gottes willen, Maureen, wie lange soll das noch dauern?

Thorne hatte die Bilder in gerader Linie an die Wand zwischen Wohnungstür und Küche gehängt. Er hatte keine Ahnung, ob sie gut waren oder nicht, was jemand denken würde, der etwas davon verstand. Doch er genoss es, sie täglich auf dem Weg zur Tür zu sehen. Und dann wieder beim Nachhausekommen. Auf jeden Fall ließen sie seine Wohnung freundlicher wirken. Und trotzdem wurde die Freude, die er beim Anschauen der Bilder seiner Mutter empfand, ein bisschen gedämpft, weil er bestimmte Assoziationen nicht abschütteln konnte.

So sehr er es auch versuchte.

Es war jetzt gut zwei Monate her, seit er und Tanner die Wohnung in der Seitenstraße der Holloway Road betreten hatten. Zwei Monate, in denen Wut, psychische Krankheiten, Geld oder schlichte Dummheit ihm zu viele neue Mordfälle beschert hatten. Manche waren schnell erledigt gewesen, andere erwiesen sich als komplizierter und drohten ihn noch eine Weile zu verfolgen. Vor zwei Monaten war auch ein Mann namens Conrad Simpkin im Krankenhaus verstorben, ohne noch einmal das Bewusstsein wiedererlangt zu haben. Seine Partnerin hingegen blieb spurlos verschwunden.

Zwei Monate, und doch …

Er konnte sich die Bilder einfach nicht ansehen, ohne an Ella Fulton zu denken. Immer noch schämte er sich wegen der lächerlichen Gedanken, die ihm gekommen waren, als er in ihrer Wohnung Tee getrunken und sich mit ihr über Kunst und Mord unterhalten hatte. Hatte sie gewusst, was sie tat? War ihr klar gewesen, welchen Eindruck sie ihm vermittelte? War es Teil des Spiels gewesen, der seltsamen Beziehung zwischen ihr und Conrad Simpkin? Thorne vermutete, dass es so gewesen war. Doch trotz des Stichs, den ihm diese Erkenntnis versetzte, und trotz des Umstands, dass sie wissentlich einem Mörder geholfen und ihn gedeckt hatte, hatte sie es nicht verdient, auf diese Weise zu sterben. Dass sie diesen Tod selbst gewählt hatte, änderte daran nichts.

Thorne hatte sich zum Hinsehen gezwungen, als die Wäscheleine durchtrennt und die Leiche langsam auf den Boden gelegt worden war.

Diesmal hatte man keine wacklige Trittleiter zu Hilfe nehmen müssen.

Er nickte im Takt zu einem Song von Sturgill Simpson. Auch Kevin Deane und Gemma Maxwell hatten nicht verdient, was ihnen angetan worden war. Und das galt auch für ihre Freunde und Familien. Mary Fulton hatte sich ihre verbleibenden Jahre sicher anders vorgestellt, jetzt waren sie geprägt von ihrem Verlust.

Er schob sich einen Löffel Müsli in den Mund und kehrte in die Küche zurück. Der Tag war nicht besonders lang gewesen, und er war eigentlich noch nicht müde. Trotzdem entschloss er sich, als er Schüssel und Löffel abspülte, zur Abwechslung früh schlafen zu gehen. Er hatte einen Teil des Urlaubs genommen, der ihm noch zustand, und wollte Alfie am nächsten Morgen bei Helen abholen. Sie würden den Tag zusammen verbringen, und Thorne schätzte, dass er selbst derjenige war, der sich am meisten darauf freute.

Ganz sicher freute er sich am meisten.

Schließlich musste Alfie keinen Tag freinehmen oder all die

Dinge ausblenden, die ihm durch den Kopf geisterten. Und es war auch nicht Thorne, der sich von seinem iPad losreißen musste.

Thorne legte Schüssel und Löffel aufs Abtropfbrett und ging dann ins Wohnzimmer, um die Musik abzustellen. Er zog die Schuhe aus, knöpfte das Hemd auf und wartete das Ende des Songs ab. Er begann sich zu fragen, ob es so klug war, einen Fünfjährigen in eine Trampolinhalle zu schleppen. In diesem Augenblick klingelte sein Telefon.

EINUNDSIEBZIG

Die einstündige Fahrt zum Bahnhof Birmingham International verbrachte Thorne überwiegend in einem unruhigen Halbschlaf. Als wenige Minuten vor Ankunft ein entgegenkommender Zug an ihnen vorbeiraste, wachte er ruckartig auf und bemerkte den Blick der ihm gegenübersitzenden Frau. Verlegen nickte er. Höchstwahrscheinlich hatte er beim plötzlichen Aufwachen irgendwelche Geräusche von sich gegeben. Sobald die Frau den Blick abwandte, fasste er sich an den Kragen, um sicherzugehen, dass ihm im Schlaf kein Speichel aus dem Mund gelaufen war.

Seufzend wischte er sich übers Kinn.

Nach einem schnellen Besuch auf der Toilette schrieb er eine weitere Entschuldigungs-SMS an Helen. Als er sie spätabends angerufen hatte, um alles zu erklären, hatte sie versprochen, Alfie zu sagen, Onkel Tom fühle sich nicht wohl, und sie würden in der Woche darauf umso größeren Spaß zusammen haben. Im Schwimmbad vielleicht. Helen hatte nicht versucht, ihre Enttäuschung zu verbergen, da auch ihre eigene Wochenendplanung durch diese plötzliche Änderung hinfällig war. Trotzdem wünschte sie ihm für seinen Einsatz viel Erfolg und beteuerte, dass sie natürlich Verständnis habe.

Sie war selbst Polizistin, was sollte sie also anderes sagen?

Thorne schickte die SMS ab. Die Zeit und der … Abstand machten es leichter. Polizistin oder nicht, wenn sie noch zusammen gewesen wären, wäre die Angelegenheit sicher nicht so glatt über die Bühne gegangen.

Als der Zug langsamer wurde, stand er auf, griff nach seinem Koffer und den Süßigkeiten, die er in Euston gekauft hatte. Zusammen mit einem Malblock, Buntstiften und ein paar Comics, an denen Alfie Spaß haben würde. Nach seiner Rückkehr würde er sie für ihn abgeben.

Thorne hatte fünfzehn Minuten Aufenthalt, eine weitere, dreistündige Reise lag noch vor ihm. Also besorgte er sich an einem Kiosk in der Halle einen Kaffee und ein Sandwich. Er blätterte durch eine Ausgabe der *Metro*, die jemand auf einer Bank hatte liegen lassen, schaute auf die Abfahrtstafel, um sicherzugehen, dass sein Anschlusszug keine Verspätung hatte, und rief vom Bahnsteig aus Tanner an.

»Ich bin in Birmingham«, sagte er.

»Wie nett.«

»Na ja, am Stadtrand.«

»Wie schade, dass du nicht in den Genuss des wunderschönen Zentrums kommst.«

»Ja, ich bin untröstlich.«

»Also, dein Zug kommt kurz nach halb vier an, die Jungs vor Ort erwarten dich gegenüber vom Bahnhof.«

»Ich weiß.« Thorne versuchte, nicht allzu genervt zu klingen.

»Ich will nur auf Nummer sicher gehen. Deswegen hab ich dir auch den –«

»Ich hab ihn bekommen.« Der Reiseplan, den Tanner ihm gleich am Morgen per E-Mail geschickt hatte, steckte zusammengefaltet in seiner Tasche. »Hätte ich die Zeit gehabt, hätte ich ihn dir zu Ehren noch laminieren lassen.«

Tanner lachte. Thorne trat beiseite, um eine Frau vorbeizulassen, die mit einem Kinderwagen auf ihn zulief. Tanners nächste Worte gingen in der verzerrten Bahnsteig-Durchsage unter.

»Sorry, ich hab dich nicht gehört.« Thorne blieb stehen und checkte die Hinweistafel, um sicherzugehen, dass er den richtigen Abschnitt für den Zug nach Aberystwyth fand.

»Was glaubst du, wie es laufen wird?«

»Keine Ahnung«, sagte Thorne. »Aber die Informationen klangen solide.«

»Wäre schön, die Sache endlich zu beenden, oder? Dann machen wir bei deiner Rückkehr eine Magnumflasche Schampus auf.«

Thorne stimmte ihr zu.

»Als Kind bin ich da oben im Urlaub gewesen«, sagte Tanner. »Hab ich dir das erzählt?«

»Nein.« Thorne erreichte eine geöffnete Zugtür und ließ einer Familie den Vortritt. »Hast du nicht.«

»Ist schön da. Es gibt ein Schloss … und eine Festung. Na ja, um ehrlich zu sein, regnet es ständig, aber trotzdem.«

»Ich hab sicher eine Menge freie Zeit, ich könnte ein Souvenir mitbringen.« Thorne stieg in den Zug und schaute sich um. Beide Wagen waren ziemlich voll. »Wie wäre es mit Welsh Cakes? Oder einem hübschen Geschirrtuch?«

»Hauptsache keinen Steinbrocken«, sagte Tanner.

Sie stand vor dem Schultor und unterhielt sich angeregt mit drei anderen Frauen. Ihr Haar war rot, länger als auf dem letzten Foto, das Thorne von ihr gesehen hatte, aber sie war nicht schwer zu entdecken. Als er näher kam, drehte sie sich ein Stück zur Seite, und er sah ihren Bauch.

Ihre Hand, die über den Bauch rieb.

Sie warf ihm einen Blick zu, machte sich aber eindeutig keine weiteren Gedanken, sah keinen Grund zur Sorge. Für sie war er bloß ein Vater, der gelangweilt Richtung Schule trottete. Sie konzentrierte sich wieder auf ihr Gespräch und lachte laut über etwas, das eine der anderen Frauen gesagt hatte.

»Hallo, Michelle.«

Als sie sich umdrehte und seinen Dienstausweis sah, schien sie nur kurz geschockt. Doch auf diesen Moment, so flüchtig er auch sein mochte, hatte Thorne gewartet. Er hatte ihn sich in allen Einzelheiten ausgemalt, gerade seit dem Anruf am gestrigen Abend, als ihm klar geworden war, dass er nun unmittelbar bevorstand.

Würde sie schreien und auf ihn losgehen? Würde sie versuchen wegzulaufen?

Stattdessen trat sie einfach einen halben Schritt von ihren Freundinnen weg und neigte den Kopf, als wäre sie ein wenig verwirrt. Als wäre dieser Polizeibeamte nur deshalb hier, um sie vor Dieben zu warnen, die in der Gegend ihr Unwesen trieben. Oder um ihr zu sagen, dass sie ihr Portemonnaie hatte fallen lassen.

Die anderen Frauen tuschelten bereits und blickten zwischen den beiden hin und her. Eine fragte: »Alles in Ordnung, Sarah?«

Thorne ließ sie nicht aus den Augen.

»Wir müssen uns unterhalten«, sagte er.

»Okay.« Sie klang vergnügt, sorglos.

Er trat ein Stück zurück und bedeutete ihr, ihm zu folgen.

Als sie sich in Bewegung setzte, schaute sie zunächst an Thorne vorbei und drehte sich dann noch einmal um. Als sie die Fahrzeuge bemerkte, die langsam von beiden Seiten der Straße her auftauchten, nickte sie kaum merklich.

HEDDLU. POLIZEI.

Thorne hob eine Hand, und sie blieb stehen. »Möchten Sie lieber hier reden oder im Auto?«, fragte er.

»Tja …« Wieder strich sie über ihren Babybauch. »Ich schätze, ich sollte lieber sitzen, meinen Sie nicht?«

Thorne brachte sie zum nächsten Polizeiwagen. Sie ging langsam, hob das Gesicht zum Himmel und schaute sich um, als sei sie entschlossen, das gute Wetter zu genießen, die gepflegten Vorgärten und die gelblichen Weidenkätzchen am Straßenrand.

Sie sagte: »Ich habe gehofft, es würde ein bisschen länger dauern.«

»Tut mir leid«, sagte Thorne. Am Ende war alles ziemlich nach Plan gelaufen. »Uns war immer klar, dass Sie mit dem Baby keine Risiken eingehen würden, dass Sie, wo auch immer Sie sich aufhalten, die Ultraschalluntersuchungen und Bluttests machen würden. Wir mussten nur dafür sorgen, dass jeder Arzt und jede Hebamme im ganzen Land von Ihnen erfährt. Es war nur eine Frage der Zeit.«

Der Uniformierte am Steuer stieg aus und hielt ihnen die Wagentüren auf.

Sobald Thorne neben ihr auf dem Rücksitz Platz genommen hatte, schaute er ihr in die Augen und sagte: »Michelle Littler, ich nehme Sie als Verdächtige in den Mordfällen Kevin Deane und Gemma Maxwell und wegen der Entführung von Heather Turnbull fest. Sie haben das Recht zu schweigen, doch könnte es Ihrer Verteidigung schaden, wenn Sie auf Fragen hin Umstände verschweigen, auf die Sie sich später vor Gericht berufen. Alles, was Sie sagen, kann als Beweis gegen Sie verwendet werden.«

»Danke«, sagte sie.

Thorne nickte dem Fahrer zu, und der Wagen setzte sich in Bewegung. Ihr erstes Ziel war das fünfzehn Minuten entfernt liegende Polizeirevier in Aberystwyth. Dort sollte Michelle Littler untersucht werden, um sicherzugehen, dass sie körperlich gesund war. Nach einer Mahlzeit würde sie dann einer kurzen formellen Befragung unterzogen werden, zu der sie auf Wunsch auch einen Anwalt hinzuziehen durfte. Danach sollten Thorne und seine Gefangene zum Bahnhof gebracht werden, von wo beide – sie in Handschellen – die Rückfahrt nach London antreten würden.

So sah es Tanners Reiseplan vor.

Natürlich würde die Frau schon auf dem Revier in Aberystwyth einige Fragen gestellt bekommen, und in London noch eine Menge mehr. Doch bis dahin lagen noch schätzungsweise zwölf Stunden vor ihnen. Thorne wusste, dass die bestehende Gefahr für Leib und Leben ihn dazu befugte, auf der Stelle eine »dringliche Befragung« vorzunehmen. Was ihn beruhigte, doch auch so wäre er nicht in der Lage gewesen, seinen Mund zu halten.

Auf einige Fragen brauchte er sofort eine Antwort.

»Was ist mit Heather geschehen?«

Littler blinzelte langsam, sagte aber kein Wort.

»Lebt sie noch? Können Sie mir das wenigstens sagen?«

»Als ich sie zuletzt gesehen habe, lebte sie jedenfalls noch.«

Sie schaute zum Fenster hinaus. Je mehr sie sich dem Stadtzentrum näherten, desto dichter wurde der Verkehr. Als vom Eingang eines Ladens aus ein kleiner Junge dem Polizeiwagen zuwinkte, hob sie die Hand, um seinen Gruß zu erwidern. Dann fragte sie: »Wie ist es eigentlich dem armen alten Conrad ergangen?«

»*Was?*«

»Sie können sich nicht vorstellen, wie schmerzhaft es war. Für uns beide.«

»Ich glaube, Sie wissen sehr gut, was mit ihm passiert ist«, erwiderte Thorne. »Genau das, was Sie wollten.«

»Es war das Letzte, was ich wollte«, sagte sie. »Wenn Sie das nicht begreifen, begreifen Sie gar nichts.«

Der Wagen verließ die Hauptstraße, wurde langsamer und

hielt schließlich vor dem Tor des Polizeireviers. Der Fahrer hupte, und nach wenigen Augenblicken wurde ihnen geöffnet.

»Nur interessehalber: Wie um alles in der Welt sind Sie im März an Knollenblätterpilze gekommen?«

Sie schaute ihn an, als läge die Antwort auf der Hand. »Ich hatte noch welche übrig.«

Thorne starrte sie an.

»Getrocknet, in einem Schrank in der Garage.« Wieder fuhr sie sich mit den Händen in kleinen Kreisen über den Bauch. »Denn es ist doch so … Wenn man alt ist und in einem dieser schrecklichen Heime dahinvegetiert, in denen niemand sich um einen schert, wer zuckt dann mit der Wimper, wenn man plötzlich an Leberversagen stirbt?« Sie lachte und drehte die Handflächen nach oben, als erwarte sie eine Antwort. »Eine Autopsie ist ziemlich unwahrscheinlich, oder? Jedenfalls, wenn man sowieso schon mit einem Bein im Grab gestanden und sein Leben lang getrunken hat. Wenn man sich das Geld der Familie in den Rachen geschüttet und die Menschen gequält hat, die man eigentlich hätte lieben sollen. Keiner merkt was … oder verschwendet einen Gedanken daran. Und auch die nächste Angehörige macht keinen Aufstand, obwohl sie sich als Einzige die Mühe gemacht hat, einen zu besuchen. Diese Idiotin, die am Bett gesessen und gewusst hat, dass sie sich nachher den Gestank aus den Kleidern würde waschen müssen … Die geredet hat, wenn man selbst kein Wort herausbrachte. Die einen gekämmt und einem den Speichel vom Kinn gewischt hat. Das Essen mitgebracht hat, damit man nicht mit dem Mist vorliebnehmen musste, den man dort vorgesetzt bekam …«

Langsam fuhr der Wagen auf den Parkplatz und hielt an.

»Ich übertreibe nicht«, sagte sie. »Das Essen in dem Laden war grauenhaft. Und mein Dad liebte seine Pilzsuppe über alles.«

Als Thorne ihr die Wagentür öffnete, streckte Littler die Hand aus, um sich von ihm hinaushelfen zu lassen. Thorne ergriff sie und packte fest zu. Er zog sie – ein wenig unsanfter als nötig – aus dem Wagen und deutete mit dem Kopf auf ihren Bauch.

»Wirklich eine Schande, mit Ihrem Baby«, stellte er fest.

Sie richtete sich kerzengerade auf und musterte ihn mit kaltem Blick.

»Ich meine, Sie werden es ja kaum zu Gesicht bekommen.« Er legte eine Hand in ihren Rücken und dirigierte sie entschlossen zum Eingang. »Aber sehen Sie es mal von der positiven Seite: Wenn Sie rauskommen, sind Sie wahrscheinlich Großmutter.«

ZWEIUNDSIEBZIG

Später würde Thorne gegenüber Hendricks behaupten, das Treffen im *Grafton Arms* sei Pereras Idee gewesen. Er hätte die Psychiaterin nur angerufen, weil er gedacht hatte, es würde sie interessieren, dass die Verdächtigen in dem Fall, über den sie gesprochen hatten, aus dem Verkehr gezogen worden waren. Er hätte bloß professionelle Höflichkeit walten lassen, mehr nicht. Auch wenn er sich natürlich gefreut hätte, als Perera ein Treffen ins Gespräch brachte. Und selbstverständlich wäre es eine angenehme Überraschung gewesen, dass sie sich bei einem Pint in einem Pub im Londoner Norden ebenso wohlzufühlen schien wie in einer schicken Bar in Holborn.

»Es hat sich rausgestellt, dass sie in Crouch End wohnt«, würde er Hendricks dann erzählen. »Es war einfach praktisch. Liegt ja mehr oder weniger auf ihrem Heimweg.«

Das Pub war ziemlich voll, doch nach zehnminütigem Warten hatten sie sich zwei Hocker an einem Ende der Bar geschnappt. Perera stellte ihr Glas ab, das schon deutlich leerer war als

Thornes. »Also verrät sie immer noch nichts über die verschwundene Frau?«

Thorne schüttelte den Kopf. Heather Turnbull wurde inzwischen seit zehn Wochen vermisst. Sie war nirgends gesehen worden, und auch von dem Auto, mit dem sie zuletzt unterwegs gewesen war, fehlte jede Spur. Michelle Littler hatte kein Problem damit gehabt, in allen Einzelheiten über ihre Rolle beim Mord an Kevin Deane zu sprechen. Und sie hatte auch zugegeben, dass sie selbst – nicht Conrad Simpkin – Gemma Maxwell erschlagen hatte. Doch zu der vermissten Frau verweigerte sie jede Aussage. Schon bei der Erwähnung des Namens verstummte sie regelmäßig.

In Absprache mit Tanner und den anderen Beamten, die Littler befragten, gab Thorne sich alle Mühe, die Frau nicht merken zu lassen, wie sehr ihr Schweigen ihn quälte. Welche irritierende Leerstelle dieses Schweigen in ihrer Ermittlung hinterließ. Niemand glaubte wirklich, dass Heather Turnbull noch am Leben war, und abgesehen davon waren sie fest überzeugt, dass Littler für zwei Morde eine ebenso lange Haftstrafe erwartete wie für drei. Doch das war nicht der Punkt.

Es ging darum, Heather Turnbulls Mann und Kindern, ihren Verwandten und Freunden Gerechtigkeit widerfahren zu lassen. Selbst hier im Pub, das Gelächter vom Nebentisch im Ohr, konnte Thorne sich noch an jedes einzelne Wort seines letzten Telefonats mit Brian Turnbull erinnern, an das Schluchzen des Mannes. An die Plattitüden und vorschriftsmäßigen Formulierungen, an die üblichen Beteuerungen. »Wir tun alles, was in unserer Macht steht …«

»Aber was soll ich den Kindern erzählen?« Am Ende hatte der Mann kaum noch sprechen können. »Sie wissen doch, dass ihre Mum niemals allein weggehen würde, ohne sich bei ihnen zu melden. Nicht für eine Woche und erst recht nicht …«

Thorne hatte sich um die angemessenen Worte bemüht, wie zuvor bei Andrew Ruston, wie eigentlich immer in solchen Fällen.

»Und was soll ich mir *selbst* erzählen? Ich bin kein Idiot, ich weiß genau, wozu die Frau, die Sie verhaftet haben, fähig ist. Also sollte ich wohl aufhören, mir vorzustellen, dass meine Frau einfach … abgehauen ist, um sich selbst zu finden. Oder dass sie das Gedächtnis verloren hat oder so was.« Er hatte sich kurz gesammelt, um dann die Frage zu stellen, auf die es wirklich ankam. »Können Sie mir eine ehrliche Antwort geben?«

Thorne versprach es ihm, er hatte keine andere Wahl.

»Glauben Sie, es besteht noch Grund zur Hoffnung?«

»Es gibt immer Hoffnung«, hatte Thorne erwidert.

Er schaute Perera in die Augen und fragte: »Es geht um Macht, oder? Bei ihrer Weigerung, mit uns zu sprechen?«

»Wahrscheinlich«, stimmte sie ihm zu. »Vielleicht glaubt sie aber auch, dass Sie, solange Sie noch etwas von ihr wollen, behutsamer mit ihr umgehen.«

»Tun wir nicht.«

»Dann geht es um Macht, ja. Oder das, was sie für Macht hält. Wie bei Shipman, erinnern Sie sich? Nichts sagen, nichts erklären.«

Thorne schnippte mit einem Fingernagel gegen sein Bierglas. »Trotzdem kapiere ich es nicht.«

»Alles andere haben Sie ihr genommen, also klammert sie sich an das, was sie noch hat. An die eine Information, die niemand anders Ihnen geben kann. Es macht ihr Spaß, Sie damit zu quälen, und diese kleine Freude wird sie sich nicht nehmen lassen. Auch wenn sie längst in ihrer Zelle schmort.«

»Macht es ihr nichts aus, wie Turnbulls Familie darunter leidet?«

»Ob es ihr etwas ausmacht, ist vermutlich nicht die richtige

Frage.« Wieder hob Perera ihr Glas und dachte einen Moment nach. »Wahrscheinlich spielen diese Leute kaum eine Rolle für sie, jedenfalls nicht auf die Art und Weise, wie Sie das meinen. Es geht nur darum, Ihnen etwas vorenthalten zu können.« Sie nahm einen Schluck. »Und ich glaube nicht, dass Sie daran etwas ändern werden.«

»Doch, ich hab beantragt, es mit Waterboarding zu versuchen, aber mein Chef ist ein bisschen zimperlich.«

Perera lachte.

Dann schwiegen sie eine Weile, betrachteten die anderen Gäste und lauschten dem Streit zweier Frauen an einem Tisch ganz in der Nähe. Abwechselnd griffen sie in eine große Tüte Chips, die zwischen ihnen auf dem Tresen lag.

»Was passiert mit dem Baby?«, fragte Perera.

Thorne zuckte die Achseln. »Die große Frage ist, ob wir es überhaupt vor Gericht schaffen, geschweige denn bis zum Urteilsspruch, bevor sie das Kind bekommt. Ich schätze, es wird knapp. Der Richter kann zwar entscheiden, die Untersuchungshaft zu verlängern, wenn es bei ihr so weit ist. Andererseits wäre es sicher interessant … wenn mitten im Prozess ihre Fruchtblase platzt.«

Perera verzog das Gesicht.

»Natürlich kann ich es kaum abwarten, sie vor Gericht zu sehen. Und trotzdem wäre es mir lieber, wenn sie vor dem Prozess entbindet. Denn ich glaube, sie würde den Auftritt genießen, verstehen Sie? Vor der Anklagebank zu stehen, rund wie ein Ballon … die ganze Aufmerksamkeit, die Presse.«

»Aber das Baby«, beharrte Perera. »Was wird aus ihm?«

»Das übliche Prozedere«, sagte Thorne. »Egal ob sie es vor dem Prozess oder später im Gefängnis bekommt. Sie wird eine Mutter-Kind-Zelle beantragen, aber von denen gibt es nur wenige, und die werden selten an Mörderinnen vergeben.«

»Und was passiert dann? Wird das Kind dem Jugendamt übergeben?«

Thorne nickte und starrte auf den Tresen. »Nicht der tollste Start ins Leben, darüber müssen wir gar nicht reden. Aber irgendwie glaube ich trotzdem, dass das Kind damit letztlich besser dran ist.«

»Sie könnten natürlich versprechen, ihr einen Platz zu besorgen«, sagte Perera. »In einer Mutter-Kind-Zelle. Als Gegenleistung, wenn sie über Heather Turnbull redet.«

»Ich glaube nicht, dass wir das hinkriegen«, sagte Thorne.

»Ich weiß.« Perera griff nach den Chips. »Aber Sie könnten es behaupten.«

Thorne warf ihr einen überraschten Blick zu. »Sie können ziemlich hinterhältig sein.«

»Ich arbeite mit ziemlich hinterhältigen Menschen«, sagte sie. »Das färbt ab.«

Thorne hatte diese Taktik selbst schon in Erwägung gezogen und beschlossen, sie als letztes Mittel einzusetzen, wenn ihm keine andere Möglichkeit mehr blieb. »Wir werden sehen«, sagte er. »Man weiß ja nie, vielleicht wird sie plötzlich fromm und beschließt, reinen Tisch zu machen.«

Schweigend aßen sie die Chips auf und leerten ihre Gläser. Das Berufliche war vorerst abgehakt.

»Ich habe an Ihre Mutter gedacht«, sagte Perera. »An die Träume, von denen Sie erzählt haben.«

Thorne nickte. In letzter Zeit hatte er selbst häufig über diese Träume nachgedacht und Verbindungen entdeckt, die ihm selbst vage erschienen und alles andere als angenehm waren.

Mütter und Söhne.

Eine Frau, deren Sohn nicht existiert hatte.

Thornes Mutter, eine Erinnerung, die zunehmend flüchtig geworden war.

»Ehrlich gesagt, hab ich in letzter Zeit nicht mehr von ihr geträumt.« Er erzählte ihr von den Bildern seiner Mutter, an die er sich erinnert hatte und die jetzt einen Ehrenplatz in seiner Wohnung einnahmen.

»Das ist schön«, sagte sie. »Vielleicht lag darin die Bedeutung Ihrer Träume. Das Aufblitzen einer Erinnerung, die Sie noch nicht richtig greifen konnten.«

»Können Träume so funktionieren?«

»Es ist eine mögliche Erklärung.«

»Verdammt.« Thorne schaute ihr in die Augen. »Ich hatte neulich einen … *interessanten* Traum über Harry Kane und mich. Ich glaube, *den* hätte ich niemals vergessen.«

Perera lächelte. »Neulich … Sie haben nichts erzählt, aber ich hatte den Eindruck, dass Sie ein bisschen … hin- und hergerissen waren? Vielleicht wegen etwas, das nichts mit Ihrem Job zu tun hatte. Ich will ja nicht neugierig sein –«

»Schon gut«, sagte Thorne.

»Ich weiß nicht … Mir kam es vor, als hätten Sie versucht, sich über etwas in Ihrem Privatleben klar zu werden.«

»Sie haben es wirklich drauf«, stellte Thorne fest.

»Danke.«

»Ja, es gab da ein Problem … häuslicher Art. Ich wusste nicht, ob ich gehen oder bleiben sollte, um es mal so auszudrücken. Und eigentlich wusste ich nicht mal, ob ich überhaupt noch die Wahl hatte, aber …«

»Na ja, wie gesagt, es ist eigentlich nicht mein Gebiet, und vielleicht klingt es ein bisschen nach Glückskeks … Aber ich hab mich gefragt, ob man die Träume von Ihrer Mutter nicht auch aus einem anderen Blickwinkel betrachten könnte. Sie war jemand, dem Sie vertraut haben, oder?«

»Ja, klar.«

Sie schob ihren Hocker noch ein Stück näher an ihn heran,

sodass ein Mann, der gerade bestellen wollte, noch Platz am Tresen fand. »Vielleicht ist sie in Ihrem Unterbewusstsein aufgetaucht, um Ihnen zu sagen, dass es in Ordnung ist, nach vorn zu schauen.«

Thorne ließ sich die Interpretation der Psychiaterin durch den Kopf gehen. »Nun, in diesem Fall … Wollen wir noch was trinken?«

Kopie an: Anwaltskanzlei Ball & Hooper.
Michelle Littler,
info@ballhooper.co.uk
HMP Bronzefield,TW15 3JZ
12. Januar

Meine liebe Connie,
ein frohes neues Jahr, Liebes!!
Hier kommt noch ein Brief für deine Sammlung. Weiß Gott, wie viele du lesen musst, wenn du alt genug bist, aber ich kann mit dem Schreiben nicht aufhören, weil du wissen sollst, wie SEHR du geliebt wirst und wie schrecklich es ist, dass wir noch nicht zusammen sein können. Natürlich weiß ich nicht, ob meine Briefe dich überhaupt erreichen, denn man sagt mir nicht, wo du bist, und diese Kreaturen vom Jugendamt, die alle INNERLICH TOT sind, haben VERSPROCHEN, sie dir weiterzuleiten, aber dafür habe ich nur ihr Wort. Sie faseln die ganze Zeit davon, dass dein »Wohlergehen« das Wichtigste ist, was natürlich stimmt, aber sie scheinen zu glauben, dass es auf lange Sicht besser für dich wäre, nichts von mir zu hören, was völlig lächerlich ist.
Warum solltest du nichts von dem Menschen hören wollen, der dich geboren hat? Dem Menschen, der dich mehr liebt als jeder andere.
Natürlich willst du das. Ich WEISS, dass du es willst, dass du es immer wollen wirst, egal was sie sagen.
Manchmal glaube ich, dass sie mich nur hierhergeschickt haben, um mich zu quälen, denn es gibt eine spezielle Abteilung, in der Mütter und Babys zusammen sein können, zumindest solange die Babys noch sehr klein sind. Hin und wieder laufe ich einem dieser Mädchen über den Weg, die das Glück haben, dort zu wohnen. Die nicht so hart bestraft

werden wie ich. Nicht härter bestraft, als eigentlich fair ist, meine ich. Sie scheinen innerlich zu leuchten, was mich sehr wütend macht, und sie riechen nach Milch, und einmal habe ich es geschafft, eine ihrer Decken zu stibitzen, die ich unter meinem Kissen aufbewahre. Jetzt habe ich auch ein bisschen von diesem Geruch um mich. Wenn ich in der Nähe bin, höre ich manchmal das Weinen der Babys, und das macht mich für den Rest der Woche fertig. Blöd, ich weiß, aber ich kann nichts dagegen tun, und wenn ich die Fotos von dir nicht hätte, wüsste ich nicht, wie ich weitermachen sollte.

Aber ich WEISS ES, und wenn diese Briefe aufhören, weißt du, dass ich es geschafft habe!

Mir ist schon klar, dass du im Augenblick an nichts anderes denkst als an Essen und Schlaf, aber ich hoffe, dass es irgendwann so weit ist und du wenigstens hin und wieder an deinen Daddy und mich denkst. Er hätte dich so geliebt, mein kleines Mädchen, und die Vorstellung, wie aufgeregt er wäre, wenn er wüsste, dass du sozusagen seinen Namen trägst, muntert mich jedes Mal auf. Und wenn ich mir die Fotos von dir anschaue, sehe ich, dass du auch seine Augen hast. Mein Gott, wie ich diese Augen GELIEBT habe. Sie in deinem Gesicht wiederzufinden macht mich glücklich und traurig zugleich.

Es tut mir leid, falls ich das schon mal gesagt habe (Mütter müssen halt immer ein bisschen nörgeln), aber du darfst nie vergessen, dass du, auch wenn ich nicht bei dir sein kann, immer noch deinen großen Bruder hast. Ich weiß, dass Jamie dich genauso liebt wie ich. Er wird gut auf dich aufpassen, und ihr beide müsst IMMER zusammenhalten, egal was passiert und was andere Leute über mich oder deinen Daddy sagen.

Wir sind eine FAMILIE.
Ich hätte dir so gern etwas Schönes zu Weihnachten geschickt. Allerdings ist die Auswahl hier nicht besonders groß. Eigentlich gibt es nur Schokolade, und die wäre sicher verdorben, bevor du sie hättest essen können! Die letzte Zeit war nicht leicht für mich, du warst das Einzige, was ich zu Weihnachten wollte, doch dieser Wunsch wird mir in der nächsten Zeit sicher nicht erfüllt. Aber irgendwann WIRD es klappen, meine Süße, ich werde nie aufgeben.
Ich hoffe, dein böser Husten, von dem man mir vor ein paar Wochen erzählt hat, ist inzwischen besser geworden. Ich bin immer noch sauer, dass die Leute, bei denen du wohnst, es so weit haben kommen lassen. Wie konnten sie nur, wo es doch ihre Aufgabe ist, für dich zu sorgen? Für mich ist klar, dass sie dich in keinster Weise verdienen. Eins darfst du nicht vergessen: Auch wenn sie nett und freundlich sind und dir alles Mögliche erzählen, sind sie NICHT deine Mummy und dein Daddy, und das werden sie auch nie sein.
Es kommt aufs Blut an.
Für immer ...
Mummy xxxx

DANKSAGUNGEN

Okay, natürlich bin ich der Typ, der seine verdrehten Fantasien zu Papier bringt. Aber jedes Jahr ein neues Buch zu schreiben erfordert Teamarbeit. Ich habe weiterhin das riesige Glück, dass mein Verlag Little, Brown das beste Team der Branche hat. Wie immer schulde ich sowohl meinem wunderbaren Lektor Ed Wood großen Dank als auch vielen anderen bei LB/Sphere, vor allem: Catherine Burke, Charlie King, Sean Garrehy, Thalia Proctor, Tamsin Kitson, Gemma Shelley, Robert Manser, Sarah Shrubb und dem Publicity-Genie Laura Sherlock. Ebenso dankbar bin ich ihren Kolleginnen und Kollegen jenseits des großen Teichs bei Grove Atlantic, US: Brenna McDuffie, Morgan Entrekin, Deb Seager und Justina Batchelor. Nancy Webber möchte ich für eine äußerst sensible und kreative Redaktion danken. Ich hoffe, sie verzeiht mir die Sache mit der Handtasche …

Nach so vielen Büchern sollte ich wahrscheinlich besser über Polizeiarbeit Bescheid wissen, als ich es tatsächlich tue (vielleicht vergesse ich aber auch bloß immer alles). Entsprechend dankbar bin ich Lisa Cutts und Graham Bartlett für ihre enorme Hilfe und Nachsicht. Danke auch an Angela Clarke für wichtige Informationen und Ratschläge zu Gefängnissen für Häftlinge mit Babys. Wendy Lees Input war so wichtig wie eh und je, was auch für meine fabelhafte Agentin Sarah Lutyens und diejenigen gilt, mit denen sie bei Lutyens & Rubinstein zusammenarbeitet: Juliet Mahony, Francesca Davies und Hana Grisenthwaite.

Ich freue mich sehr, dass Dr. Frank Tallis mir gestattet hat, aus seinem wunderbaren Buch *Der unheilbare Romantiker* zu zitieren. Vielen Dank auch an Elvis Costello für die freundliche Genehmigung, einen seiner großartigsten Songs, *I Want You*, zitieren zu dürfen. Und wo ich schon dabei bin: Danke EC für ein stetes Streben nach Wahrhaftigkeit und für vier Jahrzehnte voll unvergleichlichem Vergnügen und Inspiration.

Danke vor allem Claire, Katie und Jack, ihr seid das kleine Geheimnis dieses Autors.